21세기 신학 시리즈 ②

21세기 공공신학

최성훈

Public Theology
in the Twenty-First Century

 박영story

추천사

공공신학에 대한 개념에 토대를 놓은 '마틴 마티'라는 학자는 공공신학은 신앙을 바탕으로 개인과 사회의 공적생활을 해석하며, 또한 개인의 신앙을 공적인 질서에 접목시키는 작업이라고 보았는데, 바로 본 저서는 이러한 신학화의 좋은 모델이 되는 책이라고 본다. 본 저서는 그동안 성경과 삶의 현장을 접목시키는 데 많은 학문적인 기여를 해 온 저자가 현대사회에서 발생하는 정치, 경제, 사회의 문제에서 쟁점이 되는 주제들을 예리하게 분석하고 각 분야에서의 핵심적인 이론적 배경을 다루고 있다. 더 나아가서 신학적이고 성경적인 대안을 토의함을 통해서 독자에게 공공신학의 방법론을 배울 수 있게 할 뿐 아니라, 여러 다양한 주제들에 대해서 각자가 비평적으로 분별할 수 있도록 사고의 영역을 넓혀주는 신학의 역할을 제시해 준다.

특히 현재의 양극화 시대에 첨예하게 의견이 나뉘어져 있는 주제인 동성애, 성차별, 노인차별, 통일, 코비드, 비트코인, 기본소득, 정치와 종교 등에 대해서 다루며 이에 서로 상반되는 견해를 대비함으로 독자들의 이해를 돕게 된다. 이어서 각 사안에 대한 성경적이고 공공신학적인 접근으로 독자들에게 보다 건전한 신앙적인 결정을 하도록 도움을 준다. 본 저서는 현대사회에서 신학의 공적 영역에서의 기여에 대해서 관심을 가진 신학자와 교회 지도자뿐 아니라, 기독교신앙의 공적 책임에 대해서 실천적 삶을 살기를 원하는 성도들에게 크게 도움이 될 것이므로 모두에게 적극적으로 추천하는 바이다.

김창환(Sebastian Kim) 박사
로버트 와일리 공공신학 석좌교수(Robert Wiley Professor of Renewal in Public Life)
코리안센터 학장(Academic Dean, Korean Studies Center)
미국 풀러신학대학원(Fuller Theological Seminary)

서 문

본서는 20세기 말 이후 주목받고 있는 신학 분야인 공공신학을 통해 21세기의 변화와 도전에 대응하는 공적 신앙의 모습을 구체적인 사례를 통해 조명하였다. 아직 역사가 일천하고, 다양한 지역에서 각기 다른 모습으로 발전하고 있는 탓에 아직 구성의 단계에 있음에도 불구하고, 공공신학은 우리가 살고 있는 세상을 하나님께서 창조하시고, 사랑하셔서 구속하신 대상으로 포용하는 한편, 그 세상이 온전히 기능하며 하나님께 기쁨이 되도록 하는 실천적 방법론으로서의 지침을 제공하며 끊임없이 세상과 소통하는 방법론이기 때문이다. 4부(Part)로 나누어 구성한 본서는 각 장(Chapter)마다 세 개의 절(Section)로 편성하여 해당 장이 다루는 현대사회의 이슈에 대하여 공공신학의 렌즈를 통해 분석하였다.

1부는 "현대사회와 공공신학"이라는 주제를 가지고 현대사회의 특징과 도전에 대하여 공공신학의 방법론을 통해 거시적으로 조명하였다. 구체적으로 1장은 사상적 차원에서 포스트모더니즘, 기술공학 및 정치경제적 차원에서 4차 산업혁명, 사회문화적 차원에서는 포스트 코로나 19 시대를 중심으로 현대사회의 특징과 도전을 다루었고, 2장은 공공신학의 태동 및 발전을 공공신학의 접근방식과 현대사회에 있어서 신앙의 공적 책임을 통해 조명하였다. 3장은 영적 세계, 현대적 영성, 삶과 죽음의 윤리에 대한 복음의 공적 의미를 공공신학적 측면에서 살펴보았다.

2부는 "경제와 공적신앙"이라는 주제 아래에서 기본소득, 가상화폐, 종교인 과세와 이중직 목회 등의 소주제들을 다루었다. 4장은 기본소득 논의의 배경과 찬반의 입장을 조명한 후 이에 대한 신학적 점검을 통해 방향성을 제시하였고, 5장은 비트코인을 중심으로 가상화폐의 화폐 및 자산적 가치를 점검하고, 향후 가능성에 대하여 공공신학의 관점에서 조명하였으며, 6장은 투명한 재정 운영 및 민주적 의사결정 방식을 강조하는 현대사회의 흐름 속에서 종교인 과세와 이중직 목회에 대하여 성경적 가르침을 중심으로 정리하였다.

3부는 "정치와 공적신앙"이라는 주제 아래에서 대통령 권력과 종교, 전쟁이론과 통일신학, 군종제도 등의 소주제들을 살펴보았다. 7장은 일제강점기와 해방 및 한국전쟁을 전후한 건국 초기 우리나라 개신교의 성장 원인을 점검하는 한편, 이후 대통령 권력을 중심으로 정치와 종교의 상호작용에 대하여 분석하였다. 8장은 기독교를 중심으로 다양한 전쟁이론을 평가하고, 국방개혁 2.0과 통일신학의 관계를 조명하였고, 9장은 국방개혁 2.0과 더불어 새로이 주목받는 군종장교의 역할과 관련하여 군종제도의 역사와 나아갈 방향에 대하여 점검하였다.

4부는 "사회와 공적신앙"이라는 주제를 가지고 21세기 우리 사회에서 벌어지는 차별의 사례를 중심으로 여성, 노인, 동성애에 대하여 점검하였고, 한류를 중심으로 문화적 공공성의 의미와 복음의 역할을 조명하였다. 10장에서는 여성혐오와 성차별을 중심으로 기독교의 여성관과 성평등의 성경적 의미를 점검하였고, 11장은 코로나 19라는 사회적 재난을 통해 노인차별에 대한 공공신학적 대응방안을 제시하였다. 12장은 동성애 담론을 중심으로 찬반 논쟁을 점검하는 한편, 차별금지법을 중심으로 성경적 견해를 분석하였다. 마지막으로 13장은 한류의 확산을 K-Pop을 통해 조명하며 오늘날 한국교회의 문화적 공공성 및 복음 사이의 균형을 도모하고, 나아갈 방향을 살펴보았다.

신앙의 공공성을 바탕으로 사회와 소통하기 위해 필요한 것은 기독교 복음의 본질이요, 기독교 윤리의 기반인 사랑이다. 소위 "사랑장"으로 불리는 고린도전서 13장에서 사랑에 대하여 직접 설명한 구절은 사랑은 오래 참고, 사랑은 온유하며, 진리와 함께 기뻐한다는 것이며(고전 13:4, 6), 나머지는 모두 사랑이 아닌 것을 나열하며 사랑의 품성과 대조하고 있다. 오래 참는 것은 사랑의 의지요, 온유함은 사랑의 속성이며, 진리와 함께 기뻐하는 것은 사랑의 본질적 기반이다. 그러나 인간의 연약함과 죄성은 그러한 의지를 약화시키고, 속성을 흐리며, 진리를 왜곡시킨다. 공공성을 통해 사회와 소통하는 한국교회 역시 자칫하면 그러한 죄성으로 인하여 단순히 악한 행실을 피하는 것에서 자기만족과 자기의에 빠질 수 있고, 반대로 악한 행실을 범하는 이들을 바리새적 율법주의로 정죄하기 십상이다. 그와 같은 일을 방지하기 위해서는 성령의 도우심을 의지하며 성령의 열매를 맺는 성품을 굳건히 해야 하며, 그러한 성령의 성품이 그리스도의 사랑을 통해 사회와 대화하는 공공신학의 기반으로 기능해야 할 것이다.

　　본서가 의지가 박약하고, 죄악된 본성을 통해 서로를 정죄하기에 바쁜 인간들을 향해 먼저 사랑을 베풀어 주신 하나님의 사랑(요 3:16)과 성령의 도우심을 견지하는 그리스도인들로 하여금 우리 사회가 직면하는 다양한 이슈들을 조명하는 한편, 그러한 이슈들에 대한 성경의 가르침을 사회와 소통할 수 있는 이 시대의 언어로 바꾸어 적용함으로써 신앙과 삶의 일치와 조화를 이루는 데에 공헌하고자 한다. 또한, 본서가 성경 본문의 가르침(the Text)과 시대적 상황(the Context)을 연결하는 전통적인 신학의 균형을 도모하고, 21세기 현대사회의 인간 실존을 신앙에 기반한 보편적 담론을 통해 조명하여 신학의 존재 이유를 명확히 하는 한편, 후기 세속사회에서 복음의 사회적 적용력을 증대시키는 작은 밑거름이 되기를 바란다.

2023년 2월

최 성 훈 박사

한세대학교 신학부 및 신학대학원 공공신학 / 실천신학 교수

차 례

01 PART ≫ 현대사회와 공공신학

현대사회와 공공신학

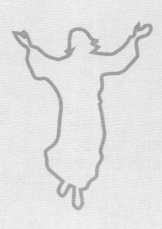

01

현대사회의 특징과 도전

오늘날 한국교회는 사상적 측면에서는 포스트모더니즘(Postmodernism)의 주관성과 상대성에 바탕을 둔 다원주의, 기술공학적 측면에서는 4차 산업혁명(The Fourth Industry Revolution)이 유발한 기술숭배와 물신주의, 그리고 사회적 측면에서는 신자유주의와 민주화에 더하여 포스트 코로나 19 시대의 인식 전환이라는 새로운 도전을 맞이하고 있다. 포스트모더니즘의 상대성과 다원주의는 절대적 진리를 부정하는 탈경전화의 흐름을 타고 성경의 권위에 대한 불신을 조정하며 기독교 신앙에 위해를 가하고 있다. 4차 산업혁명의 사이버 자극은 포스트모더니즘으로 인해 주목받던 인간의 감성마저 훼손시켜 버리고, 진보의 가능성을 낙관하며 인간 정신을 업로드하여 영생을 추구하는 트랜스 휴머니즘으로 연결되며 인간을 주변화시키는 위협을 가하고 있다. 이는 향후 기술숭배와 물신주의를 통해 기독교의 가치관에 정면으로 도전할 가능성이 크다.

더욱이 전 세계를 휩쓴 코로나 19의 확산은 천지만물을 창조하시고 인간의 생사화복을 주관하시는 하나님보다, 전염병을 치료하는 인간의 이성과 과학으로 인류의 시선을 돌려버렸다.[1] 포스트 코로나 19 시대를 통과하는 한국교회는 민주화와 개인주의, 양극화와 MZ 및 알파 세대의 부상 등과 맞물려 복합적인 도전에 직면하고 있다. 따라서 기존의 방식으로는 새로운 시대의 도전에 효과적으로 대응하기 어려운 상황이 되었기 때문에 사회의 다양한 의제를 가지고 사회와 소통하는 공공신학을 통해 한국교회가 신앙의 공적 책임을 재조명해야 한다. 다음 장에서 본격적으로 공공신학의 내용과 방법론에 대하여 조명하기로 하고, 본 장에서는 현대사회의 특징을 포스트모더니즘, 4차 산업혁명, 그리고 포스트 코로나 19 시대라는 화두를 바탕으로 살펴보았다.

1 포스트모더니즘의 사상적 도전

1) 포스트모더니즘의 개념

포스트모더니즘이란 "뒤의, 후의"(post), "근대"(modern), 그리고 "주의"(ism)가 합쳐진 개념으로 후기 근대사회, 즉 후기 산업사회의 사상 또는 사조란 뜻이다. 포스트모더니즘은 영국의 역사학자 아놀드 토인비(Arnold Toynbee)가 최초로 사용한 용어로서, 이는 1960년대 이후 근대성에 대한 비판으로서 대두되었고, 1970년대 미국의 건축 및 예술 분야에서 포스트모더니즘이라는 용어가 보편적으로 사용되기 시작하였다. 1980년대에 이르러는 파리와 프랑크푸르트 등 유럽에 전파되며 서구 지식인들 사이에서 폭넓게 수용되었고, 이후 포스트모더니즘은 후기현대주의, 탈근대주의, 해체주의, 후기구조주의 등의 다양한 용어로 지칭되며 확산되었다.

포스트모더니즘을 제대로 이해하기 위해서는 모더니즘을 이해하는 것이 선행되어야 한다. 하지만 학자별로 모더니즘의 시작에 대한 분류가 다른데, 그 시작에 대한 견해는 각각 16세기, 17세기, 18세기로 나뉜다. 먼저 16세기를 모더니즘의 시작으로 보는 입장은 로마 가톨릭교회의 보편적 권력을 거부했던 1517년의 종교개혁을 그 기준점으로 삼는데, 이는 종교개혁 이후에 에라스무스와 몽테뉴를 대표로

---

1 최성훈, 『교회를 고민하다』 (서울: CLC, 2021), 16.

하는 인본주의적 회의주의가 발전했다는 데에 근거를 둔다. 17세기를 주장하는 이들은 갈릴레오, 하비, 홉스, 데카르트, 보일, 라이프니츠, 뉴턴 등이 활동했던 과학혁명의 시기를 기준으로 제시하며, 18세기를 모더니즘의 시작으로 보는 견해는 미국과 프랑스의 공화주의 정치이론과 혁명을 그 기준으로 삼는다. 포스트모더니즘은 모더니즘의 이성과 본질 중심주의에 반대하는 입장으로서 지식은 상황에 따라 맥락적으로 형성된다는 전제를 갖는다. 이는 지식이란 삶에서 발생한 문제의 해결을 위해 존재한다는 입장이다. 그러므로 포스트모더니즘에 의하면 지식은 고정되고 절대성을 갖는 것이 아니라, 삶의 맥락에 따라 다양한 의미를 보유하는 것이다.

하지만 포스트모더니즘의 시작 시점에 대한 인식은 다를지라도 포스트모더니즘을 주장하는 이들은 모더니즘의 핵심에 대하여는 일치된 의견을 보여서 모더니즘은 과학적 사고와 합리성을 주된 특징으로 한다고 인정한다. 종교개혁 이후 이성을 강조하는 사조와 함께 문명 발달로 인해 보다 과학적인 방법을 중시하게 된 것을 배경으로 30년 전쟁(1618-1648)으로 인하여 독일 인구의 1/3이 희생되었고, 영국 시민혁명(1642-1651)으로 인하여 성인 남성의 10%가 사망하였으며, 찰스 1세의 처형 등으로 살육을 일삼는 종교분쟁과 교리를 뛰어넘는 보편적 합의에 도달하게 하는 기반이 될 근본적 진리(확실성)에 대한 열망이 강화되었기 때문이다. 모더니즘이 이성을 바탕으로 한 과학적인 진리를 강조한 데 비하여, 포스트모더니즘은 감성과 느낌을 강조하는 경향이 강하다. 절대적 진리를 부정하고 개인의 주관적인 진리에 초점을 맞추는 포스트모더니즘이 전통적인 성경의 가르침과 기독교 교리를 부정하고 그리스도 없는 역사성을 강조하다 보니 개인의 주관을 강조하며 신비주의에 빠지거나 진리의 부재 또는 난립으로 인한 혼란을 자초하기 십상이라는 점에서 한국교회는 복음의 기반을 확고히 하는 동시에 포스트모더니즘의 각론에 대한 세밀한 대응이 필요하다.

2) 포스트모더니즘, 포스트휴머니즘, 그리고 트랜스휴머니즘

포스트모더니즘은 포스트휴머니즘(Posthumanism)과 연결되어 기독교 신앙에 대하여 도전한다. 포스트모더니즘은 인간 이성에 대한 무한한 신뢰를 보냈던 모더니즘의 인식론에 대한 반작용으로 일어난 사조로서 절대적 진리를 부정하고 상황적 변화에 따른 상대주의적 입장을 견지한다.[2] 모더니즘에 대항한 포스트모더니즘을 배경으로 등장한 포스트휴머니즘 역시 근대적 휴머니즘을 넘어서는 성격을 띠는데, 포스트휴머니즘의 정의에 대하여는 학자마다 각기 다른 견해를 나타내지만 디지털 공학기술의 발달에 따른 정보 확산과 생명공학의 발전으로 인해 유발된 새로운 인간의 상황을 배경으로 한다는 점은 공통적으로 인정한다. 단순하게 정의하자면 포스트휴머니즘은 전통적인 휴머니즘의 주장에 대한 반작용으로 대두한 인간 이해를 뜻하며,[3] 이는 포스트휴먼이라는 개념이 인간과 기술이 함께 산출하는 변화 가운데 살아가는 인간을 지칭함에 근거한다.[4] 포스트휴머니스트들은 휴머니즘이 몰락한다는 전제 아래에 인간 자체도 몰락하고 있다고 지적하며 인간중심적인 근대적 인간상을 부정하고, 과학기술과의 결탁을 통해 강화된 하이브리드 인간상을 대안으로 제시한다.

근대적 휴머니즘의 인간다움이 인간을 중심으로 하는 자연과 역사, 세계에 대한 해석의 틀에 묶여 있음을 지적하며 등장한 포스트휴머니즘은 그러한 형이상학의 굴레를 벗어나는 탈존재성을 요구하면서도 인간 이해라는 휴머니즘의 기반을 유지한다. 하지만 트랜스휴머니즘(Transhumanism)은 디지털 시대에 정보화된 사회 구조 속에서 인공지능이 탑재되고 보철화된 인간이라는 환상을 토대로 인간의 존재적 정체성에 대한 급진적 견해를 피력하며,[5] 이는 인간 증강을 통해 호모 데우스(*homo*

---

2 최성훈, "신앙의 초월적 분별성과 포스트모더니즘의 주관적 상대주의: 제임스 파울러가 제시한 신앙발달론의 5단계 결합신앙을 중심으로,"「기독교교육정보」58(2018), 35 – 37.

3 신승환, "디지털 시대의 인간이해와 인문학,"「인문과학」116(2019), 175.

4 김동환, "포스트휴머니즘에 내재된 포스트모던 특성에 관한 신학적 비평,"「대학과 선교」45 (2020), 92.

5 20세기 후반에 들어서며 과학기술의 발달 속도가 이전과는 비교되지 않을 정도로 빨라졌고, 21세기 들어서서 4차 산업혁명 시대를 맞이하며 인공지능은 물론 소위 "GNR(Genetics, Nanotechnology, Robotics) 혁명"으로 인하여 포스트휴먼(posthuman)이라는 개념이 대두하였다. 이는 유전공학 (Genetic Engineering), 나노기술(Nanotechnology), 로봇공학(Robotics)을 기반으로 하는 것이지만 여기에 정보기술(Information Technology)을 더하여 머리글자를 따서 "GRIN 기술"을 바탕으로 인간이 이전에 경험하지 못한 새로운 변화를 유발하는 상황을 묘사하기도 한다. 인간 진보 또는 증강을 도모하는 트랜스휴머니즘은 이 같은 과학기술의 혁신과 급진적 발전을 배경으로 대두하였다.

Deus)라는 인간의 신격화를 실현하는 인간론으로 귀결된다.[6] 트랜스휴머니즘은 과학기술의 활용을 통해 인간의 인지적, 신체적, 심리적 한계를 극복함으로써 인간 진보를 실현하고자 하는데,[7] 최종적인 목적은 최첨단 인공지능 기술을 통해 인간 정신을 업로드하여 육체를 버리고 정신으로 영원히 존재하는 것이다. 트랜스휴머니즘을 주장하는 트랜스휴머니스트들은 과학기술의 진보가 극에 달하는 미래에 기존의 패러다임을 전환시키는 기술적 특이점(technological singularity)이 도래할 것이며, 지능의 폭발적 증가를 이룩한 수퍼 지능을 탑재한 인공지능(artificial intelligence)이 인간 정신을 컴퓨터 시스템에 업로드할 수 있기 때문에 인간 육체는 폐기될 것이라고 예상한다.[8] 이는 인공지능이 마음을 가질 수 있고, 인공지능의 발달로 인해 인간은 영원한 삶을 누릴 수 있으며, 인공지능 속에 존재하는 인간은 마치 신과 같은 존재가 될 것이라는 메타휴머니즘(meta-humanism)을 전제로 하는 것이다.[9]

3) 트랜스휴머니즘과 신앙

과학기술의 발달에 따른 인간 존재의 진보를 강조하는 트랜스휴머니즘은 인공지능, 유전공학, 나노기술, 신경과학, 정보기술 등 기술적인 측면에 지나친 초점을 맞추기 때문에 창조주이자 피조세계를 주관하시는 하나님을 중심으로 세계를 조명하는 기독교 신앙의 신본주의적 전제를 부정한다.[10] 하지만 하나님의 형상으로 창조되어 구속받은 존재로서의 인간의 존귀함은 다른 무엇으로도 대체할 수 없으며, 폭발적으로 발전한 인공지능이라 할지라도 인간과 같은 의식과 의지를 보유하는 것은 불가능하다.[11] 호모 데우스를 핵심으로 하는 트랜스휴머니즘의 인간론과 대비되

---

6 Cf. Yuval N. Harari, *Homo Deus: A Brief History of Tomorrow* (New York, NY: HarperCollins, 2017).

7 Nick Bostrom, "A History of Transhumanist Thought," *Journal of Evolution and Technology* 14(2005), 21.

8 Cf. Ray Kurzweil, *How to Create a Mind: The Secret of Human Thought Revealed* (New York, NY: Penguin Books, 2012).

9 전대경, "4차 산업혁명시대에 인공지능과 바른 목회: homo deus와 하나님의 영광이라는 극과 극의 두 모티프를 중심으로,"「ACTS 신학저널」40(2019), 175-176.

10 최성훈, "블렌디드 러닝과 기독교교육: 대학교육을 중심으로,"「기독교교육정보」71(2021), 83.

는 기독교 신앙의 인간론은 하나님의 형상으로서의 잠재력과 가능성을 제시하는 동시에 타락한 인간의 죄성을 경계하는 이마고 데이(*Imago Dei*)와 은총론을 중심으로 전개된다. 인간의 한계를 극복하고 스스로의 힘으로 세상을 재창조하려는 트랜스휴머니즘은 인공지능을 현대판 바벨탑으로 삼으려는 것이므로[12] 청지기적 사명이라는 책임의식을 통해 인공지능의 활용도 수준을 조정해야 한다. 인간이 담지하는 하나님 형상의 의미는 외현적 모습뿐만 아니라 내면적 속성 역시 신의 창조성을 반영하기 때문에[13] 이를 공적 영역에서 드러내는 것이 시대적 사명이기 때문이다. 과학기술의 혁신과 발전을 활용하여 피조세계에 대한 신앙적 책임을 수행하는 것은 하나님 형상을 실현하는 구체적 방법이다.[14] 또한, 특별은총의 구속적 은혜를 견지하는 기독교 신앙은 인간 능력의 진보 또는 증강을 통해 완전함을 추구하는 트랜스휴머니즘이 인간을 신처럼 승화시키는 것이 아니라 오히려 인간의 본질과 신적 형상의 창조성 모두를 잃은 아무것도 아닌 존재(non being)로 격하시킬 수 있다는 위험을 지적한다.

트랜스휴머니즘이 주장하는 것처럼 인간 수명을 연장하거나 정신 업로드를 통해 인간성을 컴퓨터나 기계로 대체하는 것은 단순히 인간의 육체가 수행하는 기능에 초점을 맞춘 환원적 사고일 뿐이며, 이는 하나님의 형상으로서 인간이 지닌 존귀함과 무한한 가능성을 일축하는 시도이다. 그와 같은 차원에서 트랜스휴머니즘은 인간 존재의 특수성을 배제하여 인간성으로부터 탈피하려는 소위 "인간학적 엑소더스"(anthropologischer Exodus)라는 비판을 받고 있다.[15] 하지만 기독교 신앙은 참된 인간 존재의 실현이란 인본적인 자기개선과 진보가 아니라 그리스도의 복음을 통해 하나님과의 관계를 회복하는 데에 있음을 천명하며, 하나님의 형상으로 창조된 인

---

11 Christopher L. Fischer, *Human Significance in Theology and the Natural Science: An Ecumenical Perspective with Reference to Pannenberg, Rahner, and Zizioulas* (Eugene, OR: Pickwick Publications, 2010), 300.

12 유경동, "인공지능과 기독교윤리: 신학적 인간학의 관점에서," 「영산신학저널」 48(2019), 96.

13 장보철, "트랜스휴머니즘의 인간 이해에 대한 비판적 고찰," 「신학과 실천」 78(2022), 756−757.

14 Elaine Graham, "In Whose Image?: Representations of Technology and the 'Ends' of Humanity," *Ecotheology* 11(2006), 172−173.

15 Rosi Braidotti, *Posthumanismus: Leben Jenseits des Menschen* (Frankfurt am Main, Germany: Campus Verlag, 2014), 71.

간은 정신과 육체로 나뉘어 환원될 수 없는 통일체라는 인식을 견지한다. 정신 업로딩을 통해 인간의 한계를 극복하고자 하는 트랜스휴머니즘 인간론의 시도는 자칫하면 과학기술을 기반으로 기독교 신앙에 도전하는 한편, 기독교 신앙을 폐기하는 위협으로 작용할 수 있기 때문에 이와 관련한 각론적 차원의 대응방안을 마련해나가야 할 것이다.

2 4차 산업혁명의 기술공학 및 정치경제적 도전

1) 4차 산업혁명의 개념

4차 산업혁명은 2014년 독일의 앙겔라 메르켈(Angela Dorothea Merkel) 총리가 독일의 산업구조 개혁과 관련하여 최초로 언급한 이후, 2016년 1월 스위스 다보스(Davos)에서 개최된 세계경제포럼(World Economic Forum)에서 클라우스 슈밥(Kalus Schwab) 의장이 공식적으로 이의 도래를 천명함으로써 전 세계적으로 주목받기 시작하였다. 제러미 리프킨(Jeremy Rifkin)과 로버트 고든(Robert Gordon) 등과 같은 경제학자들은 오늘날 여전히 3차 산업혁명이 본격적으로 진행되고 있다고 지적하며, 4차 산업혁명 시대 도래에 대한 반론을 제기하기도 한다. 하지만 차수와 관련한 명칭이 중요한 것이 아니라, 변화하고 있는 인류의 문화와 존재 방식에 대응하는 것이 관건이다. 융합과 연결을 특징으로 하는 시대적 변화를 단순히 "산업 4.0"(Industry 4.0)이라고 호칭하는 독일과 달리, 4차 산업혁명이라고 확정하여 지칭하는 미국의 선례를 따라 우리나라도 이를 4차 산업혁명이라고 명명하며 이에 대비하고 있다.

슈밥에 의하면 18세기 후반 발생한 1차 산업혁명은 증기기관의 발명으로 인한 기계생산의 혁명이고, 19세기 후반 발생한 2차 산업혁명은 전기의 발명을 통해 노동 분업과 대량생산을 가능케 하였으며, 20세기 후반의 3차 산업혁명은 인터넷의 등장과 함께 전자, 정보기술로 인한 자동생산이 핵심이다. 4차 산업혁명의 중요한 특징은 각종 스마트 기술과 소프트웨어 혁신이 융합되어 발생하는 초융합성과 하드웨어와 소프트웨어의 결합 및 사람과 사람, 사람과 사물, 그리고 사물과 사물이 인터넷으로 연결되는 초연결성이다. 또한, 이를 기반으로 빅데이터(big data)를 생산하고, 이를 가공하는 인공지능(AI: Artificial Intelligence)의 딥러닝(deep learning)을 바탕으로 하는 초지능성이 4차 산업혁명의 또 다른 특징이다.

2) 4차 산업혁명과 메타버스

4차 산업혁명은 인공지능, 사물인터넷(IoT: Internet of Things), 클라우드 컴퓨팅(cloud computing), 빅데이터 등 첨단지능정보기술의 융합과 연결을 바탕으로 시대적 변화를 주도하고 있다. 일례로 최근에는 전자기기들이 정보를 생산하고 이를 교환하는 사물인터넷 또는 만물인터넷(IoE: Internet of Everything)을 통해 산출되는 빅데이터를 클라우드에 저장하고, 이를 활용하는 인공지능의 기술이 그러한 변화의 흐름을 주도한다. 인공지능이 심층강화 기계학습(deep reinforcement machine learning) 또는 딥러닝이라고 불리는 알고리즘을 바탕으로 거대한 양의 데이터를 한꺼번에 생산, 저장, 정리하여 일정한 패턴을 발견하고, 이를 분석하여 빠른 시간 내에 합리적 결론을 제시하기 때문이다. 이는 생물공학기술(Biotechnology)와 결합하여 유전자 치료를 통해 코로나 19(COVID-19)와 같은 질병의 예방과 퇴치에 효과적으로 활용될 뿐만 아니라, 신경기술을 이용하여 뇌와 컴퓨터와의 연결을 통해 장애의 극복과 인간능력을 극대화하는 트랜스휴먼(Transhuman)의 출현도 가능케 하리라는 예측을 불러일으키고 있다.

4차 산업혁명은 과학기술의 급진적 발전을 통해 메타버스(Metaverse)와 같은 개념의 확산을 유발하였다. 메타버스는 1992년 닐 스티븐슨(Neil Stephenson)이 쓴 공상과학소설 "스노우크래쉬"(Snow Crash)가 처음으로 소개한 개념인데, 이는 "초월"을 의미하는 "메타"(meta)와 "우주" 또는 "세계"를 뜻하는 "유니버스"(universe)의 합성어로서 자신의 아바타 혹은 계정을 통해 연결된 디지털 세계를 의미한다. 2021년 10월 28일 소셜 미디어(Social Media) 플랫폼을 제공하는 미국의 페이스북(Facebook)

은 다수의 사용자가 아바타를 통해 물리적인 현실 세계와 가상의 세계 사이의 장벽을 허물며 소통하는 것에 초점을 맞추어 사명(社名)을 "메타"(Meta)로 변경하고 새로운 시대를 선도하겠다는 포부를 피력하였다. 지난 2006년 미국의 ASF(Acceleration Studies Foundation)는 아래와 같이 가상현실 세계로 확장하는 증강(Augmentation)과 순수 가상 공간에 구현하는 시뮬레이션(Simulation) 및 환경정보라는 외적 요소(External)와 개인 또는 사물의 활동인 사적 요소(Intimate)를 중심으로 메타버스를 구분한 바 있다.

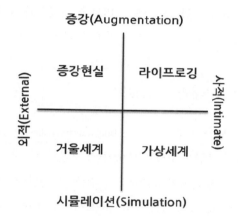

[그림 1. ASF의 메타버스 구분]

ASF가 분류한 바에 의하면 증강현실세계는 외부환경에 가상 물체를 확장한 것이고, 라이프로깅은 개인활동을 온라인에 구현한 형태이며, 거울세계는 현실(환경)을 온라인에 반영하여 구현한 가상의 세계를 뜻하며, 가상세계는 개인의 현실 세계를 넘어 상상력을 통해 창조된 세계를 의미한다. 그러나 오늘날 ASF가 2006년에 제시한 네 개의 세계는 이미 통합되는 추세라 그러한 구분에 큰 의미가 없게 되어 버렸다. 일찍이 스티븐 호킹(Stephen Hawking)은 인류의 미래는 발전하는 기술과 그 기술을 사용하는 인간의 지혜와의 경주가 될 것이라 예측하였다.[16] 하지만 시공간은

---

16 Stephen Hawking, *Brief Answers to the Big Questions* (New York, NY: Bantam Books, 2018).

초월하지만 화면이나 전자기기 안에 갇혀 버리는 모순된 현상의 발생 가능성은 메타버스의 한계로 작용한다. 또한, 화려한 메타버스 세계는 더욱 새로운 자극적인 경험을 제공함으로써 인간 스스로 사고하도록 동기를 부여하기보다는 자칫하면 기술이 인간을 압도하는 양상으로 나타날 위험성을 내포한다. 더욱이 아바타가 주체의 익명성을 보장하기 때문에 가상공간의 익명성이 신뢰의 손상이라는 상황을 초래함으로써 오히려 단절을 유발할 수 있다는 비판도 메타버스의 윤리와 관련한 문제를 드러낸다.[17] 언제, 어디서나 모든 것과 연결되어 있는 반면 자아를 잃고 모든 것과 단절될 우려가 있는 것이다. 게임, 인터넷, 스마트폰 과몰입과 중독과 같은 문제 역시 메타버스가 야기하는 문화지체현상으로 인해 나타날 가능성도 높다.

3) 4차 산업혁명 시대와 한국교회

일찍이 리차드 버크민스터 풀러(Richard Buckminster Fuller)는 100년마다 두 배로 증가해 왔던 인류의 지식 총량이 1900년대에 들어서면서 두 배로 늘어나는 기간이 25년으로 줄었고, 이는 2030년이면 3일마다 두 배씩 늘어날 것으로 전망하며, "지식 두 배 증가곡선"(Knowledge Doubling Curve)을 제시하였다.[18] 단순히 얻을 수 있는 정보는 인터넷을 포함한 정보화의 물결 속에서 쏟아져 나오지만 그 가운데에서 정확한 고급 정보를 추출, 가공할 수 있는 능력과 정보들 속에서 필요한 결론을 추출해 낼 수 있는 혜안이 훨씬 중요한 사회가 되었다. 미국의 대표적인 명문 대학으로서 1636년에 목회자 양성을 위해 설립된 하버드 대학(Harvard University)은 1945년, 1978년, 2009년, 그리고 2016년의 네 차례에 걸쳐서 교육과정을 개혁하였는데, 기하급수적으로 증가하는 지식의 양과 기술의 변화에 대응하는 과정에서 개정의 주기가 짧아지는 모습을 보이고 있다. 이처럼 가파른 속도로 증가하는 지식을 기존의 교육으로 수용하는 것은 근본적인 한계에 달했고, 따라서 오늘날 한국교회와 신학

---

17 Kathleen A. Wallace, "Online Anonymity," in *The Handbook of Information and Computer Ethics*, eds. Kenneth E. Himma and Herman T. Tavani (Hoboken, NJ: John Wiley & Sons, 2008), 174-175.

18 Cf. Richard B. Fuller, *Critical Path* (New York: St Martin's Griffin, 1982).

계는 미래의 새로운 가치를 탐색하며 개인이 스스로 지식을 가공하고 활용할 수 있는 역량을 필요로 한다.

3 포스트 코로나 19 시대의 사회문화적 도전

1) 공동체성 약화와 소외의 문제

정보화 시대를 맞이하여 지난 1992년 미국 장로교에서 최초로 온라인 교회 공동체인 FCoC(First Church of Cyberspace)가 설립된 이후 온라인 목회가 보편화되었고, 코로나 19를 경험하며 그러한 온라인 목회로의 이행이 가속되었다. 오늘날 시간과 공간의 차이에 상관없이 전 세계 어디에서든 교회 홈페이지에 접속하여 실시간으로 예배를 드릴 수 있다. 이의 순기능적 측면으로는 장애인, 군선교, 산간오지 선교, 특수직 근무자, 신우회 활동 등에 효율적으로 적용할 수 있고, 사이버 문화의 활용을 통해 지속적인 목양이 가능하다는 점이다. 반대로 온라인 목회의 역기능적인 면으로는 극단적 개인주의의 조장, 코이노니아의 파괴, 소극적, 비참여적 예배의 습관 형성, 공동체성 약화 등을 들 수 있다.

코로나 19가 확산되던 2020년 한국교회는 코로나 19 확산에 대응하는 방식을 놓고도 이원화된 모습으로 갈라졌다. 한편에서는 대면 예배를 중단하고 비대면 온라인으로 예배를 드리는 교회들을 향해 믿음이 부족하다고 비난하였고, 다른 한편에서는 대면 예배를 강행하는 교회들에 대하여 사회적 인식이 부족하고 무책임하다고 비판하였다. 한국교회가 이원론적 시각에 갇혀 있는 보수와 시대적 상황에 보다 초점을 맞춘 진보로 갈라져 분열된 민낯을 그대로 드러내며 교회에 대한 부정적인 인식이 더욱 강화된 것이다. 결국 코로나 19 확산으로 인한 사회적 거리두기로 인해 대부분의 교회들이 당국의 방역지침에 맞추어 비대면 온라인 예배를 드리게 되었다. 이와 더불어 비대면 예배 및 소모임이 지속되며 교회의 공동체성 약화와 더불어 소통의 어려움으로 인한 그리스도인 개인의 소외 문제가 부각되었다. 가뜩이나 포스트모더니즘의 다원주의와 제4차 산업혁명의 초연결성과 초지능성을 바탕으로 인공지능이 인간을 대체함에 따라 발생하는 인간소외의 도전에 더하여 비대면 신앙생활로 인한 공동체성 약화라는 어려움이 가중된 것이다.[19] 그 결과 한국교회는 일시적인 거리두기가 모든 타인과의 단절에 그쳐서는 안 되며, 연결의 대상이 되는 이들을 보다 세심하게 가리는 작업을 통해 교회와 신앙생활의 효율성을 증진해야 한다는 교훈을 얻었다. 또한, 교회는 사회적 거리두기를 통해 비대면 예배와 소그룹 모임의 어려움도 경험했지만 반대로 코로나 19 전염으로부터의 보호, 시간과 장소를 초월한 편리함, 가족예배 활성화, 교회의 역할과 본질에 대한 각성이라는 점에서 비대면 소통의 긍정적 측면을 확인하였다.[20]

2) 예배의 본질과 공공성

따라서 기존의 대면 예배에 대하여 주일성수라는 명목하에 수동적으로 시간을 지켜 자리를 채우는 데에 급급했던 이들에게는 온라인 비대면 예배가 영적 거리두기로 변질될 우려를 낳지만 바른 신앙의 자세를 견지한 이들에게는 대면과 비대면 여부는 결정적인 요소가 아니다. 또한, 코로나 19로 인하여 온라인 비대면 예배를 드리는 기간에 한국교회의 수평이동 문제가 단순히 대형교회의 시설과 잘 갖추어진 프로그램을 향한 동경에 기인한 것이 아님이 드러났다. 규모와 관계없이 교회의 본질에 충실한 교회, 즉 하나님의 말씀이 온전히 선포되고, 말씀을 중심으로 시대를 해석하고 분별하는 교회, 말씀에 깨어 있어서 은혜를 나누는 교회가 온라인 입소문을 통해 부상하게 되었기 때문이다. 결국 예배의 대상인 하나님을 향한 방향성이 건실한지 여부가 가장 중요한 요인이다. 하나님을 향하고, 하나님의 말씀이 중심이 되는 교회는 교회와 세상이 복음으로 연결되도록 함으로써 시대적 사명도 온전히 수행할 수 있다.[21] 확고한 복음의 기반과 복음의 빚진 자 의식이 공동체성을 유지하

---

19 최성훈, "현대적 교회개척의 방법론",「신학과 실천」24(2020), 653–56.

20 Ibid., 666.

21 계재광, "포스트코로나 시대, 기독교리더십 방향성에 관한 연구,"「대학과 선교」43(2020), 171–72.

도록 함으로써 개인의 소외를 방지하는 수단이기 때문이다.

건강한 공동체성은 교회가 사회와 소통하며 공감과 치유 회복과 소망의 공적 역할을 수행하는 공공성의 기반이 된다. 또한, 예배의 본질은 모임이라는 종교행위가 아니라, 사랑과 긍휼을 베푸시는 그리스도를 교회의 머리로 온전히 인정하며 그분을 따르기를 원하느냐, 그리스도를 이 땅에 보내신 하나님을 경배하며 그 뜻을 행하기를 원하느냐에 달려 있다. 단지 예배당이라는 장소에 얼마나 많은 사람들이 모였느냐는 중요하지 않으며, 따라서 모인 사람들의 숫자가 교회의 건강한 본질을 담보하지 않는다.[22] 일례로 예수님 주위에는 그저 호기심에 가득 차서 근처를 서성이던 무리들이 가득 차 있었지만 그들은 결국 메시아를 못 박으라고 소리쳤다. 단순히 주일 공예배를 오프라인으로 예배당에 모여서 드리느냐, 온라인으로 비대면 예배를 드리느냐 하는 방식 역시 예배의 본질과는 아무런 관계가 없다. 사람 마음의 중심을 보시는(삼상 16:7) 하나님께서 예배자의 마음이 어떠한지에 따라 예배를 열납하시거나, 그렇지 않으시기 때문이다.

목회의 관점이 단지 장소로서의 예배당을 채우는 것에 매여있다면, 교회의 사역은 사람들을 불러 모아 예배당을 채우기 위하여 권위와 통제를 바탕으로 운영하는 행사 위주로 전개될 수밖에 없다. 하지만 그런 경우에는 정작 한 영혼, 한 영혼을 그리스도의 복음으로 일으켜 세우는 교회의 본질적 목적을 놓치고, 그저 예배당을 채우는 머릿수로만 개인의 인격을 판단하는 오류를 범하기 십상이다. 예배의 공공성은 결국 예배의 본질인 중심성과 관련이 있다. 예배자의 마음 중심이 하나님을 향하고 있는지 여부가 예배의 참됨을 좌우하며, 그렇지 않다면 그것은 인간 중심의 모임에 불과한 것으로 전락하기 때문이다. 참된 예배를 통해서 구원의 복음이 선포되며, 이는 개인 차원의 구원에서 시작하여 사회 전체의 구원으로 확장된다. 개별 신자의 구원과 성화가 교회 공동체 전체를 통해 그리스도의 한 몸으로서 교회가 자리잡은 지역사회와 사회 전체에 대하여 선한 영향력을 끼치기 때문이다. 사도 바울

---

22 존 칼빈(John Calvin)은 교회를 하나님과 성도들의 관계로, 존 웨슬리(John Wesley)는 말씀의 선포와 성례전의 시행이 있는 기능의 구심으로, 복음주의 신학자 밀라드 에릭슨(Milad Erikson)은 이를 구성하는 사람들의 공동체로 보았다. 김한성, "선교지 예배당 건축에 대한 선교인류학적 이해", 「ACTS 신학저널」 34(2017), 332–333.

이 목회하던 초대교회는 성전 제사에서 회당 예배로 이어온 전통을 재해석하되, 예수 그리스도의 복음을 중심으로 유대인과 이방인들을 하나로 아울렀다.[23] 또한, 바울은 그리스도인의 삶 자체가 예배라는 개념을 제시하는 한편, 교회가 세상을 섬기며 하나님의 나라를 이루어가는 것을 목적으로 강조했다.[24] 그러므로 복음과 상황의 연결은 필연적으로 교회의 공공성으로 드러나기 마련이다.

3) 올라인(All-line) 목회로의 전환

코로나 19 사태 이후 정치, 외교, 경제, 사회, 문화는 물론 종교 분야에 있어서도 큰 변화의 물결이 몰려왔고, 새로운 형태의 사회로의 이행이 가속화됨에 따라 이른바 변화가 일상이 된 뉴노멀(New Normal) 시대가 도래하였다. 과학정보통신 기술의 발달로 전 세계가 하루 생활권이 된 오늘날의 지구촌은 어떤 형태로든 상호작용을 통해 서로 영향을 주고받는다. 이는 한편으로는 교류의 증진을 통해 상호 이익과 발전을 촉진하기도 하지만, 다른 한편으로는 신종 전염병의 발생과 확산 등의 위험에 노출시키기도 한다. 또한, 현대인들은 코로나 19를 경험하며 의료기술, 의료행정, ICT와 빅데이터를 통하여 전염병 관련 지표를 눈으로 확인하고 통제할 수 있게 됨에 따라, 종교보다는 정보와 과학에 더욱 의존하는 경향이 강해졌으며 위기상황에서 절대적 존재를 추구하는 종교성이 희석되고 있다. 이같이 종교성이 약화되는 가운데 한국교회는 복음의 핵심을 현대사회와 소통하는 균형감각을 그 어느 때보다 강하게 요구받고 있다.

오늘날 포스트 코로나 19 시대는 온라인(Online)과 오프라인(Offline)의 구분을 뛰어넘은 올라인(All-line) 목회에 주목하고 있다. 일찍이 수잔 화이트(Susan White)는 과학기술과 교회 공동체가 적절히 접목되면 인간의 필요와 종교적 목적 모두를 충족시킬 수 있다고 지적한 바 있다.[25] 코로나 19를 경험하며 온라인 목회는 이제는

---

23 김주한, "바울의 예배 기획 원리를 통해 본 코로나 시대의 교회 예배 방향성 제안", 「성경과 신학」 95(2020), 30, 36-37.

24 Ibid, 39, 47-48.

25 Cf. Susan White, *Christian Worship and Technological Change* (Nashville, TN: Abingdon Press,

논쟁의 차원이 아니라 교회가 필수적으로 갖추어야 할 역량으로 등극하였고, 디지털 가상현실은 종교적 상징인 아우라를 희석시키는 것이 아니라 교회의 본질을 극대화할 가능성을 인정받고 있다. 따라서 한편으로는 물리적 시공간의 교회, 교인, 공동체만을 원본으로 삼는 플라톤적 이원론을 극복하는 한편, 단순히 온라인 예배 송출을 넘어 온라인이라는 새로운 양식으로 예배와 교제를 경험하도록 하는 확장이 필요하다.

칼빈신학교(Calvin Theological Seminary)의 쿠엔틴 슐츠(Quentin J. Schultze)는 디지털 목회의 청지기가 되는 방법으로서 예전에 대하여 배우고, 새로운 기술을 익혀 천천히 진행하며, 공동체의 질을 고려하고, 옛것을 새것에, 새것을 옛것에 적용하며 진실하고 아름다운 예배를 추구하라고 조언했다.[26] 이는 디지털 목회에 대한 목회자의 성찰적 전환을 요구하며, 디지털 네이티브인 MZ세대 및 다가오는 알파 세대 (Generation Alpha)[27]와 소통하기 위한 다양한 플랫폼과 콘텐츠 마련을 통해 교회의 공동체성을 증진하는 노력을 요청한다. 또한, 한국교회는 디지털 접근성이 낮은 고령층에 대한 교육 및 온라인 접근성 확보를 증진함으로써 온라인을 디지털 성육신을 실천하는 공간으로 발전시키는 한편, 온라인과 오프라인을 효과적으로 접목하여 교인들에게 통합적 소속감을 제공해야 할 것이다.

교회의 진정성은 성령의 임재에 달려 있으며, 이는 인간의 제도적 권위나 장소성에 한정되지 않는다는 사실을 상기할 필요가 있다. 성령의 자유하심은 디지털 실존의 가상과 실재를 넘나드는 특성을 충분히 포용하며, 전통적 교회론을 재구성하

1994).

26 Cf. Quentin J. Schultze, *High−Tech Worship?: Using Presentational Technologies Wisely* (Grand Rapids, MI: Baker Books, 2004).

27 알파 세대는 2010년부터 2025년 사이에 태어난 이들을 지칭하는 개념인데, 이는 지난 2018년 호주의 사회학자 마크 맥크린들(Mark McCrindle)에 의해 주조된 그리스 알파벳 이름으로서 기술적 융합에 의해 형성된 완전히 새로운 세대를 의미한다. 그는 Z세대 이후의 새로운 세대를 지칭하기 위하여 그리스 알파벳의 첫 글자인 알파를 따서 이름을 지었다. 그들은 디지털 네이티브일 뿐만 아니라 Y세대 부모와 Z세대 손위 형제들의 디지털 행동으로부터 많은 영향을 받으며 어린 시절부터 모바일 기기들의 콘텐츠를 활발히 소비해왔는데, 애플사의 획기적인 전자기기인 아이패드가 처음 출시되었던 2010년이 이 세대가 출현한 연도로 표기된다. Philip Kotler, Hermawan Kartajaya, and Iwan Setiwan, *Marketing 5.0: Technology for Humanity* (Hoboken, NJ: John Wiley & Sons, 2021) 27−28.

는 시도를 허용하기 때문이다. 예수께서 전하신 하나님의 나라는 여기 있다 저기 있다고 말할 수 없는, 믿는 이들 안에 있는(눅 17:21) 나라라는 사실을 간과해서는 안 될 것이다. 두려움과 불안, 양극화와 불신의 문제가 만연한 포스트 코로나 19 시대의 현대사회에서 교회가 선한 영향력을 발휘하며 교회의 본질을 회복하는 원동력은 예수 그리스도께서 십자가에 달리시기 전까지 보여주신 사랑과 긍휼의 마음이다. 즉 성경이 증거하는 복음의 정수에 다시금 초점을 맞추고, 이를 시대와 소통하며 사회에서 드러내는 교회의 공적 사명을 수행해야 하는 것이다. 그와 같은 공적 책임 수행의 과업은 온라인 또는 오프라인에 매어 있는 것이 아니라 굳건한 복음의 기반 위에서 그러한 방법론을 창조적으로 사용하는 것에서 시작될 것이다. 이는 온라인과 오프라인을 동시에 고려하며 포스트 코로나 19 시대의 상황에 부합되는 방식으로 복음의 의미를 전달할 것을 요구한다.

참고문헌

계재광. "포스트코로나 시대, 기독교리더십 방향성에 관한 연구." 「대학과 선교」 43(2020), 153-178.

김동환. "포스트휴머니즘에 내재된 포스트모던 특성에 관한 신학적 비평." 「대학과 선교」 45(2020), 91-119.

김주한. "바울의 예배 기획 원리를 통해 본 코로나 시대의 교회 예배 방향성 제안." 「성경과 신학」 95(2020), 23-56.

김한성. "선교지 예배당 건축에 대한 선교인류학적 이해." 「ACTS 신학저널」 34(2017), 327-383.

신승환. "디지털 시대의 인간이해와 인문학." 「인문과학」 116(2019), 167-196.

유경동. "인공지능과 기독교윤리: 신학적 인간학의 관점에서." 「영산신학저널」 48(2019), 87-116.

장보철. "트랜스휴머니즘의 인간 이해에 대한 비판적 고찰." 「신학과 실천」 78(2022), 739-762.

전대경. "4차 산업혁명시대에 인공지능과 바른 목회: homo deus와 하나님의 영광이라는 극과 극의 두 모티프를 중심으로." 「ACTS 신학저널」 40(2019), 171-206.

최성훈. 『교회를 고민하다』. 서울: CLC, 2021.

_____. "블렌디드 러닝과 기독교교육: 대학교육을 중심으로." 「기독교교육정보」 71(2021), 77-103.

_____. "현대적 교회개척의 방법론", 「신학과 실천」 24(2020), 651-675.

_____. "신앙의 초월적 분별성과 포스트모더니즘의 주관적 상대주의: 제임스 파울러가 제시한 신앙발달론의 5단계 결합신앙을 중심으로." 「기독교교육정보」 58(2018), 27-49.

Bostrom, Nick. "A History of Transhumanist Thought." *Journal of Evolution and Technology* 14(2005), 1-25.

Braidotti, Rosi. *Posthumanismus: Leben Jenseits des Menschen*. Frankfurt am Main, Germany: Campus Verlag, 2014.

Fischer, Christopher L. *Human Significance in Theology and the Natural Science: An Ecumenical Perspective with Reference to Pannenberg, Rahner, and Zizioulas*. Eugene, OR: Pickwick Publications, 2010.

Fuller, Richard B. *Critical Path*. New York, NY: St Martin's Griffin, 1982.

Graham, Elaine. "In Whose Image?: Representations of Technology and the 'Ends' of Humanity." *Ecotheology* 11(2006), 159−182.

Harari, Yuval N. *Homo Deus: A Brief History of Tomorrow*. New York, NY: HarperCollins, 2017.

Hawking, Stephen. *Brief Answers to the Big Questions*. New York, NY: Bantam Books, 2018.

Kotler, Philip, Kartajaya, Hermawan, and Setiwan, Iwan. *Marketing 5.0: Technology for Humanity*. Hoboken, NJ: John Wiley & Sons, 2021.

Kurzweil, Ray. *How to Create a Mind: The Secret of Human Thought Revealed*. New York, NY: Penguin Books, 2012.

Schultze, Quentin J. *High−Tech Worship?: Using Presentational Technologies Wisely*. Grand Rapids, MI: Baker Books, 2004.

Wallace, Kathleen A. "Online Anonymity." In *The Handbook of Information and Computer Ethics*, edited by Kenneth E. Himma and Herman T. Tavani, 165−190. Hoboken, NJ: John Wiley & Sons, 2008.

White, Susan. *Christian Worship and Technological Change*. Nashville, TN: Abingdon Press, 1994.

02

공공신학의 태동과 발전

근대 이후 서구 사회는 계몽주의의 영향으로 신앙과 이성을 분리하기 시작하였고, 민주주의 발전과 더불어 정치와 종교 역시 엄격하게 분리되었다. 인간의 이성을 토대로 종교와 관련된 개념들을 조명함에 따라 종교는 사적 영역으로 주변화되며 신앙의 신념과 실천이 함께 쇠퇴하는 상황이 벌어졌다. 신학계에서도 종교가 세속화된 사회에서 교회와 사회의 이분법적 구분이 사라진 사회의 모습을 지적하는 한편,[1] 시장 상황에 놓인 종교가 세속화되어 전통적인 의의를 유지하기 어렵다는 해석을 내놓았다.[2] 하지만 급변하는 현대사회에서 제도화된 종교는 쇠퇴하는 모습을 보였지만 특정 종교나 교파는 오히려 세력을 확장하는 모습을 보이고 있다. 4차 산업혁명의 급속한 기술공학적 변화로 인한 인간소외 및 포스트모더니즘의 다원화가 유발한 혼란한 상황이 오히려 정서적 및 영적 기반에 대한 가치를 제고하도록 하는 동인이 되었기 때문이다.[3] 그로 인해 위르겐 하버마스(Jürgen Habermas)처럼 종

---

1 Cf. Harvey Cox, *The Secular Society* (New York, NY: The MacMillan Company, 1965).

2 Cf. Peter Berger, *Social Reality of Religion* (London, UK: Faber and Faber Ltd., 1969).

3 일례로 기존의 모든 거대 담론들을 해체하고자 하는 포스트모더니즘으로 인해 오히려 세속적 담론들까지 해체되어 사회의 모든 영역에서 기준이 사라져버렸다. 그로 인한 반작용으로서 현대인들은 정신적 기준과 영성을 재발견 및 재추구하기 위해 다시금 종교를 열망하고 있는 것이다. 그와 같이

교의 공적 역할을 부정했던 학자도 이제는 현대사회 속에서 활성화되고 중시되는 종교의 역할을 재조명하며 현 시대를 후기세속사회(Post-Secular Society)로 명명하였다.4 그러한 사회적 분위기 속에서 공공신학이 태동하였고, 세계 각 지역에서 발생하는 다양한 이슈들과 소통하는 구성신학(constructive theology)으로 자리매김하고 있다.

1 공공신학의 태동

종교를 사회적 맥락에서 다루는 종교사회학과 달리, 공공신학은 급변하는 현대사회에서 발생하는 문제들에 대한 공적인 논쟁들을 신학과의 관계 속에서 해석하며 비판적 대화를 통해 이를 조명한다. 공공신학은 교회를 중심으로 사회적 이슈에 국한하지 않는, 보다 넓은 세계를 향한 신학의 공적 사명을 거시적 차원에서 강조한다는 점에서 좁은 의미의 기독교 사회윤리와도 구별된다. 기독교 사회윤리가 기독교적 관점에서 대사회적 윤리 원칙에 초점을 맞춘다면, 공공신학은 사회적 주제를 다루며 대화와 소통을 통해 공적담론을 형성하여 문제를 해결하는 실천적 성격을 띠고 있다.5 또한, 공공신학은 종교적 공동체를 초월한 폭넓은 사회 관련 주제를

세속의 정부 및 사회 조직들이 종교의 이름으로 체제를 강조하거나 도전함은 물론 종교 공동체가 자신의 역할을 개인의 신앙을 돌보는 데에 한정하지 않고 공적인 논쟁을 위한 질문을 던지는 현상을 사회학자 호세 카사노바(José Casanova)는 "종교의 탈사사화"(deprivatization)라고 정의하였다. José Casanova, *Public Religions in the Modern World* (Chicago, IL: University of Chicago Press, 2011), 5-6.

4 후기세속사회란 세속화를 통해 쇠퇴할 것으로 예측한 종교가 오히려 재활성화되는 모습을 보이자 세속화를 주장하는 진영에 대하여 비판인 정치사회학계에서 종교의 공공성 요청과 함께 세속화에 대한 반전의 예시로 제시한 개념이다. 초창기에 하버마스는 공공권이란 연설 및 의견 표시의 자유, 언론 및 집회의 자유 등을 통한 비판적 토론 및 정치적 표현 권리, 개인의 자유 및 가정 불가침의 권리, 법 앞에 평등한 개인 소유의 권리 등 세 가지 권리의 인식에 근거되어 형성된다고 지적하였다. 그러나 그의 초기 이론 체계는 백인 중산층 남성을 근거로 한다는 측면에서 페미니스트 학자들에 의하여 비판을 받았고, 자유민주체제 사회만을 고려했기 때문에 그렇지 않은 사회에 적용하는 데에 한계가 있다는 지적을 받았으며, 그가 제시한 공공권이 복수적 개념인 데에서 오는 혼란과 공공선(common good)의 개념이 너무 추상적이라는 비평에도 직면하였다. Cf. Jürgen Habermas, *The Strutural Transformation of the Public Sphere: An Inquiry into a Category of Bourgeois Society*, trans. Thomas Burger (Cambridge, UK: Polity, 1989).

다루기 때문에 논쟁의 근원, 언어, 방식이 모두에게 개방적이다.[6]

1) 공공신학의 논의

서구에서 종교의 역할에 대한 새로운 이해의 필요성은 근대 계몽주의의 이상이 붕괴되고 사회 문제에 대하여 도덕적 토대를 제공할 자원이 고갈되며 대두하였다.[7] 근대적 이성을 중심으로 종교의 쇠퇴를 예상했던 세속화 예상이 빗나가고, 오히려 종교가 공론의 장에 등장하는 오늘날의 후기세속사회에서 기독교는 신앙인뿐만 아니라 사회 내 일반인들의 공감을 이끌어 낼 수 있는 합리적인 공공선 구현의 실천 방안을 도출해야 한다는 인식이 확산되었다. 그러한 배경 아래에서 공공신학(public theology)이라는 용어는 1967년 로버트 벨라(Robert Bellah)가 미국 내 시민종교(civil religion)의 역할에 대하여 논의하며 처음으로 사용하였고,[8] 마틴 마티(Martin Marty)가 1974년 이를 시민종교와 구별된 개념으로서 조명한 이후 본격적으로 공론화가 이루어지기 시작하였다.[9] 2007년 미국 프린스턴(Princeton, NJ)에서 설립된 GNPT(Global Network for Public Theology)는 3년마다 국제학회를 개최하는 한편,[10] 매년 4회 IJPT(International Journal of Public Theology)를 발간하며 공공신학의 담론을 주도하고 있다.

---

5 장신근, "공적실천신학으로 본 한국교회의 현실과 개혁과제," 「장신논단」 51(2019), 249.

6 김창환, "로완 윌리엄스의 샤리아 법에 관한 강연: 공공신학의 관점에서," 「Muslim−Christian Encounter」 11(2018), 47.

7 성석환, "후기세속사회의 종교성과 탈종교성에 대한 공공신학적 연구," 「선교와 신학」 49(2019), 263.

8 Robert Bellah, "Civil Religion in America," *Dœdalus* 96(1967), 1−3.

9 이와 관련한 자세한 사항은 다음을 참고하라. Martin Marty, *The Public Church* (New York: Crossroad, 1981); 문시영, 『교회의 윤리 개혁을 향하여: 공공신학과 공공윤리』 (서울: 대한기독교서회, 2016); 박도웅, "스택하우스 신학의 공공성에 관한 에큐메니칼 신학적 해석," 「신학과 세계」 87(2016), 111−143.

10 GNPT 국제대회는 2007년 미국 프린스턴 신학교(Princeton Theological Seminary)에서 개최된 것을 시작으로 2010년 호주 찰스 스터트 대학(Charles Stuart University), 2013년 영국 체스터 대학(University of Chester), 2016년 남아공 스텔렌보쉬 대학(Stellenbosch University) 대학, 2019년 독일 밤베르크 대학(University of Bamberg), 2022년에는 브라질 폰티피컬 파라나 가톨릭 대학(Pontifical Catholic University of Paraná)에서 개최되었다.

우리나라에서 공공신학에 대한 논의는 2007년 10월 새세대 교회윤리연구소가 미국의 공공신학자요, 윤리학자인 맥스 스택하우스(Max L. Stackhouse)를 초청하여 강연한 이후 활성화되고 있다.[11] 이후 노영상, 임성빈, 문시영, 성석환, 장신근 등의 연구를 통하여 공공신학과 관련한 본격적인 논의가 지속되고 있다.[12] 그러나 우리나라에서 공공신학은 북미에서 유입되어 아직 발전 단계에 있기 때문에 한국사회의 특수성을 오롯이 반영하기에는 부족한 면이 있으며, 그와 같은 맥락에서 한국의 신학계는 공공신학의 구성적 방법론과 그 실천에 있어서 공론장에 참여하는 경험이 부족함이 지적되고 있다.[13] 이제 태동기에 머물러 있어서 다양한 의견들을 조율해야 할 과제를 맡은 공공신학은 다원적인 사회적 주제에 대한 다층적 분석을 통해 발전해야 할 것이며, 공공신학이 한국사회에서 유의미한 도전이 되기 위해서는 서구 신학계의 논의를 소개하는 일에 그치지 않고, 구체적인 한국적 상황에서 실천의 방법을 탐구하며 발전해야 할 것이다.[14]

2) 공공신학의 실천신학적 의의

21세기 현대사회에서 주목받고 있는 공공신학이란 사회문제를 공적 차원의 담론 수준에서 제시하고 이를 분석하는 전통적인 공공신학의 의미에 더하여 구체적인 실천방안을 모색하여 제시하는 실천신학의 방법론을 가미한 개념이다. 다시 말하면 이는 공공실천신학의 접근방법이라 할 수 있겠다. 실천신학은 목회사역의 전반을 조명하는 목회신학의 범위를 확장시킨 것으로서 신학교 내의 교육을 넘어서 사회적 상황에 대한 신학적 해석 능력을 제고하기 위한 방법론으로 등장하였다.[15]

---

11 최경석, "공공신학으로 한국 시민운동 읽기", 「기독교사회윤리」 24(2012), 282.

12 자세한 내용은 다음을 참고하라. 노영상. "교회와 신학의 공공성에 대한 논구." 새세대연구소. 『공공신학이란 무엇인가』(서울: 북코리아, 2007); 임성빈. "맥스 스택하우스의 신학윤리 사상과 한국교회에 주는 의미." 새세대연구소. 『공공신학이란 무엇인가』(서울: 북코리아, 2007).

13 성석환, 『공공신학과 한국사회』(서울: 새물결플러스, 2019), 19.

14 성석환, "지역공동체의 문화복지를 위한 공공신학의 실천적 연구," 「선교와 신학」 33(2014), 247.

15 이효주, "목회신학이란 무엇인가?: 실천신학과 공공신학과의 관계 안에서," 「한국기독교신학논총」 112(2019), 230−236.

공공신학은 사회적으로 이슈가 되는 문제에 대하여 신학적으로 조명하며 공적인 소통을 강조하는 방법론인데, 일찍이 보니 밀러-맥레모어(Bonnie Miller-McLemore)는 신학의 사회적 책임과 공공성을 강조하며 목회신학은 공공신학과 같다고 주장한 바가 있다.[16] 이는 오늘날 목회신학의 확장으로서 실천신학이 사회 공동체를 중시하는 상황적 패러다임으로 전환하며 공공신학의 영역으로 발을 넓힌 것으로 증명되며,[17] 공론장에서의 담론과 비판이 이론과 실천을 통합시키는 공공성의 실현 측면에서도 공공신학과 실천신학은 상통한다.[18] 또한, 공공신학이 추구하는 공동의 유익과 사회적 약자를 보호하는 정의 실현은 그러한 공공신학의 실천성을 지지한다.[19]

종종 신학 분야의 연구는 이론에 경도되어 있어서 사회문제 진단이 실용적이거나 구체적이지 못하다는 문제점이 지적된다. 또한, 확고하지 못한 기독교의 정체성, 미숙하고 왜곡된 신앙, 사회문화적 맥락에 대한 이해 부족, 연대와 소통의 부재 등의 한국교회의 문제[20] 역시 새삼스럽지 않다. 그러한 문제를 해결하기 위해 새로이 주목을 받는 공공신학에 대한 한국적 이해는 아직 개념 논란의 차원을 벗어나지 못하고 있는데,[21] 공공신학이 발전하기 위해서는 한국사회의 다양한 문제들에 대하여 다층적 관점에서 분석해야 하며, 따라서 정치, 경제, 사회, 문화 등 사회적 이슈들과 관련한 조명은 공공신학의 발전과정에 있어서 필수적인 과제이다. 그러한 도

---

16 Bonnie Miller-McLemore, "Pastoral Theology as Public Theology: Revolution in the Fourth Era," in *Pastoral Care and Counseling: Redefining the Paradigms*, ed. Nancy J. Ramsey (Nashville, TN: Abingdon Press, 2004), 46.

17 이효주, "목회신학이란 무엇인가?: 실천신학과 공공신학과의 관계 안에서," 243.

18 김창환은 선교학 역시 공공신학과 교류할 수 있는 공통분모가 있다고 지적하였다. 그는 두 신학의 관심이 공적영역에 해당하는 하나님의 세상에 있다는 점, 전통적 신학에 근거하면서도 다양한 세속의 학문과 교류하는 점, 개인과 사회의 전인적 변화를 추구하며 정치, 경제, 사회, 문화, 환경 등의 문제에 관심을 갖는 점, 교회 밖의 상황에 대한 기여에 초점을 맞춘 점, 그리고 교회의 중요성을 강조하면서도 하나님 나라의 관점에서 실천하는 신학을 강조하는 점에서 두 신학의 관심이 겹친다고 설명하였다. 김창환, "공적 선교학: 선교학과 공공신학의 대화," 「선교와 신학」 57(2022), 11.

19 John W. de Gruchy, "Public Theology as Christian Witness: Exploring the Genre," *International Journal of Public Theology* 1(2007), 40.

20 임성빈, "21세기 초반 한국교회의 과제에 대한 소고: 공공신학적 관점에서," 「장신논단」 47(2015), 199-201.

21 문시영, "위험사회의 공공신학적 성찰과 한국교회의 과제," 「장신논단」 47(2015), 180.

전을 교회의 공공성의 측면에서 조명하며 사회와 함께 소통하는 것은 교회의 사회적 책임 수행을 통해 기독교에 대한 사회의 인식을 제고하는 한편, 공공신학의 확장 측면에서도 유익할 것이다.

2 공공신학의 접근방식

목회자의 비윤리적 행태 및 교회세습, 극단적인 정치 참여와 같은 모습 등으로 인해 기독교의 이미지가 실추된 오늘날 한국교회는 시민사회와 소통하는 과정에서 과거에 비하여 더욱 겸손하고 낮은 자세로 훨씬 많은 노력을 경주해야 한다. 교회가 차지하는 사회적 지위가 높아질수록 대중적 반감이 커지고 있고, 정치적 영향력의 증대가 오히려 사회적 공신력을 저하시키고 있기 때문이다. 따라서 장기적인 관점에서 교회는 복음이라는 본질을 중심으로 사회적 책임을 수행하며 사회적 공신력을 제고해야 하며, 그 과정에서 공적담론을 형성하며 사회와 소통하도록 하는 공공신학의 가능성에 대하여 주목할 필요가 있다. 그러한 차원에서 공공신학의 신학적 배경 및 수행 방식을 살펴보는 것은 향후 한국교회가 공공신학을 통해 올바른 방향성을 견지하는 데에 필수불가결한 과업이다.

1) 고백적 방식과 변증적 방식

공공신학의 방법론은 거시적 차원에서 고백적인(confessional) 방식과 변증적인(apologetic) 방식의 두 가지 접근방법으로 분류된다. 전자는 기독교 신학의 전통 안에서 공적 이슈를 조명할 것을 강조하고, 후자는 공적인 사안에 대하여 비기독교인들과 소통하는 방식에 보다 초점을 맞춘다. 고백적 방식의 기본적인 전제는 신학과 공적 삶의 영역 사이에는 본질적으로 공유할 수 있는 요소가 없다는 것이며, 신학이란 특정한 신앙 공동체에 주어진 계시이기 때문에 다른 학문들과 섞이면 신학을 약화시킨다는 우려를 기반에 깔고있기 때문에 다룰 수 있는 영역의 범위에 있어서 한계가 있다. 변증적 방식의 전제는 기독교 신학의 기반 위에서 충분히 세상과 소통하여 복음을 통해 세상을 점진적으로 개혁 내지는 변혁해 나갈 수 있다는 신념이며, 변증적 방식 역시 기독교 복음의 가르침과 세속의 상황 가운데 건강한 균형을 이루어야 제대로 기능할 수 있다는 점을 간과해서는 안 될 것이다.

고백적 방식을 대표하는 로널드 씨먼(Ronald Thiemann)22은 일찍이 공공신학을 기독교 공동체가 살아가는 사회적이고 문화적인 상황과 기독교 신념 사이의 관계를 이해하고자 노력하는 신앙으로 단순하게 정의하였다.23 스탠리 하우워스(Stanley Hauerwas)는 공공신학의 고백적 측면을 강조하는 입장에서 교회와 세상을 구별하며 그리스도인이 사회적 책임을 다하는 실천적 삶은 교회가 교회다운 덕을 실천하는 공동체가 되는 것에서 시작함을 역설하였다.24 결국 교회가 교회다움을 회복하여 시민사회가 본받을 만한 윤리적 본을 보여주어야 한다는 것이다. 그는 교회란 본질적으로 예수의 내러티브에 충실한, 예수 그리스도의 삶을 따르는 덕의 공동체로서 내면의 성숙을 통해 사회윤리를 실천함으로써 사회 변화를 도모할 수 있다고 주장하였다. 하지만 그의 견해는 합리적 비판에 열려있지 않은 "theos without logos"라는 지적을 받는데, 자칫하면 하나님의 존재를 교회 안으로 축소시킬 우려가 있기 때문이다. 하우워스의 주장은 자칫하면 내적성숙의 환원주의로 전락할 수 있고, 인간의 죄성을 고려할 때 신앙의 윤리가 실천으로 이어지는 것이 요원할 수도 있지만, 그럼에도 불구하고 교회가 세상에서 선한 영향력을 발휘하기 위해서는 세상이 수용할 수 있도록 하는 긍정적인 인식 제고가 필요하다는 측면에서는 일리가 있다.

맥스 스택하우스(Max L. Stackhouse)는 공공신학을 교회 밖의 영역에서 다루는 정치, 경제, 사회, 문화, 과학 등의 문제에 대하여 기독교 가치관 아래에서 논의함으

---

22 빈센트 바코트(Vincent E. Bacote)는 고백적 방식의 공공신학을 대표하는 인물로서 로널드 씨먼 (Ronals F. Thiemann)을 제시하였고, 변증적 방식의 공공신학은 맥스 스택하우스(Max L. Stackhouse)가 대표한다고 분류하였다. 빈센트 바코트, 이의현, 정단비 역, 『아브라함 카이퍼의 공공신학과 성령』 (서울: SFC, 2019), 57.

23 Ronald Thiemann, *Constructing a Public Theology: The Church in a Pluralistic Culture* (Louisville, KY: Westminster John Knox, 1991), 21.

24 Stanley Hauerwas, *The Peaceable Kingdom: A Primer in Christian Ethics* (Notredame, IN: Indiana University Press, 2006), 107.

로써 신학적 해결을 도모하는 분야로 정의하였다.[25] 하지만 권문상은 기독교국가 (Christendom)의 경험에 근거한 서구적 공공신학이 그러한 경험이 일천한 우리나라 토양에서 기능할 수 있을지에 대한 의문을 제기하는 한편, 기독교국가의 경험이 있는 서구에서조차 포스트모더니즘에 의한 다원주의 경향 속에서 공공신학이 제대로 기능하지 못함을 지적하였다.[26] 하나님의 우주적 주권과 인간의 청지기 직분을 강조하며 피조세계에서 인간은 하나님의 통치영역을 보존해야 할 책임이 있다고 주장하는 스택하우스는 교회가 배타주의적 자세를 버리고 시민사회와 현대문화의 도전을 적극적으로 수용할 것을 요구하였다.[27] 하지만 세상의 변혁을 위하여 단순히 기독교인의 사회참여만을 제시한 스택하우스의 공공신학은 결국 교회와 세상의 구별에 대하여 무감각한 나머지 사회를 기독교의 방법으로 변혁할 수 있다는 신념이 과도한 비현실적 내재주의에 불과하다는 급진적 비판을 받기도 하였다.[28] 하지만 그러한 비판 역시 세상에 대한 지나친 우려에 근거한 것이며, 그러한 우려에만 함몰되어 있다면 신학은 시대와 소통하며 발전을 이루기 어려울 것이다.

요약하면 고백적인 방식은 예수 그리스도의 복음과 이를 선포하는 교회의 본질 제고의 측면에서는 의의가 있지만 자칫하면 성속(聖俗)을 구분하는 이원론에 함몰되어 오늘날 한국교회가 직면한 사회적 문제와 관련하여 다양한 의제들이 지닌 다층적 담론의 성격과 공공성을 무시할 우려가 있다. 변증적 방식은 기독교 복음을 중심으로 하는 성경적 진리를 기반으로 사회의 문제를 조명하고 대화와 소통을 통해 불의와 악의 문제를 해결하려고 시도하며 변혁을 추구한다는 점에서 현대사회의 개방성과 상호작용하는 가능성의 측면에서 열려 있다. 양자 모두 장, 단점이 있으며, 기독교 신앙의 본질을 수호하며 세상을 변화시키는 사명을 위해서 양자의 변증적 통합의 과정이 필요하다. 따라서 본서는 변증적 방식을 주된 연구 방법론으로

---

25 Max L. Stackhouse, *Public Theology and Political Economy: Christian Stewardship in Modern Society* (Grand Rapids, MI: Eerdmans, 1987), xi.

26 권문상, "공동체적 교회와 공공 신학," 「성경과 신학」 101(2022), 64.

27 김희수, "H. Richard Niebuhr의 신학과 윤리학의 공공신학적 토대," 「기독교사회윤리」 44(2016), 24.

28 권문상, "공동체적 교회와 공공 신학," 92-93.

수용하되, 사회적 이슈를 통해 신앙의 실제를 다루는 실천적 성격을 반영하기 위하여 실천신학의 방법론을 가미하였다. 다시 말하면 기독교 신학의 고백적 전통이 추구하는 복음의 기반을 중시하되, 구체적인 방법론에 있어서는 이를 실제적인 이슈와 관련하여 개인과 공동체 및 공익과 공존을 동시에 중시하는 종교공공성의 특성을 기반으로 공공신학의 관점에서 비기독교인들을 포함한 사회 전체와 소통하는 변증적 방식을 통해 분석하며, 이후 이에 대한 해결방안을 실천신학의 방법론으로 분석하여 제시할 것이다.

2) 공공신학의 특징

김창환은 공공신학은 첫째, 하나님 나라를 이 세상에 이루기 위한 신학으로서 교회와 세상의 연결에 중점을 두며, 따라서 신학과 세속 학문의 교류를 시도하고, 둘째, 성경의 지혜를 바탕으로 세속과 성스러움의 만남을 통해 세상 속에서 하나님의 정의와 평화를 실현하고자 하며, 셋째, 그러한 하나님 나라는 교회와 세속 공동체가 함께 공동의 선을 추구함으로써 이루어지며, 넷째, 방법론에 있어서는 비평적, 반영적, 합리적 참여를 적용한다고 설명하였다.29 비평적이라는 의미는 사회전반의 불의와 죄악에 대하여 날카롭게 지적하고, 변화를 위한 대안을 추구하는 시도를 뜻하는데, 그것은 교회가 사회의 일원으로서 겸손한 자세로 사회 구성원들과 함께 소통하며 문제를 해결해나가야 함을 요구한다. 그러한 시도를 위해서 교회는 합리성과 논리성이라는 언어를 습득해야 하며, 세상을 향해 열린 신학이 되기 위해서 다른 학문들과의 교류를 지향하므로 공공신학은 신학의 해석학적 관점이 아니라 실제적 적용에 더욱 초점을 맞추는 것이다.30

---

29 김창환, "공적 선교학: 선교학과 공공신학의 대화," 13-15.

30 이를 위하여 김창환은 공공권에 참여하는 그룹을 정계, 재계, 미디어, 학계 시민사회, 종교적 공동체의 여섯 가지로 세분화할 것을 제안하였다. 한편 스택하우스는 공공권을 종교, 정치, 교육, 경제의 네 개의 그룹으로 보았고, 더키 스미트(Dirkie Smit)는 정치적 공간, 경제적 공간, 시민 사회, 공공여론을 공공신학의 네 가지 특징적 담론으로 보았다. 김창환, 『공공신학과 교회』(서울: 대한기독교서회, 2021), 37-40; Max L. Stackhouse, "Public Theology and Ethical Judgment," *Theology Today*, 54(1997), 165-179; Nico Koopman, "Some Comments on Public Theology,"

위르겐 몰트만(Jürgen Moltmann)은 공적 연관성 없이는 기독교의 정체성이 있을 수 없기 때문에 신학은 하나님 나라에 대한 보편적 관심을 공적으로 드러내야 한다고 주장하며, 그 과정에서 사회 속에서 가난하고 소외된 자들을 대변하며 하나님 나라에 대한 그리스도 안에 있는 희망의 빛을 공적 관심 안에서 드러내야 한다고 지적하였다.31 하지만 그는 단순히 세속의 모든 영역을 기독교 제국의 확장 대상으로 보는 것이 아니라 세계 속에서 대화함을 통해 복음의 가치를 드러내는 것을 강조한 것이다.32 그와 같은 차원에서 미로슬라브 볼프(Miroslav Volf)는 하나님 사랑과 이웃 사랑의 윤리적 균형을 강조하며 하나님께로 상승하여 예언적 메시지를 받는 것에 실패하는 상승의 기능장애와 우리 자신이나 이웃을 올바로 사랑하지 못하는 회귀의 기능장애 모두를 경계하였다.33

한편 김민석은 독일 밤베르크 대학(University of Bamberg)의 조직신학 교수인 하인리히 베드포드―슈트롬(Heinrich Bedford―Strohm)이 그의 저서 "Position beziehen"에서 피력한 공공신학의 여섯 가지 특징을 소개하였다.34 그는 베드포드―슈트롬이 제시한 첫 세 가지 공공신학적 특징은 이론적 특징인데 첫째, 성서적―신학적 특징으로서 인간의 이성만을 강조하는 계몽주의와 달리 공공신학은 기독교의 신학적 전통에 근거해야 함을 강조하고,35 둘째, 이중 언어 능력으로서 이는 공공신학의 "공공"을 강조한 것인데 교회가 공론장에 참여하여 비기독교인들과 소통하기 위해서 기독교 신념을 세상이 이해할 수 있는 언어로 번역해야 함을 뜻하며,36 셋째, 간학

Journal of Theology for Southern Africa 117(2003), 3―19.

31 Jürgen Moltmann, *God for a Secular Society: The Public Relevance of Theology* (London, UK: SCM Press, 1999), 5―23.

32 Ibid., 266―268.

33 미로슬로브 볼프, 김명윤 역, 『광장에 선 기독교』 (서울: IVP, 2014), 110―111.

34 독일어 "Position beziehen"은 "위치를 선정하다"는 의미이다.

35 신학이 배제된 공공성에 대한 논의는 공공정책학이나 공공철학으로 축소될 수밖에 없다. 따라서 신학적 기초가 튼튼하지 못한 공적 논의는 교회의 역사적 사명을 수행하지 못하게 한다. 김민석, "공공신학의 토대와 흐름 그리고 그 특징," 「종교문화학보」 18(2021), 13.

36 케빈 밴후저(Kevin J. Vanhoozer)는 하나님의 뜻을 읽어내어 세상에 적용하는 성서 해독력과 함께 세상을 읽고 이해하는 문화 해독력을 강조하는 동시에 그러한 해독력을 적용하는 대상인 인간의 본질에 대하여 이해하는 인간 해독력을 강조하며 공공신학이 보유한 조직신학과 실천신학의 통합적 측면을 강조하였다. 케빈 밴후저, 오언 스트래헌, 박세혁 역, 『목회자란 무엇인가』 (서울: 포이

문적 특징으로서 이는 두 번째 특징과 연결된 것인데 다른 학문 분과의 지식을 이용하여 합리성을 갖출 때에 비로소 세상이 교회의 목소리에 귀를 기울일 수 있다는 측면을 강조한 것이다.[37]

베드포드－슈트롬의 나머지 세 가지 특징은 공공신학이 실제로 담당하는 역할을 강조하는 실천적 특징으로서 첫째, 정치적 방향성을 제시할 수 있는 역량인데, 이는 교회가 더 나은 해결책을 제공하는 윤리 교사가 아니라 함께 소통하며 문제를 해결하고자 하는 자세를 요구한다. 즉, 교회는 성경에 근거한 윤리적 전문성을 제공함으로써 정치적 방향을 제시해야 하며, 정치적 이익을 추구하는 것이 아니라 하나님 사랑의 증인으로서 기능함을 분명히 해야 하는 것이다.[38] 둘째, 예언자적 속성으로서 거짓이 난무하는 공적 현실 속에서 경고, 저항, 비판을 가하며 진리를 통해 사회 정의를 실현하는 것이며,[39] 셋째, 맥락성 또는 상황성으로서 다양한 지역에서 다양한 모습으로 나타나는 공공신학이 보편성과 모순되는 것이 아니라 상호 맥락성을 통해 다른 맥락에서 일어나는 일들을 통해 서로 배우려는 자세를 뜻한다.[40]

에마, 2016), 194－207.

37 공공신학은 신앙의 직접적 표현이 아니기 때문에 신앙 공동체 내에서 선포되는 설교의 언어와 달라야 한다. 성경적 진리가 대화의 종결 수단으로 사용되면 세상은 귀를 닫을 것이므로 성경적 가르침의 타당성에 대한 충분한 설명이 겸손하고 친절한 태도를 통해 제공되어야 한다. 김민석, "하인리히 베드포드－슈트롬이 제시한 공공신학의 특징," 「한국조직신학논총」 63(2021), 41－53.

38 Heinrich Bed－ford Strom, "Braucht die Zivilgesellschaft die Kirche?" in *Position beziehen Perspektiven einer Öffentlichen Theologie* (München, Germany: Claudius Verlag, 2012), 5－6, 김민석, "하인리히 베드포드－슈트롬이 제시한 공공신학의 특징," 56에서 재인용.

39 그러한 측면에서 명백한 불의에 대하여 중립을 이유로 침묵하는 것은 하나님께서 교회에 요구하신 정의를 저버리는 것이다. 그럼에도 불구하고 공공신학은 기존의 체제와 권력을 완전히 악으로 배제하는 혁명적 방법이 아니라 반대의 의견을 가진 이들과의 협상을 통해 점진적인 개혁을 추구함으로써 해방신학과 구별된다.

40 이는 아직 발전 단계에 있는 공공신학이 모든 것을 포괄하는 하나의 방법론을 지향함으로써 하나의 제도와 지역으로 축소되는 것이 아니라 그리스도를 믿고 구원의 여정을 지나는 하나의 공동체라는 점을 강조하는 것이다. 따라서 공공신학의 맥락성 또는 상황성은 상호 교류를 통해 상호 교정을 도모하며 발전을 이루려는 시도이다.

3 현대사회와 신앙의 공적 책임

1) 한국교회와 공공성의 의의

현대 한국사회의 문제들을 해결하기 위해서 전명수는 공공성 강화를 위한 종교의 사회적 역할을 강조하며, 종교 공공성은 보편적 가치와 공공선, 소통과 공존을 특징으로 하며, 그러한 특징은 결국 돌봄과 치유의 기능을 통하여 현대사회에 공헌함을 역설하였다.[41] 성석환은 공공신학적 실천이 정치적 세력으로서의 제도화가 아니라는 점을 지적하며 기독교가 사회에서 도덕적 기준과 토대를 제공하며 공공선을 추구하는 공적 역할을 수행해야 함을 강조하였다.[42] 공공신학은 정치, 경제, 사회, 문화적 차이에 의해서 다양한 입장을 긍정하며,[43] 기술 — 경험적 차원, 해석적 차원, 규범적 차원, 그리고 실용적 차원이라는 새로운 패러다임을 통해 응용신학으로 기능하므로[44] 현대사회의 문제를 다루는 데에 유용하다. 따라서 한국교회에 대한 사회의 부정적 인식 해소 및 더 나아가 교회의 사회참여와 관련한 다양한 문제를 조명하는 데 있어서 공공성은 중요한 수단으로 기능할 것이다.

공공신학의 기초가 되는 가장 중요한 개념이 공공성이지만,[45] 공공성에 대한 견해도 다양하게 나뉜다. 일례로 공공성에 대한 인식에 있어서 공공선을 통해 평등성을 강조하는 입장과[46] 공론장의 구축을 강조하는 입장,[47] 그리고 개인구원과 사회구원의 통합을 강조하는 입장[48] 등으로 나뉜다. 한편 이창호는 기독교의 공적 참

---

41 전명수, "공공성 강화를 위한 종교의 사회적 역할: 종교공공사회학적 접근," 「종교와 문화」 32 (2017), 61 – 92 참고.

42 성석환, "후기세속사회의 종교성과 탈종교성에 대한 공공신학적 연구," 249 – 279.

43 최경석, "공공신학으로 한국 시민운동 읽기," 277.

44 장신근, "공적실천신학으로 본 한국교회의 현실과 개혁과제," 250.

45 박도웅, "스택하우스 신학의 공공성에 관한 에큐메니칼 신학적 해석," 118.

46 정원범, "한국교회의 공공성 위기와 기독교의 사회선," 「기독교사회윤리」 27(2013), 335 – 368.

47 김종걸, "공공철학과 기독교의 공공성," 「복음과 실천」 56(2015), 217 – 242; 김진호, "한국교회의 과거, 현재, 미래, 공공성에 대해 묻다: 규범적 공론장의 형성과 변화를 중심으로," 「종교문화비평」 26(2014), 52 – 78.

여모형을 사회의 윤리적 지향과 문화적 에토스 형성을 목표로 하는 사회문화적 공적 변혁 모형, 개별 신자와 교회 공동체의 도덕적 실천을 통한 하나님 나라 실현을 목표로 하는 윤리적 보편화 유형, 사회에 대한 대안공동체로서 교회의 교회다움을 구현하고자 하는 교회됨 구현의 사회윤리 모형, 그리고 기독교적 가치를 토대로 모든 정치사회 영역에의 참여를 권장하는 총체적 공공선 지향 모형으로 구분하였다.[49] 이처럼 공공성(publicness), 공적인 것(the public), 공적 영역(public sphere), 공개적으로 알려지는 것(publicity) 등의 개념이 혼용되며 공공성이 명확하지 않다는 점이 문제이다.[50] 하지만 오히려 기독교 복음의 진리와 윤리를 바탕으로 시대적 상황과 대화하며 세상을 납득시키고 설득시켜 나가는 공공신학의 본질을 고려하면 공공성은 인종, 성별, 종교, 계층 등의 모든 인간적 차별과 관련된 요소들을 배제하고 사회적 이슈에 대하여 공론장에서 의견을 교환하며 문제를 풀어가는 데에 필요한 개방적 태도로 기능할 것이다.

2) 포스트 코로나 19 시대의 한국교회의 공적 과제

(1) 지역사회에서의 책임

교회의 공공성은 공교회성이라고도 할 수 있는데, 이는 교회가 이웃과 지역사회를 위한 공적 역할을 수행해야 한다는 책임성을 전제하는 것이다.[51] 따라서 포스트 코로나 19 시대라는 시대적 상황과 관계없이 교회의 본질적 과제는 자신이 자리 잡은 지역사회에 대한 이해를 바탕으로 해당 지역을 품고 사랑하는 지역교회(community church)로서의 정체성을 견지하며 지역사회에서 공공적 책임을 수행하는 것이다. 교회가 위치한 지역을 품고, 사랑하고, 섬기는 것은 지역교회의 기본적인

---

48 김경재, "종교개혁과 사회변화: 하나님의 나라 관점에서 일상의 성화와 정치, 경제 권력의 공공성 중심으로," 「신학과 교회」 8(2018), 217－255.

49 이창호, "기독교의 공적 참여 모형과 신학의 공동의 기반 모색," 「기독교사회윤리」 31(2015), 65－117.

50 성석환, 『공공신학과 한국사회』, 41.

51 이종원, "코로나 19로 인한 사회문제와 그 해결책," 「대학과 선교」 45(2020), 82.

사명이므로 지역사회에 대한 인구통계학적 자료의 검토 및 분석은 물론 영적 토양에 대한 점검은 그러한 교회의 사명을 수행하는 데 있어서 기초작업이 된다.[52] 이를 위하여 빅데이터를 구축하고 이를 활용할 수 있는 역량을 구비해야 하며, 그러한 역량의 근원적 기반이 기독교 복음과 성화를 구심으로 하는 구별됨 또는 거룩함이라는 사실을 간과해서는 안될 것이다. 이는 아브라함 카이퍼(Abraham Kuyper)가 교회 안에 있는 특별은총이 사회 속에서 일반은총에 선한 영향력을 끼칠 때에 최고의 성취를 이루며, 가장 좋은 사회란 그와 같은 일반은총에서 나온 책임감 있고 충실한 청지기직에서 비롯될 것이라고 주장한 바와 일맥상통하는 것이다.[53]

코로나 19의 전세계적 위기를 경험한 한국교회는 포스트 코로나 19 시대를 맞이하여 그와 같은 사회적 위기에 대처하기 위한 교회 공동체 및 사회 전체에 대한 공공선 논의에 참여하는 것이 필요하다.[54] 코로나 팬데믹의 위기 상황이 미처 해소되지 않은 시점에서 2022년 10월 이태원 참사와 같은 사건을 마주한 한국교회는 단순히 온정적인 관점을 가지고 사회적인 문제를 다루는 것은 실질적인 도움이 되지 않으며, 한국교회의 거시적 공공성을 중심으로 그 범위를 지역사회와 관련한 내용으로 축소하여 적용해야 한다는 점을 직시해야 한다. 따라서 사회적 위기에 대처하기 위한 한국교회의 공공성이란 고난의 상황에 동참하는 과정에서 교회됨을 고민하는 동시에, 예배, 소통, 지역사회 사역을 통해 하나님의 통치가 구현되도록 하는 책

---

52 최성훈, 『교회개척 매뉴얼』(서울: CLC, 2019), 79-89.

53 Abraham Kuyper, "Common Grace," in *Abraham Kuyper: A Centennial Reader*, 165-204, ed. James D. Bratt (Grand Rapids, MI: Eerdmans, 1998), 199.

54 2020-2022년의 코로나 19 상황을 겪으며 재택근무가 가능한 형태의 산업에서는 굳이 사무실을 임대하여 임대료와 임직원들의 교통비 및 시간을 허비할 필요가 없음을 현실적으로 깨달았다. 치밀한 직무 기술과 분담을 통해 오히려 직원들의 역량이 투명하게 드러나게 되었고, 업무기한을 조정하면 집중 근무를 통해 보다 효과적인 방식으로 업무를 수행할 수 있다는 사실을 확인하였기 때문이다. 교회도 그러한 공간 관련 효율성을 깨닫고 굳이 예배당을 구입하거나 임대하는 방식보다는 종교시설을 공유하는 방식을 고려하고 있다. 또한, 찾아가는 심방보다는 메신저와 화상회의 또는 통화 프로그램을 활용하는 맞춤형 목회를 수용하고 있다. 전통적인 봄, 가을의 대심방과 같은 프로그램 보다는 실제로 심방 또는 목회적 돌봄을 필요로 하는 이들에게 초점을 맞출 수 있는 여유가 생긴 것이다. 따라서 총동원주일 행사를 위해 경품을 내걸며 사람들을 끌어들여 예배당을 채우는 방식의 소모적이고 비효율적인 목회 프로그램 등 교회의 본질과 관계없는 것을 사역에서 제외해야 한다. 그러면 한국교회는 지역사회에서 사명을 감당하는 지역교회(local community church)로서의 공공적 역할이 뚜렷해지고, 더 큰 사명감으로 자리를 지킬 수 있게 될 것이다.

임을 뜻한다.[55] 또한, 4차 산업혁명 및 포스트 코로나 19 시대를 맞이하여 한국교회는 지역사회에서의 책임 수행을 위해서 사이버 공간을 통해 공적 이슈를 논의하는 방법론에 대하여 더욱 깊이 있는 고민과 노력을 경주해야 할 것이다.

(2) 공공신학의 기반

기독교 복음은 공공신학의 기반이 되는 가장 핵심적인 원리로 기능한다. 따라서 교회가 복음을 중심으로 시대와 소통하고 사회적 이슈에 대응하기 위해서 우선 성경적 진리의 기반을 확고히 하는 것이 요구된다. 예수 그리스도의 복음에 대한 확고한 뿌리가 기독교가 시대와 소통하는 근본적인 토대가 되므로, 복음의 투철한 강조 없이 주장하는 교회의 공공성은 그 방향성을 잃고 표류하게 될 것이기 때문이다. 다음으로 교단 및 교회의 연합이라는 거시적 차원에서 현대사회의 특성과 위기 상황에 대한 냉철한 조명을 통하여 시대와 소통하되, 특히 국가의 법적 지침과 사회적 상식 수준에 맞추어 대응안을 제공함으로써 교회에 대한 부정적인 인식을 해소하고, 복음의 원리가 투영된 공공성을 드러내야 한다. 이를 위해서는 우리 사회가 맞이한 4차 산업혁명 시대가 산출하는 빅데이터(big data)에 대한 분석력과 이를 바탕으로 하는 위기 상황에 대처하기 위한 지침(manual) 또는 프로토콜(protocol) 마련이 요구되는데, 이는 한국교회의 연합체와 교단적 차원에서 수행해야 하는 과제이며, 그러한 지침을 수용하여 반영하는 것은 개교회의 몫이다.

하지만 교회의 공공성을 과도하게 강조하다가 사회복지실천과 관련한 모든 책임을 교회가 떠맡는 것은 지양해야 한다.[56] 교회는 사회복지의 전문기관이 아니므로 교회 공동체와 지역사회를 섬기는 사역의 주축이 되어서는 안 되며, 추상적인 책임의식을 통해 과다한 부담을 지는 것은 장기적 관점에서 오히려 동력을 잃어버리게 하는 원인이 되기 때문이다. 또한, 공공신학이 견지하는 개방성과 대화의 능력은 현대사회 속에서 교회의 사명과 역할을 재조명할 것이지만, 이에 대하여 과도한 기대를 가지는 것 역시 경계해야 한다. 아직 형성 단계에 있는 공공신학이 정치, 경

---

55 손규태, 『하나님 나라의 공공성』 (서울: 대한기독교서회, 2010), 157－158.
56 김순환, "문명 교체기의 촉매, 코로나 19 상황의 온라인 예배와 성찬 모색," 48.

제, 사회 문화 등의 모든 문제를 해결하고, 교회의 공공성을 회복시켜 줄 것이라는 장밋빛 환상과 성급한 실천은 오히려 공공신학의 발전을 저해할 것이기 때문이다. 따라서 공공신학을 통해 공론의 장에 참여하여 다양한 의견을 경청하는 포용적 지혜와 서로를 관용하며 변화를 도모하는 성숙한 인내의 모습이 필요하다. 한국교회와 신학계는 우리나라의 특수한 상황 속에서 발생하는 다양한 이슈들을 통해 사회와 소통하며 한국 사회를 위하여 온전히 자리매김하는 한국적 공공신학의 발전을 위해 지속적인 노력을 경주해야 할 것이다.

참고문헌

권문상. "공동체적 교회와 공공 신학."「성경과 신학」101(2022), 63－97.

김경재. "종교개혁과 사회변화: 하나님의 나라 관점에서 일상의 성화와 정치, 경제 권력의 공공성 중심으로."「신학과 교회」8(2018), 217－255.

김민석. "하인리히 베드포드－슈트롬이 제시한 공공신학의 특징."「한국조직신학논총」63(2021), 37－75.

_____. "공공신학의 토대와 흐름 그리고 그 특징."「종교문화학보」18(2021), 1－23.

김순환. "문명 교체기의 촉매, 코로나 19 상황의 온라인 예배와 성찬 모색."「신학과 실천」72(2020), 37－60.

김종걸. "공공철학과 기독교의 공공성."「복음과 실천」56(2015), 217－242.

김진호. "한국교회의 과거, 현재, 미래, 공공성에 대해 묻다: 규범적 공론장의 형성과 변화를 중심으로."「종교문화비평」26(2014), 52－78.

김창환. "공적 선교학: 선교학과 공공신학의 대화."「선교와 신학」57(2022), 9－36.

_____.『공공신학과 교회』. 서울: 대한기독교서회, 2021.

_____. "로완 윌리엄스의 샤리아 법에 관한 강연: 공공신학의 관점에서."「Muslim－Christian Encounter」11(2018), 41－85.

김희수. "H. Richard Niebuhr의 신학과 윤리학의 공공신학적 토대."「기독교사회윤리」44(2016), 11－39.

노영상. "교회와 신학의 공공성에 대한 논구." 새세대연구소.『공공신학이란 무엇인가』. 서울: 북코리아, 2007.

문시영.『교회의 윤리 개혁을 향하여: 공공신학과 공공윤리』. 서울: 대한기독교서회, 2016.

_____. "위험사회의 공공신학적 성찰과 한국교회의 과제."「장신논단」47(2015), 177－199.

미로슬로브 볼프, 김명윤 역.『광장에 선 기독교』. 서울: IVP, 2014. (Original Work

Published in 2011).

박도웅. "스택하우스 신학의 공공성에 관한 에큐메니칼 신학적 해석."「신학과 세계」
87(2016), 111－143.

빈센트 바코트, 이의현, 정단비 역.『아브라함 카이퍼의 공공신학과 성령』. 서울: SFC,
2019. (Original Work Published in 2005).

성석환.『공공신학과 한국사회』. 서울: 새물결플러스, 2019.

＿＿＿. "후기세속사회의 종교성과 탈종교성에 대한 공공신학적 연구."「선교와 신학」
49(2019), 249－279.

＿＿＿. "지역공동체의 문화복지를 위한 공공신학의 실천적 연구."「선교와 신학」
33(2014), 241－272.

손규태.『하나님 나라의 공공성』. 서울: 대한기독교서회, 2010.

이종원. "코로나 19로 인한 사회문제와 그 해결책."「대학과 선교」45(2020), 61－90.

이창호. "기독교의 공적 참여 모형과 신학의 공동의 기반 모색."「기독교사회윤리」
31(2015), 65－117.

이효주. "목회신학이란 무엇인가?: 실천신학과 공공신학과의 관계 안에서."「한국기독교
신학논총」112(2019), 221－250.

임성빈. "21세기 초반 한국교회의 과제에 대한 소고: 공공신학적 관점에서."「장신논단」
47(2015), 179－207.

＿＿＿. "맥스 스택하우스의 신학윤리 사상과 한국교회에 주는 의미." 새세대연구소.「공
공신학이란 무엇인가』. 서울: 북코리아, 2007.

장신근. "공적실천신학으로 본 한국교회의 현실과 개혁과제."「장신논단」51(2019),
247－75.

전명수. "공공성 강화를 위한 종교의 사회적 역할: 종교공공사회학적 접근."「종교와 문
화」32(2017), 61－92.

정원범. "한국교회의 공공성 위기와 기독교의 사회선교."「기독교사회윤리」27(2013),
335－368.

최경석. "공공신학으로 한국 시민운동 읽기."「기독교사회윤리」24(2012), 273－302.

최성훈.『교회개척 매뉴얼』. 서울: CLC, 2019.

케빈 밴후저, 오언 스트래헌, 박세혁 역.『목회자란 무엇인가』.서울: 포이에마, 2016.
(Original Work Published in 2015).

Bed－ford Strom, Heinrich. "Braucht die Zivilgesellschaft die Kirche?" In *Position
beziehen Perspektiven einer Öffentlichen Theologie*. München, Germany:

Claudius Verlag, 2012.

Bellah, Robert. "Civil Religion in America." *Dædalus* 96(1967), 1−21.

Berger, Peter. *Social Reality of Religion*. London, UK: Faber and Faber Ltd., 1969.

Casanova, José. *Public Religions in the Modern World*. Chicago, IL: University of Chicago Press, 2011.

Cox, Harvey. *The Secular Society*. New York, NY: The MacMillan Company, 1965.

de Gruchy, John W. "Public Theology as Christian Witness: Exploring the Genre." *International Journal of Public Theology* 1(2007), 26−41.

Habermas, Jürgen. *The Strutural Transformation of the Public Sphere: An Inquiry into a Category of Bourgeois Society*. trans. Thomas Burger. Cambridge, UK: Polity, 1989. (Original Work Published in 1962).

Hauerwas, Stanley. *The Peaceable Kingdom: A Primer in Christian Ethics*. Notredame, IN: Indiana University Press, 2006.

Koopman, Nico. "Some Comments on Public Theology." *Journal of Theology for Southern Africa* 117(2003), 3−19.

Kuyper, Abraham. "Common Grace." In *Abraham Kuyper: A Centennial Reader*, edited by James D. Bratt, 165−204. Grand Rapids, MI: Eerdmans, 1998.

Marty, Martin. *The Public Church*. New York: Crossroad, 1981.

Miller−McLemore, Bonnie. "Pastoral Theology as Public Theology: Revolution in the Fourth Era." In *Pastoral Care and Counseling: Redefining the Paradigms*, edited by Nancy J. Ramsey, 45−64. Nashville, TN: Abingdon Press, 2004.

Moltmann, Jürgen. *God for a Secular Society: The Public Relevance of Theology*. London, UK: SCM Press, 1999.

Stackhouse, Max L. *Public Theology and Political Economy: Christian Stewardship in Modern Society*. Grand Rapids, MI: Eerdmans, 1987.

_____. "Public Theology and Ethical Judgment." *Theology Today* 54(1997), 165−179.

03

현대사회와 복음의 공적 의미

이성의 절대성을 강조하던 근대에는 사탄이나 귀신들에 대한 관심이 비과학적인 견해로 간주되어 급격하게 감소하였고, 이는 성경에 기록된 기적이나 영적 사건들에 대한 불신으로 이어졌다. 이후 포스트모더니즘의 영향으로 개인의 주관을 강조하는 다원주의적 성향과 함께 직관적 감성을 소구하는 현대사회에 들어서는 오히려 영적인 관심이 증대되었다.[1] 특히 4차 산업혁명 시대 및 포스트모더니즘으로 인한 세속화와 다원주의의 물결은 코로나 19 사태와 더불어 현대인들의 불안을 자극하여 초월적 신비를 다루는 종교에 대한 주의를 환기하였다.[2] 20세기 중반에 하비콕스(Harvey Cox) 등의 신학자들이 종교적 관심이 쇠퇴하는 소위 세속화의 물결을 예견했지만,[3] 현대에 접어들어 영적 세계에 대한 관심은 오히려 증대되었다.[4] 그러

---

1 포스트모더니즘의 주관성은 제한된 인간의 관점에 기인한 것으로 인간 소외 현상을 유발하고, 이는 자연스럽게 절대인 존재를 추구하는 현상으로 귀결된다. Cf. Seong－Hun Choi, "Trinitarian Principles of Christian Education: Based on the Reaction of Neo－Orthodox Theology against Postmodern Challenges," *Journal of Christian Education* 61(2020), 156－158.

2 조한상, "제4차 산업혁명 시대의 영성지도: 조나단 에드워즈를 중심으로," 「신학과 실천」 72(2020), 232.

3 Cf. Harvey Cox, *The Secular City: Secularization and Urbanization in Theological Perspective* (New York, NY: Macmillan Co., 1965).

한 틈을 타서 이단들은 성경이 광범위하게 다루지 않은 영적인 주제에 집중하여 혹세무민하고 있으며, 자의적인 영성적 실천을 제시하기도 한다. 특히 개인의 주관성과 다원주의를 표방하는 포스트모던 시대에서는 "옳음"이라는 이성적이고 윤리적인 판단보다는, 개인적 선호에 따른 "좋음"이라는 감성의 기준이 작용하는 경향이 강하기 때문에 더욱 이에 대한 성경적인 점검이 필수적이다. 그러한 차원에서 본 장은 사탄과 귀신과 같은 영적 존재의 개념 및 영적 전쟁의 본질, 새벽예배(기도)와 금식의 전통, 그리고 자살이라는 현대사회의 문제에 대하여 조명하였다.

1 사탄의 존재와 영적 전쟁[5]

사탄과 그를 추종하는 어두움의 세력들에 대한 기독교의 가장 큰 오해 두 가지는 양 극단에서 대립한다. 하나는 일상에서 벌어지는 모든 일들 가운데 악한 세력이 영향을 미치고 있다고 주장하며 어두움의 세력의 힘이나 중요성을 부풀리는 입장이고, 다른 하나는 예수님을 그리스도, 주님으로 믿는 그리스도인에게는 악의 세력이 전혀 영향을 미치지 못하므로 관심을 가질 필요가 없다는, 악의 실재를 최소화하거나 부인하는 입장이다.[6] 양자 모두 성경적 관점에서 온전하지 못한 태도인데, 전자의 경우 사탄의 궤계를 파헤치는 일에 지나치게 집착하여 하나님보다 피조물에 불과한 사탄에게 불필요한 관심과 주목을 집중하는 오류를 범하고, 후자의 경우 사탄의 세력에 대하여 무지하여 사탄의 궤계에 미혹될 가능성을 노출하기 때문이다. 그러므로 하나님께서 특별히 계시하여 주신 성경의 내용을 중심으로 사탄과 귀신들

---

4 그들은 세속화를 근대화와 동일한 개념으로 간주하여 종교의 사사화와 그 세력의 약화를 세속화의 특징으로 제시하였다. 그러나 위르겐 하버마스(Jürgen Habermas)를 포함한 오늘날의 학자들은 과거 신학자들의 주장과 달리, 종교가 공론장에 등장할만큼 주목을 받는 오늘의 사회를 후기세속사회(post secular society)라 지칭하며, 종교의 새로운 영향력을 인정하고 있다. Cf. Jürgen Habermas, "Secularism's Crisis of Faith: Notes on Post-Secular Society," *New Perspectives Quarterly* 25(2008), 17-29.

5 본 섹션의 내용은 최성훈, "복음주의 관점으로 조명한 천사론과 귀신론,"「영산신학저널」 52(2020), 171-201을 수정 및 보완한 것이다.

6 로버트 스프롤, 이선숙 역, 『성경에 나타난 천국, 천사, 지옥, 마귀』 (서울: 아가페북스, 2013), 185.

의 존재적 근거가 되는 천사론을 중심으로 귀신론을 조명하는 한편, 실천적 차원에서 대응 방안을 제시하는 것은 신학 이론의 정립은 물론, 신앙 생활의 실제적 측면에서 필수적인 과업이다.

1) 천사의 존재와 역할

천사는 하나님의 피조물로서 인간의 눈에는 보이지 않는 영적 존재이지만, 때로는 인간의 모습으로 나타난다.[7] 천사는 고대 근동의 각 민족들의 다신교적 설화에 근거한 존재였지만 구약성경에서 아브라함을 방문한 세 사람을 하나님으로부터 온 사자로 받아들이고 롯 역시 소돔 성문에서 두 천사의 방문을 접하고 소돔을 떠나는 장면(창 18:1-15; 19:1-22)을 시작으로 분명한 존재로 부각되었다. 신약 시대에는 예수 그리스도와 세례 요한의 수태 고지에 등장한 가현적인 천사의 활동을 성령이 대신하였다가(요 1:13), 신약성경의 마지막 책인 요한계시록에서 요한이 본 천상의 환상 속에서 천사의 활동이 빈번히 나타났다. 히브리어로 천사는 "말라크"(מלאך)인데, 이는 "소식을 전하는 이"라는 뜻이다.[8] 신약 성경에서 천사(angel)라는 개념은 헬라어 "앙겔로스"(Ἄγγελος)를 어원으로 하는, 신의 뜻을 이 세상에 전달하는 사명을 지닌 사자 또는 고지자를 의미한다.[9] 천사는 하나님의 약속을 상기시키며 야곱이 가야할 길을 인도했고(창 31:11-13), 가브리엘 천사는 사가랴에게 나타나 요한의 탄생을 예고하였으며(눅 1:11-20), 마리아에게 예수님의 탄생을 고지하였다(눅 1:26-38). 또한, 천사들은 예수님의 탄생 소식을 목자들에게 전했고(눅 2:8-14), 예수께서 40일 금식 후 사탄의 시험을 물리치셨을 때에 나아와서 수종을 들었다(마

---

7 Ibid., 139-142, 148.

8 천사는 복수(plural)로 등장하므로 주로 말라크의 복수형 말라킴(מלאכים)이 사용된다. 고대 유대인들은 천사란 하늘에서부터 오는 메신저이며, 그가 세상에 내려오는 까닭은 하나님의 뜻을 전하기 위해서라고 생각하였다. Cf. 장재일, 『히브리적 관점으로 다시 보는 마태복음』 (서울: 쿰란출판사, 2012), 646.

9 앙겔로스는 사신, 전령을 가리키는데, 헬라 세계에서 앙겔로스는 원래 천상의 존재로서 잡신들의 수호자 또는 신들의 전갈을 인간에게 전달하는 자로 나타난다. 김철손, "요한계시록에 나타난 천사론," 「신학과 세계」 15(1987), 27.

4:11). 예수 그리스도께서 십자가에 달리신 지 3일 만에 부활하실 때에 무덤의 돌을 굴려내고 그리스도의 시체를 찾는 막달라 마리아와 야고보의 어머니 마리아, 살로 메, 그리고 요안나 등 여인들에게 그리스도의 부활을 전한 것도 천사가 수행한 임 무이다(마 28:1-7; 막 16:1-8; 눅 24:1-10; 요 20;1-18).

성경의 주된 내용은 하나님의 형상으로 창조된 인류의 구원에 초점을 맞추고 있으므로 천사의 창조 시기가 성경에 구체적으로 나타나 있지 않다. 그러나 땅의 기초가 놓였을 때에 새벽 별들이 기뻐 노래하며 하나님의 아들들이 다 기뻐 소리를 질렀기 때문에(욥 38:6-7), 천사의 창조는 이 세상의 창조보다는 앞섰음이 틀림없다. 또한, 천사의 숫자는 "만만이요 천천이라"(계 5:11)는 성경 구절로 미루어 볼 때 그들의 수가 무수히 많음을 알 수 있다. 그러나 성경은 구체적인 천사의 숫자보다는 하나님의 위엄을 나타내기에 적합할 만큼 천사의 숫자가 많다는 사실을 드러낼 뿐이다. 성경의 기록이 천사의 기원보다는 천사의 기능에 초점을 맞추고 있기 때문에, 이를 통해 천사의 존재 의의를 조명하는 것이 간접적인 천사 이해의 방법이 될 것이다. 성경에 나타난 천사의 역할은 하나님을 찬양하고, 하나님께 수종드는 일을 기본으로 하고, 독생자 그리스도의 탄생을 비롯하여 하나님께서 계획하신 뜻을 미리 예고하는 일, 하나님의 백성들을 인도하고 보호하는 일, 악인을 심판하는 일 등으로 나타난다(시 103:20-21; 사 6:3; 마 28:1-7; 막 16:1-8; 눅 1:11-20; 2:8-14; 24:1-10; 요 20:1-18).

가장 기본적인 천사의 역할은 하나님을 찬양하는 것인데, 일례로 시편에서 천사는 큰 무리를 지어 천군 천사로서 하나님을 찬양하며 하나님께 수종하는 모습으로 나타난다(시 103:20-21, 148:2).[10] 이사야서에서는 하나님을 찬양하는 천사가 스랍(세라핌: seraphim)[11]이라는 천상의 존재로 나타나는데, 그 역할은 하나님을 찬양, 예

---

10 김철손은 천사의 기능을 네 가지로 구분하였는데, 이는 하나님의 명령을 인간에게 전달하고, 미래에 발생할 일을 예고하며, 하나님의 백성을 보호하고 적으로부터 구출하는 한편, 악인을 심판하는 것이다. Ibid., 28-29.

11 고대 근동 지역에서 지칭하는 스랍은 원래 "날아다니는 뱀"을 뜻했는데(민 21:8; 신 8:15; 사 14:29; 30:6), 이는 팔레스타인 남부 네게브 사막 지역에 서식하는 "ephe"(Echis carinatus)라는 독사로 추정된다. 이 독사는 마치 날아다니듯 빠르게 기어다니기 때문에 날아다니는 뱀이라는 호칭을 얻었다. 배제민, "하나님과 뱀과 사탄: 구약에 나타난 뱀에 대한 연구," 「기독교사상」(1971), 136.

배함을 통해 하나님을 섬기고, 하나님께 수종드는 것이다. 스랍은 여섯 날개를 가진 천사로서 두 날개로는 얼굴을 가리고, 두 날개로는 발(성기 또는 부끄러움)을 가리고, 다른 두 날개로는 날며 "거룩하다, 거룩하다, 거룩하다"(사 6:3)고 선포하며 하나님의 영광이 온 땅에 가득함을 선언하였다. 천사들은 예수 그리스도의 탄생 때에도 아기 예수 앞에 모인 목자들 앞에서 "지극히 높은 곳에서는 하나님께 영광이요 땅에서는 하나님이 기뻐하신 사람들 중에 평화로다"(눅 2:13–14)라고 외치는 수많은 천군, 즉 무리의 모습으로 나타났다.

천사는 하나님의 현현(顯現)을 대리하는 역할을 담당하기도 하는데, 그 목적은 하나님께서 선택하신 이에게 하나님의 뜻을 전하여 하나님의 백성들을 인도하거나 심판을 면하게 하기 위함이다. 천사는 하나님을 대리하여, 혹은 하나님과 함께 나타나 아브라함에게 아들을 얻을 것을 고지하였고(창 18:1–15), 소돔을 향한 심판을 선포하였으며(창 18:16–33), 아브라함의 조카 롯에게도 소돔의 심판을 미리 고지하고 그의 가족을 이끌어 구원하였다(창 19:1–29). 여호와의 사자인 천사는 하나님의 현현을 보좌하여 모세로 하여금 이스라엘 백성들의 출애굽 사명을 감당하게 하였고(출 3:1–22), 그발 강가의 에스겔에게 임하여 그를 선지자로 부르시고 선지자의 사명을 위임하시는 하나님의 뜻을 준행하였다(겔 1–2장).

또한, 천사는 심판의 집행자 역할 및 이와 관련한 수호자의 역할을 담당하였다. 그룹[12]들의 임무는 심판과 더불어 지키는 것인데(겔 28:12–19), 그룹들은 아담과 하와가 하나님의 뜻을 거역하는 범죄를 저지른 사건 이후, 그들이 에덴에 들어오지 못하도록 불 칼을 들고 지켰다(창 3:24). 그룹은 또한 속죄소에서 증거궤를 지키는 역할(출 25:19; 히 9:5), 하나님을 운반하는 일(시 18:10), 기름부음을 받고 지키는 일(겔

---

12 그룹(cherub), 또는 그룹들(cherubim)의 어원은 "은혜롭다", "복을 주다"를 의미하는 아카드어 "카라부"(karabu) 또는 "중보기도자"를 뜻하는 "카루부"(karubu)이지만 그 뜻이 명확하지는 않다. 스랍이 여섯 날개를 가진데 비하여 그룹은 네 개의 날개를 가졌고(겔 1:6; 10:15), 이동하는 데 사용하는 바퀴를 가지고 있거나 이를 사용한다는(겔 10:16–17) 점에서 차이가 있다. 또한, 성경이 스랍과 그룹에 대하여 설명한 역할은 다소 다른데, 스랍은 예배를 섬기는 모습으로 주로 나타나고, 그룹은 하나님을 수종드는 모습으로 나타난다. 그러나 성경은 양자의 존재에 대하여 구체적인 언급을 않으며, 양자 모두는 하나님의 영광을 나타내는 천사의 본질적 기능을 수행할 뿐이다. 따라서 양자의 차이에 대하여 불필요하게 과도한 관심을 가질 필요는 없다. 성경의 목적은 하나님의 인류 구원을 향한 뜻을 인간에게 일깨우는 것이기 때문이다.

28:14, 16) 등을 수행하였다. 하나님의 명령을 따라 심판을 집행하고 전쟁을 수행하는 천사의 역할은 소돔과 고모라가 타락했을 때 소돔을 방문하여 상황을 파악하고(창 19:1-29), 애굽의 바로와 같은 악인들에게 재앙을 내리며(출 7:20-12:30), 헤롯과 같은 악인을 심판하는(행 12:23) 모습을 통해 드러난다. 천사의 심판은 이스라엘과 이스라엘의 적들을 동시에 대상으로 하는데, 그 기준은 하나님의 편에 서 있느냐, 아니냐 하는 것이다. 그러한 심판의 집행은 하나님을 의지하지 않고 자신의 힘을 가늠하려고 인구조사를 행한 다윗으로 인해서 이스라엘을 향해 심판을 행하는 일(삼하 24:15-16), 그리고 이스라엘의 편에 서서 전쟁을 치르며 아람 또는 앗수르와 같은 적을 물리치는 하늘 군대의 모습을 통해 드러난다(왕하 6:17, 19:35; 대하 32:21; 사 37:36). 이와 관련하여 천사들은 때로는 하나님을 대리하는 여호와의 군대 대장이 그들의 대표로 등장하기도 하며(수 5:13-15), 단순히 하나님의 세력으로서 하나님을 보좌하며 하나님께 영광을 돌리는 하늘 군대로 나타나기도 한다(눅 2:13).

심판의 집행자로서의 천사의 대표적인 모습은 최후의 종말론적 심판이 이루어질 때 이를 담당하는 존재로서 나타나는데,[13] 천사들은 마지막 때에 나팔을 불면서 일곱 가지 재앙을 집행한다(계 8:2-9:21). 그들의 역할은 하나님의 분노를 그대로 집행하는 것인데(계 15:6-7), 이는 하나님께서 각 사람이 행한 대로 갚으실 것이라는, 재림에 대한 그리스도의 말씀으로 예언된 것이다(마 16:27). 따라서 재림 예수는 심판장으로서 천사들을 거느리시며, 가라지 비유에 대한 해석(마 13:36-43)처럼 천사들은 그리스도의 보냄을 받아 사람의 행실에 따라 그들을 심판하는(마 13:41) 집행관의 역할을 수행할 것이다. 또한, 종말과 관련하여 천사는 감추어진 비밀을 알리거나 하나님의 뜻을 해석하여 전달하는 계시자의 역할을 담당한다. 스가랴서에는 하나님의 말씀을 전달하는 천사의 모습이 자주 등장하며(슥 1:7-5:11), 다니엘은 가브리엘 천사를 통해 환상을 깨달았으며(단 8:16-26), 천사들은 새예루살렘의 열두 문을 지키기도 하는 한편(계 22:12), 사도 요한에게는 마지막 때에 일어날 일들을 알려주었다(계 22:6).

성경에 나타난 천사의 독특한 역할 중에는 죽은 이들을 하늘로 인도하는 것도

---

13 양재훈, "천사,"「기독교사상」(2017), 238.

있는데, 부자와 나사로의 비유에서 "거지는 죽어 천사들에게 받들려 아브라함의 품에" 들어가는(눅 16:22) 장면을 묘사한 구절이 대표적인 예이다. 드물게 천사는 특정인을 보호하는 수호천사로 나타나는데, 어린아이와 같이 작은 자를 그리스도의 이름으로 영접하고 업신여기지 않아야 할 것은 그의 천사가 하늘에서 하나님의 얼굴을 항상 뵈옵기 때문이라는 예수님의 가르침 속에 그러한 모습이 드러난다(마 18:10). 따라서 천사가 베드로를 옥중에서 구출하여 마리아의 집에 도착했을 때에 사람들이 베드로가 아니라 그의 천사가 왔다고 말한 것은 유대인들 안에 내재된 수호천사의 개념을 드러낸다(행 12:15). 하지만 성경 본문에 수호천사의 개념을 뒷받침할 만한 다른 구체적인 기록이 있지 않기 때문에, 수호천사에 대한 그리스도의 언급은 하나님의 형상으로 창조되었고, 그리스도의 대속의 대상이 될만한 가치를 보유한, 모든 인간의 존엄성을 강조하는 표현으로 보는 것이 타당하다.

이외에도 천사는 아브라함과 모세, 이스라엘 백성 등 하나님의 사람들을 인도하고(창 22:11 – 15; 출 14:19; 민 20:16), 야곱과 다니엘의 세 친구인 사드락, 메삭, 아벳느고, 이스라엘 백성, 베드로와 사도들을 위험과 적들로부터 보호하거나 구해내었다(창 32:1; 왕하 6:17; 단 3:28; 행 5:19, 12:7 – 10). 총괄하면 기본적으로 천사는 하나님의 뜻을 따라 인류를 구원하는 임무를 맡고 있다. 이와 관련하여 구원을 베푸시는 하나님께 영광을 돌리며 찬양하는 역할을 수행하며, 그리스도를 통한 인류 구원과 종말에 그리스도의 재림을 통한 구원의 완성, 그와 관련한 하나님의 뜻을 전달하는 직무를 담당한다. 또한, 믿음을 가진 하나님의 백성들을 위기에서 구출하고, 둘러싸서 보호하며, 하나님의 뜻을 해석하여 구체적으로 전달함을 통해 그들의 신앙 여정을 인도하는 역할을 수행한다. 그리고 하나님의 공의를 이루는 심판자로서 기능을 담당하되, 구원이 완성되는 종말의 시점에는 최후 심판을 준행하는 준엄한 역할도 수행할 것이다.

2) 사탄과 타락한 천사들

성경의 기록에 의하면 사탄(satan)은 타락한 천사들의 수장이며, 사탄과 함께 타락한 천사들은 귀신들(demons)이다. 사탄은 성경에서 하나님을 대적하는 세력의 대표로서 나타나는데, 사탄의 다양한 명칭에는 사탄 활동의 목적과 그의 특성이 반영되어 드러난다. 사탄은 히브리어 "사탄"(שטן)의 음역인데, 이는 아카드어 "sedu(m)"의 차용어로서 아카드어에서는 본래 수호신과 악신(惡神) 모두를 의미하는 것이었지만 구약 성경에서는 악신만을 의미한다.[14] 또한, 구약 성경은 다양한 명칭들로 사탄을 지칭하는 경우가 많은데, 예를 들면 "멸하는 자"(출 12:23), "멸하는 천사"(삼하 24:16; 대상 21:14-17), "거짓말하는 영"(왕상 22:22), "악한 영"(삿 9:23) 등이 그것이다.[15] 일반적으로 구약 성경에서 사탄은 단순히 원수, 악의가 있는 상대방을 뜻하며, 하나님을 거역한 사악한 근원이라는 의미는 후기 유대교에 의해서 붙여진 것이다.[16] 70인역에서 사탄은 "비방자", "원수" 또는 "악마"라는 의미에서 헬라어 "디아블로스"(διάβολος)로 번역되어 21회 등장하며, 에스더 7장 4절과 8장 1절을 제외하면 항상 히브리어 "사탄"으로 번역되지만,[17] 이는 하나님을 배반하거나 거역했다는 직접적인 의미로 사용된 것은 아니다.[18] 사탄은 역대상 21장 1절에서 다윗을 격동하는 존재로서 비로소 사탄"(σατανᾶς)이라는 이름으로 등장하며, 욥기 서문인 1-2장에서는 경건한 욥을 하나님 앞에서 고발하는 천상의 존재로 나타난다.

　　창세기 3장에서 하와를 유혹했던 뱀은 사탄과 무관하다고 주장하는 신학자도 있지만,[19] 유대인들은 가나안과 바벨론의 신화에 등장하는 뱀을 창세기에 적용하며, 하나님을 대적하는 사탄의 징표로서 뱀을 지칭하였다. 일례로 가나안 신화에 등

---

14 이윤경, "벨리알과 사탄에 대한 역사적 개념 변천 연구," 「한국기독교신학논총」 76(2011), 36-38.

15 Ibid., 36.

16 H. 비이텐하르트, "사탄," 「기독교사상」 (1983), 244.

17 Ibid., 243-244.

18 쿰란문서에서는 사탄이 "벨리알"이라는 사악한 영으로 나타나는데, 이는 하나님께서 빛의 영(천사)과 어둠의 영(벨리알)이라는 두 영을 창조하셨는데, 양자가 주권을 행사하고 있다는 영지주의적 이원론에 근거한 것이다. 사탄을 지칭하는 "바알세붑" 또는 "베엘제불"(Βεελζεβούλ)이라는 명칭은 열왕기하 1장 2-3절에 등장하는데, 이는 "오물, 똥"을 의미하는 "제불"(ζεβούλ)에서 유래한 것으로서 똥거름과 마찬가지인 우상 또는 거짓 신을 경멸하는 표현으로 사용된 것이다.

19 그러나 로마서 16장 20절의 "평강의 하나님께서 속히 사탄을 너희 발 아래에서 상하게 하시리라"는 구절은 바울 당시 유대인들에게 뱀의 유혹이 사탄의 유혹으로 받아들여졌다는 사실을 반증한다. 따라서 신약시대 이전에 이미 유대 사회 내에서 뱀이 곧 사탄이라는 개념이 확립되어 있었다는 사실을 알 수 있다. 이윤경, "벨리알과 사탄에 대한 역사적 개념 변천 연구," 39.

장하는 바알과 뱀의 모양을 가진 로탄 사이의 지배권 쟁탈전, 그리고 바벨론 신화
의 마르둑 군대와 뱀의 형상을 지닌 티아맛 군대의 결전에서 뱀은 우주의 질서를
교란하는 장본인으로 등장하기 때문에 창세기에서 아담과 하와의 타락을 유발한 뱀
에게 사탄의 이미지를 반영한 것이다.[20] 이후 뱀은 창세기 3장의 타락 기사를 통해
사탄을 상징하는 대표적인 이미지로 굳어져서 수많은 문학 작품에서 사탄은 뱀으로
형상화되어 나타난다. 특히 존 밀턴(John Milton)은 그의 저작 "실락원"(Paradise Lost)
에서 아담과 하와와 더불어 뱀을 주인공으로 의인화하여 묘사하며 인류의 어머니인
하와를 속여 타락케 한 장본인으로 신랄하게 비판하였다.[21]

신약 성경에서도 사탄은 "용", "옛 뱀", "마귀", "사탄" 등의 다양한 이름들로
지칭된다(계 20:2).[22] 또한, 하나님을 대적하며 세상의 권세를 추구하는 사탄의 악한
속성을 강조하며 "이 세상의 임금"(요 12:31) 또는 "우는 사자"(벧전 5:8) 등으로 표현
하기도 한다. 신약 성경에서 사탄은 "디아블로"라는 표현으로 37회, "사탄"이라는
명칭으로 36회, "바알세붑"이라는 이름으로 7회 등장하며, 그 밖에 단순히 "적"(εxθ
ρoς)이나 "사악한 자"($\acute{o}$ πov$\eta$$\rho$$\acute{o}$$\varsigma$)로 지칭되기도 한다.[23] 신약 성경에서는 사탄의 기
원과 본질에 관한 언급을 전혀 찾아볼 수 없다. 하지만 사탄의 목적과 역할에 대하
여는 수많은 구절들이 다양한 정황에서 이를 지적한다. 신약에서 사탄은 보다 구체

---

20 가나안 신화에서 바알(Baal)은 엘(El)과 아세라(Ashera)의 사이에서 태어난 남신(男神)으로서 "깊
　은 물"을 의미하는 뱀 모양의 로탄(Lothan)과 싸워 그를 죽이고 지배권을 획득하였고, 바벨론 신화
　에서 하늘의 신(神) 에아(Ea)의 아들인 마르둑(Marduk)은 뱀의 형태를 가진 티아맛(Tiamat)의 배
　를 두 조각으로 갈라 절반을 하늘로 만들고, 다른 절반을 땅으로 만들어서 우주의 지배권을 획득하
　고 질서를 유지하였다. 바벨론 신화의 티아맛을 가나안인들은 "레비아단"(Leviathan)이라고 부르
　는데, 성경에는 "리워야단"이라는 이름으로 등장하여 세상 끝날에 하나님께 대적하지만 하나님으
　로부터 최후의 멸망을 당하는 뱀을 지칭한다(시 74:14; 사 27:1; 계 12:9-17; 20:2). 티아맛을 서방
　셈족은 "라합"(Rahab)이라고 하는데, 이 명칭은 구약 성경에만 등장하며(욥 9:13; 26:12; 사
　51:9-10), 특히 시편과 이사야에서는 교만한 애굽을 지칭하기 위해 사용되었다(시 89:10; 사
　30:7). 배제민, "하나님과 뱀과 사탄: 구약에 나타난 뱀에 대한 연구," 131-138.
21 진판경, "실락원에 나타난 사탄과 인간의 타락,"「밀턴연구」6(1996), 29-30.
22 사탄 또는 마귀는 타락한 천사의 수장으로서 단일한 존재이므로 엄밀히 따지자면 찬송가 348장의
　"마귀들과 싸울지라"는 가사는 "마귀와 싸울지라" 또는 "귀신들과 싸울지라"로 개사되어야 한다.
　본 찬송가가 근거 구절로 삼는 야고보서 4장 7절 또한 "마귀를 대적하라"고 기록함으로써 사탄을
　의미하는 마귀를 단수(singular)로 기록하고 있다.
23 H. 비이텐하르트, "사탄," 246.

적으로 인간의 마음을 틈타 악한 행위를 유발하고(눅 22:3; 요 13:27; 행 5:3; 고전 7:5), 하나님의 말씀을 듣지 못하게 훼방하며(막 4:15; 계 2:9; 3:9), 복음 전파를 방해하고(살전 2:18), 육체적 고통을 유발하는(고전 5:5; 딤전 1:20) 등의 악한 모습으로 나타난다. 결국 사탄의 목적은 하나님의 형상으로 창조된 인간 안에 있는 그 형상을 파괴함으로써 하나님과 인간 사이를 이간질하여 인간이 영원한 심판을 받도록 하는 것이다.

요약하면 구약에서 사탄은 하나님의 뜻에 반하는 모든 사건의 근원이며, 인간을 해하거나 선동해서 하나님의 뜻을 어기게 함으로써 주로 하나님과 인간 사이의 관계를 파괴하는 존재로 나타난다. 그러나 신약에서 사탄의 세력은 하나님과 인간의 관계 및 예수 그리스도의 십자가 대속과 그리스도의 부활, 승천 이후 복음 전파의 과정을 방해하기 위하여 인간 사이의 관계에서도 이간질하는 존재로 확장된 모습을 드러낸다.24 또한, 구약에서 하나님의 심부름을 하던 천사는 타락 이후 신약에서는 공중세력을 장악하고 하나님께 감히 맞서려는 존재로 전락하였다.25 이는 영원한 심판을 앞둔 최후의 발악이라고 할 수 있다.

3) 사탄의 목적과 영적 전쟁의 본질

죄의 기원은 사탄, 즉 거짓의 아비에게 있다(요 8:44). 사탄은 천사들을 꾀어 하나님을 배반하게 함으로써 악의 왕국을 건설했고, 이후 그들은 하나님의 형상으로 창조된 인간을 괴롭히고, 그리스도의 몸 된 교회를 허무는 데에 주력한다. 따라서 그리스도인 개인은 물론, 그리스도인의 연합체인 교회의 영적 전쟁의 핵심은 거짓

---

24 이는 신구약 중간기의 문헌들을 살펴봄으로써 그 이행의 과정이 부드럽게 진행되었음을 알 수 있다. 일례로 신구약 중간기의 대표적인 문헌인 에녹서에는 사탄이 천상 기원의 존재로 그려지며, 희년서에는 사탄의 파생어인 "마스테마"(משטמה)로 나타나는데, 이는 악한 세력을 대표하는 영적 존재로서 보다 다양하게 활동하는 모습을 보인다. 두 문서보다 후대의 문서인 쿰란문서에서 악한 존재인 사탄은 종말론적 세계관 속에서 등장하는 변화된 모습으로 등장한다. 이윤경, "벨리알과 사탄에 대한 역사적 개념 변천 연구," 49–51.

25 타락한 천사들에 대응하는 일반적인 천사들의 역할은 구약에서는 하나님의 사람들에게 하나님의 뜻을 전달하고 그들을 인도하는 지상적인 사명에 초점을 맞추었다면, 신약에서, 특히 요한계시록에서는 말세에 임하는 하나님의 심판과 관련한 천상의 사명을 중심으로 전개된다. 김철손, "요한계시록에 나타난 천사론," 30.

과 미혹을 무기로 하는 사탄의 세력을 하나님 말씀의 진리를 가지고 대적하는 것이다. 그러한 차원에서 티모시 워너(Timothy Warner)는 영적 전쟁을 "세계관 대결"로 지칭했고,26 닐 앤더슨(Neil Anderson)은 "진리 대결"이라고 주장하였다.27 창조주요, 전능하신 하나님께서 피조물로서 능력이 제한된 사탄과 그의 추종 세력인 귀신들과 대결을 벌인다고 묘사하는 것 자체가 신성모독일 것이며, 따라서 영적 전쟁의 본질은 하나님과 사탄 사이의 대결이 아니라 하나님의 독생자 예수 그리스도를 머리로 하는 교회와 사탄의 세력이 벌이는 대결을 의미한다.

민음의 싸움인 영적 전쟁은 통치자들, 권세들, 어두움의 세상 주관자들, 하늘의 악한 영들을 대항하여(엡 6:12), 하나님의 영광을 걸고 싸우는 싸움으로서(사 42:8) 그 본질은 하나님의 영광이다.28 사탄을 아침의 아들 계명성이라는 별명을 가진 존재로 인식하는 기독교 전통에 의하면 사탄의 배반 동기는 하나님의 영광을 가로채는 것이다. 이사야 선지자가 지칭한 계명성은 라틴어 벌게이트(Vulgate)역에서는 단순히 "샛별"이라는 의미의 "루시퍼"(Lucifer)로 번역되었는데,29 이사야 14장 3 – 20절의 문맥상 계명성은 교만한 바벨론 왕을 가리킨다. 그러나 바벨론은 하나님을 대적하는 온갖 우상이 가득한 곳으로서 인류 최초의 하나님을 대적한 조직적 반란이 일어났던 곳이고, 인간이 바벨탑을 쌓아 올리며 하나님의 영광이 아닌, 자신의 이름을 높이려 했던 곳이다(창 11:4). 따라서 계명성이 사탄을 직접 지칭하지는 않지만, 터툴리안(Tertullian)과 오리겐(Origen)을 포함한 초대 교부들 이후 기독교 전통은 바벨론의 왕을 의미하는 계명성이 사탄이라고 믿는다. 이는 하늘의 별 삼분의 일을 끌어다가 땅에 던졌다는 요한계시록 12장 4절의 내용을 천사들의 삼분의 일이 하나님을 배반한 것이라고 해석하는 주석 전통에 의하여 강화되는 논증이다.

---

26 티모시 워너, 안점식 역, 『영적 전투: 어둠의 권세에 승리하는 능력』 2판 (서울: 죠이선교회, 2016), 29 – 41.

27 닐 앤더슨, 유화자 역, 『이제 자유입니다』 2판 (서울: 죠이선교회, 2012), 28.

28 안점식, 『세계관을 분별하라』 2판 (서울: 죠이선교회, 2018), 59.

29 사탄은 "내가 하늘에 올라 하나님의 뭇 별 위에 내 자리를 높이리라 내가 북극 집회의 산 위에 앉으리라"(사 14:13)는 야심을 품었다. 그는 피조물인 천사의 위치를 넘어 "집회의 산", 즉 메시아의 왕권에 도전하였고, "가장 높은 구름에 올라 지극히 높은 이와 같아지리라"(사 14:14)고 말하며 하나님의 지위에 이르고자 하였다. 구약 성경에서 구름이 하나님의 영광과 밀접한 관련이 있다는 사실을 고려하면(출 13:21; 40:34 – 38), 이는 하나님에 대한 명백한 배반이요, 도전이었다.

사탄의 목적은 하나님의 영광을 가로채는 것이다. 이는 감히 하나님을 대적할 수 없는 사탄이 공격하는 주된 대상은 하나님의 형상으로 창조된 인간임을 의미한다. 피조물인 사탄이 창조주 하나님을 대적하여 영광을 가로채는 것은 불가능하기 때문에, 하나님의 형상을 지닌 인간을 미혹하여 죄를 짓게 하고, 그렇게 미혹하는 과정에서 인간이 마땅히 하나님께 드려야 할 영광을 가로채고, 미혹에 넘어간 인간들이 심판을 받아 멸망케 함으로써 하나님을 욕되게 하려는 것이다. 하나님의 피조물로서 하나님께 대항하다가 영원한 심판을 받게 된 사탄과 귀신들은 하나님의 형상으로 창조된 인간에 대한 질투심으로 새로운 반항을 시작하였다. 인간은 지상에서는 천사보다 열등한 존재로 창조되었지만, 하나님의 형상을 보유한 까닭에 앞으로는 천사들보다 훨씬 영화롭게 될 가능성을 지닌 존재로 창조되었기 때문이다. 인간은 사탄이 가지지 못한 품성, 즉 하나님을 닮은 본질을 가진 존재이며, 하나님의 상속자로서 하나님의 영광을 나누어 받을 수 있는 존재이다(롬 8:17, 21; 9:23). 그러므로 하나님의 영광에 대하여 질투했던 사탄이 그 영광을 나누어 받을 인간에 대하여 질투하는 것은 당연하다. 따라서 하나님 앞에 알현하는 천상적 존재인 사탄은 하나님의 사람을 시험하여 죄를 범하도록 부추김으로써 하나님의 영광에 흠집을 내려 했던 것이며(욥기 1-2장), 오늘날에도 그러한 목적을 이루기 위해 우는 사자 같이 두루 다니며 삼킬 자를 찾고 있다(벧전 5:8).

그리스도인들이 흔히 저지르는 실수 중에 하나는 사탄과 어둠의 세력이 사람의 마음을 읽을 수 있는 것으로 착각하는 것이다. 그러나 오직 하나님만이 전지(全知)하시고, 전능(全能)하시며, 피조물에 불과한 사탄은 그렇지 못하므로 결코 하나님의 대적이 되지 못하며 사람의 말과 행동을 보고 들으며 그 마음을 헤아릴 뿐이다. 전지하지 못한 사탄은 인간의 마음을 읽지 못하며, 전능하지 못한 까닭에 무소부재(無所不在)하거나 편재(偏在)할 수 없어 동시에 여러 곳에 존재할 수 없고, 대부분의 경우 자신이 부리는 귀신들을 통해서만 역사한다. 반대로 하나님의 지식은 너무 기이하고 높아서(시 139:6), 하나님은 인간의 마음에서 일어나는 것을 다 아시고(겔 11:5), 깊고 은밀한 일을 나타내시고 어두운 데 있는 것을 아시며(단 2:22), 은밀한 죄악은 물론(시 90:8), 지으신 것이 하나도 그 앞에 나타나지 않음이 없다(히 4:13). 그러므로 마음을 감찰하시는 분은 오직 전능하신 하나님 한 분뿐이며(왕상 8:39; 살전 2:4), 하나님은 인간의 가는 길을 모두 통찰하신다(욥 23:10).

인간의 마음을 공격하는 사탄의 거짓된 궤계를 막는 방어 무기는 하나님의 말씀이다.[30] 하나님의 말씀은 한편으로는 방어 무기이지만, 다른 한편으로는 영적 전쟁에 있어서 "성령의 검"으로서 유일한 공격 무기이기도 하다(엡 6:17). 하나님의 말씀은 첫째, 그 약속의 말씀을 통해 하나님께 기도하며 하나님과 관계를 맺도록 하는 가교로서 기능하고, 둘째, 사탄의 궤계를 물리치는 직접적인 무기로서 기능한다. 전자는 후자의 근간을 이루며 후자의 역량을 강화한다. 사탄과 그의 졸개들인 귀신을 쫓는 능력은 예수 그리스도의 이름의 권세와 능력에 있다. 따라서 오늘날에도 목사와 같은 특별한 직분을 가진 자가 아니라 예수 그리스도를 믿고 그 이름으로 사탄을 대적하는 모든 그리스도인들은 사탄의 세력을 쫓을 수 있다(약 4:7). 예수님을 그리스도로 믿는 이는 하나님의 자녀가 되어 사탄을 이기는데, 이는 그 안에 계신 그리스도께서 세상에 있는 자, 곧 사탄보다 크시기 때문이다(요일 4:4). 따라서 예수님은 열두 제자를 부르셔서 더러운 귀신을 쫓아내며 모든 병과 모든 약한 것을 고치는 권능을 주셨다(마 10:1; 막 3:13-15; 6:7; 눅 9:1).

피조물인 사탄은 결코 하나님의 자리에 오를 수 없으며, 오히려 영원히 불과 유황 못에 던져질 것이고(계 20:10), 사탄에게 미혹된 악인들 또한 불못에 던져질 것이다(계 20:11-14). 이와는 대조적으로 하나님께서 당신의 형상으로 창조된 인간에게는 먼저 손을 내미셔서 인류 구원의 모든 것을 제공하셨는데, 사탄의 미혹을 물리치며 하나님과 동행하는 믿음의 삶을 살도록 하는 하나님의 말씀, 죄와 사망의 권세를 쫓는 예수 그리스도의 십자가 대속과 그 이름의 권세, 그리고 끊임없는 죄성을 이기고 성화의 삶을 통해 최후의 승리를 거두게 하는 성령의 도우심이 바로 그것이다. 결국 믿음을 통해 하나님의 자녀(백성)가 된 이들은 모든 눈물을 닦아 주시고, 다시는 사망, 애통하는 것, 곡하는 것, 아픈 것이 없는 새 하늘과 새 땅을 목도하게 될 것이다(계 21:4).

---

30 Warren W. Wiersbe, *The Strategy of Satan: How to Detect and Defeat Him* (Carol Stream, IL: Tyndale House, 1979), 27-30.

2　새벽예배와 금식기도의 영성

1) 새벽예배의 영성

(1) 새벽예배의 전통

전 세계에서 유래를 찾아보기 어려울 정도로 독특한 예전인 우리나라의 새벽예배 또는 새벽기도는 민속 고유의 신앙과 결탁된 산물이다. 북두칠성의 칠성신을 섬기는 도교의 전통을 따라 새벽에 정화수를 떠 놓고, 하늘의 일곱 별을 향해 "비나이다, 비나이다" 하고 기도했던 새벽참선의 전통이 4세기 후반 삼국시대에 불교가 전래된 이후에 불교의 새벽예불로 변모했고, 기독교의 복음 전파 이후에는 기독교의 새벽예배로 연결되었다. 특히 1906년 길선주 목사의 평양 장대현교회가 새벽예배를 최초로 시작하며 새벽예배운동을 일으켰는데, 이는 다음 해인 1907년 평양대부흥이 일어나는 밑거름이 되었다.

구약 성경에서 아브라함이 소돔과 고모라에 임하는 심판의 불 속에 뛰어 들어가 조카 롯을 구해달라고 천사의 허리춤에 매달린 시간이 새벽이었고(창 18:16-33), 소돔과 고모라가 하나님의 심판으로 멸망당한 시간도 해가 돋던 새벽이었다(창 19:23). 홍해를 건넌 이스라엘 백성들을 추격해 오던 애굽 군대가 수장당해 멸망한 시간도 새벽이었고(출 14:24), 아침에 이스라엘 백성들은 광야에서 만나를 얻었으며(출 16:21), 모세가 시내산에서 하나님의 말씀, 십계명을 받았던 때도 이른 아침이었다(출 19:16). 다니엘이 사자 굴에서 나온 시간도 새벽이었고(단 6:19), 난공불락 여리고성이 무너져 내린 시간도 역시 새벽 이른 시간이었다(수 6:15). 하나님과 동행하며 메시아 족보의 반열에 든 이스라엘의 2대 왕 다윗은 새벽의 신비를 알던 인물로서 그는 "여호와여 아침에 주께서 나의 소리를 들으시리니 아침에 내가 주께 기도하고 바라리이다"(시 5:3)라고 고백했고, 사울을 피해 도망하는 인생의 어두운 광야를 지날 때에도 그는 변함없이 "내가 새벽을 깨우리로다"(시 57:8; 108:2)라고 다짐했다.

신약 성경이 예수께서 새벽에 기도하신 것을 기록하는 대표적인 사례는 복음을 전파하시기 전, 제자를 삼으시기 전, 그리고 십자가에 달리시기 전이다. 즉 인류 구원의 복음을 전파하시고, 십자가 대속을 통해 그것을 완성하시기 위하여 새벽 미명에 기도하셨고, 당신을 따르는 제자들과 그리스도인들에게 기도와 믿음의 본을 보여주셨다. 마가복음 1장 21−31절은 안식일에 가버나움 회당에 들어가셔서 말씀을 전하시던 예수께서 더러운 귀신 들린 자에게서 귀신을 쫓아주신 후 베드로의 집에서 그의 장모가 앓던 열병을 고쳐주신 사역을 기록하였다. 저물어 해질 때에 예수께 모여든 모든 병자들과 귀신들린 자들을 고치시는 신유와 축귀 사역을 통해 온종일 피곤하셨던(막 1:32), 육체를 입으신 하나님의 아들 예수님은 다음 날 새벽 이른 시간 아직 날이 밝아오기 전에 한적한 곳으로 가셔서 기도하셨다(막 1:35). 누가복음 6:12−13에서 예수님은 열두 제자들을 택하시기 전에 산으로 가셔서 밤이 새도록 기도하신 후 날이 밝자 제자들을 부르셔서 사도로 세우셨다(눅 6:12−13). 예수님이 십자가에 달리시기 전에 겟세마네라 하는 감람산에서 밤을 새워 기도하셨는데, 누가는 이를 "습관을 따라"(눅 22:39) 기도하셨다고 기록하였다.[31]

(2) 새벽예배의 의미

수많은 교회들이 새벽예배 출석으로 신앙을 판가름하는 경우가 많으며, 직분을 수여할 때에도 새벽예배 출석은 중요한 요소 중의 하나에 해당한다. 하지만 새벽예배를 율법화해서는 안 된다. 새벽에 모여 예배드리고 기도하는 것은 신앙생활에 유익한 것이지만 새벽예배 나오지 않는 사람을 정죄하는 일은 오히려 하나님을 노엽게 하는 것이기 때문이다. 매 순간 튀어나오는 인간의 자아를 억누르며 하나님의 마음을 품을 수 있는 신앙의 기반은 이른 아침에 습관적으로 하나님을 찾아 예배하는 것임에 틀림없다. 그러므로 하루를 말씀과 기도로 시작하는 습관이 그리스도인의 삶에 있어서 핵심적인 요소임을 부정할 수는 없고, 교회에 모여서 함께 예배를 드리는 것이 유익함을 인정해야 한다. 그러나 개인적인 특수한 상황을 고려하

---

31 아침을 깨웠던 목자들이 천사의 음성을 듣고 아기 예수께 찾아와 경배했고, "사망아 네가 쏘는 것이 어디 있느냐?"(고전 15:55)라는 사도 바울의 선포적 근원이 되는 예수 그리스도의 부활 역시 새벽에 이루어진 사건이었다(마 28:1; 막 16:2; 눅 24:1; 요 20:1).

지 않고, 모두 교회에 모여서 새벽예배를 드려야 한다고 획일적으로 주장해서는 안된다. 모든 일에 하나님을 인정하고 그분의 음성을 듣고, 그 뜻대로 살기 위한 경건의 시간은 반드시 구별해야 하지만 반드시 그 시간이 새벽이어야 한다는 것과 그 장소가 교회이어야 한다는 것은 지나친 주장이기 때문이다. 새벽에 기도하는 행위 자체가 중요한 것이 아니라 얼마나 하나님을 신뢰하며, 하나님만 의지하는 마음으로 간절히 구하는 것이 신앙의 본질이다. 새벽에 교회에 나오는 행위를 바라보지 말고, 마음의 중심을 드려야 하나님께서 그 마음을, 그 예배를 기뻐 받으시기 때문이다. 하나님께서 보시는 것은 경건의 모양이나 행위가 아닌, 사람의 마음 중심임을 (삼상 16:7) 잊어서는 안 될 것이다.

2) 금식의 영성[32]

(1) 성경에 나타난 금식

① 구약의 금식

오늘날 선진국에서 가장 관심을 보이는 주제 중 하나는 요리와 미식(美食), 그리고 다이어트 등 식생활에 관한 것이다. 기본적인 의식주 문제가 해결된 한국 사회 역시 보다 좋은 재료로 요리를 하거나 이름난 맛집을 찾는 것, 또는 다이어트를 통해 슬림한 체형을 유지하는 데 마음을 쏟는다. 거대한 상업자본과 결탁된 식재료 가공산업과 바쁘게 움직이는 현대인들을 겨냥한 패스트푸드로 인하여 비만의 문제가 대두했기 때문이다. 따라서 어떤 음식을 어디에서 섭취하느냐가 사회적 계층을 드러내기도 한다. 육체를 입어 육체적 필요에 민감한 인간은 기본적인 생존의 욕구로서 음식 섭취를 중시한다. 하지만 식욕을 절제하지 못해서 자손 대대로 어려움을 겪은 인물들이 성경의 첫 번째 책인 창세기에서부터 등장한다는 사실을 고려한다면 균형감각의 필요성을 깨닫기는 어렵지 않을 것이다. 홍수 이후 노아는 포도주에 취하여 하체를 드러냈다가 아들 함을 저주하였고(창 9:24-25), 역시 술에 취하여 두 딸

---

32 금식과 관련한 내용은 최성훈, "금식의 전통과 현대 영성적 의미," 「영산신학저널」 59(2022), 81-104를 수정 및 보완한 것이다.

과 동침한 롯(창 19:30−38), 그리고 장자의 명분을 소홀히 하여 팥죽 한 그릇에 장자권을 동생 야곱에게 팔았던 에서의 모습(창 25:27−34)은 식탐으로 인해 인생을 망친 대표적인 사례이다. 하지만 다른 한편으로 예수님은 말씀을 듣기 위해 모였던 5천 명의 무리를 먹이셨고(마 14:13−21; 막 6:30−44; 눅 9:10−17; 요 6:1−14), 4천 명에게도 동일한 음식 제공의 은혜를 베푸셨다(마 15:32−39; 막 8:1−10). 또한, 십자가에 달리시기 직전에 떡과 포도주의 애찬을 통해 대속의 의미를 알려 주셨다(마 26:17−29; 막 14:12−26; 눅 22:7−23; 요 13:21−30). 그러한 모습을 본받아 사도행전의 초대교회는 모일 때마다 서로 떡을 떼며 식탁의 교제를 나누었다(행 2:42). 이처럼 음식을 둘러싸고 성경은 이를 절제하기를 강조하기도 하고, 다른 한편으로는 음식을 즐기는 것을 긍정하기도 하는 양면성을 드러낸다.

원래 금식은 괴로운 마음으로 인해 식음을 폐하는 인간 사회의 전통적인 생활 풍습에 기인한 것이다. 따라서 구약 성경은 이스라엘 백성들이 하나님께 죄를 범했을 때에 또는 큰 전쟁을 앞두고 종종 금식을 통해 자신을 낮추고 하나님의 용서를 구하거나 하나님의 은혜를 구했던 기록들을 나열한다. 모세의 율법이 이미 금식을 제도화하여 대속죄일인 7월 10일에 모든 유대인들이 금식을 했고(출 20:10; 레 16:29), 특별히 참회가 요구되거나 하나님의 자비를 구할 때에 금식하며 기도했다. 일례로 사사 시대에 기브아의 범죄 사건으로 인해 이스라엘 각 지파들이 베냐민 지파를 치는 동족상잔의 전쟁을 벌일 때에 하나님께 금식하며 번제와 화목제를 드렸고(삿 20:26), 블레셋과의 전쟁을 앞두고 이스라엘 백성들은 미스바에서 금식하며 하나님 앞에서 회개하며 겸비하였다(삼상 7:6). 모르드개와 유대 족속은 하만의 계략으로 멸절당할 위기에서 금식하며 하나님의 도우심을 구했고(에 4:1−3), 왕후 에스더 역시 아하수에로 왕 앞에 서기 전에 유대 민족과 함께 3일간 금식하며 기도했다(에 4:16). 이방 족속인 앗수르의 니느웨 성 사람들은 요나를 통한 하나님의 심판 선포 앞에서 왕으로부터 짐승들에 이르기까지 금식하며 하나님 앞에서 회개하여 용서를 얻었다(욘 3:5−10).

비탄과 슬픔을 표현하는 방법으로서 이스라엘의 고대전통에 자리잡은 종교의식이었던 금식은 포로기를 거치며 공식적인 제도로 자리 잡았다.[33] 나라를 빼앗긴

이스라엘의 심각한 상황 속에서 정기적으로 행하는 금식을 신앙적 각성의 수단으로 삼은 것이다. 금식은 포로기 이후 주전 586년의 예루살렘의 멸망과 성전 파괴를 기념하여 제의로 행해졌는데, 그 가운데 스가랴 선지자는 금식 제의란 사회 정의의 실천을 뜻한다는 점을 지적하였다.[34] 스가랴는 5월과 7월에 행해지는 금식은 자신들을 위한 것에 불과하며(슥 7:5-6), 이스라엘 멸망의 이유가 "진실한 재판을 행하며 서로 인애와 긍휼을 베풀며 과부와 고아와 나그네와 궁핍한 자를 압제하지 말며 서로 해하려고 마음에 도모하지 말라"(슥 7:9-10)는 명령을 거역하였기 때문이라는 하나님 말씀을 선포하였다. 포로기를 거치며 제도화된 이스라엘의 금식일은 네 가지로서 예루살렘 함락 기념일(4월 9일, 왕하 25:3-4)에 행한 금식, 첫째 성전과 둘째 성전의 파괴를 기념하는 금식(5월 10일), 그달리야의 살해 기념일(7월 2일, 렘 41:2)의 금식, 그리고 바벨론 군대가 예루살렘을 포위하여 공격하기 시작한 때를 기억하는 날(10월 10일, 렘 52:4)의 금식이 그것이다.[35] 그러나 금식이 제도화되며 금식의 의미보다는 외적인 형식에 초점을 맞추게 되어 하나님께서 원하시는 모습의 금식과 멀어지게 되었고, 따라서 선지자를 통한 하나님의 질책에 직면하게 되었다. 신약 성경에서는 공관복음과 사도행전만 금식에 관해서 언급하고 있는데, 금식을 강제하는 권고나 명령은 나타나지 않는다. 예수님도 금식을 배격하지 않으신 반면, 금식의 참다운 의미를 일깨우셔서 온전한 금식의 태도를 제시하셨다(마 9:14-17; 막 2:18-22; 눅 5:33-39).

구약 성경에서 금식과 관련된 대표적인 구절은 이사야 58장으로서 이는 하나님께서 기뻐하시는 금식과 안식일의 유익이라는 두 가지 주제들을 포함하는데, 앞부분의 58장 1-12절이 금식에 대한 내용을 다룬다. 이사야 58장에서 금식을 가리키는 히브리어 단어는 "촘"(צוֹם)으로서 이는 식사의 일부 또는 전부를 끊는 행위 또는 기간을 의미한다.[36] 이스라엘 공동체 안에서 금식이란 죄를 범한 자가 회개하는

---

33 차준희, "금식에 대한 성서 신학적 해석: 이사야 58장을 중심으로," 「성령과 신학」 22(2006), 14.

34 박경철, "이스라엘 포로후기 금식제의논쟁," 「구약논단」 32(2009), 193.

35 2세기 초 랍비 아키바(Akiva)는 스가랴 8장 19절에 나타나는 네 차례 금식에 대하여 구체적으로 설명하였다. Adela Y. Collins, *Mark: A Commentary* (Minneapolis: Fortress, 2007), 138.

36 한편 신약 성경에서 금식은 헬라어로 명사형 "네스테이아"(νηστεία) 또는 동사형인 "네스튜오"

마음을 나타내는 수단으로서 죄에 대한 심판으로 임하는 재난을 피하게 해 준다는
신념 아래에서 행해졌다.[37] 하지만 이는 내적인 마음의 변화가 없이 단지 외형적인
방법을 통해 하나님의 은혜를 강요하는 행태로 전락하였고, 따라서 금식을 하는데
어찌하여 하나님께서 은혜를 베풀어주지 않느냐는 오만하고 이기적인 탄원으로 이
어졌다(사 58:3-4). 따라서 하나님께서는 이사야 선지자를 통해 참된 금식의 의미는
"흉악의 결박을 풀어 주며 멍에의 줄을 끌러 주며 압제 당하는 자를 자유하게 하며
모든 멍에를 꺾는 것"(사 58:6)이며, 이는 주린 자에게 양식을 나누어 주고, 유리하는
빈민을 집에 들여서 대접하며, 헐벗은 자를 입히고, 골육을 모른 체하지 않는 것임
을 일깨워 주셨다(사 58:7).

이사야 선지자를 통해 선포된 하나님의 말씀은 근본적인 금식의 목적이 개인과
사회 전체를 아우르는 회복적 정의를 실현하는 데 있음을 강조한다. 이는 금식의 진
정성은 단지 음식을 금하는 개인적 차원이 아니라, 사회적 약자인 고아, 과부, 외국
인, 가난한 자, 압제받는 자를 돕는 하나님의 사랑과 정의를 실천하는 데 있다는 뜻
이다.[38] 이스라엘 백성들의 금식은 공의를 행하며 하나님의 규례를 저버리지 않아야
했지만(시 56:1; 사 58:2) 그들의 금식은 변질되어 하나님의 개입을 촉구하는 인간의 자
의적인 수단으로 전락해 버렸다. 하지만 하나님의 뜻은 금식의 행위 자체를 부정하
여 거부하시는 것이 아니라, 사랑 안에서 공동체 구성원 전체가 기본적인 필요를 채
우는 금식의 진정성을 회복하는 촉구로 이어진다. 따라서 진정한 금식은 제의적 행
위가 아니라 공동체 구성원들을 향한 사랑의 실천이요, 억압된 이들을 해방하는 정
의의 실천을 뜻한다. 애굽으로부터의 압제를 피해 출애굽한 이스라엘 공동체의 야웨
신앙은 억압으로부터의 해방을 근간으로 하며, 이는 금식을 통해 하나님 앞에서 자
신을 비하하는 것이 아니라 억압을 푸는 사회적 정의의 실천인 것이다.[39]

(νηστεύω)로 표기된다. 이 역시 음식을 금하는 것 또는 그러한 행위를 지칭한다.

[37] 김혜진, "이사야 58장에 나타난 금식과 하나님의 회복적 정의," 「기독교교육논총」 52(2017), 396.

[38] Ibid., 400-407.

[39] 차준희, "금식에 대한 성서 신학적 해석: 이사야 58장을 중심으로," 26-27.

② 신약의 금식

신약 성경에서 금식은 복음서에 나타난 예수님의 교훈과 사도행전에서 지도자들을 세우는 일을 위하여 하나님께 기도한 것과 연관되어 나타난다. 일례로 안디옥교회의 선지자들과 교사들은 금식하며 기도한 후에 바울과 바나바를 따로 세워 선교사로 파송하였고(행 13:1-3), 파송된 바울과 바나바는 각 교회에서 장로들을 택하여 금식 기도하며 그들을 지도자로 세웠다(행 14:23). 산상수훈에 해당하는 마태복음 6장에서 예수님은 사람들에게 보이려고 그들 앞에서 의를 행하지 말라는 권고(마 6:1)로 시작하여 유대교 경건의 실천양식인 구제(마 6:2-4), 기도(마 6:5-15), 그리고 금식(6:16-18)에 대하여 소개하셨다.[40] 이는 경건의 행위 자체가 중요한 것이 아니라 경건의 실천 속에 자리잡은 개인의 마음 중심이 중요함을 강조하며, 금식 역시 외적인 행위보다 내적인 태도가 핵심이라는 사실을 드러낸다. 많은 세리와 죄인들과 함께 먹고 마시며(막 2:15), 가난하고 병든 이들을 가르치시고 치유하신 예수님은 결코 금식을 부정하지 않으셨지만, 금식이 정형화된 의례가 아니라 생명을 살리는 사랑의 실천이 되기를 요청하셨다. 또한, 구제와 기도와 금식이 유대인들에게 새로운 것이 아니었지만 예수님의 가르침은 금식이 슬픔이 아니라 기쁨의 표현이라는 사실을 새로이 드러내고 있다. 한편 마가복음의 금식에 관한 질문과 응답은 혼인잔치의 비유를 통하여 메시아 시대의 도래를 나타내는 종말론적 완성과 연관되어 소개된다.[41]

바리새인들은 매주 월요일과 목요일에 해 뜨는 시각부터 해가 질 때까지 12시간 동안 자발적으로 금식을 했는데, 그것은 개인과 세상의 죄에 대하여 슬퍼하는 경건의 표현이었다.[42] 회개와 하나님 나라를 전파했던 세례 요한의 제자들 역시 정

---

40 구제, 기도, 금식은 일반적으로 유대교의 3대 경건 생활의 표지로 알려져 있다. Charles H. Talbot, *Reading the Sermon on the Mount* (Grand Rapids, MI: Baker Academic, 2004), 102.

41 권종선, "신약성서에 나타난 금식,"「복음과 실천」20 (1997), 96.

42 따라서 세례 요한의 제자들과 바리새인이 행했던 금식은 율법이 정하는 특정 절기와 관련된 것이 아니라 개인적인 경건의 표현으로서 행하는 것이었다. 한편 당시 유대인들이 행했던 금식은 로마 제국에 복속된 민족의 비극적 현실에 대한 애통함을 표현하는 것이었기 때문에 예수님과 제자들이 금식하지 않는 것에 대한 비판은 민족적이고 공동체적인 의미가 전제되어 있다. 신현우, "예수와 금식,"「신약연구」16(2017), 11.

기적으로 금식하였다. 따라서 사람들은 예수님을 찾아와서 세례 요한의 제자들과 바리새인들도 금식하는데 어찌하여 예수님과 제자들은 금식하지 않느냐고 물었다. 그러한 질문에 대한 예수님의 대답은 "혼인 집 손님들이 신랑과 함께 있을 때에 금식할 수 있느냐 신랑과 함께 있을 동안에는 금식할 수 없느니라 그러나 신랑을 빼앗길 날이 이르리니 그날에는 금식할 것이니라"(막 2:19)는 것이었다. 예수 그리스도를 통한 복음이 임하는 기쁨의 날에는 기뻐하는 것이 당연하지만, 예수님을 빼앗겨서 복음이 위협을 받을 때에는 금식하며 기도하는 것이 마땅하다는 뜻이다. 이는 유대 민족에게 혼인 잔치는 종교적으로 매우 중시되어 잔치에 참여하기 위하여 랍비가 성경을 가르치는 일도 중단할 수 있고, 신랑은 결혼 첫날 밤에 쉐마를 암송하는 일을 면제받았다는 사실을 전제로 한다.[43]

바리새인들은 금식을 수행하는 취지보다는 금식이라는 행위 자체를 준수하는 것에 목적을 두었는데, 그것은 자발적인 열심을 높이는 인간 중심적인 태도를 드러낸다. 그들은 금식하는 모습을 통해 자신의 경건을 과시하기 위하여 얼굴을 흉하게 하고 슬픈 기색을 보였기 때문에 예수님의 날카로운 비판에 직면하였다(마 6:16–18). 예수님도 분명히 하나님 나라가 가까웠다고 말씀하시며 회개하고 복음을 믿으라고 선포하셨다(막 1:15). 하지만 회개를 통해 하나님의 은혜 안에 거하는 하나님 나라는 억제와 속박의 율법적 퇴행이 되어서는 안 되는데, 혼인잔치는 구원의 시대가 도래했음을 알리는 상징이요, 따라서 구원의 복음이 기쁨의 소식이기 때문이다.[44] 그러므로 복음을 가져다 주신 신랑되신 예수님과 함께 있을 동안에는 금식할 필요가 없고, 신랑을 빼앗겨서 그리스도께서 십자가에 달리시는 날에는 슬퍼하고 금식하는 것이 마땅하다는 것이다(막 2:19–20). 이후 예수님은 생베 조각과 포도주 부대의 두 가지 비유를 통해 유대의 율법주의라는 낡은 질서를 대체할 하나님 나라의 복음이라는 새로운 질서에 대하여 설명하시며, 유대교의 전통이라는 옛 질서는 예수 그리

---

43 Ibid., 13–14, 20.

44 유대인들은 종종 메시아가 오시는 종말을 혼인잔치로 비유하였다(호 2:16–19; 사 54:3–8, 62:5; 렘 2:2). 그러므로 유대인들에게 있어서 혼인은 종말에 실현될 하나님 통치의 도래를 의미하는 것이었다. 조태연, "죽음으로써 이룬 하늘과 땅의 혼례: 먹음과 복음, 그 생명의 이야기," 「기독교사상」 619(2010), 98.

스도의 복음으로 임하는 하나님 나라라는 새로운 질서를 통해 대체될 것이라는 교훈을 주셨다.

(2) 금식의 전통과 기독교 영성

금식의 기원은 명확하지 않지만 금식이 기도와 결합되어 하나님 앞에서 자신의 뜻을 굽히는 자기부인과 자기헌신의 영성으로 전개된 모습이 기독교 전통 안에서 종종 드러난다.[45] 기독교 영성은 크게 분류하면 무념적(apophatic) 영성과 유념적(cataphatic) 영성으로 이분할 수 있는데, 전자는 자기를 부정하고 자신을 비워서 하나님의 임재를 기다리는 부정적이며 수동적 형태를 강조하고, 후자는 이성과 감성을 활용하여 영적 상상력을 통해 하나님의 활동을 그리는 긍정적이며 적극적 측면에 초점을 맞춘다.[46] 기독교의 전통적 영성, 특히 초기 및 중세의 영성은 전자의 관점에서 세속을 떠나 수도원에 은둔하거나, 경건의 수단으로서 금식을 통해 자신을 부인하는 것을 강조하였다. 하지만 온전한 영성의 모습은 사회 속에서 일상적인 성화의 삶을 통해 드러나야 하는 것이다.

① 그리스-로마와 초기 기독교

초대교회의 교부들은 대체로 먹고 마시는 것을 통해 누리는 쾌락에 대하여 부정적인 태도를 보였다. 이는 당시 로마 상류층의 향연과 그로 인한 사회적 기강 해이와 국가의 쇠퇴에 대한 반작용에 의한 것이고, 영혼과 육체를 구분하는 신플라톤주의의 이원론 때문이기도 하다.[47] 특히 대표적인 초대교부인 어거스틴(Augustine)의 이원론적 견해는 초기 기독교의 음식을 거부하는 분위기 형성에 기여하였다. 아리우스(Arius)와의 논쟁을 통해 기독론의 구축에 지대한 영향을 미친 아타나시우스(Athanasius) 역시 육체를 지배하는 자기 절제 및 금식, 그리고 구제를 강조하며 금욕

---

45 김광수, "예수와 유대교 지도자들 사이에 금식을 둘러싼 대립(막 2:18-22)의 사회과학적 해석," 「복음과 실천」 32(2003), 46-47.

46 최은택, "코로나19 시대의 기독교적 가정영성교육 모형: 비블리오드라마를 중심으로," 「기독교교육논총」 63(2020), 102-103.

47 Mary L. Bringle, *The God of Thinness: Gluttony and Other Weighty Matters* (Nashville, TN: Abingdon Press, 1992), 60-61.

적인 모습을 보였다.[48] 그러한 흐름 속에서 터튤리안(Tertulian)을 비롯하여 암브로우즈(Ambrose), 에프렘(Ephraem), 힐러리(Hilary of Poitiers) 등의 초대교부들은 복음서(마 4:1-11; 눅 4:1-13)에서 40일간 금식하신 예수님에 대한 사탄의 광야 시험은 그리스도인들을 위한 모범이라고 강조하였지만, 오늘날 대부분의 성서학자들은 예수 그리스도의 시험 사건이 금식의 본을 따르기를 의도하지 않았으며 오히려 하나님에 대한 사랑을 시험하는 것이었다고 지적한다.[49] 한편 예수 그리스도의 재림에 대한 기대를 바탕으로 하는 종말론적 신앙은 로마의 박해를 받았던 초대교회의 금욕주의적 이념을 발전시켰다. 이후 로마의 기독교 공인 및 국교화로 인하여 그러한 이념은 교회의 대중성과 세속성을 거부하며 수도원과 같은 거룩과 순결의 공동체를 탄생시켰으며, 이는 소식(小食)과 금식(禁食)이 일상화된 수도 생활로 이어졌다.[50]

탐식을 경계하는 모습은 4-5세기에 일어난 수도원 운동과 사막 교부들의 가르침에 따라 더욱 확산되었는데, 일례로 이집트 사막의 수도원장으로서 수도사 생활을 방해하는 여덟 가지의 악한 생각에 대하여 경계하였던 에바그리우스 폰티커스(Evagrius Ponticus)가 가장 강력한 적으로 제시한 것이 바로 탐식이다.[51] 또한, 그의 제자인 존 카시안(John Cassian)은 탐식이란 수도사가 맞서 싸워야 할 가장 중요한 악덕이라고 보았다.[52] 수도원의 규칙을 최초로 작성한 파코미우스(Pachomius)는 이틀에 한 번씩 철야 기도했고, 쉬지 않고 노동을 하는 한편, 여름에는 하루에 한 끼, 겨울에는 하루 걸러 한 끼 식사만을 하였다. 그가 세운 수도원의 수도사들은 수요일과 금요일에 금식하였으며, 이후 수도원 운동이 시리아, 이집트를 거쳐 갑바도기아와 유럽으로 확대되며 금식 수행의 관습이 확산되었다. 성 베네딕트(St. Benedict)는 수도사들이 준수해야 할 73개의 규칙 중에서 음식과 관련한 3개 규칙을 통해 하

---

48 나원준, "초대 기독교에 나타난 영성 이해와 현대 영성에의 적용: 아타나시우스의 영성을 중심으로," 「신학과 사회」 32(2018), 62-63.

49 권종선, "신약성서에 나타난 금식," 90-91.

50 유재경, "4세기 기독교 금욕주의 이념에 대한 영향사적 고찰," 「한국기독교신학논총」 92(2014), 122-124.

51 Evagrius Ponticus, *The Praktikos: Chapters on Prayer*, trans. John E. Bamberger (Spencer, MA: Cistercian Publications, 1970), 7-39.

52 신원하, "음식, 죄, 그리고 그리스도인의 삶," 「성경과 신학」 52(2009), 263.

루의 식사 분량을 1 파운드(약 450g)로 제한하였고, 식사 횟수는 2회로 제한하였으며, 고된 일을 했을 경우 수도원장의 판단에 따라 음식을 추가할 수 있지만 이는 배가 부를 정도의 양이어서는 안 된다고 규정하였다.[53] 이처럼 기독교 초기에 음식은 인간의 욕정과 관계 있는 것으로 간주되어 금식은 성도들이 인간적인 의지와 자기중심성을 포기하고 하나님께 복종하는 수단으로서 교육되었다.[54]

② 중세 가톨릭교회

533년 제2차 오를레앙 공의회(the Second Council of Orleans)는 기독교인과 유대인의 결혼을 금지하고, 유대인들의 기독교인 노예의 소유와 개종을 금지하며 유대교와 반목하는 한편, 경건한 생활을 위하여 규칙적인 금식을 의무화함으로써 금식이 활성화되기 시작하였다. 13세기 중반 이후 금식은 이를 죄에 대한 참회의 행위로 간주했던 이전과 달리 성스러운 종교적 행위로 인식되었는데, 금식의 강도가 높을수록 더욱 그러했다.[55] 1215년 개최된 4차 라테란 공의회(the Fourth Council of Lateran) 이후 교황청은 지방 감독이 설교를 할 수 있는 자격증을 발급함으로써 탁발 수도사들이 구걸하며 설교할 수 있도록 하였지만, 여성 수도사들은 배제되었다. 따라서 도미니크 수도회와 프란체스코 수도회에 소속된 남성 탁발 수도사들의 경우 돌아다니며 설교를 하고 청빈의 삶을 통해 자신의 거룩함을 드러냈던 것과 달리, 그러한 탁발 수도가 금지되었던 여성들은 극단적인 금식 외에는 자신의 종교성을 드러낼 수단이 없었다.[56]

---

53 Ibid., 264.

54 성경은 탐식이 성적 문란 또는 자신을 드러내는 인간의 중심성을 드러내는 예를 제시한다. 구약 성경에서 술에 취한 롯은 자신의 두 딸들과 동침하여 모압과 암몬의 두 민족을 이루게 되었고, 신약 성경의 유대 분봉왕 헤롯은 술에 취해 호기를 부리다가 세례 요한의 목을 베는 끔찍한 악행을 저질렀다. John Ziziouslas, "Man the Priest of Creation: A Response to the Ecological Problem," in *Living Orthodoxy in the Modern World*, eds. Andrew Walker and Costa Carras (Crestwood, NY: St. Vladmir's Seminary Press, 2000), 185. Cf. Robert E. Sinkewicz, *Evagrius of Ponticus: The Greek Ascetic Corpus* (Oxford, UK: Oxford University Press, 2003).

55 이필은, "13-16세기 여성들의 거룩한 금식,"「역사와 세계」45(2017), 109-110.

56 탁발 수도사들은 수도원에 정착하여 침묵을 통해 영성을 피력하지 않고, 주로 도시에서 돌아다니며 가난한 청빈의 삶과 설교를 통해 그들의 경건을 드러내었다. 당시 도시에 거주하던 사람들 역시 그러한 탁발 수도사들의 모습에 호의적이었기 때문에 탁발 수도사의 행위는 도시적 영성으로 새롭게 인식되었으며, 탁발 수도사들 간의 경쟁도 심화되었다. Andrew P. Roach, *The Devil's World:*

그레고리 대제(Gregory the Great)는 급하게 먹는 것, 게걸스럽게 먹는 것, 과식하는 것, 까다롭게 미식(美食)하는 것, 호화로운 식사를 하는 것 등 다섯 가지를 탐식으로 규정하였다.[57] 이후 토마스 아퀴나스(Thomas Aquinas)는 이를 앞의 세 가지와 뒤의 두 가지 방법을 구분하여, 탐식을 어떻게 먹는가 하는 것과 무엇을 먹는가 하는 것으로 요약하였다.[58] 탐식과 관련한 논의의 핵심은 인간의 삶이 먹고, 마시는 것에서 오는 쾌락에 의해 얼마만큼이나 지배를 받는가 하는 점이다. 탐식을 통해 하나님이 아닌, 자기 자신에게 초점을 맞추는 것은 신앙적 이성이 무너진 것을 뜻한다. 그러한 관점에서 아퀴나스는 탐식이 커지면 우상숭배의 수준에 이르게 되고, 이는 하나님의 자비에서 끊어질 수 있는 위험을 내포한 용서받기 힘든 죄악이 될 수도 있다고 지적하였다.[59] 다른 한편으로 그는 금식은 그 자체로는 덕목이 아니지만 이성에 의해 조율되면 덕이 될 수 있고, 특히 탐식의 쾌락에 대한 충동으로부터 인간을 보호한다면 특별한 덕에 속할 수 있다고 설명하였다.[60] 이같이 중세 가톨릭 교회는 금식을 그 자체로 거룩한 덕목으로 보는 것이 아니라 영혼을 정화하고 탐욕을 방지하는 수단으로서의 가치를 중심으로 인정하였다.[61]

③ 종교개혁기

종교개혁자 존 칼빈(John Calvin)은 금식의 목적을 세 가지로 제시했는데, 그에 의하면 금식은 방자하게 행동하지 않도록 육체를 복종시키기 위해서, 기도와 거룩한 묵상을 위한 더 나은 준비를 위해서, 그리고 하나님 앞에서 자신을 겸손히 낮추기 위한 행위이다.[62] 그는 성경의 사례들을 제시하며 금식을 기도와 연관시켰는데,

---

Heresy and Society 1100–1300 (New York, NY: Pearson Longman, 2005), 114–120.

57 신원하, "음식, 죄, 그리고 그리스도인의 삶," 265–266.

58 Thomas Aquinas, *On Evil*, trans. Richard Regan, ed. Brian Davies (New York, NY: Oxford University Press, 2003), 414, Ibid., 266에서 재인용.

59 Thomas Aquinas, *Summa Theologica*, trans. The Fathers of the English Dominican Province (New York, NY: Catholic Way Publishing, 2014), II, 2, 148.

60 Ibid., II, 2, 146.

61 이필은, "13–16세기 여성들의 거룩한 금식," 125.

62 John Calvin, *Institutes of Christian Religion, Vol 2.* ed. John T. McNeill (Louisville, KY: Westminster John Knox Press, 2006), Book IV, 12, 15.

예를 들어 금식이 자기비하 및 겸손의 행위임을 상기시키며 안디옥 교회가 바울과 바나바를 선교지로 파송할 때에 금식하며 기도한 것(행 13:3), 84세의 과부였던 안나가 메시아의 탄생을 기다리며 금식하며 기도함으로 성전을 섬긴 것(눅 2:37), 그리고 수산궁에 있던 느헤미야가 예루살렘 성의 어려운 형편에 대한 소식을 듣고 슬픔으로 하나님 앞에서 금식하며 기도한 것(느 1:4)을 예시하였다.[63] 칼빈은 바울을 인용하여 금식과 기도를 위해 부부간에도 절제할 수 있다고 지적하며 금식은 일상의 기도가 아니라 진지한 간구를 위한 것임을 성경의 가르침을 통해 피력하였다.[64]

예수님을 그리스도로 받아들여서 의롭다 칭함을 받는 칭의 이후의 과정을 성령께서 주도하시는 성화로 제시한 칼빈의 견해는 후일 성령의 인도를 받아 죄사함, 성화, 영화로 이어지는 존 웨슬리(John Wesley)의 주장에서도 동일하게 나타난다.[65] 또한, 성화는 믿음으로 의롭다 함을 얻어 구원을 얻는 이신칭의(以信稱義)를 통한 중생 이후 섬김의 삶을 통해 구현되는데, 마틴 루터(Martin Luther)는 금식에 대하여 명시적으로 강조하지 않았지만 믿음 안에서 하나님을 기쁘시게 하는 모든 행위를 긍정하였다.[66] 그는 인간 본성의 이중성을 경계하며 오직 믿음 안에서만 그리스도인의 삶이 온전하다는 점을 강조하였는데,[67] 이는 금식에 있어서 중요한 하나님 중심성의 근거가 되는 것으로서 금식이란 인간의 관점에서 자신이 원하는 바를 이루기 위해 하나님의 도움을 강요하는 인간 중심적인 행위가 아니라, 사사로운 인간적 욕심을 부정하고 하나님의 뜻을 앞세워 믿음으로 행하는 것이어야 함을 시사한다. 따라서 참다운 금식은 믿음 안에서 모든 행위의 근거를 하나님께 귀속시키며 하나님을 높이고, 하나님의 뜻을 받드는 방식으로 수행되어야 한다.

---

63 Ibid., Book IV, 12, 16.

64 Ibid.

65 Seong−Hun Choi, "John Calvin's Understanding of Faith Based on the Doctrine of Justification and Sanctification," *Journal of Youngsan Theology* 45(2018), 297−298.

66 이동호, "루터의 종교개혁과 디아코니아," 「기독교사회윤리」 41(2018), 44.

67 Seong−Hun Choi, "Christian Unification Education of Pentecostal Theology and Juche Ideology: Viewed through Political Thought by Luther, Calvin, and Machiavelli," *Journal of Youngsan Theology* 37(2016), 189−190. Cf. Martin Luther, "The Freedom of a Christian," in *Martin Luther's Basic Theological Writings*, ed. Timothy F. Lull, 403−427 (Minneapolis, MN: Augsburg Fortress, 2005).

(3) 금식의 현대적 의미

풍요로운 현대사회에서는 과거와 달리 탐식보다는 절식이 미덕으로 간주되는 경향을 보인다. 특히 선진국에 진입한 우리나라는 음식을 건강과 장수의 차원에서 조명하며, 단순히 음식을 섭취하는 것이 아니라 선별식(選別食) 또는 절식(絶食)을 통해 비만을 비롯한 각종 성인병에 대하여 대처하고 있다. 또한, 젊음과 아름다움을 강조하는 사회적 분위기로 인하여 체형관리에 신경을 쏟는 이들이 많다. 그러나 이는 또 다른 종류의 탐식, 즉 건강과 몸매에 대한 과도한 관심으로 연결되는데, 이 역시 하나님이 아니라 인간 개인에게로 시선을 돌리는 위험을 내포한다. 아담과 하와의 에덴 동산 타락 사건은 단순히 선악과를 따서 먹으려는 탐식에서 온 것이 아니라 피조물인 인간이 스스로 하나님과 같이 되고자 하는 욕망에 기인한 것이라는 사실을 간과해서는 안 될 것이다.

① 현대사회와 금식의 실천적 의미

오늘날 기독교 영성을 강조하는 대표적인 인물인 최일도와 김연수는 금식의 유형을 음식물의 섭취 정도에 따라 완전, 보통, 부분 금식으로 구분하였고, 참여 범위에 따라서 개인과 공동체의 금식으로 나누었다.[68] 그들에 의하면 물을 포함한 어떠한 음식물 취식을 금하는 것이 완전 금식이며, 물 또는 묽은 죽이나 쥬스 등을 허용하는 것은 보통 금식, 특정 음식물을 특정 기간 동안만 금하는 것이 부분 금식이다. 그러나 금식의 종류를 구별하는 것 자체에는 큰 의미를 부여할 수 없으며, 오히려 현대사회에 있어서 주의해야 할 점은 영성의 개념 왜곡과 영성 함양을 위한 금식과 같은 행위 자체를 강조하는 모습이다. 오늘날 한국교회의 금식은 자신의 영성을 드러내거나 기도 응답을 이끌어 내어 개인적인 욕망을 성취하는 수단으로 왜

---

68 한편 최일도 목사가 운영하는 다일공동체의 영성수련은 하나님과 마주하는 관상(觀相) 기도, 마음을 향하는 향심(向心) 기도 등을 강조하는데, 이는 인간의 노력을 통해 하나님의 도움과 합하는 반펠라기우스 사상을 토대로 한다는 비판의 목소리도 끊이지 않는다. 따라서 그러한 기도의 방법론과 영성 수련이 자아를 중심으로 하는 자기최면으로 전락할 가능성을 경계해야 하며, 금식의 방법론에 대하여도 하나님이 아니라 인간 자신의 행위를 강조할 가능성을 배제해야 할 것이다. 최일도, 김연수, 『영성수련의 실제』 (경기: 도서출판 다일, 1991), 204-208.

곡된 모습이 종종 나타난다.[69] 하지만 영성이란 가톨릭교회의 개념이며, 개신교는 성경적 경건에 기반한 성화의 전통을 견지하고 있음을 고려하여 영성이라는 개념 자체에 함몰될 것이 아니라 성경의 가르침에 따른 균형 있는 이해를 제고해야 할 것이다. 일례로 영성을 이원론적으로 간주하여 육체적인 측면을 부정하거나, 영성의 전인격적 변화를 도외시하고 은사만을 강조하는 것, 영성을 신비적인 차원에서만 조명하거나 인간적 노력을 통해 성취할 수 있는 것으로 보는 것, 그리고 영성을 개인적인 차원에서만 이해하는 것 등은 경계해야 하는 태도들이다.

과학기술이 발전하여 식량의 대량 생산 및 의료 체계의 확충을 통해 과거에 비하여 훨씬 긴 생애 동안 풍요로운 삶을 누리는 현대인들은 현 세대는 물론 다음 세대와의 관계 속에서도 이기적인 욕심과 공동체 전체를 고려하는 이타적인 나눔 사이에서 선택의 기로에 놓여 있다. 특히 금식의 정신이 소외된 이웃들을 향한 나눔의 차원과 연결되어 있기 때문에 신앙 공동체의 실천은 믿음의 시금석이 된다. 생존, 소유, 지배로 요약되는 인간의 3대 욕망은 의식주(衣食住), 부(富), 권력에 대한 탐욕을 드러내며, 이는 금식, 구제, 기도라는 3대 실천적 신앙의 원리를 통해 극복될 수 있다.[70] 퀘이커교도 영성가인 리차드 포스터(Richard Foster) 역시 돈, 섹스, 권력이라는 주제를 통해 인간의 3대 욕망을 제시하고, 이에 대한 영성적 대처 방안을 제시한 바 있다.[71] 특히 금식은 기도와 병행하여 하나님을 부정하고 자신을 드러내는 인본주의를 극복하고, 자신을 하나님 앞에서 낮추고 하나님의 뜻을 구하는 모습과 연관된다. 일례로 귀신 들린 아이를 치유하신 예수님은 제자들이 자신들은 어찌하여 귀신을 내쫓고 치유하지 못했느냐고 묻자 "기도 외에 다른 것으로는 이런 종류가 나갈 수 없느니라"(막 9:29)고 대답하셨다. 권위 있는 대부분의 사본들은 기도만 명시하지만, 일부 사본에는 "기도와 금식 외에"로 되어 있는데 이는 금식이 기도와 병행되는 경건의 표지임을 의미한다. 기도의 참된 의미가 자신의 뜻을 실현시키

---

69 김혜진, "이사야 58장에 나타난 금식과 하나님의 회복적 정의," 407.

70 서동수, "인간욕망의 극복을 위한 4중의 신앙영성의 원리," 「신학과 철학」 24(2014), 234–245.

71 한편, 포스터는 2000년 역사를 지닌 기독교의 영성을 기도와 묵상, 성결, 사회 정의와 이웃 사랑, 은사, 복음전도, 성육신의 삶으로 제시하였다. Cf. Richard J. Foster, *Money, Sex, and Power: The Challenge of the Disciplined Life* (New York, NY: Hodder & Stoughton Religious Books, 2009).

려는 것이 아니라 하나님의 뜻을 구하는 것이므로(마 6:10), 기도와 연결된 금식 역시 자신을 드러내거나 높이지 않고 하나님의 통치와 은혜 앞에 자신을 굴복시키는 것이며, 이는 구체적으로 신앙 공동체의 이웃 사랑의 실천으로 실현된다.

② 이웃 사랑을 통한 공동체성의 실현

기독교 영성은 그것이 하나님과의 관계 속에서 성립되는 관계적인 것이고, 성경의 가르침에 기반하고 있다는 점에서 성경적이며, 개인적인 동시에 공동체적이고 사회적이라는 특징을 보인다.[72] 이를 요약하면 기독교적 영성은 내적으로는 하나님을 사랑하여 하나님과 맺는 친밀한 교제를 의미하지만, 외적으로는 하나님에 대한 사랑이 이웃에 대한 사랑으로 연결되는 실천을 통해 드러나는 것이다. 따라서 금식을 통해 함양되는 영성 및 신앙의 공동체성은 이웃 사랑의 구체적 방법론인 구제로서 실현된다. 구제는 타인을 돌보는 선행을 베푸는 것이지만 실제로는 자신의 소유의 욕망을 극복하는 자기 자신을 향한 선행으로서 개신교 영성의 근간이 된다.[73] 하지만 금식의 행위와 마찬가지로 금식을 통해 타인을 구제하는 행위 역시 하나님을 마음의 중심에 두고 행한 것이 아니라면 자신의 의를 드러내는 수단으로 전락하고 만다. 따라서 예수님은 사람들에게 보이려고 그 앞에서 행하는 구제를 금하셨다(마 6:1-4).

겉으로 드러나는 금식 자체에는 아무런 유익이 없는 것처럼, 외적인 구제 행위가 복음의 정신에 기반하지 않는다면 그 역시 무익하다. 민주주의 제고와 인권 존중, 과학기술과 문명의 발전, 4차 산업혁명 시대의 도래 이면에 자리 잡은 인간 소외로 시달리는 현대인들에게 구제란 단순히 물질적 지원을 뜻하지 않는다. 현대적 의미의 구제란 그리스도의 대속을 통해 체험한 하나님 사랑을 나누는 이웃 사랑이기 때문에 그리스도인의 선한 삶의 실천을 통해 금식과 구제의 의미를 실현해야 한다.[74] 단순히 음식만 금하는 것이 아니라 금식의 과정에서 인간적인 뜻을 버리고 하나님의 뜻을 구해야 그것이 구제와 이웃 사랑, 복음전도로 이어진다.[75] 무수한 제물

---

72 최은택, "코로나19 시대의 기독교적 가정영성교육 모형," 101-102.
73 서동수, "인간욕망의 극복을 위한 4중의 신앙영성의 원리," 243.
74 최성훈, "복음전도의 역사와 패러다임의 변화,"「영산신학저널」46(2018), 305-306.

이 유익이 되지 않고, 숫양의 번제와 살진 짐승의 기름, 수송아지나 어린 양이나 숫염소의 피를 기뻐하지 않으신다고 지적하신 하나님은(사 1:11) "너희가 손을 펼 때에 내가 내 눈을 너희에게서 가리고 너희가 많이 기도할지라도 내가 듣지 아니하리니 이는 너희의 손에 피가 가득함이라"(사 1:15)고 말씀하시며 겉으로 드러나는 행위가 아니라 마음의 중심이 온전하기를 요청하셨다. 반대로 마음이 온전하고 깨끗하다면 겉으로 드러나는 행위 또한 온전하여 사람을 살리는 복된 소식으로 기능한다. 예수 그리스도의 손이 치유와 축귀를 통해 영혼을 일으켜 세웠고, 그의 발은 팔레스타인 곳곳을 돌아다니며 하나님 나라의 복음을 선포하는 기반이 되었다는 사실은 이를 증명한다.

③ 금식과 복음

스가랴와 이사야를 통한 금식 제의에 대한 비판은 남왕국 유다의 멸망과 예루살렘 성전 파괴 이전에 선지자들이 요구했던 사회적 약자를 돌보는 실천 요구의 연장선 위에 있다. 또한, 신앙적 사랑의 실천과 사회 정의의 구현은 이스라엘 당시에만 요청되는 것이 아니라 믿음 안에서 항상 있어야 하는 모습이다. 따라서 참된 금식은 단순히 식음을 폐하는 것이 아니라, 먹지 못하는 어려운 이들을 헤아려서 그들을 살피고, 먹이며 돌보는 이웃 사랑의 실천으로 이어져야 한다. 특히 예수 그리스도의 복음의 의미는 우리의 영적, 육적 모든 필요를 채우시는 통전적 성격을 띠고 있다. 오병이어와 칠병이어의 기적 사건은 그러한 성격을 잘 드러낸다. 따라서 금식의 행위보다는 금식이 예수 그리스도의 복음의 의미를 실현하는가, 즉 자신은 물론 그리스도의 핏값으로 사신 다른 이들의 삶의 필요를 충족시키는 구제와 섬김으로 연결되는가를 살펴야 할 것이다. 단순히 금식의 행위 자체를 강조하는 것은 기독교 역사에서 행한 치명적인 오류를 되풀이하는 것이다. 금식의 행위에 특별한 능력이 있는 것이 아니라 온전한 금식을 향한 마음의 중심에 자리 잡은 신실한 믿음이 중요하기 때문이다. 유대 사회에서도 금식은 본래 수직적으로 하나님을 향한 지향성과 수평적으로 이웃을 향한 공동체성을 의미하며, 양자를 통해 사회 결속

---

75 최성훈, "최자실 목사의 교회론과 교회개척," 「영산신학저널」 50 (2019), 244.

이 강화 및 유지되었다.[76] 하지만 그러한 균형이 무너지며 이스라엘은 하나님의 심판에 직면하여 멸망하고 만 것이다.

온전한 마음으로 행하는 금식이라 할지라도 그것을 자신의 경건을 과시하거나 다른 사람들에 대한 영적 우월감을 고취시키는 수단으로 삼는다면 이미 그러한 금식은 변질된 것이다. 참다운 금식은 자기를 부인하는 행동인 동시에 자신의 존재적 근원이 음식이 아니라 하나님이심을 고백함을 통해 자신의 영적 본질을 일깨우는 행위이기 때문이다. 금식을 통해 자신을 부인하는 그리스도인은 성찬을 통해 예수 그리스도의 구속을 통한 하나님의 은혜를 감사한다. 예수 그리스도께서 행하신 성만찬은 식탁의 교제를 통해 그리스도의 사랑을 나누는 행위로서 자신을 향한 사랑이 타인을 향한 이웃 사랑으로 승화됨을 통해 온전케 된다. 따라서 금식은 이웃의 필요를 헤아리는 섬김과 구제, 자선의 행위로 연결되어야 참된 의미를 실현하는 것이다. 금식의 행위 자체가 아니라 마음가짐이 더 중요하다는 사실을 직시할 때에 매 끼니의 식사가 자신을 향해 구속과 음식의 은혜를 베풀어주신 하나님의 사랑을 확인하는 동시에 이웃과 나누어야 할 사랑을 깨닫고, 이를 실천하도록 하는 기회가 될 것이다. 따라서 금식의 현대 영성적 의미는 존재적 근원 되시며 그리스도를 통한 구원의 은혜를 베푸신 하나님을 향한 사랑이 이웃 사랑으로 이어지는 구체적인 섬김의 실천을 통해 복음의 의미를 실현하는 것이다.

3 자살과 복음[77]

우리나라는 경제협력개발기구(OECD: Organization for Economic Cooperation and Development)에 소속된 국가 중 자살률 1위를 기록하고 있다. 한국의 자살률은 2003년부터 지속적으로 1위를 유지하다가 2016~2017년 리투아니아에 1위를 내어주고

---

76 김광수, "예수와 유대교 지도자들 사이에 금식을 둘러싼 대립(막 2:18-22)의 사회과학적 해석," 49-50.

77 본 섹션의 내용은 최성훈, "자살에 대한 이해와 목회적 대응방안," 「신학과 실천」 76(2021), 743-765를 수정 및 보완한 것이다.

2위로 순위가 하락했지만 2018년 이후 계속해서 1위를 유지하고 있다. 거의 모든 연령대에서 우리나라의 자살률이 가장 높기 때문에 소위 "자살공화국"의 오명을 쓰고 있다. 따라서 복음의 빛을 통해 자살의 문제를 공적으로 조명하고, 자살방지 및 사회 전체의 복리 증진이라는 차원에서 기독교의 사회적 책임을 수행함이 절실하게 요청된다.

1) 자살의 개념

고대 그리스 신화는 자살을 영웅적인 것으로 묘사했는데, 예를 들어 헤라클레스는 자살을 통해 올림푸스에 오를 수 있었고, 티스베가 자살했을 때 아주 크고 붉은 열매를 맺었다는 등 자살을 미화하거나 예찬하는 기록으로 가득 차 있다. 하지만 플라톤(Plato)과 아리스토텔레스(Aristotle)와 같은 그리스 철학자들은 인간은 신(神)의 소유물이며, 따라서 인간의 생명은 신에 속한 것이므로 자살을 신의 특권을 배제하는 행위로 간주하여 이를 거부하였다. 반면 견유학파, 스토아학파 및 에피쿠로스 학파는 생명 자체보다 생명을 소유한 인간의 권리를 강조하였고, 따라서 자살이란 운명에 대한 개인의 승리라고 주장하며 이를 자유를 향한 인간의 권리로서 칭송하였다.[78] 이처럼 엇갈리는 자살에 대한 견해를 신학적 관점으로 살펴보기 전에 자살의 개념을 정의하고 그 원인을 진단하는 것이 자살에 대한 통합적인 분석에 선행되어야 할 것이다.

자살의 개념에 대하여 학자들은 명확하게 정의하기가 어렵고, 따라서 그 원인을 진단하는 것도 매우 복잡하다고 지적한다.[79] 자살을 표기하는 영어 단어 "수어사이드"(suicide)는 "자기 자신"을 의미하는 라틴어 "수이"(sui)와 "잘라내다"라는 의미의 "사이드"(cide)가 조합된 합성어로서 "자신을 죽이는(잘라내는) 행위"를 지칭한다.[80] 세계보건기구(WHO: World Health Organization) 역시 자살을 의도적으로 자신을

---

78 제해종, "한국 사회의 자살 문제에 대한 기독교적 답변,"「한국콘텐츠학회논문지」15(2015), 555.
79 김중은, "자살문제에 대한 성경적－신학적 접근,"「장신논단」38(2010), 14.
80 이영의, "자살에 대한 치료적 설명: 정신분석, 로고테라피, 목적론적 상담의 비교,"「범한철학」72 (2014), 418.

살해하는 행위로 간주한다. "자살론"(Le Suicide)으로 유명한 에밀 뒤르케임(Emile Durkheim)은 자살이란 결과적으로 자신의 죽음을 예견하면서도 자살자 자신의 행위로부터 직, 간접으로 유발된 죽음을 의미한다고 정의하였다.[81]

자살을 의도적으로 자기 자신을 살해하는 행위로 간단히 요약하는 경우, 의도성을 중심으로 자살과 자기희생적인 행위인 순교를 구분하기도 한다.[82] 자살을 그 원인과 관계없이 자신을 적대시하여 공격하는 행위로서의 자살과 자신의 고통을 해소하기 위한 자살의 두 종류로 구분할 수도 있다.[83] 전자는 전적으로 폭력적인 데 비하여 후자는 보다 자유로운 개인의 권리를 강조하는 차원의 자살이다. 후자는 높은 사회적 지위를 보유한 자가 수치를 회피하기 위한 수단으로 자살을 택했던 그리스-로마의 전통에 영향을 받은 것이다. 한편 사약을 받거나 할복과 같이 절대 권력의 강요로 인한 원치 않는 자살은 오히려 타살에 가까운 것이므로 자살로 보기는 어렵다.

2) 자살의 원인

자살이라는 자기 파괴 행위에 대하여 학계에서는 접근방식에 따라 다양하게 그 원인을 진단한다. 우선 신경전달물질이나 호르몬의 작용, 유전 등과 같은 생물학적 요인을 자살의 원인으로 지적하는 학자들이 있다.[84] 일례로 뇌에서 분비되는 호르몬으로서 기분과 식욕, 수면 등에 관여하는 세로토닌의 결핍이 우울증을 매개로 하여 자살을 유발한다는 것이다. 그러나 그러한 견해는 인간의 자살 행동을 지나치게 단순화하는 것이므로 인간의 정신, 인지능력, 사회적 소통 및 통합의 관점에서 이를 조명하는 것이 바람직하다.

---

81 Emile Durkheim, *Suicide: A Study in Sociology*, trans. John A. Spaulding and George Simpson (New York, NY: Free Press, 1951), 44.

82 John Habgood, "Suicide," in *The Oxford Companion to Christian Thought: Intellectual, Spiritual, and Moral Horizons of Christianity*, eds. Adrian Hastings, Alistair Mason, and Hugh Pyper (New York, NY: Oxford University Press, 2000), 689.

83 박충구, "자살에 대한 인식의 변화," 「기독교사상」 722(2019), 115.

84 제해종, "한국 사회의 자살 문제에 대한 기독교적 답변," 558-559.

① 정신분석학의 관점

정신분석학의 초석을 놓은 지그문트 프로이드(Sigmund Freud)는 삶의 본능을 추동하는 성적 본능인 에로스(eros)와 자기 파괴적인 죽음 충동인 타나토스(thanatos) 간의 심각한 불균형 상태 또는 타나토스가 강하게 발동될 때 자살을 유발한다고 지적하였다.[85] 칼 메닝거(Karl Menninger)는 자살 행위를 유도하는 정신 역동적 동기를 첫째, 누군가를 죽이고자 하는 공격성, 둘째, 죽음을 당하고자 하는 피학성, 셋째, 삶의 의욕을 잃고 죽기를 바라는 우울의 세 가지 동기로 분류하는 한편, 세 가지 동기 모두가 자살 행위에 관여한다고 주장하였다.[86] 그러나 프로이드의 경우 너무 본능과 충동의 측면만을 강조함으로써 인간의 전체성을 반영하지 못하였고, 메닝거의 주장을 포함한 정신분석학적 관점은 모호한 개념적 추상성에 갇혀 있거나 사례 연구를 근거로 하기 때문에 제대로 자살의 원인을 진단하지 못한다는 비판을 받는다.[87]

② 인지이론의 관점

정신 병리 증상자에 대한 집단 연구를 진행한 인지심리학자 제럴드 클러먼(Gerald L. Klerman)은 자살을 유발하는 가장 중요한 요인으로서 우울증을 제시하였다.[88] 그러한 연구 이전에 자살은 우울증의 정서적 증상이 아니라 인지적 증상인 절망감(hopelessness)과 직접적인 연관이 있다는 주장이 전개된 바가 있다.[89] 인지이론은 크게 분류하면 자살을 오랜 기간 동안 지속된 심리적 고통의 결과로 바라보는 장기적 스트레스 모델과 갑작스러운 상실이나 실패의 경험 등 단기적 위험을 강조하는 단기적 위기 모델로 나뉜다. 그러나 인지이론 역시 자살의 한 가지 원인만을

---

85 Sigmund Freud, *Beyond the Pleasure Principle* (London, UK: International Psycho—Analytical Press, 1922), 316.

86 Karl A. Menninger, *Man Against Himself* (New York, NY: Brace & World, 1938), 16—70.

87 최성훈, 『6하 원칙을 통해 본 기독교교육』 (서울: CLC, 2016), 204.

88 Gerald L. Klerman, "Clinical Epidemiology of Suicide," *Journal of Clinical Psychiatry* 48(1987), 33—36.

89 Cf. Aaron T. Beck, *Depression: Clinical. Experimental and Theoretical Aspects* (New York, NY: Harper & Row, 1967).

제시함으로써 하나의 단면만을 설명하는 데 그쳐서 자살에 대한 전체적인 그림을 그리는 데에는 유용하지 않다.[90]

③ 사회학의 관점

사회학자 에밀 뒤르케임은 자살의 요인을 비사회적 요인인 정신질환, 유전, 기후, 모방 등으로 나열하며 그와 같은 요인은 실제로 자살에 미치는 영향이 미미하다고 정리하면서 자살의 사회학적 요인들로서 이기적 자살, 이타적 자살, 아노미적 자살, 숙명론적 자살을 제시하였다.[91] 이기적 자살은 지나친 개인주의 또는 사업의 실패나 실연, 가족의 죽음 등을 통해 사회로부터의 고립될 때에 발생하며, 이타적 자살은 이와는 반대로 개인이 사회와 지나치게 통합되어 자신이 속한 공동체에 대한 지나친 의무감 때문에 자신을 희생하는 것이다. 아노미적 자살은 사회가 개인의 삶에 필요한 법규나 질서를 제공하지 못하는 사회적 혼란 속에서 개인이 자포자기적인 심정으로 행하는 것이고, 숙명론적 자살은 개인의 선택이나 통제가 불가능한 노예, 포로의 상태 등에서 곤경을 겪다가 이를 회피하기 위한 방편으로 행하는 자살이다. 뒤르케임은 자살률은 결국 개인이 속한 사회의 통합정도에 반비례한다는 결론을 내렸는데, 그의 견해는 사회를 자살 연구의 대상으로 포함하였다는 측면에서는 긍정적이지만 개인적 요인을 배제하였다는 측면에서는 아쉬움을 남긴다.

④ 통합이론의 관점

통합이론은 정신분석, 인지이론, 사회이론을 통합한 것으로서 로이 보마이스터(Roy Baumeister)의 도피이론(escape theory)이 대표적이다. 그에 의하면 자살이란 자신의 고통스러운 감정과 생각으로부터의 도피를 위한 수단으로서 6단계의 과정으로 구성된다.[92] 자살에 이르는 도피과정은 개인의 기대수준을 이루지 못하게 하는 부정적 외부환경, 기대와 현실 간의 괴리로 인한 부정적 자기평가, 고통스러운 자신에 대한 자각의 첨예화, 그로 인한 자신에 대한 부정적 정서 초래, 고통스러운 생각과

---

90 신성균, "자살 예방의 인문치료적 접근,"「인문과학연구」45(2015), 392-393.
91 Cf. Emile Durkeim, *Suicide: A Study in Sociology.*
92 Roy F. Baumeister, "Suicide as Escape from Self," *Psychological Review* 97(1990), 90-113.

감정을 없앨 수 있는 강력한 수단을 향한 갈망으로 인한 인지적 와해, 그리고 마지막 단계로서 자살로 이어지는 것이다. 보마이스터의 도피이론은 절망감과 우울감 등 정서적 요인, 사회환경적 요인, 그리고 인지적 요인 모두를 통합적으로 반영하며 자살의 다양한 측면을 조명하며, 우울증의 증상으로서 절망보다는 행동의 문제가 두드러지는 청소년의 자살 예측을 위한 타당한 도구이다. 그러나 영적인 면을 다루지 않음으로써 영혼과 육체, 정신 모두를 포괄하는 통전적 존재로서의 인간을 조명하는 데에는 부족함을 드러낸다는 지적을 받는다.[93]

3) 기독교의 자살 이해

각 종교들은 나름대로 삶과 죽음에 대한 독특한 견해를 제시하고 있으며, 대체로 자살에 대하여 부정적인 입장을 보인다. 유교의 초석을 놓았던 공자가 죽음 이후의 삶에 대하여 불가지론의 입장을 견지하기 때문에 유교는 삶에 충시할 것을 강조하는 현세적 관점의 입장에서 죽음을 하늘의 뜻으로 받아들이는 수동적 태도를 보인다.[94] 하지만 효의 관점에서 신체발부(身體髮膚) 수지부모(受之父母) 불감훼상(不敢毀傷) 효지시야(孝之始也)를 주장하며, 부모에게서 물려받은 육체를 소중히 여겨야 한다는 것을 중시하므로 자살을 부정적으로 본다.[95] 불교의 경우 삶과 죽음은 해탈에 이르기 전에 자신의 업보에 따라 겪는 과정일 뿐이라고 주장하지만,[96] 석가모니의 가르침인 오계(五戒) 중 첫째가 살생을 금하는 것이므로 자살을 살해 행위로 보아 부정시한다.[97] 한편, 도교는 죽음이란 필연적인 것이므로 삶과 죽음 사이에는 아무

---

93 신성균, "자살 예방의 인문치료적 접근," 394-395.

94 최성훈, "기독교 죽음교육의 원리,"「장신논단」51(2019), 192.

95 이는 공자의 효경(孝經)에 나오는 것으로 몸과 뼈 그리고 살갗 모두를 부모로부터 받았으니 이를 훼손하거나 다치지 않게 잘 보존하는 것이 효의 시작이라는 뜻이다.

96 인도에서 유래한 불교는 힌두교로부터 업(業)과 윤회(輪廻), 해탈(解脫) 사상을 받아들였다. 업을 중심으로 하는 인과응보 사상은 힌두교가 인도인들이 카스트 계급에 충실하게 살도록 하기 위해 만든 교리로서 불교와 힌두교는 윤회에서 벗어나도록 하는 깨달음인 해탈만을 강조한다. 최성훈, "삶과 죽음에 대한 종교적 이해: 불교, 유교, 기독교를 중심으로,"「영산신학저널」55(2021), 149-150.

97 불교의 기본 계율인 오계는 살아 있는 생명을 죽이지 않는다는 불살생(不殺生), 도둑질하지 않는다

런 차이가 없다는 입장을 보인다. 반면 기독교는 예수 그리스도를 통한 십자가 구속의 은혜를 통해 삶과 죽음의 의미를 통합적으로 이해하며, 따라서 다른 종교들과 달리 자살에 대하여 하나님의 창조사역과 그리스도의 복음에 기초한 원리를 제시한다. 기독교는 기본적으로 자살에 대하여 부정적인 입장을 취하지만, 성경에서 직접 자살을 금지하거나 명시적으로 부정적으로 평가한 대목은 찾아보기 어렵다. 하지만 자살을 다룬 성경 본문을 살펴봄으로써 자살에 대한 성경적 관점을 엿볼 수 있는데, 성경에는 자살과 관련된 여섯 개의 본문이 등장한다.

① 아비멜렉

구약에 등장하는 첫 번째 자살 사례는 사사 기드온이 세겜의 첩을 통해 낳은 아들 아비멜렉인데, 그는 기드온 사후에 요담 한 사람 외에 기드온의 아들 70명을 모두 죽이고 세겜 사람들을 회유하여 왕이 되었다(삿 9:1–6). 하지만 3년 만에 세겜 사람들이 아비멜렉을 배반하여 양측 사이에 전쟁이 벌어져서 아비멜렉이 성읍을 헐고 이를 진압하였다. 데베스 성을 공격하던 아비멜렉은 견고한 망대로 도망간 사람들을 불태우기 위해 망대 문 앞으로 나아갔다가 한 여인이 던진 맷돌 위짝에 맞아 두개골이 깨어졌다. 치명상을 입은 아비멜렉은 사람들이 여자가 자신을 죽였다고 소문을 낼 것을 두려워하여 급히 부관을 불러 자신을 칼로 찌르게 하였고, 마침내 부관의 칼에 죽고 말았다(삿 9:54). 아비멜렉은 가냘픈 여성의 손에 죽음을 당했다는 불명예를 피하기 위해 자살을 택한 것이다. 하지만 이는 엄밀한 의미에서 자살로 보기에는 무리가 있는데, 그가 이미 죽음의 상태에 이르렀었기 때문이다. 또한, 성경은 아비멜렉과 세겜 사람들 사이의 불란과 그로 인한 참혹한 죽음들이 아비멜렉이 형제 70명을 죽인 것과 세겜 사람들이 저지른 악행에 대한 하나님의 심판이라는 사실을 지적하고 있다(삿 9:56).

는 불투도(不偸盜), 배우자 이외의 사람과 부정한 관계를 맺지 않는 불사음(不邪淫), 거짓을 말하지 않는 불망어(不妄語), 술을 마시지 않는 불음주(不飮酒)를 의미한다.

② 삼손

자살과 관련한 두 번째 인물인 삼손 역시 아비멜렉과 같은 사사시대를 살았던 사사이다. 그는 40년 동안 블레셋의 압제를 받던 이스라엘 자손을 구원한 용사로서 20년 동안 사사 역할을 수행하였다. 그러나 그는 들릴라라는 블레셋 여인에게 마음을 빼앗겨 자신의 힘의 원천인 머리털이 잘리고 두 눈이 뽑힌 채 강제노역을 하는 신세로 전락했다(삿 16:21). 그는 삶의 마지막 순간에 블레셋 사람들이 섬기는 다곤 신전에서 건물을 지지하는 기둥 둘을 붙잡고 원수를 갚게 해 달라고 하나님께 기도하는 한편, "블레셋 사람과 함께 죽기를 원하노라"(삿 16:30) 하고 외치며 힘을 주어 신전이 무너지게 함으로써 자신을 포함한 수많은 블레셋 사람이 목숨을 잃었다. 하지만 삼손은 원수 블레셋에게 복수하기 위해서 죽음을 불사한 것이므로 그의 죽음은 전쟁에서의 전사와 유사하며, 그가 자살을 희망한 것은 아니다.[98] 그와 같은 차원에서 신약 성경 히브리서는 믿음의 선진들 이름을 나열하며 삼손의 이름을 포함함으로써 그가 마지막 순간에 믿음 안에서 사사로서의 역할에 충실한 것을 높이 평가하고 있다(히 11:32).

③ 사울

사울의 자살은 사실상 성경에 등장하는 자살의 의미에 가장 가까운 최초의 자살에 해당하며, 그의 부관이 그를 따라 목숨을 잃었기 때문에 모방자살의 사례에도 속한다. 사울은 블레셋과의 길보아 산 전투에서 적의 화살을 맞고 심각한 부상을 입었다. 그는 자신의 무기를 든 부관에게 할례받지 않은 이방 족속인 블레셋 병사들에게 모욕을 당하고 고문을 당할까 두렵다며 칼을 들어 자신을 찌르라고 명령하였다. 하지만 부관이 심히 두려워하여 그 명령을 따르지 않자 사울은 자신의 칼을 뽑아서 그 위에 엎드러져 죽음을 맞이하였고, 그의 부관 역시 사울을 따라 같은 방식으로 자결하였다(삼상 31:4). 이미 사울의 아들 요나단, 아비나답, 말기수아가 전사했기 때문에 그의 자살은 사울 가문이 몰락하고, 다윗 왕조가 새로이 일어나는 계기가 되었다.[99]

---

98 김중은, "자살문제에 대한 성경적-신학적 접근," 20-21.

④ 아히도벨

다윗의 아들 압살롬이 반란을 일으켰을 때에 책사 아히도벨은 압살롬을 부추겨 부왕이 피난하며 남겨 둔 후궁들과 백주 대낮에 동침함으로써 압살롬의 왕적 권위를 드러내라고 조언했던 인물이다(삼하 16:21). 압살롬은 아히도벨의 말을 듣고 다윗의 후궁들과 동침함으로써 아버지의 침상을 범하는 죄를 범했다. 아히도벨은 1만 2천의 군대로 다윗 일행을 추적하여 피곤하고 지친 다윗 왕만 제거함으로써 거사를 마무리하자고 조언하였다. 그러나 다윗의 친구이자, 충신으로서 아히도벨의 모략을 물리치기 위해 압살롬 진영에 합류한 후새가 다윗과 그의 추종자들이 비록 지금은 후퇴하지만 전장에서 산전수전(山戰水戰)을 다 겪은 베테랑이므로 함부로 공격하지 말고 모래같이 많은 숫자의 군대를 모아 다윗군을 전멸시키자고 제안하였다. 압살롬이 후새의 제안을 받아들여서 자신의 계획이 공개적으로 거부되어 관철되지 못하게 되자, 아히도벨은 집으로 돌아와 집을 정리하고 스스로 목을 매어 자결하였다(삼하 17:23).

⑤ 시므리

이스라엘이 르호보암 왕대에 이르러 북왕국 이스라엘과 남왕국 유다로 분열된 이후, 북 이스라엘의 왕권은 매우 불안정하여 계속되는 암살과 쿠데타로 인해 정권이 교체되는 일이 빈번했다. 남 유다와 달리 북왕국에는 선왕(善王)이 없었기 때문에 선지자들을 통한 하나님의 심판 선포가 이어졌다. 북왕국에서 엘라가 왕이 되어 2년 동안 다스렸을 때에 병거의 절반을 통솔하는 지휘관이던 시므리가 반란을 일으켜 엘라를 쳐 죽이고 왕이 되었다(왕상 16:9-10). 하지만 시므리의 모반 소식을 들은 이스라엘 무리가 군대 지휘관 오므리를 왕으로 세우고 시므리를 공격하였다. 시므리는 오므리 군의 공격으로 성읍이 함락됨을 보고 왕궁에 불을 지르고 그 가운데에서 죽음으로써 그의 왕권은 7일 천하로 막을 내렸다(왕상 16:15-18). 구약 성경은 분

---

99 훗날 하나님의 말씀에 순종하지 않은 사울의 말년만 강조할 것이 아니라 긍정적 평가를 받는 그의 청년 시절을 동시에 조명하여 사울의 인물됨을 종합적으로 평가해야 한다는 주장도 제기되고 있다. 이창엽, "청년 사울에 대한 재평가와 설교를 위한 새로운 읽기: 사무엘상 10:14-16에 나타난 사울의 '도드'(dod)의 정체와 연관하여," 「신학과 실천」 73(2021), 141.

신자살을 행했던 시므리의 죽음은 여호와 하나님 앞에서 악을 행하여 범죄한 것에 대한 심판이라고 결론을 내린다(왕상 16:19).

⑥ 가룟 유다

신약 성경에 기록된 유일한 자살이자 성경에 등장하는 마지막 자살 사건의 주인공인 가룟 유다는 예수님의 열두 제자 중 한 사람으로서 재정을 담당하였다. 하지만 그는 돈궤를 맡아 공금을 횡령했던 탐욕이 많은 인물이었다(요 12:6). 그리스도의 메시아 되심의 의미를 제대로 알지 못했던 가룟 유다는 예수님을 당시 노예 한 사람의 값인 은 30세겔에 팔아 넘겼다(마 26:14-16; 막 14:10-11; 눅 22:3-6). 하지만 유다는 이후 스스로 뉘우쳐 은 30세겔을 대제사장들과 장로들에게 다시 갖다주며 자신이 무죄한 피를 팔고 죄를 범했다고 말한 후에 그들이 이를 받지 않자 은을 성소에 던진 후 스스로 목매어 죽었다(마 27:3-5). 그는 양심의 가책으로 죄를 뉘우쳤지만, 마음을 바꾸어 회개하지는 않았다.100 결국 그는 자살을 통해 비참한 최후를 맞이하고 말았다.

4) 기독교 전통의 자살 이해

위에서 살펴본 것처럼 성경은 자살에 대하여 명시적인 가치 판단을 제공하지 않는다. 아비멜렉과 사울은 죽음에 임박하여 자신의 명예를 위해 삶의 종결을 재촉한 것이고, 삼손의 경우는 희생적 죽음에 가까우며, 아히도벨은 자신의 뜻이 이루어지지 못할 것을 한탄한 자살로서 담담히 기록되었다. 시므리의 자살은 하나님의 심판으로 묘사되었고, 가룟 유다는 회개하지 않고 인간적인 양심의 가책과 후회로 생을 마무리하였다. 그러나 기독교 전통은 자살에 대하여 매우 부정적인 견해를 보이고 있다. 이는 인간이 모든 피조물 중에서 하나님의 형상으로 창조된 유일한 존재

---

100 마태복음 27장 3절의 "뉘우치다"를 의미하는 헬라어로 "메타멜로마이"(μεταμέλομαι)로서 이는 단순히 양심의 가책을 지칭하는 것이다. 이와는 대조적으로 죄를 회개하고 그리스도를 통해 하나님께로 돌이키는 "회개하다"를 의미하는 헬라어 단어는 "메타노에오"(μετανοέω)인데, 본문에서 가룟 유다는 양심의 가책을 느꼈지만 회개에 이르지 못하고 몸이 곤두박질하여 배가 터져 창자가 흘러 나오는(행 1:18) 비참한 최후를 맞이하고 말았다.

라는 사실과 살인을 금하는 십계명을 통해 인간 존재의 존귀함을 강조하기 때문이다.

① 기독교 초기와 중세

초기 교부들 대다수는 십계명의 살인하지 말라는 제6계명(출 20:13; 신 5:17)에 의거하여 자살을 심각한 죄악으로 간주하였다.101 특히 어거스틴(Augustine)은 저서 "신국론"(The City of God)을 통해 자살하는 자를 명백한 살인자로 간주하여 정죄하였다.102 이 같은 견해는 하나님의 형상(Imago Dei)으로 창조된(창 1:27) 인간의 존엄성을 강조하는 한편, 인간 삶의 주관자는 오직 하나님 한 분이시라는 믿음에 기인한 것이다. 따라서 자살이란 하나님의 인간 생명에 대한 소유권을 침해하는 행위에 해당한다고 본 것이다.103 어거스틴의 주장을 받아들인 563년 브라가 공의회(the Council of Braga)와 580년 오세르 성직자 회의(the Synod of Auxerre)는 자살자를 처벌한다는 결정을 내렸다.104 두 공의회 이전에 개최된 452년 아를르 공의회(the Council of Arles)는 이미 자살을 악마에게 이끌린 사악한 행위라고 규정하는 한편, 자살한 사람에 대한 교회의 장례를 금지하고 그 시신을 교회 무덤에 안치하는 것도 금하였다.

중세의 대표적인 신학자 토마스 아퀴나스(Thomas Aquinas)는 자살은 살인하지 말라는 십계명의 제6계명을 위반하는 것으로서 성경의 가르침에 위배될 뿐만 아니라 생명을 지속하는 인간의 자연적 본성에도 어긋난다고 보았다. 따라서 그는 자신의 저서 "신학대전"(Summa Theologiae)에서 자살을 반대하는 이유를 첫째, 자신의 보존과 애덕을 향하는 자연적인 본성을 거스르는 것이고, 둘째, 공동체에 위해를 가하는 일이기 때문에, 셋째, 생명은 하나님께 부여받은 선물로서 하나님의 권한에 속한 것이기 때문이라고 설명했다.105 대표적인 신학자들이 자살을 부정적으로 묘사함에

---

101 하지만 구약 성경은 의도적인 살인과 우발적인 살인을 구분하여, 후자의 경우 살인을 범한 이의 목숨을 보호하기 위하여 도피성 제도를 마련하고 있다(민 35:9-34; 신 19:1-13; 수 20:1-9).

102 Augustine, *The City of God*, trans. Henry Bettenson (New York, NY: Penguin Books, 2003), I, 20, 22.

103 강사문, 『구약의 하나님』(서울: 한국성서학연구소, 1999), 351.

104 신성균, "자살 예방의 인문치료적 접근," 406.

따라 기독교 전통은 자살을 심각한 범죄로 인식하게 되었고, 영원한 지옥의 형벌로 까지 이어진다고 보았다. 자살한 사람은 신앙을 가지고 있더라도 구원을 얻지 못한 다는 그와 같은 견해는 신플라톤주의와 이교도들의 사상에서 기인한 것이다.[106] 마 침내 867년 교황 니콜라우스 1세(Pope Nicholas I)는 신플라톤주의와 이교도적 자살 에 대한 개념을 받아들여서 자살이란 영원히 용서받지 못할 성령훼방죄라고 규정하 였다.

② **종교개혁기 이후 근, 현대**

종교개혁기에 이르러 마틴 루터(Martin Luther)는 자살은 믿음과 율법 사이의 긴 장에서 발생하는 괴로움의 표시로서 사탄이 원인을 제공하여 개인이 느끼는 고통 때문에 발생한다고 지적하였다. 존 칼빈(John Calvin)은 자살을 죄로 간주하여 이를 반대했지만, 자살이 용서받지 못할 죄라고 생각하지는 않았다.[107] 신정통주의 신학 자 칼 바르트(Karl Barth)는 자살에 대해서는 반대했지만 복음 안에서 자살의 방지에 보다 초점을 맞출 것을 강조하였다.

오늘날 자살은 지옥이라는 영원한 형벌에 처할만한 죄악이 아니라 오히려 치 료받아야 할 질병이라는 주장이 제시되고 있다.[108] 물론 정신병리적 문제로 인한 자살도 있지만 이를 질병으로만 단정하는 것도 무리가 있고, 그렇다고 해서 자살을 범한 이가 지옥에 간다고 무조건 단언하는 것에는 더욱 문제가 있다. 따라서 성경 이 설명하는 복음의 원리를 통해 자살을 조명하는 것이 타당하다. 성경에 의하면 모든 인간의 생명은 하나님으로부터 부여받은 것으로서 인간의 몸은 하나님의 성전 이며(고전 3:16-17), 그리스도의 핏값으로 사신 바 되었으므로(행 20:28; 고전 6:19-20; 히 10:19-20) 존귀하며, 따라서 이를 함부로 해하는 행위는 잘못된 것이다.

---

105 Thomas Aquinas, *Summa Theologica*, II, 2, 64.

106 이상원, 『개혁주의 윤리학』 (서울: 죠이선교회, 2018), 426-427.

107 그는 성경 본문(마 12:31)에 의거하여 성령을 훼방하는 죄만을 용서받지 못할 유일한 죄로 인정 하였다. 최병학, "자살 & 살자: 기독교 시각에서 본 자살과 생명윤리," 「윤리교육연구」 31(2013), 70.

108 김기현, 『자살은 죄인가요?』 (서울: 죠이선교회, 2010), 75-82.

5) 자살에 대한 목회적 대응방안

성경에 명확하게 자살을 금지하는 규정은 없지만, 그와 같은 사실에 근거하여 성경이 자살을 부정적으로 보지 않는다는 주장은 억측이다.[109] 더욱이 마귀는 처음부터 살인한 자요(요 8:44), 죽음의 세력을 잡은 자(히 2:14)로서 살인의 배후에 자리잡고 있다. 또한, 자살은 고통에서 개인을 건지는 해결책이 될 수 없는데, 죽음의 세력을 멸하시고 생명을 주시는 이는 오직 예수 그리스도요(요 14:6; 요일 3:8), 사망의 고통에서 우리를 구원하시고 모든 눈물을 닦아 주실 이는 하나님 외에는 없기 때문이다(계 21:3-4). 따라서 성경의 자살에 대한 포괄적인 관점을 종합하고, 오늘날 자살 사건의 원인을 분석함으로써 자살을 방지하기 위한 대책 마련에 주력하고, 자살로 인해 어려움을 겪는 유가족과 공동체 구성원들을 위로하는 사역에 초점을 맞추어야 할 것이다.

① 자살과 존엄사

개인의 인권을 존중하는 현대사회는 자살과 관련하여 자유로운 개인의 권리를 강조하며 생의 마지막 단계에서 존엄사를 인정한다.[110] 이는 스스로 자신의 삶의 의미를 규정하는 한편, 죽음의 순간에 대한 최종적인 결정을 개인이 내리도록 하는

---

109 김중은, "자살문제에 대한 성경적-신학적 접근," 22, 35.
110 단순히 연명치료를 거부하는 것을 과거에는 소극적 안락사라고 지칭했지만, 최근에는 존엄사라고 부르며 이를 인정하는 추세이다. 우리나라에서 존엄사는 영양섭취와 진통제 투여를 제외한 일체의 의료적 처치를 거부한 끝에 숨을 거둔 2009년 2월 김수환 추기경의 사례 이후 인정을 받고 있으며, 같은 해 5월 연명치료 중단에 관한 대법원 판례가 이를 긍정한 이후 "연명의료결정법"(호스피스·완화의료 및 임종과정에 있는 환자의 연명의료결정에 관한 법률)이 2016년 2월 3일부로 제정되고 이후 일부 개정을 거쳐 시행되고 있다. 한편 안락사(安樂死)의 어원은 헬라어 "유타나시아"($\varepsilon\upsilon\theta\alpha\nu\alpha\sigma\iota\alpha$)로서 영어로는 "euthanasia"이다. "유"(eu)는 "좋은"이라는 뜻이고, "타나토스"(thanatos)는 "죽음"이라는 뜻이므로 이를 합치면 "편안한 죽음"이라는 의미이다. 안락사는 고대사회에서부터 시행되어 왔는데, 한정된 식량 때문에 행해지기도 했고, 고대 로마에서는 기형아를 출생하면 즉시 죽일 것을 법률로 허가하였으며, 고대 스파르타나 게르만족 사회에서는 전쟁 수행능력이 떨어지는 기형아나 저능아를 굶겨 죽였다. 하지만 기독교가 전파된 이후에는 생명은 하나님께서 주시는 고귀한 것으로 인식되며 안락사는 살인과 같은 것으로 취급되어 금지되었다. 그러나 근대에 들어서 죽음의 고통으로부터 해방될 인간의 권리를 주장하는 목소리가 힘을 얻기 시작하며 안락사에 대한 논쟁이 뜨겁게 일고 있는 실정이다. 최성훈, 『고령사회의 실버목회』 (서울: CLC, 2017), 212.

것이다. 일례로 불치병을 앓는 개인이 의료적 처치로 인한 지속적인 고통과 재정적 부담을 거부하고, 죽음을 선택할 수 있는 개인의 권리를 확보한다는 차원에서 선택하는 수동적 안락사가 수용되고 있다. 또한, 보다 적극적인 의미에서 죽음을 선택하는 안락사 또는 합리적 자살을 수용하는 국가가 늘어나고 있다. 그 같은 차원에서 지난 2002년 4월 전 세계에서 처음으로 안락사법을 시행한 네덜란드를 비롯하여 벨기에, 룩셈부르크, 캐나다, 콜롬비아, 프랑스는 조력자살이라고도 불리는 적극적 안락사를 허용하고 있으며, 스위스, 독일, 그리고 미국의 워싱턴, 오리건, 콜로라도, 하와이, 버몬트, 몬타나, 캘리포니아 주 등 일부 주에서는 정신질환 또는 불치의 질병으로 인해 극심한 고통을 겪는 이들에 대한 의사 조력사를 허용하고 있다.

연명치료를 거부하는 존엄사는 기독교 진영에서도 수용할 수 있다. 하지만 이를 허용한다 해도 존엄사의 남용, 오류, 강요 등은 철저히 경계해야 하고, 그 과정도 치밀하게 감독되어야 한다. 환자의 요청에 의해 생명을 거두는 것이 권리로서 고려되면, 치매환자나 혼수상태에 빠진 환자들에 대한 요청이 용이해져서 존엄사의 남용이 우려되며, 진단의 오류 등 의학 자체의 불확실성으로 인해 노인, 신체장애자, 중증환자들이 존엄사에 대한 교묘한 압력에 노출될 우려가 있기 때문이다. 따라서 한국교회는 존엄사에 대하여 이를 자살인지 아닌지 여부로 판단하는 이분법적 태도를 지양하고, 질병으로 인해 고통을 겪는 개인의 입장에서 그리스도의 복음의 참다운 의미를 고려하며 조심스럽게 대응해야 할 것이다. 이는 그리스도의 사랑에 기인한 공감의 영성을 드러내는 것이기 때문이다(롬 12:15).

② 자살 생각과 행위의 예방

세계보건기구(WHO)의 자살예방지침서는 한 사람의 자살이 평균적으로 6명에게 부정적 영향을 미친다고 지적하였다. 특히 자살은 정서적으로 미성숙한 청소년 및 청년층의 모방자살을 부추기는데, 이를 "베르테르 효과"(Werther effect)라고 한다.[111] 또한, 1,710명의 자살을 시도했던 10대 후반 청소년들을 대상으로 한 연구는 1년 이내에 약 10%가 또 다시 자살을 시도했다는 사실을 밝혀냈다.[112] 우리나라는

---

111 David P. Phillips, "The Influence of Suggestion on Suicide: Substantive and Theoretical Implications of the Werther Effect," *Sociological Review* 39(1974), 340−354.

지난 2011년 자살예방법을 제정하고, 2012년부터 시행하고 있는데 이는 자살을 개
인적이거나 가정사의 문제로 치부하던 과거와 달리 국가적인 차원에서 국민의 기본
권과 생명권을 보호하는 현대복지국가의 이상을 달성하기 위한 조치이다. 하지만
법률의 제정만으로 자살자의 숫자가 줄어들지는 않으며, 자살은 단순히 개인적인
문제가 아니라 사회 구조적인 원인이 함께 작동하는 공동체의 문제라는 이해를 바
탕으로 교회를 포함한 공동체 전체가 생명의 소중함을 일깨우고 자살 생각과 행위
를 방지하도록 하는 구체적인 대응안을 마련해야 한다.113 특히 가족 및 사회적 차
원에서 통합력을 증진하는 한편, 사회 안전망을 구축하도록 하는 철학적 기반을 제
공하는 것이 종교의 역할이므로 한국교회는 자살과 관련한 다양한 측면을 분석하는
연구를 지원함으로써 그와 같은 과제를 수행해야 한다.114

　　오늘날 높은 수준을 보이는 우리 사회의 자살 문제의 심각성은 자살예방센터
등 국가가 운영하는 사회복지 기능에만 의존해서는 해결할 수 없다. 따라서 각 지
역에 소재한 한국교회는 자살과 관련한 이론 및 성경과 신학적 연구를 통해 자살
생각과 행위를 방지하기 위한 커리큘럼을 구비해야 한다. 또한, 목회자 및 평신도
사역자를 육성하여 자살과 관련한 상담 진행과 더불어 자살생존자를 위한 돌봄 사
역을 시행해야 한다. 구체적인 방안으로서 사회적으로 취약한 노년층, 특히 독거노
인들에 대한 생활 서비스를 제공함으로써 기본적인 수준의 삶을 영위할 수 있도록
지원해야 하고, 정서적으로 지지가 필요하며 입시 스트레스에 시달리는 청소년 및
취업과 결혼 등의 스트레스를 경험하는 청년층에 대한 목회적 지원도 강화해야
한다.

　　자살은 단순히 생명을 해하는 것뿐만 아니라 인간에 내재한 하나님의 형상을
파괴하는 행위에 해당하므로 마땅히 방지되어야 한다. 비록 인간의 죄성으로 인해

---

112 Judy A. Andrews and Peter M. Lewinsohn, "Suicidal Attempts among Older Adolescents:
　　Prevalence and Cooccurrence with Psychiatric Disorders," *J Am Acad Child Adolesc*
　　Psychiatry 31(1992), 655－662.

113 송오식, "자살예방법의 이해와 종교적 실천 방안: 종교적 성찰을 통한 접근," 「종교문화학보」
　　17(2020), 101.

114 김형희, "한국 사회의 자살 현상과 사회적 통합을 지향하는 기독교교육: 뒤르케임의 자살론을 중
　　심으로," 「대학과 선교」 47(2021), 176.

세상에 가득 찬 죄악이 다시 인간을 고통스럽게 하여 죽음의 위협을 가하지만 그리스도로 인해 부여되는 새로운 생명을 통해 하나님의 형상은 회복된다(요 3:16; 롬 6:23; 고후 5:17). 자살은 그리스도의 은총을 미리 포기하는 치명적인 오류이며, 개인의 삶은 물론 유가족들에게도 치명적인 위해를 가하는 행위이다. 따라서 교회가 우울증을 앓거나 자살 생각을 하는 이들을 향한 사회적 안전망이 될 수 있도록 깊은 관심을 가지는 동시에 그러한 관심을 대외적으로 드러내야 할 것이다. 자살은 단순히 질병이나 범죄가 아니라 사회 전체, 특히 한국교회가 힘을 합쳐 해결해야 할 공동체의 문제이기 때문이다.

③ 자살생존자를 향한 돌봄 사역

자살은 유가족과 친지들에게 죄책감이나 원망과 같은 심각한 후유증을 남기며, 특히 가족의 자살을 경험한 유가족의 자살 가능성은 급속히 증가한다.[115] 자살유가족은 신앙을 가졌음에도 불구하고 사랑하는 가족을 자살에서 보호하지 못했다는 죄책감과 상실감은 물론, 자살하면 지옥 형벌에 처해진다는 편견으로 인해 수치심과 분노 등의 복합적인 심리적 압박을 경험하게 된다.[116] 그러므로 교회는 자살로 인해 고통당하는 유가족이 가지고 있는 자살에 대한 왜곡된 시각을 복음의 빛으로 바로잡는 역할과 함께 고통 중에서도 그리스도를 향해 시선을 돌리도록 섬김의 사명을 수행해야 한다. 이는 죽음이 삶의 마지막을 의미한다는 인간의 유한한 관점으로부터, 예수 그리스도의 복음을 통해 삶과 죽음을 초월하여 인간 존재의 전체를 품으시는 하나님의 시선으로 눈을 돌리게 하는 사역이다. 따라서 자살을 살인하지 말라는 십계명의 제6계명을 위반하는 행위로 단순화하거나 자살하는 이는 영원한

---

115 자살유가족은 가족의 자살을 경험한 가족 구성원을 지칭하는 데 비하여, 자살생존자는 보다 포괄적인 차원에서 자살로 인해 사랑하는 사람을 잃은 가족과 친구, 지인들을 포함하는 개념이다. 목회적 돌봄의 차원에서 보다 넓은 자살생존자를 대상으로 사역을 전개할 필요가 있기 때문에 본서는 자살유가족이라는 표현에 자살생존자의 개념을 가미하여 사용한다. 제해종, "한국 사회의 자살 문제에 대한 기독교적 답변," 554.

116 자살유가족들은 자살한 사람과 연관되는 물건이나 친숙한 환경으로 인한 물리적 상실, 긴밀한 상호작용 대상을 잃는 관계적 상실, 심리적 상실, 기능적 상실, 역할의 상실 및 체계적 상실을 경험한다. 이는 관계를 중시하는 한국인의 체면 문화에서 수치심으로 극대화되는 모습을 보인다. 우영미, "한국인의 체면 문화 속에서 기독교인 자살유가족이 경험하는 수치심의 자기 심리학적 이해와 기독교 상담," 「복음과 상담」 27(2019), 172-178.

형벌을 받아 지옥에 간다는 식으로 정죄하는 것은 생명을 살리고 구원의 은혜를 베
푸시는 하나님의 은총과 예수 그리스도의 복음을 폄하하는 것이므로 경계해야 한
다.[117]

　　자살이 단순히 개인적인 행위가 아니라 사회의 상태를 반영하는 것이라고 일
갈하며, 사회적 위기가 사회 갈등을 심화할 가능성도 있지만, 반대로 오히려 사회
통합에 기여할 수도 있다고 지적한 뒤르케임의 주장을 한국교회는 되새길 필요가
있다.[118] 그는 위기 자체가 사회를 통합시키는 것이 아니라 구성원들의 연합을 촉발
하는 위기가 그러한 효과를 유발한다고 지적하였다.[119] 위기 상황에 대처하는 반응
은 그 사회의 특성에 따라 좌우되는데,[120] 예를 들어 코로나 19와 같은 위기는 한국
교회가 어떠한 모습의 공동체인지를 돌아보게 하는 성찰의 기회를 제공하였다. 사
회적 재난과 위기 상황에서 가장 중요한 요소는 사회적 관계를 회복하는 공동체의
존재이다.[121] 그러므로 한국교회는 코로나 19와 같은 재난 앞에서 하나님과의 관계
와 그리스도의 사랑에 근거한 영적 우정의 공동체가 되어야 할 것이다.[122] 이를 위
하여 한국교회는 자살과 관련한 다양한 주제를 다루는 신학적 연구를 통해 자살담
론을 공론화하여 생명을 존중하고 보호하기 위한 이해를 증진해야 한다. 또한, 자살
을 막기 위한 국가와 시, 도의 사회안전망 확충을 지원하는 한편, 자살방지를 위한
프로그램을 교회 공동체 전체의 차원에서 개발하여 지역의 개교회들이 그러한 프로
그램의 효과를 누리도록 해야 할 것이다.

---

117 한국교회는 자살을 죄로 보는 한편, 이를 구원의 문제와 연결하는 경향이 있다. 자살자의 구원
　　가능성을 중심으로 보수 진영에서는 자살자는 회개의 기회를 잃었기 때문에 구원은 불가능하다
　　고 보고, 중도 진영은 회개보다는 그리스도에 대한 믿음을 강조하며 자살이 중죄이기는 하지만
　　구원의 가능성을 인정하며, 진보 진영은 자살 행위를 죄로 보기는 하지만 그것이 구원의 은총에
　　서 배제될 정도는 아니라는 입장을 보인다. 박상언, "자살 관념의 종교적 회로와 구성 방식에 관
　　한 분석: 한국 가톨릭교회와 개신교를 중심으로,"「종교문화비평」31(2017), 269−272.

118 Emile Durkeim, *Suicide: A Study in Sociology*, 203−208.

119 Ibid., 206.

120 신동준, "코로나 19의 사회적 영향에 대한 지표로서 범죄와 자살,"「사회이론」73(2021), 107−
　　110.

121 정재영, "코로나 팬데믹 시대에 교회의 변화와 공공성,"「신학과 실천」73(2021), 874.

122 김경은, "영적 우정: 우정과 환대가 조화로운 공동체를 지향하며,"「신학과 실천」73(2021), 249.

④ 한국교회와 자살

현대사회의 무신론적 도전과 경제적 효율성을 중시하는 공리주의적 경향은 물질만능주의 세계관을 통해 개인이 바라보는 가치관을 변질시켜서 자살의 충동을 주입하고 있다.[123] 자살은 하나님께서 주신 생명을 해하는 행위로서 명백히 기독교의 생명윤리를 위반하는 것이지만 이를 구원 여부과 직결시키는 것은 잘못된 것이다. 이는 자살한 사람은 신앙을 가지고 있음에도 불구하고 구원을 얻지 못한다는 신플라톤주의와 이교도들의 생각이 중세 가톨릭 교회에 유입된 것으로서 비성경적인 것이기 때문이다. 특히 한국교회는 인간의 삶과 죽음을 천국과 지옥의 이분법적인 해석에 국한시키는 경향이 있기 때문에 자살에 대하여도 그것이 지옥 형벌에 처해질 만한 죄인지 여부에 집착한다. 하지만 구원이란 하나님의 절대적인 주권에 속하는 것이므로 함부로 단언해서는 안 될 것이며, 교회공동체는 그리스도의 사랑 안에서 생명의 소중함을 일깨우며 자살 방지를 위한 노력을 기울여야 한다.

또한, 사후적 대응 방안으로서 자살자와 유가족을 위해 긍휼이 많으시고 은혜로우시며 인자하심이 풍부하신(출 34:6; 민 14:18; 시 86:15; 103:8; 116:5; 145:8; 느 9:17; 욜 2:13; 욘 4:2) 하나님의 사랑과 은혜만을 구해야 할 것이다. 하나님보다 앞서 심판주의 역할을 취하는 것이 더욱 큰 죄악이며, 따라서 한국교회는 생명의 창조주요, 주인이신 하나님을 경외하며 자살을 방지하고, 자살로 인해 상처입고 절망에 빠진 이들을 위로하는 사역에 집중해야 한다. 따라서 단순히 은사 공동체로서의 교회를 강조할 것이 아니라, 영적 우정의 공동체를 이루도록 하는 조력자로서 하나님과 공동체를 구성하는 이들을 연합하는 실천의 매개요, 통합의 영인 성령과의 관계성이 중시되어야 한다.[124] 한국교회는 성경의 가르침을 바탕으로 끊임없이 현실을 조명함을 통해 인간 본연의 모습을 회복하는 현존재 분석의 가교가 되어야 하고, 복음의 원리가 삶을 통해 투영되도록 하는 공적 사역을 지속적으로 전개함으로써 사회 통합에 기여해야 할 것이다.

---

123 최병학, "자살 & 살자: 기독교 시각에서 본 자살과 생명윤리," 66.
124 김장엽, "오순절 영성의 기초로서의 관계성(Relationality) 연구," 「신학과 실천」 73(2021), 273-274.

참고문헌

강사문. 『구약의 하나님』. 서울: 한국성서학연구소, 1999.

권종선. "신약성서에 나타난 금식." 「복음과 실천」 20(1997), 83-106.

김경은. "영적 우정: 우정과 환대가 조화로운 공동체를 지향하며." 「신학과 실천」 73(2021), 233-254.

김광건. "선교적 교회를 위한 선교적 리더십 모델에 대한 학제간적 고찰." 「한국기독교 신학논총」 115(2020), 425-454.

김광수. "예수와 유대교 지도자들 사이에 금식을 둘러싼 대립(막 2:18-22)의 사회과학 적 해석." 「복음과 실천」 32(2003), 37-63.

김기현. 『자살은 죄인가요?』. 서울: 죠이선교회, 2010.

김장엽. "오순절 영성의 기초로서의 관계성(Relationality) 연구." 「신학과 실천」 73(2021), 255-280.

김중은. "자살문제에 대한 성경적-신학적 접근." 「장신논단」 38(2010), 11-40.

김철손. "요한계시록에 나타난 천사론." 「신학과 세계」 15(1987), 24-77.

김형희. "한국 사회의 자살 현상과 사회적 통합을 지향하는 기독교교육: 뒤르케임의 자 살론을 중심으로." 「대학과 선교」 47(2021), 163-188.

김혜진. "이사야 58장에 나타난 금식과 하나님의 회복적 정의." 「기독교교육논총」 52(2017), 389-416.

나원준. "초대 기독교에 나타난 영성 이해와 현대 영성에의 적용: 아타나시우스의 영성 을 중심으로." 「신학과 사회」 32(2018), 35-71.

닐 앤더슨, 유화자 역. 『이제 자유입니다』. 2판. 서울: 죠이선교회, 2012.

로버트 스프롤, 이선숙 역. 『성경에 나타난 천국, 천사, 지옥, 마귀』. 서울: 아가페북스, 2013.

류형기. 『성서사전』. 서울: 한국기독교문화원, 1975.

박경철. "이스라엘 포로후기 금식제의논쟁." 「구약논단」 32(2009), 192-210.

박상언. "자살 관념의 종교적 회로와 구성 방식에 관한 분석: 한국 가톨릭교회와 개신교를 중심으로." 「종교문화비평」 31(2017), 255-287.

박충구. "자살에 대한 인식의 변화." 「기독교사상」 722(2019), 114-125.

배제민. "하나님과 뱀과 사탄: 구약에 나타난 뱀에 대한 연구." 「기독교사상」 (1971), 131-145.

비이텐하르트, H. "사탄." 「기독교사상」 (1983), 243-256.

서동수. "인간욕망의 극복을 위한 4중의 신앙영성의 원리." 「신학과 철학」 24(2014), 225-53.

송오식. "자살예방법의 이해와 종교적 실천 방안: 종교적 성찰을 통한 접근." 「종교문화학보」 17(2020), 91-116.

신동준. "코로나 19의 사회적 영향에 대한 지표로서 범죄와 자살." 「사회이론」 73(2021), 77-121.

신성균. "자살 예방의 인문치료적 접근." 「인문과학연구」 45(2015), 389-414.

신원하. "음식, 죄, 그리고 그리스도인의 삶." 「성경과 신학」 52(2009), 257-81.

신현우. "예수와 금식." 「신약연구」 16(2017), 7-35.

안점식. 『세계관, 종교, 문화』. 서울: 죠이선교회, 2008.

_____. 『세계관을 분별하라』. 2판. 서울: 죠이선교회, 2018.

양재훈. "천사." 「기독교사상」 (2017), 234-248.

우영미. "한국인의 체면 문화 속에서 기독교인 자살유가족이 경험하는 수치심의 자기 심리학적 이해와 기독교 상담." 「복음과 상담」 27(2019), 171-200.

유재경. "4세기 기독교 금욕주의 이념에 대한 영향사적 고찰." 「한국기독교신학논총」 92(2014); 115-142.

이나가끼 료스케, 김산춘 역. 『천사론』. 서울: 성바오로, 1999.

이동호. "루터의 종교개혁과 디아코니아." 「기독교사회윤리」 41(2018), 41-68.

이상원. 『개혁주의 윤리학』. 서울: 죠이선교회, 2018.

이영의. "자살에 대한 치료적 설명: 정신분석, 로고테라피, 목적론적 상담의 비교." 「범한철학」 72(2014), 415-443.

이윤경. "벨리알과 사탄에 대한 역사적 개념 변천 연구." 「한국기독교신학논총」 76(2011), 35-54.

이창엽. "청년 사울에 대한 재평가와 설교를 위한 새로운 읽기: 사무엘상 10:14-16에 나타난 사울의 '도드'(dod)의 정체와 연관하여." 「신학과 실천」 73(2021), 123-146.

이필은. "13−16세기 여성들의 거룩한 금식." 「역사와 세계」 45(2017), 109−132.

장재일. 『히브리적 관점으로 다시 보는 마태복음』. 서울: 쿰란출판사, 2012.

정재영. "코로나 팬데믹 시대에 교회의 변화와 공공성," 「신학과 실천」 73(2021), 857−886.

제해종. "한국 사회의 자살 문제에 대한 기독교적 답변." 「한국콘텐츠학회논문지」 15(2015), 552−566.

조태연. "죽음으로써 이룬 하늘과 땅의 혼례: 먹음과 복음, 그 생명의 이야기." 「기독교사상」 619(2010), 96−108.

진판경. "실락원에 나타난 사탄과 인간의 타락." 「밀턴연구」 6(1996), 25−51.

차준희. "금식에 대한 성서 신학적 해석: 이사야 58장을 중심으로." 「성령과 신학」 22(2006), 9−27.

최성훈. "금식의 전통과 현대 영성적 의미." 「영산신학저널」 59(2022), 81−104.

_____. "삶과 죽음에 대한 종교적 이해: 불교, 유교, 기독교를 중심으로." 「영산신학저널」 55(2021), 135−165.

_____. "자살에 대한 이해와 목회적 대응방안." 「신학과 실천」 76(2021), 743−765.

_____. "기독교 죽음교육의 원리." 「장신논단」 51(2019), 183−204.

_____. "최자실 목사의 교회론과 교회개척." 「영산신학저널」 50(2019), 223−252.

_____. "복음전도의 역사와 패러다임의 변화." 「영산신학저널」 46(2018), 283−312.

_____. 『성경으로 본 이단이야기』. 서울: CLC, 2018.

_____. 『고령사회의 실버목회』. 서울: CLC, 2017.

_____. 『6하 원칙을 통해 본 기독교교육』. 서울: CLC, 2016.

최병학. "자살 & 살자: 기독교 시각에서 본 자살과 생명윤리." 「윤리교육연구」 31(2013), 65−92.

최은택. "코로나19 시대의 기독교적 가정영성교육 모형: 비블리오드라마를 중심으로." 「기독교교육논총」 63(2020), 91−120.

티모시 워너, 안점식 역. 『영적 전투: 어둠의 권세에 승리하는 능력』. 2판. 서울: 죠이선교회, 2016.

Andrews, Judy A., and Lewinsohn, Peter M. "Suicidal Attempts among Older Adolescents: Prevalence and Cooccurrence with Psychiatric Disorders." *J Am Acad Child Adolesc Psychiatry* 31(1992), 655−662.

Aquinas, Thomas. *Summa Theologica*, transted by The Fathers of the English Dominican Province. New York, NY: Catholic Way Publishing, 2014.

(Originial Work Published in 1485).

_____. *On Evil*, transted by Richard Regan, edited by Brian Davies. New York, NY: Oxford University Press, 2003.

Augustine. *The City of God*, transted by Henry Bettenson. New York, NY: Penguin Books, 2003. (Original Work Published in 426).

Baumeister, Roy F. "Suicide as Escape from Self." *Psychological Review* 97(1990), 90−113.

Beck, Aaron T. *Depression: Clinical. Experimental and Theoretical Aspects*. New York, NY: Harper & Row, 1967.

Bringle, Mary L. *The God of Thinness: Gluttony and Other Weighty Matters*. Nashville, TN: Abingdon Press, 1992.

Calvin, John. *Institutes of Christian Religion, Vol 2.*, edited by John T. McNeill. Louisville, KY: Westminster John Knox Press, 2006. (Original Work Published in 1559).

Choi, Seong−Hun. "Trinitarian Principles of Christian Education: Based on the Reaction of Neo−Orthodox Theology against Postmodern Challenges." *Journal of Christian Education* 61(2020), 131−164.

_____. "John Calvin's Understanding of Faith Based on the Doctrine of Justification and Sanctification." *Journal of Youngsan Theology* 45(2018), 291−317.

_____. "Christian Unification Education of Pentecostal Theology and Juche Ideology: Viewed through Political Thought by Luther, Calvin, and Machiavelli." *Journal of Youngsan Theology* 37(2016), 183−214.

Collins, Adela Y. *Mark: A Commentary*. Minneapolis: Fortress, 2007.

Cox, Harvey. *The Secular City: Secularization and Urbanization in Theological Perspective*. New York, NY: Macmillan Co., 1965.

Durkheim, Emile. *Suicide: A Study in Sociology*, transted by John A. Spaulding and George Simpson. New York, NY: Free Press, 1951. (Originial Work Published in 1897).

Foster, Richard J. *Money, Sex, and Power: The Challenge of the Disciplined Life*. New York, NY: Hodder & Stoughton Religious Books, 2009.

Freud, Sigmund. *Beyond the Pleasure Principle*. London, UK: International Psycho−Analytical Press, 1922. (Original Work Published in 1920).

Habermas, Jürgen. "Secularism's Crisis of Faith: Notes on Post—Secular Society." *New Perspectives Quarterly* 25(2008), 17—29.

Habgood, John. "Suicide." In *The Oxford Companion to Christian Thought: Intellectual, Spiritual, and Moral Horizons of Christianity*, edited by Adrian Hastings, Alistair Mason, and Hugh Pyper, 689. New York, NY: Oxford University Press, 2000.

Ingram, Chip. *The Invisible War: What Every Believer Needs to Know about Satan, Demons, and Spiritual Warfare*. Grand Rapids, MI: Baker Books, 2006.

Klerman, Gerald L. "Clinical Epidemiology of Suicide." *Journal of Clinical Psychiatry* 48(1987), 33—38.

Luther, Martin. "The Freedom of a Christian." In *Martin Luther's Basic Theological Writings*, edited by Timothy F. Lull, 403—427. Minneapolis, MN: Augsburg Fortress, 2005. (Original Work Published in 1520).

Menninger, Karl A. *Man Against Himself*. New York, NY: Brace & World, 1938.

Phillips, David P. "The Influence of Suggestion on Suicide: Substantive and Theoretical Implications of the Werther Effect." *Sociological Review* 39(1974), 340—354.

Ponticus, Evagrius. *The Praktikos: Chapters on Prayer*. Transted by John E. Bamberger. Spencer, MA: Cistercian Publications, 1970.

Roach, Andrew P. *The Devil's World: Heresy and Society 1100—1300*. New York, NY: Pearson Longman, 2005.

Sinkewicz, Robert E. *Evagrius of Ponticus: The Greek Ascetic Corpus*. Oxford, UK: Oxford University Press, 2003.

Talbot, Charles H. *Reading the Sermon on the Mount*. Grand Rapids, MI: Baker Academic, 2004.

Wiersbe, Warren W. *The Strategy of Satan: How to Detect and Defeat Him*. Carol Stream, IL: Tyndale House, 1979.

Ziziouslas, John. "Man the Priest of Creation: A Response to the Ecological Problem." In *Living Orthodoxy in the Modern World*. edited by Andrew Walker and Costa Carras, 178—216. Crestwood, NY: St. Vladmir's Seminary Press, 2000.

경제와 공적 신앙

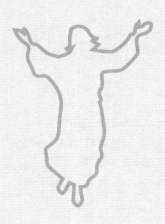

04

기본소득과 하나님 나라[1]

    코로나 19 사태 이후 우리나라를 비롯하여 세계 각국에서 가계 및 경기 부양을 위하여 다양한 형태의 금전적 지원을 시행하였고, 이와 관련하여 기본소득에 대한 논의가 활발히 진행되었다. 기본소득의 이념적 연원은 16세기 초반까지 거슬러 올라가며, 4차 산업혁명으로 인한 노동시장의 변화에 따라 다시금 주목을 받고 있다. 우리나라에서 기본소득은 2016년 3월 9–15일 개최된 인공지능 알파고와 이세돌 기사의 바둑 대국인 "구글 딥 마인드 챌린지 매치"(Google Deep Mind Challenge Match)를 계기로 대중적 관심을 받기 시작하였다. 당시 예상을 뒤엎고 알파고가 4승 1패로 승리하며, 인간의 고유한 인지 능력을 바탕으로 하는 노동 영역에서조차도 인공지능을 보유한 로봇에 의해 대체될 것이라는 우려가 확산되었다. 이는 인간의 노동이 기계에 의해서 대체됨으로써 대량 실업이 발생하고, 가계의 어려움이 심화될 것이라는 직접적인 불안감으로 이어졌다. 또한, 네트워크 플랫폼을 활용하는 일자리가 확산되며 기술실업(technological unemplyment)이 발생하고, 그로 인한 고용의 불안정성이 심화되어 안정된 직업을 얻는 것이 불가능한 프레카리아트(precariat)[2]라

---

1 본 장의 내용은 최성훈, "기본소득에 대한 신학적 분석: 인간존중의 가치 실현을 위한 방법론적 의의,"「장신논단」52(2020), 141–165를 수정 및 보완한 것이다.

는 사회계층이 대두할 것으로 전망되며 불안감이 가중되었다.[3]

하나님의 사랑과 정의를 표방하는 기독교 역시 하나님의 형상으로 창조된 개인의 존엄성을 긍정하는 한편, 타락 이후 인간의 죄성을 경계하며 개인을 보호할 제도적 장치 마련에 대한 책임을 지고 있기 때문에 기본소득을 둘러싼 사회적 논의를 벗어날 수 없다. 따라서 성경의 가르침을 통하여 노동의 가치와 안식의 의미를 점검하고, 4차 산업혁명을 맞이하는 새로운 시대의 변화 흐름에 맞추어 기본소득에 대하여 논의할 필요가 있다. 따라서 본 장은 기본소득을 둘러싼 논의의 역사와 배경을 살펴보고, 오늘날 4차 산업혁명과 관련한 기본소득의 의의, 그리고 기본소득의 시행을 둘러싼 찬반 논의를 점검하였다. 또한, 기본소득에 대하여 인간의 존엄성과 가치, 노동의 의미, 그리고 일반은총과 희년정신 등의 관점에서 신학적으로 분석함으로써 오늘날 기독교가 기본소득 논의를 통하여 지향해야 할 방향성을 제시하였다.

1 기본소득 논의의 역사와 배경

"기본소득 지구네트워크"(BIEN: Basic Income Earth Network)[4]의 정의에 의하면 기본소득이란 국가 또는 지방자치정부가 자산조사나 근로의무 등의 조건이 없이 모든 개인에게 제공하는 정기적 현금 급여를 의미한다.[5] 기본소득에 대한 논의는 역사가

---

2 "불안정한"(unstable)과 무산계급인 "프롤레타리아트"(proletariat)가 합성된 "프레카리아트"(precariat)는 불안정한 노동자계급을 의미한다. 이는 4차 산업혁명 등으로 인한 급격한 노동시장 상황의 변화에 따라, 대다수의 노동자들이 생계조차 유지하기가 어려운 프레카리아트로 전락하리라는 우려가 반영된 개념이다.

3 양재진, "기본소득은 미래 사회보장의 대안인가?," 「한국사회정책」 25(2018), 46.

4 Cf. https://basicincome.org. (2023년 1월 1일 접속).

5 기본소득 지구네트워크(BIEN)가 제시하는 기본소득에 대한 정의가 가장 일반적으로 통용되는 정의이다. 그러한 일반적 정의의 내용을 고려하면, 기본소득은 첫째, 모든 국민을 대상으로 하는 개인 지급(개별성), 둘째, 소득이나 자산수준, 노동시장 참여 등의 전제 조건을 내걸지 않는 무조건적이고 보편적인 지급(무조건성과 보편성), 셋째, 정기적으로 일정 금액을 지급하는 주기적 지급(정기성), 넷째, 현물이나 바우처가 아닌 현금 지급이 주요 특징이다. 여기에 부가하여 충분한 소득이 지급되어야 한다는 충분성도 새롭게 제시되고 있다. 김교성, 백승호, 서정희, 이승윤, "기본소득의

길지만 최근에는 신자유주의6 체제의 경제위기 및 4차 산업혁명으로 인한 변화의 물결에 대응하기 위한 수단으로서 재조명되고 있다. 우리나라에서는 2009년에 "기본소득 한국네트워크"(BIKN: Basic Income Korea Network)가 창립된 후, 2010년 기본소득 지구네트워크 제13차 세계대회에서 17번째 가입국으로 승인되고, 2016년 7월 서울에서 기본소득 지구네트워크 제16차 세계대회가 개최된 이후 논의가 활성화되고 있다.7

1) 기본소득 논의의 역사

기본소득에 대한 구상은 1516년 영국의 토마스 모어(Thomas More)가 쓴 저서 "유토피아"8에서 기원을 찾기도 하고, 미국의 독립혁명기 사상가 토마스 페인(Thomas Paine)이 토지공유자산론에 근거하여 주장한 복지기금을 그 시초로 간주하기도 한다.9 기본소득제는 1960~1970년대 미국의 제임스 토빈(James Tobin) 등 노벨경제학상 수상자들이 "시민보조금"(demogrant)이라는 명목의 기본소득을 제안하면서 논의가 활성화되었고,10 벨기에 루뱅 가톨릭 대학(Katholieke Universiteit Leuven)을

이상적 모형과 이행경로," 「한국사회복지학」 69(2017), 292-295.

6 신자유주의란 시장의 절대적 기능을 맹신하는 고전학파와 달리 국가의 개입을 허용하는 케인즈 학파의 견해를 일부 받아들이지만, 그러한 국가의 개입이 초래하는 비효율성을 경계하며 개인 및 개별기업의 이익과 자율적인 책임을 추구함을 통해 자유시장의 질서를 강조하는 경제 사상을 의미한다.

7 백승호, 이승윤은 우리나라에서 벌어지는 기본소득 논쟁의 역사를 기본소득의 아이디어를 소개하는 제1기(2000년대 초반), 기본소득의 구상에 대한 구체적인 논의가 전개된 제2기(2010년 전후), 기능적 측면에서 기본소득의 실행 가능성과 한계를 논의하는 제3기(2016년 이후)로 구분하였다. 백승호, 이승윤, "기본소득 논쟁 제대로 하기," 「한국사회정책」 25(2018), 40-45.

8 원제는 "공화국의 최고 형태에 관하여, 그리고 새로운 섬 유토피아에 관하여"(De Optimo Reipublicae Statu Deque Nova Insula Utopia)이다. 자본주의의 초기 단계인 16세기 당시 농민들이 토지를 잃고 부랑자로 전락하여 사회적 문제를 야기하자, 그에 대한 대안으로서 기본소득에 대한 개념이 처음으로 제시되었다.

9 토마스 페인은 1797년에 출간한 그의 저서 "토지정의"(Agrarian Justice)를 통하여 자연상태에서 땅은 인류 전체의 공동재산이었으므로, 땅을 개간한 사람은 그 땅 자체에 대한 소유권을 가진 것이 아니라 개간을 통해 가치가 증대된 부분에 대한 제한적 소유권을 보유한 것뿐이라고 주장하였다.

10 제임스 토빈은 1965년 사회보험과 공적부조가 결합된 시민보조금을 통하여 국민들에게 최소한의 소득을 보장할 수 있는 방안을 실시할 것을 제안하였다.

중심으로 하는 "샤를 푸리에 그룹"(Charles Fourier Collective)[11]이 1986년 "기본소득"(L'allocation Universelle: Basic Income)이라는 제목의 논문을 출간하면서 본격적인 논의가 이루어지기 시작하였다. 같은 해에 "기본소득지구네트워크"(BIEN: Basic Income Earth Network)가 설립된 이후 기본소득에 대한 논의는 확산되었고, 최근에는 4차 산업혁명으로 인한 노동시장의 변화에 따라 더욱 관심의 대상이 되고 있다.[12]

기본소득에 대한 논의는 우파적 입장에서는 토마스 페인(Thomas Paine)과 같은 공화주의 전통의 사상가, 자유주의 경제학의 지적 기반을 제공한 프리드리히 하이예크(Fridrich A. Hayek), 역소득세의 제안을 통해 친기본소득 논의를 전개한 밀턴 프리드만(Milton Friedman)[13] 등에서 찾아볼 수 있다. 우파적 기본소득 지지의 또 다른 근거는 기본소득이 근로자들로 하여금 낮은 임금을 수용하게 하여 노동시장을 유연화하는 전략적 도구로 기능할 수 있다는 점이다. 즉, 기본소득이 생활비의 일부를 보조함으로써 노동시장의 이동성을 증대시킨다는 것이다. 유럽에서는 2017년 핀란드 정부가 도입한 우파 버전의 기본소득만이 실험적으로 시행되었다.[14]

---

11 벨기에 루뱅대학교를 중심으로 모인 연구자 그룹과 노동조합 활동가들이 조건 없는 기본소득에 대한 시나리오를 "샤를 푸리에 그룹"이라는 집단 필명으로 출판하였다. 샤를 푸리에라는 이름은 우애와 협동에 기반한 사회주의를 염원했던 프랑스의 작가 샤를 푸리에(Charles Fourier)의 이름을 딴 것으로, 1986년 9월 벨기에 루뱅 신시가지에서 각국의 조건 없는 기본소득 지지자들이 모여 "기본소득유럽네트워크"(BIEN: Basic Income European Network)를 결성했고, 이는 2004년에 "기본소득지구네트워크"(BIEN: Basic Income Earth Network)로 명칭이 변경되어 전 지구로 범위를 확대하였다.

12 기본소득지구네트워크(BIEN)는 토마스 모어가 유토피아를 쓴 16세기 초반을 기본소득의 시초로 보고, 무조건 일회성 기본소득이 18세기에 나타난 이후, 20세기 초반 영국이 사회배당, 국가배당, 국가보너스 등의 구체적인 제도를 고려한 것을 기본소득의 현대적 기원으로 보고 있다.

13 프리드만은 1인당 국민소득이 $3,244이었던 1962년 당시 "자본주의와 자유"(Capitalism and Freedom)라는 저서를 통하여 4인 가족을 기준으로 모든 가정에 $3,600을 보장하고, 그보다 소득이 낮은 가구에는 차액을 보전하는 대신, 빈자 대상의 공적부조를 폐지하는 방식의 역소득세를 제안하였다. 개인의 자유를 증진시키기 위하여 현금을 지급하되, 근로의욕 감퇴를 방지하기 위하여 근로소득에 대한 50%의 역소득세율을 적용하여 연소득이 $7,200이 될 때까지는 국가로부터 급여를 받게 하자는 것이다. 이는 자산과 소득수준을 조사하여 급여와 연동시키기 때문에, 엄밀한 의미에서 기본소득이라기보다는 사회복지제도에 가깝지만, 일반적으로는 개인의 자유를 증진하고, 복잡한 복지급여체계를 단순화하여 행정비용을 줄이도록 하는 우파적 기본소득의 제안이라고 간주된다.

14 핀란드 정부는 2017년 실업자 중 무작위로 선정된 2,000명을 대상으로 2년간 월 560 유로의 부분 기본소득을 제공하는 대신, 기존에 받았던 실업급여나 노동시장보조금의 혜택을 폐지하였다. 하지만 2020년 5월 핀란드 사회복지국은 기본소득이 유의미한 결과를 양산하지는 못했다고 평가하였다.

기본소득을 지지하는 좌파는 이를 통해 근로와 급여의 관련성을 끊고, 분배의 정의를 실현하는 한편, 노동에 있어서 인간 소외의 문제를 해결함으로써 자본주의에서 공산주의로 이행하기 위한 정책적 수단으로서 기본소득을 이해하였다. 필리페 반 파레이스(Philippe Van Parijs)는 사회정의란 개인이 스스로 좋은 삶이라고 생각하는 것을 실현하도록 하는 자유의 공평한 분배라고 지적하며, 기본소득이 그러한 분배를 실현하는 수단이라고 주장하였다.[15] 그러나 정치적 좌파에 해당하는 유럽 각국의 사민당들은 복지국가 체제에 대한 대안으로서 기본소득을 도입하는 것에 대하여 부정적인 입장을 보인다.

따라서 기본소득이 자본과 노동의 관계에서 노동의 힘을 강화한다고 보는 좌파 버전의 기본소득은 기존 사회보장제도와의 상충, 재정문제 등으로 인하여 몇 차례 제안은 있었지만 실현되지 못했는데, 2016년 6월 스위스에서 국민투표를 통해 부결된 기본소득제가 대표적인 사례이다.[16] 우리나라에서는 2016년 총선에서 정의당과 노동당이 기본소득제 도입을 공약으로 내걸었고, 소득주도성장을 경제정책의 기조로 내세운 문재인 정부는 최저임금 인상을 통한 저소득층 가정의 소득 증대의 결과로 유효 총수요를 진작시킴으로써 분배와 성장을 동시에 도모하였다. 이는 신자유주의를 기초로 한 기존의 정책이 소득 분배를 악화시켜서 소비의 위축과 경제성장의 둔화로 이어졌다는 반성에 토대를 둔 것이다.[17]

2) 4차 산업혁명과 기본소득

4차 산업혁명은[18] 인공지능(AI: Artificial Intelligence), 사물인터넷(IoT: Internet of

---

15 Cf. Philippe Van Parijs, "Basic Income: A simple and Powerful Idea for the 21st Century," in *Redesigning Distribution: Basic Income and Stakeholder Grants as Cornerstones for an Egalitarian Capitalism*, ed. Erik Olin Wright (New York, NY: Verso Books, 2006), 3–42.

16 당시 기본소득의 주창자들은 월 2,500 프랑(약 300만 원)의 기본소득 지급을 주장하였다. 양재진, "기본소득은 미래 사회보장의 대안인가?," 52.

17 우리나라에서는 1997년 외환위기 이후 김대중 정부가 신자유주의적 노동시장 유연화 정책을 전개하였으나 노동시장의 양극화로 인한 분열을 유발하였고, 비정규직이 급증하는 폐해를 양산하였다.

18 4차 산업혁명(The 4th Industrial Revolution)은 2016년 1월 스위스 다보스(Davos)에서 개최된 세계경제포럼(World Economic Forum)에서 클라우스 슈밥(Kalus Schwab) 의장이 공식적으로 언급

Things), 클라우드 컴퓨팅(cloud computing), 빅데이터(big data) 등 첨단지능정보기술이 융합되고 연결되어 일으키는 변화의 흐름을 핵심으로 한다. 4차 산업혁명으로 인하여 기계가 인간이 담당하는 단순 노동은 물론 보다 복잡한 형태의 노동을 대체하는 자동화 속도가 빨라질 것이고, 디지털 경제의 확산에 따라 일자리가 분화되는 것은 쉽게 예상할 수 있는 변화의 모습이다. 기계에 의한 인간 노동의 대체로 인하여 대량 실업이 발생한다면 실직자에 대한 생활보장을 위한 기본소득의 필요성이 보다 강조될 것이고, 기술혁신으로 인하여 새로운 일자리가 창출된다고 해도 일자리의 이동가능성 증대와 함께 불확실성은 커질 것이다. 따라서 기본소득 관련한 과거의 논의가 대부분 임금노동과 이전소득을 선택할 수 있는 상황에서 기본소득이 노동유입을 저하시키는지 여부에 초점을 맞추었다면, 오늘날 4차 산업혁명과 관련된 기본소득 논의는 기계와 인공지능의 대체로 임금노동이 소멸할 가능성을 중심으로 근로소득을 대체하여 생계 및 기본권을 유지할 수 있도록 하는 측면을 강조하고 있다.[19]

　　지난 2016년 세계경제포럼(WEF: World Economic Forum)은 2020년까지 첨단기술의 발전으로 인해 생길 일자리는 2,020만 개인데 비하여 사라질 일자리의 수는 716만 개에 달한다고 경고하였으나, 이후 2018년 9월에 발표한 "2018년 미래직업보고서"(The Future of Jobs Report 2018)에서는 향후 10년간 로봇이 대체할 일자리는 7,500만 개이지만, 로봇기술의 발전으로 새로이 창출될 일자리는 1억 3,300만 개에 달하므로 오히려 일자리 창출이 많아질 것이라는 상반된 전망을 내놓았다.[20] 기술혁신이 반드시 일자리 감소로 이어지는 것은 아니며, 일자리의 속성에 따라 영향이 상이하게 나타남으로써 일자리의 양극화를 유발할 수 있다.[21] 이처럼 4차 산업혁명의

한 이후 전 세계적으로 주목받기 시작하였다. 우리나라에서도 2017년 9월 문재인 정부가 4차 산업혁명위원회를 설치하고, 같은 해 12월에 국회에서도 4차 산업혁명특별위원회를 설치하였으며, 지방자치단체들도 4차 산업혁명특별시를 선포하거나 관련 추진위원회 또는 특별보좌관 제도를 신설하여 이에 대응하는 움직임을 보였다.

19　염명배, "4차 산업혁명 시대, 경제패러다임의 전환과 새로운 경제정책 방향," 「경제연구」 36 (2018), 50.

20　"2018년 미래직업보고서"(The Future of Jobs Report 2018), www3.weforum.org'docs'WEF_Future_of_Jobs_2018 (2023년 1월 1일 접속).

21　교육수준과 직무의 성격은 4차 산업혁명 시대의 일자리에 영향을 미치는 대표적인 요소이다. 반복적인 단순 노동은 대체될 가능성이 높지만, 고학력을 요구하는 추상적인 능력을 발휘하는 업무는

영향은 양적 측면보다는 질적 측면을 통해 미치는 영향이 더욱 크기 때문에 4차 산업혁명으로 인하여 미래에 노동시장이 어떠한 방향으로 움직일지를 섣불리 예단하기는 어렵다. 결국 4차 산업혁명과 관련한 미래 예측에서 디스토피아(dystopia)와 유토피아(utopia) 모두가 가능한 것이다. 다만 융합과 초연결성을 특징으로 하는 새로운 산업이 대두하는 변화의 흐름을 막을 수 없다는 사실은 자명하므로 그러한 변화에 대한 예측에 초점을 맞추어 기본소득에 대한 논의를 이어가야 할 것이다.

2 기본소득에 대한 입장

기본소득에 대하여 찬성하는 입장과 반대하는 입장 모두가 다양한 이념적 스펙트럼에 걸쳐 분포한다. 즉 기본소득 도입으로 인한 노동의 강화를 통해 자본의 권력을 극복하려는 좌파와 기본소득으로 기존의 복지체제를 대체하려는 우파 진영 내에서도 각기 기본소득에 대하여 찬성하는 주장과 반대하는 주장이 맞선다.22 따라서 기본소득에 대한 입장을 중심으로 이념을 나누어서 이를 특정 이념에 국한한 단일한 정책형태로 간주해서는 안 된다.23 또한, 기본소득에 대한 입장이 광범위하게 존재한다는 것은 이에 대한 전면적 도입보다는 충분한 논의를 통하여 가변성을 인정하며 점진적으로 도입하는 것이 현실적인 방안임을 시사한다.

그렇지 않을 것이기 때문이다. 김수완, 안상훈, 김영미, "기본소득, 누가 왜 지지하는가?: 4차 산업혁명과 일자리 축소 담론에 대한 탐색적 연구," 「사회보장연구」 25(2018), 6-13.

22 우파버전의 기본소득은 기존의 사회보장제도를 전면적으로 대체함으로써 추가적 재정소요를 요구하지 않는 재정중립적 기본소득, 노동을 조건으로 하는 부의 소득 형태의 기본소득이 해당되며, 좌파버전의 기본소득은 공유부 배당으로서의 기본소득과 분배정의로서 지속가능한 최대의 기본소득이 해당된다. 따라서 우파버전의 기본소득 논의에서는 기존 사회보장제도의 대체가능성이 중심에 있고, 좌파버전의 기본소득 논의에서는 재정적 실현가능성이 핵심이다. 백승호, 이승윤, "기본소득 논쟁 제대로 하기," 48.

23 이는 정치경제적인 관점에서 개인의 권리를 강조하는 자유주의, 노동자 계급에 초점을 맞추는 사회주의는 물론, 사회복지적 관점에서도 시장자유주의, 복지집합주의, 사회주의, 여성주의, 생태주의 등으로 구분되어 각기 다른 입장을 보인다. 김혜연, "이데올로기적 다양성에 따른 기본소득의 정책 특성에 관한 연구," 「비판사회정책」 42(2014), 101-105.

1) 기본소득에 대한 반대

기본소득에 대한 가장 기본적인 반대는 노동과 관계없는 보편성에 기인하는 무임승차(free-rider)와 관련한 것이다. 기본소득이 제공되면 노동자들의 이탈로 인해 사회 전체의 생산성이 저하될 것이라는 지적도 이를 반대하는 원인이다.[24] 따라서 노동시장의 불안정성 문제를 해결하기 위해서는 기존의 사회보장제도의 보완이 보다 효과적이며, 단순히 기본소득만 도입한다면 이는 근로유인을 감소시킬 것이라는 우려를 표명한 것이다. 그러한 언급은 노동자의 도덕적 해이와 무노동 소득의 윤리적 문제를 지적한 것이며, 이는 인간의 죄성(罪性)과 노동의 개념을 통해 신학적 논의로 연결되는 접촉점이다.

기본소득에 반대하는 이들은 기술진보가 대량실업을 유발할 것이므로 기본소득이 필요하다는 주장의 실효성에 대하여도 의구심을 표현한다. 1차 산업혁명을 맞이했을 때에도 기술진보에 따른 실업 및 임금 하락을 우려했지만 새로운 산업이 일어남에 따라서 고용직종의 변화만 있었을 뿐, 대량실업과 임금 하락으로 이어지지는 않았다는 선례가 있다. 기술혁신으로 인하여 도래할 대량실업에 대한 우려는 과도하게 비관적인 시각으로서 일자리 문제는 4차 산업혁명으로 인하여 유발된 것이 아니라, 현행 사회제도가 과학기술 혁명으로 인한 변화에 대응력을 갖추지 못해서 나타나는 현상이라는 지적 또한 일리가 있다.[25] 양재진도 사회배당적 또는 맑스주의적 이상사회의 관점에서 기본소득을 주장할 수는 있지만, 획일적인 기본소득 제공 자체가 현재의 사회문제는 물론 향후 도래할 미래사회의 문제에 대한 대안으로 타당하지 않다고 지적하였다.[26]

기본소득에 대한 가장 강력한 반론은 기본소득의 재원을 어떻게 마련할 것인가에 대한 것인데, 기본소득제도의 도입을 위해서는 기존 복지제도보다 훨씬 많은

---

24 Tony Fitzpatrick, *Freedom and Security: An Introduction to the Basic Income Debate* (New York, NY: Palgrave Macmillan, 1999), 66-68.

25 김수완, 안상훈, 김영미, "기본소득, 누가 왜 지지하는가?: 4차 산업혁명과 일자리 축소 담론에 대한 탐색적 연구," 3.

26 양재진, "기본소득은 미래 사회보장의 대안인가?," 48.

비용이 소요되기 때문이다.[27] 그러므로 자칫하면 기본소득의 보장 수준이 너무 낮아서 사회 구성원들의 기본적인 삶의 질을 답보할 수 없기 때문에 실효성이 미미할 수도 있다. 반대로 모든 이들에게 소득과 자산 규모와 관계없이 무조건적이고, 보편적인 방식으로 현금 소득을 제공하는 완전기본소득의 경우, 빈곤층이나 실업자가 아닌 고소득층에게도 일정액의 현금이 제공되므로 부의 편중이 심화될 가능성도 있다. 이는 복지를 실질적으로 필요로 하는 계층으로부터 그러한 필요로부터 자유로운, 여유가 있는 계층으로 혜택이 이전되는 회귀적 복지제도로 귀결될 수 있다는 의미이다. 따라서 완전기본소득의 경우 재정적 부담의 가중과 함께 양극화를 심화시킬 수도 있다는 지적인 것이다.

2) 기본소득에 대한 찬성

기본소득을 지지하는 가장 기본적인 논리는 오늘날 우리가 누리는 부는 모든 이의 공동자산으로부터 발생하는 것이기 때문에 이를 나누는 것이 당연하다는 것이다. 4차 산업혁명을 통한 자동화가 인간의 노동을 배제시키기 때문에 기본소득이 필요하다고 보는 견해와 함께, 자동화로 인한 엄청난 생산성의 증대에 따른 풍요를 정의롭게 분배하기 위한 새로운 합의가 필요하다는 측면에서도 기본소득의 필요성이 강조된다. 이는 디지털 경제의 발전으로 인하여 공유재 기반의 소득에 대한 분배가 요구된다는 주장에 근거하고 있다.[28] 일례로 사물인터넷의 확산이 빅데이터를 통하여 인공지능으로 발전하는 오늘날, 모든 데이터들은 공공성을 띠고 있음은 부정할 수 없기 때문이다.

---

[27] 우리나라 인구를 5천만 명으로 단순화하여 계산할 때에 월 30만 원씩의 기본소득을 제공하기 위해서는 연간 180조 원의 예산이 소요된다. 이는 2023년 기준 대한민국 예산 총 지출액이 638조 7천억 원임을 고려할 때에 약 30%에 육박하는 큰 금액이다.

[28] 피터 반스(Peter Barnes)는 공유재는 첫째, 특정한 개인이나 기업의 소유가 아니라 모든 이들의 소유이며, 둘째, 어떤 이도 다른 사람들보다 더 큰 권리를 갖지 않고, 모든 사람에게 동등하게 속하며, 셋째, 그럼에도 불구하고 지금까지 형편없는 취급을 받았다고 일갈하였다. 피터 반즈, 위대선 역, 『우리의 당연한 권리, 시민배당: 시본 소득으로 위기의 중산층을 구하다』 (서울: 갈마바람, 2016), 100－101, 175－181.

테슬라 자동차(Tesla, Inc.)와 스페이스 X(SpaceX)의 CEO인 일론 머스크(Elon Musk), 구(舊) 페이스북(Facebook), 현(現) 메타(Meta)의 공동창업자인 마크 저커버그(Mark Zuckerberg), 버진 그룹(Virgin Group)의 리차드 브랜슨(RIchard Branson) 등 실리콘밸리의 최고경영자들 역시 기본소득의 필요성을 주장하는데, 이는 로봇이 인간의 노동력을 대체했을 때에 그들이 생산한 제품들, 특히 고가의 혁신 제품들에 대한 수요 창출의 차원에서 그러한 주장을 전개하는 측면이 있다. 이는 공공적 정당성 확보와 더불어 기본소득 제공을 통한 소비촉진이 경제활성화와 세수확대로 이어질 것을 기대하는 입장을 대변한다.

기본소득은 빈곤 근로자가 증가하는 현실 속에서 불안정한 노동시장의 안정성 확보와 사회적 배제를 해결할 수 있는 방안이기도 하다.[29] 또한, 기본소득은 최저생계비 보장을 통해 개인의 권리를 보호하고, 소비진작을 통한 수요 확대 및 불평등 완화를 통해 사회 체제를 유지하도록 한다. 전 세계적으로 빈부 격차가 심해지고, 양극화의 문제가 확산되면서, 부의 재분배를 통한 사회의 균형 있는 발전과 사회 갈등을 해소하여 통합을 이루기 위한 대안으로서 기본소득을 도입하자는 목소리가 커지고 있다. 일례로 2020년 미국 민주당 대선후보 경선에 참여했던 앤드류 양(Andrew Yang)은 기본소득의 도입은 개인의 삶에 대한 최소한의 안전망 확보를 통하여 사회 전체적인 소비를 증진하고, 이를 통해 일자리 창출 및 혁신적 창업으로 인한 소득분배의 공평성을 확보할 수 있다고 주장하였다.[30] 이처럼 기본소득이 최소한의 소득을 보장함을 통하여 사회구성원의 인권을 보장하고, 사회의 안정성을 증진할 수 있다는 것이 기본소득을 찬성하는 이들의 논리이다.

기본소득은 모든 개인에게 동일한 금액을 제공하기 때문에 자산조사와 관련한 행정비용을 줄일 수 있고, 일정 수준 이하의 소득을 얻는 개인에 대한 낙인효과(stigma effect)를 제거할 수 있다. 또한, 기본소득 제공으로 인해 생산성 저하를 우려하는 주장에 대한 반론으로서 기본소득이 도입되었을 때에 노동시장에 미치는 영향

---

29 Cf. Philippe Van Parijs and Yannick Vanderborght, *Basic Income: A Radical Proposal for a Free Society and a Sane Economy* (Cambridge, MA: Harvard University Press, 2017).

30 Cf. Andrew Yang, *The War on Normal People: The Truth About America's Disappearing Jobs and Why Universal Basic Income Is Our Future* (New York, NY: Hachette Books, 2018).

은 기본소득과 관련한 세부적인 내용의 설계에 달려 있으며, 추가적인 소득을 위해 노동시장에 남아 있는 인력으로 인하여 실질적인 노동 감소는 크지 않을 수 있거나, 오히려 근로유인이 늘어날 수도 있다는 지적이 뒤따른다. 따라서 기본소득이 사회에 긍정적인 효과를 도출하는 방향성을 위해서는 다른 정책수단들과의 연계와 통합적 조명이 필요하다.[31] 또한, 기본소득을 인정하는 측에서도 인간다운 삶을 영위할 수 있도록 하는 소득수준, 즉 어느 정도의 기본소득이 적정 규모인가를 세밀히 살핀 후에 이를 결정해야 한다. 로버트 스키델스키(Robert Skidelsky)와 에드워드 스키델스키(Edward Skidelsky) 부자(父子)는 진정한 의미의 좋은 삶을 위하여 필요한 기본재(basic goods)인 건강, 안전, 존중, 개성, 자연과의 조화, 우정, 여가 등 일곱 가지를 보장해야 한다고 지적하였는데,[32] 그와 같은 의견을 고려하여 관련 논의를 지속함으로써 기본소득의 적정규모에 대한 이견을 좁혀나가야 할 것이다.

3) 기본소득 논의의 방향

기본소득에 대한 논의는 노동자와 사회적 약자를 포함하여 사회 구성원 전체의 기본적인 삶의 질을 보장하고, 이를 통하여 사회 통합을 증진하는 것에 목적을 두고 있다. 따라서 기본소득 도입과 기존의 사회보장제도와의 상충 여부 또는 기본소득 도입을 위한 재정 실현가능성 여부로 논의를 단순화하는 것은 그러한 목적을 실현하는 데에 도움이 되지 않는다. 오늘날 기본소득의 개념이 급격한 기술혁신과 사회변화, 노동시장과 이를 둘러싼 환경의 변화에 대처할 수 있는 하나의 대안으로 부상하고 있다는 점에는 이견이 없다.[33] 다만 이에 대한 심도 있는 조명을 통하여 그러한 변화에 원활히 대응하도록 하는 대책 마련이 급선무이다. 또한, 기본소득과

---

31 Tony Fitzpatrick, "Basic Income, Post—Productivism and Liberalism," *Basic Income Studies* 4(2009), 10.

32 Robert Skidelsky and Edward Skidelsky, *How Much is Enough: Money and the Good Life* (New York, NY: Other Press, 2012), 160.

33 가시적이지도 않고, 측정가능하지도 않은 노동의 역할이 증가하는 것은 최근 노동을 둘러싼 환경 변화의 대표적인 사례이다. Cf. 이항우, 『정동자본주의와 자유노동의 보상: 독점지대, 4차산업, 그리고 보편적 기본소득』 (파주: 한울아카데미, 2017).

관련한 법적 개념의 명확화와 그 종류, 방법, 기준 등에 대한 규준을 확립함으로써 사회적 합의와 제도적 안정성의 기반을 확보해야 한다.

완전기본소득, 부분기본소득, 과도기적기본소득 등 기본소득의 유형에 대하여도 탄력적 수용이 필요하다.[34] 이와 관련하여 기본소득과 사회보장제도 사이에서 두 제도를 상호보완적으로 운영함으로써 노동시장의 구조변화에 대응하며 사회 구성원 모두의 복리를 증진하기 위한 지속적인 방향성 모색이 필요하다. 이는 기능적이고 실용적인 관점을 넘어서 통합적이고 대안적인 논의를 요청하는 것으로서 분배 정의를 실현할 수 있도록 기존의 제도를 보완하여 지속하는 방안 및 기본소득의 실현가능성에 대한 정교화된 분석 모두를 요청한다. 기본소득에 대한 찬반 여부와 관계없이 분배적 불평등과 양극화가 심화되는 현대사회의 위기를 기존의 복지국가 체제로는 극복하기 어렵다는 데에는 이미 폭넓은 공감대가 형성되어 있기 때문이다.[35]

③ 기본소득에 대한 신학적 분석

기독교는 기본소득 자체가 아니라 기본소득이 지향하는 개인의 가치 존중과 사회통합에 대하여 우호적이다. 특히 기본소득을 조명하는 성경적 가르침의 핵심은 관계성이다. 하나님의 형상으로 창조된 개인의 존엄성을 긍정하는 성경의 가르침은 하나님과의 관계에 근거한 것이며, 그러한 관계를 이웃에게까지 확장할 것을 요구한다.[36] 그로 인하여 이웃을 고용하고 품삯을 주지 않는 자에게 화를 선포하고(렘

---

34 완전기본소득은 모든 국민에게 필요한 수준의 기본소득을 정기적으로 보장하는 것으로서 가장 폭넓은 보장범위를 제시한다. 부분기본소득은 기존에 부여되는 공적부조와 최소한의 기본소득을 병행하는 것인데, 대상자도 모든 국민이 아니라 실업자 등으로 한정하는 것이다. 과도기적기본소득은 사회적 변화 정도에 맞추어 기본소득의 양상을 선택적으로 적용하는 것이다. 부분기본소득과 과도기적기본소득은 엄밀한 의미에서 기본소득에 해당하지 않지만, 개인의 가치를 인정하고 삶을 보장함으쌰 사회통합을 도모하는 기본소득의 궁극적 목적을 달성하기 위한 과정적인 형태로 인정할 수 있다. 장인호, "기본소득제도의 논의배경과 한계에 관한 연구," 「미국헌법연구」 28(2017), 313-314.

35 백승호, 이승윤, "기본소득 논쟁 제대로 하기," 65.

22:13), 곤궁하고 빈한한 품꾼을 학대하지 말며, 품삯을 당일에 주되 해 진 후까지 미루지 말라는(신 24:15) 구약 성경의 가르침이 주어졌다. 따라서 사랑의 관계가 확장될 것을 요구하는 기독교 교리의 방향성은 경제적으로 낙오되어 사회적인 관계의 단절로 이어지는 이가 생기지 않도록, 모든 이들에게 일정 소득을 공평히 분배하는 기본소득의 관계 형성의 노력으로 연결된다.[37] 하나님의 형상으로 창조되고, 그리스도의 구속의 대상이 되는 인간의 존엄성과 가치는 포도원 품꾼의 비유와 희년정신을 통해 잘 드러나며, 기본소득은 그러한 가치를 구현하기 위한 수단으로서의 가능성을 견지한다.

1) 인간의 존엄성과 죄성

기독교는 하나님의 아들, 예수를 구원자, 즉 그리스도로 믿는 것을 핵심으로 하는 종교이다. 기독교의 인간 존엄성과 가치에 대한 긍정은 예수께서 구약성경 이사야 61장 1 - 2절을 인용하여 선포하신 누가복음 4장 18 - 19절을 통해 잘 드러난다. 가난한 자에게 전하는 복음이 핵심이며, 그러한 복음의 대상은 사도 바울을 통하여 "유대인이나 헬라인이나 종이나 자유인이나 남자나 여자나 다 그리스도 예수 안에서 하나"(갈 3:28)라는 원리를 통하여 모든 이들에게 평등하게 제시되었다. 또한, 기독교의 인간 평등 사상과 그에 기반하여 믿음 외에 일체의 다른 조건을 배제함으로써 모든 인류에게 구원의 길을 열어놓은 종교개혁의 칭의론은 사회적, 경제적 신분과 관계없이 소득을 공평하게 분배한다는 기본소득의 균등분배의 원리와 상통한다.[38]

---

36 구약 성경의 가르침을 요약한 마태복음 22장 37 - 39절의 하나님 사랑과 이웃 사랑은 그러한 관계성의 측면을 잘 드러낸다. 신앙을 통하여 하나님과의 관계가 회복된 개인은 하나님을 사랑할 뿐만 아니라 하나님의 형상을 담지한 자신을 용납하고 긍정하며, 그러한 용납과 긍정이 이웃을 긍정하고 받아들이는 사랑으로 확장되는 것이다.

37 그러므로 개별성, 보편성, 무조건성, 정기성 등 기본소득의 주요 특성 중에서 기독교와 관련하여 기본소득의 정당성을 지지하는 근거는 보편성이다. 김동환, "4차 산업혁명 시대, 기본소득제도에 대한 기독교 윤리적 고찰," 「기독교사회윤리」 44 (2019), 74.

38 Ibid., 68 - 69.

인간은 하나님의 형상으로 창조된 유일한 존재이며, 남성과 여성으로 동등하게 창조되었으나(창 1:27), 아담과 하와의 타락 이후 하나님을 거역하는 본성이 내재된 존재로 전락하였다. 따라서 인간은 하나님의 형상을 담지한 존재로서의 존엄성과 하나님을 거역하는 죄성의 양면성을 보유하고 있다. 인류를 사랑하신 하나님께서 보내신 독생자 예수 그리스도의 대속을 통해 하나님의 형상으로서의 가능성이 회복되었다는 것이 성경의 가르침이지만, 그리스도를 믿음으로 죄를 용서받은 이후에도 죄성을 이기는 싸움은 성령의 도우심을 통해 지속되어야 한다. 기본소득과 관련해서도 그러한 인간의 양면성에 대한 경계는 지속되어야 한다. 인간의 존엄성 실현을 위한 기본소득의 실행과 관련하여 인간의 죄성이 개인적인 차원에서 도덕적 해이와 무임승차를 통해서 기본소득 도입의 취지를 변질시킬 수 있기 때문이다. 개인뿐만 아니라 개인들이 모여 이룬 공동체도 하나님이 아니라 자신의 이름을 드러내고자 하는 집단적 죄성을 드러낸다(창 11:4). 따라서 이스라엘 초기의 족장인 아브라함, 이삭, 야곱은 신앙 안에서 애굽, 그랄, 소돔, 하란, 세겜 등 도시국가들과 맞섰지만, 가나안에 정착한 이스라엘은 하나님의 뜻을 어기고 세속적인 왕을 요구하였다(삼상 8:5).

초대교부인 어거스틴은 그의 저서 "하나님의 도성"(The City of God)을 통해 하나님의 나라와 세속 국가를 구분한 바 있다. 단순히 세속과 거룩을 구분하여 이원론에 빠지는 것을 지양해야 하지만 인간의 죄성과 그러한 죄성이 투영된 국가의 집단적 죄성 역시 경계해야 한다. 이는 기본소득과 관련한 논의 과정 및 기본소득을 실제로 관할하는 행정부의 지급 절차에 대한 모니터링을 요청한다. 따라서 교회는 기본소득을 둘러싼 공적 담론의 형성에 참여함으로써 개인의 존엄성과 평등의 가치를 실현해야 한다. 초대교회 공동체의 신자들이 모든 물건을 서로 통용하고, 재산과 소유를 팔아 각 사람의 필요를 따라 나누던 정신(행 2:44-45)이 기본소득의 사상과도 상통하며, 사도들이 말씀과 기도 사역에 집중하기 위하여 "성령과 지혜가 충만"한 일곱 명의 일꾼들을 택하여 그들에게 모든 행정 업무를 위임하였다는(행 6:1-4) 점 역시 기본소득 실천의 행정에 있어서 귀감이 될 것이다.

2) 포도원 품꾼의 비유와 노동의 의미

마태복음 20장 1 – 16절은 소위 "포도원 품꾼의 비유"라는 제목이 붙은 본문으로서, 예수께서는 품꾼을 얻어 포도원에 들여보내려고 이른 아침에 나간 집 주인의 모습을 통해 천국의 원리를 제시하셨다. 포도원 주인은 아침 9시, 낮 12시, 오후 3시, 오후 5시에 장터에 나가 일자리를 구하지 못한 사람들을 일꾼으로 불러 모았고, 시간과 상관없이 하루 품삯인 한 데나리온씩을 제공하였다. 새벽에는 인력시장이요, 낮에는 장터의 역할을 담당했던 그곳에서 "놀고 서 있는 사람들"에게 "어찌하여 종일토록 놀고 여기 서 있느냐"(마 20:6)고 묻는 포도원 주인에게 그들은 "우리를 품꾼으로 쓰는 이가 없음이니이다"(마 20:7)라고 대답하였다. "놀다" 또는 "게으르다"라는 의미를 가진 헬라어 "아르고이"(ἀργοί)는 본문에서 "고용되지 않은 무직의 상태"의 뜻으로 사용되었다. 따라서 그들이 하루 품삯을 바라고 인력시장에 나올 정도로 불안정하고 가난한 이유는 그들이 게으르기 때문이 아니라 일자리를 구할 수 없었기 때문이다.

청지기를 둘 정도로 부유했던(마 20:8) 포도원 주인은 포도원의 필요가 아니라 하루 품삯이 없으면 하루를 연명하기 어려운 품꾼들의 입장에서 필요를 헤아려서 자신이 직접 장터에 나가 그들을 모집하였다. 날이 저물어 품삯을 지급할 때에 주인은 청지기에게 품삯 지급을 지시하며 나중에 온 품꾼들에게 먼저 품삯을 주게 하였다. 먼저 온 품꾼들에게 먼저 품삯을 주고 그들을 먼저 돌려보냈으면 탈이 없으련만 나중에 온 품꾼들에게 먼저 한 데나리온씩을 지급하자, 먼저 온 품꾼들이 자신들의 차례가 되어 품삯을 받고는 하루 종일 수고하며 더위를 견딘 자신들과 나중에 온 품꾼들에게 똑같은 임금을 지급하는 주인에게 불만을 터뜨렸다. 그때에 주인은 "내 것을 가지고 내 뜻대로 할 것이 아니냐 내가 선하므로 네가 악하게 보느냐"(마 20:15)고 책망하며, 인간적인 평등의 개념과 상충되는 천국 복음의 의미를 전달하였다.[39]

---

39 포도원 품꾼의 비유는 바로 앞 구절인 마태복음 19장 16 – 22절에서 재물이 많은 청년이 예수님을 찾아와 영생에 관하여 물었던 장면과 함께 조명해야 제대로 이해된다. 예수님은 그 청년이 온전하

구약 성경에서도 포도원 품꾼의 비유와 유사한 보편적 은혜 및 분배의 정의를 제시하는 본문이 종종 등장한다. 하나님께서 광야의 이스라엘 백성들에게 내려주신 만나와 메추라기의 분배는 각 사람의 수효대로 공정하게 이루어졌다(출 16:1-30). 민수기 33장 50-56절에서 가나안 땅으로 들어가기 직전에 그 땅을 제비 뽑아 나누되, 종족의 수가 많으면 많은 기업을 주고, 수가 적으면 적은 기업을 주도록 한 것 역시 분배의 정의를 반영하는 것이다. 이는 여호수아 13-19장에서 각 지파별로, 그 수효를 감안하여 가나안 땅을 나누는 공평한 토지분배를 통하여 실현되었다.

기독교의 노동 이해에 대한 전통은 첫사람 아담의 타락 이후 "너는 네 평생에 수고하여야 그 소산을 먹으리라"(창 3:17)는 하나님의 명령에 따라서 육체적 노동에 초점을 맞추었다. 따라서 기독교 초기에 노동의 의미는 원죄로 인한 처벌의 개념(창 3:19) 또는 성문서와 바울이 경고하는 게으름의 반대 개념(욥 5:7; 잠 6:6-11; 살후 3:10)으로서의 성격이 강했는데, 특히 "누구든지 일하기 싫어하거든 먹지도 말게 하라"(살후 3:10)는 성경의 가르침에 따라 노동의 가치가 강조되었다. 종교 개혁 이후에 노동은 성실히 이행해야 할 하나의 소명으로 간주되며 신자들이 성실히 담당해야 할 의무로 등극하였다.[40] 그러나 그러한 노동윤리는 상품화된 노동력에 의해 가치가 창출되던 과거의 산업사회와 달리 지식과 정보에 의하여 가치가 창출되는 오늘날에는 변화에 직면하고 있다.

고자 한다면 소유를 팔아 가난한 자들에 주고, 예수님을 "따르라"(마 19:21)고 말씀하셨지만 청년은 자신이 그동안 메시야보다 더 의지해 온 재물이 많았기 때문에 근심하며 돌아갈 수밖에 없었다(마 19:22). 이후 예수께서 부자가 하나님의 나라에 들어가는 것보다 낙타가 바늘귀로 들어가는 것이 쉽다고 말씀하시자(마 19:23-24), 제자들은 그렇다면 누가 구원을 얻을 수 있겠냐고 반문하였다. 당시 바리새인들은 복과 저주를 선포하는 신명기 28장 1-19절로 대변되는 율법적 사고에 기반해서 하나님께서 사랑하시는 자들을 물질적으로 부유하게 하신다는 사고방식을 가지고 있었기 때문이다. 그러나 예수님은 하루 품삯뿐만 아니라, 그보다 훨씬 놀라운 구원이란, 인간 행위에 대한 평등한 결과가 아닌, 하나님의 선물로 주어진다는 사실을 부자 청년과의 대화 및 포도원 품꾼의 비유를 통해 일깨워주셨다.

40 종교개혁자 존 칼빈(John Calvin)은 직업을 소명으로 제시하며 노동이란 하나님께 봉사하는 것이라고 주장하였고, 그로 인하여 칼빈주의 개신교도들은 게으름과 무노동을 하나님의 영광을 가로막는 가장 위험한 악으로 간주하였다. 그러한 맥락에서 막스 베버(Max Weber)는 노동을 강조하는 개신교의 윤리가 근대 자본주의 정신을 꽃피웠음을 지적하였다. Cf. Max Weber, *The Protestant Ethic and the Spirit of Capitalism*, trans. Talcott Parsons and Anthony Giddens (Boston, MA: Unwin Hyman, 1930).

오늘날 노동의 개념은 단순히 육체적 노동이 아니라 창조적인 정신 노동의 가치를 보다 강조하고 있다. 그러므로 실업의 문제 역시 개인의 문제라기보다는 사회의 구조적인 결함이 분배의 부정의와 실업, 그리고 빈곤을 유발할 수 있음을 간과해서는 안 될 것이다. 따라서 가난을 단순히 개인의 게으름의 소산으로만 치부하는 바리새적 태도는 지양해야 하며, 노동과 가치의 연결성이 약화되는 흐름 가운데 노동과 소득의 연결성에 대한 제고와 함께, 제도적 차원의 보완을 도모하여야 한다. 일찍이 아브라함 카이퍼(Abraham Kuyper)도 사회적 빈곤이란 단순히 자선사업으로 해결될 수 있는 것이 아니라, 사회개혁을 위한 제도적 차원의 정책을 요구하는 것임을 인식하였다.[41] 더욱이 노동 중심의 복지정책은 노동력의 재상품화를 낳을 우려가 있기 때문에, 노동의 탈상품화를 추구하는 기본소득 개념에 대한 긍정적인 점검이 필요하다.

3) 일반은총과 희년의 정신

기독교인들은 일반은총(common grace)의 차원에서 비기독교인들과 함께 경제정의와 민주화 실현을 위해 협력하는 작업을 전개해야 하며, 동시에 특별은총(special grace)의 차원에서 하나님 나라의 경제를 드러내는 작업에 매진하여야 한다.[42] 일반은총은 종교개혁자 존 칼빈(John Calvin)이 처음으로 제시한 개념으로서 아브라함 카이퍼가 이를 교리적으로 체계화하여 설명한 것인데, 카이퍼에 의하면 인류의 타락 이후 모든 사람들이 하나님과의 화목을 이룰 수 있는 가능성의 수단으로서 부패의 억제와 진리의 파편을 발견하는 능력을 제공한다. 특별은총이 예수 그리스도를 믿는 신자들의 죄를 제거하고 죄의 결과를 소멸시키는 구속의 근거가 된다면, 일반은총은 신자와 불신자 모두에게 있어서 죄의 파괴적인 힘을 억제하도록 돕는다. 또한, 일반은총은 사회 전반에 관한 그리스도인들의 관심을 촉구하고, 공적인 책임을 강

---

41 Abraham Kuyper, *Christianity and the Class Struggle*, trans. Dirk Jellema (Grand Rapids, MI: Piet Hein, 1950), 48-49.

42 송용원, "개혁신학의 관점에서 본 경제민주화," 「장신논단」 52(2020), 117.

조한다.[43] 따라서 구원과 상관없이 모든 인류에게 죄를 억제하고 진리의 빛을 비추는 일반은총의 측면에서, 기본소득은 그리스도인들이 타락한 세상에서 하나님 나라를 구현해 나가는 수단으로 기능할 수 있다.

희년의 정신은 이스라엘 백성들을 향한 하나님의 특별은총이 이방인들을 포함하는 일반은총의 차원으로 확장하며 인간의 존엄성과 가치를 동등하게 존중하도록 하는 새로운 지평을 여는 개념이다. 희년법은 구약과 신약 전체를 아우르며 하나님 나라의 통치질서를 설명하는 핵심개념으로서 앞서 언급한 것처럼 구약성경 이사야 61장 1-2절을 인용하며 예수 그리스도의 복음을 선포하는 누가복음 4장 18-19절은 희년 선포의 세 가지 효과인 노예해방, 부채탕감, 토지반환이 기쁨의 소식, 즉 복음임을 증명한다.[44] 신약성경에서 그리스도 가르침의 핵심인 하나님 나라는 희년 사상을 반영하는 것으로서 이를 통해 그리스도는 로마 제국의 지배질서와 맘몬의 가치를 상대화시킴으로써 세속적 가치를 부정하였다.[45] 희년법 관련 내용이 가장 먼저 등장하는 출애굽기 21-23장은 채무변제 불능으로 종이 된 노예의 해방(출 21:2-11), 가난한 동족에 대한 이자 수취 금지(출 22:25-27), 가난한 자들과 들짐승을 위하여 매 7년마다 1년의 휴경을 명령하고 있다(출 23:11-12). 레위기 25장 8-12절의 희년 규정은 매 7년이 일곱 번 되는 50년째 되는 해에는 모든 주민을 위한 자유를 공포하게 하며, 23절은 토지를 영구히 팔지 못하게 함으로써 토지가 하나님께 속한 것이고, 이 땅의 주인은 그것을 청지기로서 맡아서 소유할 뿐임을 분명히 하였다. 또한, 신명기 15장 1-11절은 매 7년마다 국가적인 부채의 탕감을 명령함으로써 사회적 약자에 대한 보호를 명시하였다.

이 같은 희년정신은 보편적인 개인의 인권을 보호할 뿐만 아니라, 아무런 조건 없는 평등한 가치를 보장하고, 매 7년마다, 즉 주기적으로 하나님 앞에서 평등의 질서를 회복하게 함으로써 하나님의 주권과 인간의 청지기 의식을 재고하도록 함을

---

43 James D. Bratt, ed., *Abraham Kuyper: A Centennial Reader* (Grand Rapids, MI: William B. Eerdmans, 1998), 165.

44 조혜신, "희년법 원리의 제도적 구현 가능성에 관한 소고: 기본소득 제도를 중심으로," 「신앙과 학문」 23(2018), 266-267.

45 정용한, "기본소득 논의를 위한 성서적 제안," 「신학논단」 95(2019), 266-270.

통해 잘 드러난다. 희년을 실시하는 주체가 공동체 전체라는 사실은 희년법이 단지 가난한 사람들만을 위한 것이 아니라 공동체 전체가 참여하여 모두가 그 혜택을 누리도록 하는 것임을 시사한다.[46] 또한, 희년법의 근거가 되는 시내산 언약은 하나님과 이스라엘 백성들 사이의 관계를 설정하는 동시에 이스라엘 백성들 상호간의 관계를 설정하는 이중적 의미를 갖는다. 그러한 언약의 관계가 이스라엘 공동체를 대상으로 하기 때문에 희년법 또한 이스라엘 백성들을 향한 특별은총의 차원에서 주어진 것이다.

그러나 하나님과 이스라엘 백성들 사이의 관계, 그리고 이스라엘 백성들 상호간의 관계가 신약에 이르러 그리스도를 통하여 신분과 관계없는 인간 개인과 하나님과의 관계, 그리고 인간 상호간의 관계로 확장되도록 하였던 십자가 구속의 의미를 적용한다면 희년정신은 오늘날 특별은총을 기반으로 하되, 모든 인류를 구속하고자 하는 그리스도의 구속의 확장이라는 측면에서 일반은총의 차원에서도 실현될 필요가 있다. 이는 단순히 희년법의 소유개념을 확장하는 것이 아니라 희년법에 깃든 정신을 현대적으로 적용하는 것이다. 따라서 희년정신에서 노동 자체가 아니라 소득의 균등한 배분에 초점을 맞추어 사회구조적인 결함을 극복하고 개인의 가치와 자아를 창조적인 방법으로 실현할 수 있도록 하는 제도적 마련에 대한 논의를 지속해야 할 것이다.

4) 기본소득과 하나님 나라

기본소득은 일반은총적 은혜(마 5:45)와 희년정신 및 하나님 나라 실현의 방안으로서 기독교의 입장에서 긍정적으로 받아들일 만한 개념이며, 성경적 의미를 바탕으로 하는 인간 존중의 가치 실현이라는 측면에서 방법론적 의의를 갖는다. 기본소득의 개념은 여성의 가사노동과 돌봄노동과 같은 "그림자 노동"(shadow work)을 포함한 다양한 형태의 노동의 가치를 인정함으로써 평등의 이념을 실현하는 데에도 공헌한다.[47] 또한, 모든 사회 구성원에게 동등한 금액을 지원하는 기본소득은 사회

---

46 정중호, "한국 토지 개혁과 희년 실시 방안," 「장신논단」 46(2014), 51-52.

적으로 불평등을 경험하였던 여성, 노인, 어린이, 장애인 등이 주체적인 삶을 영위할 수 있도록 하는 최소한의 기반이 될 것이다. 그러나 기본소득 자체를 맹신하여 절대적으로 도구화하는 것은 지양해야 하며, 기본소득에 대한 논의를 통해 하나님의 형상으로 동등하게 창조되었고, 예수 그리스도의 핏값으로 사신 바가 된 인간의 존엄성과 가치를 회복하고, 사회 구조적인 불평등과 분배의 문제를 해결하는 수단을 강구하며 방향성을 견지하는 것이 필요하다.

융합과 초연결성을 핵심으로 하는 4차 산업혁명으로 인한 획기적인 변화에 따라 토지, 노동, 자본 등의 생산의 3요소와 같은 전통적인 경제 개념에도 수정이 불가피할 것이고, 노동개념 자체가 변화할 것이다. 4차 산업혁명으로 인한 변화에 따라 대량실업의 발생을 예측하는 부정적인 전망도 있지만, 인공지능과 로봇을 이용한 자동화로 인하여 극대화된 여가를 누리는 여가혁명의 발생이라는 긍정적 측면의 전망도 만만치 않다.[48] 데이터가 공공적 속성을 띠는 오늘날, 가난을 개인의 책임으로 여겨서 노동을 부과하는 전통적인 전제는 이제 수명을 다해 가고 있으며, 노동의 개념과 속성에 대한 새로운 패러다임을 요구하고 있다. 획일적인 평등은 불공평하고 또한 불가능하지만, 인간의 기본적인 존엄성을 보호하는 차원에서 최소한의 경제적 보장을 담보하는 기본소득을 건설적으로 고려할만하며, 이와 병행하여 새로운 시대에 노동의 가치를 회복하는 데에 초점을 맞추어야 할 것이다.

기본소득을 지급해야 하는 근거뿐만 아니라, 기본소득을 시행하는 데에 가장 큰 걸림돌로 작용하는 재원을 마련하는 방법 역시 성경적 가르침에 기반해야 한다. 재원에 대하여는 부동산이나 금융소득과 같은 불로소득에 대한 세금, 석유 등의 자

---

47 그림자 노동이란 산업화 이전 사회에서 나타나지 않던 경제형태를 취함으로써 임금으로 보상받지 못하는 형태의 노동을 의미한다. 돌봄노동의 가치를 가시화할 뿐만 아니라 성별에 차등을 두지 않고 동일한 액수를 지급함으로써 그림자노동의 가치를 긍정하는 기본소득은 젠더 정의의 실현에서도 중요한 의미를 지닌다. 파레이스는 기본소득의 그러한 의미를 지지하며 더 평등하고, 더 해방적이고, 덜 남성중심적인 관점에서 접근할 때에 기본소득의 실현이 가능해진다고 역설하였다. Philippe Van Parijs, "Why Is Basic Income More Relevant Today Than Ever Before?: Basic Income and Social Democracy", www.basicincome.org'BIEN – congress – 2016 – Proceedings (2023년 1월 1일 접속).

48 따라서 여가의 증가에 따라 단순한 기계작업이 아니라 인간 본연의 창조적 가치에 초점을 맞추는 새로운 형태의 문화예술 산업의 융성이 전망된다. 염명배, "4차 산업혁명 시대, 경제패러다임의 전환과 새로운 경제정책 방향," 42 – 44.

원이나 인공지능과 빅데이터 등 공공재로 인한 수입에 부과하는 세금, 탄소세 부과와 같은 생태세의 도입, 기존의 복지제도를 통합하거나 다른 비용을 감축하는 방안 등이 폭넓게 거론되고 있다.[49] 기본소득의 도입 여부 및 시기에 대하여는 지속적 논의가 필요하지만, 이를 긍정하는 입장에서 재정의 한계를 고려한다면 우선은 대상자를 제한하여 기존의 사회복지제도를 부분기본소득으로 대체하는 우파 버전을 도입하는 것이 현실적이다. 그 과정에서 4차 산업혁명이 야기할 고용의 문제에 대하여도 수동적으로 기본소득에만 머무를 필요는 없으며, 기본소득의 도입 이전에 사용할 수 있는 다양한 방법들을 적극적으로 모색하고 활용할 필요가 있다. 일례로 일자리가 사라질 것을 전제로 단순히 기본소득에 의존하기보다는, 기술진보에 부응하는 일자리 창출과 근로환경의 개선, 변화하는 노동시장의 직무 수요에 부응하는 능력개발 등이 선행되어야 한다.[50]

　　무엇보다도 하나님 형상의 담지자로서의 인간 존엄성과 함께, 기본소득과 같은 제도를 논의하고 도입하는 과정에서 인간의 죄성을 경계하며 그것을 다듬어 가는 균형감각이 필요하다. 희년법의 이상이 이스라엘 역사 속에서 제대로 실현된 적이 없다는 사실이 바로 그러한 인간의 죄성에 대한 주의를 요청하기 때문이다. 이는 거시적으로는 기독교계 전체가 연합 사역을 통해 기본소득 관련 연구를 지원하고 국가 및 지방자치 정부와 함께 이를 논의하는 장을 마련하며 성경의 가르침을 반영해야 하고, 동시에 미시적인 차원에서 개교회들이 지역사회의 필요에 눈을 돌리는 작업을 요청한다. 인간의 존엄성을 수호하고 사회통합을 이루기 위한 기본소득의 정신은 신앙의 관점에서 전혀 새로운 것이 아니기 때문이다. 따라서 융합과 초연결성을 핵심으로 하는 새로운 시대를 맞이하며 기본소득 자체가 아니라 기본소득의 정신을 성경적으로 연결하여 오늘날의 상황에 부합되는 융합을 이루어 내는 지혜가 다시금 요구된다.

---

49 김성호, "탈노동 시대의 기독교 사회복지 실천," 「ACTS 신학저널」 36(2018), 459.
50 양재진, "기본소득은 미래 사회보장의 대안인가?," 67.

참고문헌

김교성, 백승호, 서정희, 이승윤. "기본소득의 이상적 모형과 이행경로." 「한국사회복지학」 69(2017), 289-315.

김동환. "4차 산업혁명 시대, 기본소득제도에 대한 기독교 윤리적 고찰." 「기독교사회윤리」 44(2019), 49-82.

김성호. "탈노동 시대의 기독교 사회복지 실천." 「ACTS 신학저널」 36(2018), 437-466.

김수완, 안상훈, 김영미. "기본소득, 누가 왜 지지하는가?: 4차 산업혁명과 일자리 축소 담론에 대한 탐색적 연구." 「사회보장연구」 25(2018), 1-31.

김혜연. "이데올로기적 다양성에 따른 기본소득의 정책 특성에 관한 연구," 「비판사회정책」 42(2014), 92-139.

백승호, 이승윤. "기본소득 논쟁 제대로 하기." 「한국사회정책」 25(2018), 37-71.

송용원. "개혁신학의 관점에서 본 경제민주화." 「장신논단」 52(2020), 93-121.

양재진. "기본소득은 미래 사회보장의 대안인가?" 「한국사회정책」 25(2018), 45-70.

염명배. "4차 산업혁명 시대, 경제패러다임의 전환과 새로운 경제정책 방향." 「경제연구」 36(2018), 23-61.

이항우. 『정동자본주의와 자유노동의 보상: 독점지대, 4차산업, 그리고 보편적 기본소득』. 파주: 한울아카데미, 2017.

장인호. "기본소득제도의 논의배경과 한계에 관한 연구." 「미국헌법연구」 28(2017), 297-342.

정용한. "기본소득 논의를 위한 성서적 제안." 「신학논단」 95(2019), 251-279.

정중호. "한국 토지 개혁과 희년 실시 방안." 「장신논단」 46(2014), 35-60.

조혜신. "희년법 원리의 제도적 구현 가능성에 관한 소고: 기본소득 제도를 중심으로." 「신앙과 학문」 23(2018), 263-294.

최성훈. "기본소득에 대한 신학적 분석: 인간존중의 가치 실현을 위한 방법론적 의의," 「장신논단」 52(2020), 141-165.

피터 반즈, 위대선 역. 『우리의 당연한 권리, 시민배당: 기본 소득으로 위기의 중산층을 구하다』. 서울: 갈마바람, 2016.

Bratt, James D. ed. *Abraham Kuyper: A Centennial Reader.* Grand Rapids, MI: William B. Eerdmans, 1998.

Fitzpatrick, Tony. *Freedom and Security: An Introduction to the Basic Income Debate.* New York, NY: Palgrave Macmillan, 1999.

_____. "Basic Income, Post−Productivism and Liberalism." *Basic Income Studies* 4(2009), 1−11.

Kuyper, Abraham. *Christianity and the Class Struggle.* Translated by Dirk Jellema. Grand Rapids, MI: Piet Hein, 1950.

Skidelsky, Robert, and Skidelsky, Edward. *How Much is Enough: Money and the Good Life.* New York, NY: Other Press, 2012.

Van Parijs, Philippe. "Basic Income: A simple and Powerful Idea for the 21st Century." In *Redesigning Distribution: Basic Income and Stakeholder Grants as Cornerstones for an Egalitarian Capitalism,* edited by Erik Olin Wright, 3−42. New York, NY: Verso, 2006.

Van Parijs, Philippe, and Vanderborght, Yannick. *Basic Income: A Radical Proposal for a Free Society and a Sane Economy.* Cambridge, MA: Harvard University Press, 2017.

Weber, Max. *The Protestant Ethic and the Spirit of Capitalism.* Translated by Talcott Parsons and Anthony Giddens. Boston, MA: Unwin Hyman, 1930. (Original Work Published in 1905).

Yang, Andrew. *The War on Normal People: The Truth About America's Disappearing Jobs and Why Universal Basic Income Is Our Future.* New York, NY: Hachette Books, 2018.

웹사이트

기본소득 지구네트워크(BIEN: Basic Income Earth Network). https://basicincome.org. (2023년 1월 1일 접속).

Van Parijs, Philippe. "Why Is Basic Income More Relevant Today Than Ever Before?: Basic Income and Social Democracy." www.basicincome.org·BIEN−con−

gress－2016－Proceedings (2023년 1월 1일 접속).

2018년 미래직업보고서(The Future of Jobs Report 2018). www3.weforum.org˙docs˙ WEF_Future_of_Jobs_2018. (2023년 1월 1일 접속).

비트코인과 가상화폐[1]

세계경제의 위기는 법정화폐에 대한 가치와 신뢰 저하를 유발하고 화폐의 기능과 본질에 대한 질문을 제기한다.[2] 실제로 가상화폐의 태동은 2008년 미국 리만 브러더스(Lehman Brothers Holding, Inc)의 파산을 유발했던 서브 프라임 모기지 사태(subprime mortgage crisis)로 인해 법정화폐의 안정성에 대한 신뢰가 무너지며 촉발되었다. 이는 달러화와 유로화와 같은 기축통화의 지위 하락 및 민간부문의 정부의 재정관리 능력에 대한 불신으로 이어지며 2008년 비트코인의 탄생을 야기하였다.

---

1 본 장의 내용은 최성훈, "가상화폐에 대한 신학적 분석: 비트코인의 사례를 중심으로," 「장신논단」 53(2021), 131-153을 수정 및 보완한 것이다.

2 지난 20202년 발발한 코로나 19 사태는 개인 간의 사회적 거리두기는 물론 국가 차원에서도 교역과 교류의 위축을 유발하며 세계 각국의 경제 동력을 저하시켰다. 그로 인한 경기 위축을 방지하기 위하여 각국은 천문학적인 규모의 재정지원으로 대처하였는데, 관련한 재원은 주로 국채발행에 의존하여 마련하였다. 하지만 이는 통화공급의 확대로 연결되어 단기적으로 인플레이션을 유발하고, 장기적으로는 불황을 잠시 벗어났다가 다시 불황에 빠지는 "W자형 불황"(W-shaped recession) 혹은 "더블딥 불황"(double dip recession)의 상황을 초래하였다. 그 원인은 경제의 펀더멘털이 변화하지 않은 상태에서 인위적인 통화량 조정을 통해 코로나 19라는 사회적 재난에 대응하였기 때문인데, 포퓰리즘이라는 비난과 미래 세대에 대한 부담에도 불구하고 특별한 뾰족한 대안이 부재하기 때문에 그렇게 대처할 수밖에 없었던 것이다. 특히 기축통화로 기능하는 미국 달러화를 발행하는 미국 연방준비위원회는 초당 1백만 달러를 찍어내는 화폐발행을 통해 코로나 19 사태에 대응하였는데, 이는 미국이 경상수지 적자 상태에서 달러화 공급의 지속으로 인해 달러 가치 하락 및 기축통화로서의 지위 상실이라는 위험을 야기하였다.

이미 게임 내에서만 사용할 수 있는 게임 머니(game money)와 신용카드사의 포인트, 특정 지역 내에서만 사용 가능한 지역화폐 등 신기술을 도입한 대안화폐들의 사용 빈도가 높아지는 상황에서 비트코인의 등장은 가상화폐에 대한 폭발적 관심을 불러 일으켰다. 이후 다양한 형식의 가상화폐들이 출현하여 2023년 1월 현재 8,860개에 달한다.[3] 이와 더불어 가상화폐에 대한 연구도 활발히 전개되어 왔는데, 대부분의 연구는 4차 산업혁명의 도래와 관련하여 가상화폐의 핵심기술인 블록체인의 기술 동향 및 가상화폐의 법적 지위와 규제에 대한 연구에 초점을 맞추고 있다.[4] 하지만 신학계에서 가상화폐를 조명한 연구는 거의 찾아볼 수 없으며, 따라서 본 장은 거래량과 거래금액에 있어서 가상화폐 거래의 압도적인 1위를 차지하는 대표적인 가상화폐인 비트코인을 중심으로 가상화폐의 발전과 의미를 살펴보고 가상화폐의 기능과 성경적 가치, 인간의 윤리와 책임의식, 그리고 가상화폐와 종말론의 입장에서 이를 조명하였다.

1 비트코인의 태동과 발전

복음의 원리를 중심으로 성경의 가르침을 시대적 상황과 소통하며 구현하고자 하는 공공신학의 의미가 새로이 제고되고 있는 오늘날, 가상화폐를 둘러싼 정치와 경제적 요인은 물론 ICT(Information Communication Technology) 기술과 연계되어 사회적으로 주된 관심의 대상인 가상화폐는 신학 분야에서도 필수적인 연구 주제이다. 따라서 본 장은 현재 존재하는 가상화폐 중에서 가장 주목을 받는 비트코인의 탄생과 관련한 배경 및 가상화폐가 확산되는 원인을 점검하고, 이에 대한 세계 각국의 대응안을 조명함으로써 우리나라의 가상화폐 관련 정책 및 공적 담론 형성을 위한 가교로 삼고자 한다. 또한, 상당수의 한국교회 교인들이 투자에 참여함에 따라 이슈

---

3 https://coinmarketcap.com (2023년 1월 6일 접속).
4 이영주, "가상화폐 비트코인의 정치경제적 성격: 비트코인의 화폐성을 중심으로," 「국제관계연구」 23(2018), 47−48.

가 된 비트코인과 같은 가상화폐를 분석하여 성경적 이해를 증진하고 공적 담론에 대한 참여를 제고하는 신학의 공적 기능 수행에도 공헌하고자 한다.

1) 비트코인의 탄생과 가상화폐의 확산

비트코인은 익명의 인물 또는 집단으로 간주되는 사토시 나카모토(Satoshi Nakamoto)가 2008년 10월 "비트코인: 개인 간 전자화폐 시스템"(Bitcoin: A Peer-to-Peer Electonic Cash System)이란 제목의 논문을 자신이 만든 홈페이지 "www.bitcoin. org"에 게시하였고, 3개월 후 글의 내용을 실제적으로 구현한 프로그램을 제작하여 네트워크에 공개함으로써 탄생하였다.[5] 2016년 5월 사토시의 정체는 호주의 컴퓨터 공학자 크레이그 라이트(Craig Wright)로 드러났지만, 이미 그의 존재보다는 비트코인으로 인한 가상화폐의 확산이 주목의 대상이 되었다.[6] 지난 2008년 리만 브러더스 파산으로 시작된 글로벌 금융위기에도 불구하고 미국 정부는 무너져가는 월스트리트의 투자은행들을 지원하기 위해 천문학적 규모의 화폐를 발행하였고, 투자은행들은 여전히 연봉과 보너스 잔치를 벌였다. 이는 통화의 증가로 인한 인플레이션을 유발함으로써 화폐의 가치가 하락하여 사회 구성원들에게는 세금을 부과하는 것과 같은 준조세의 성격을 지닌다.[7] 따라서 글로벌 금융위기의 진원지를 향한 지원은 국가 및 법정화폐에 대한 신뢰도 추락으로 이어졌으며, 그 시기에 비트코인이 탄생함으로써 새로운 대안에 목말라하던 사회 분위기에 부응하였다.

비트코인은 특정 중앙 서버나 네트워크에 의존하지 않는 P2P(Point-to Point) 네트워크 기반의 분산 데이터 구조로서, 지속해서 업데이트하는 데이터를 공유하는 블록체인 방식에 의존하고 있다.[8] 비트코인은 총 발행량도 2,100만 개로 정해져 있

---

5 윤형중, "가상화폐와 한국사회,"「자음과 모음」여름호(2018), 360.

6 임선우, 류석진, "가상화폐 규제의 구조와 변수: 비트코인 규제 영향요인 비교 연구,"「비교민주주의연구」13(2017), 84.

7 윤형중, "가상화폐와 한국사회," 361.

8 블록체인의 핵심은 난수를 발생시켜서 만든 개인의 비밀번호(비밀키)를 수학적으로 변환하여 공개키를 만드는 것인데, 복잡한 데이터 입력을 요약하여 아웃풋(해시값)으로 변환하는 해시함수를 이용하여 계좌번호(주소)를 만드는 방식으로서 해시함수에 의한 계산 결과가 일정 조건을 충족시키

고, 규칙을 수정하려면 51% 이상의 참여자 찬성을 통해 프로그램 전체를 업그레이드해야 하며,[9] 반대자가 있는 경우 화폐는 두 종류로 분화된다. 비트코인은 채굴에 대한 보수로서 지수 함수적으로 감소하는 4년 주기, 즉 21만 블록마다 2분의 1로 줄어드는데, 따라서 2010년 본격적으로 보급이 시작되었을 때에 1블록당 50 BTC였지만 2012년에 25 BTC, 2016년 12.5 BTC를 거쳐 2140년경에는 2,100만 BTC가 되어 더 이상 발행되지 않게 된다.[10] 2023년 1월 현재 비트코인의 발행량은 약 1,925만 개에 달한다.[11] 비트코인은 거래가 블록체인의 형태로 모두 공개되어 있어서 인위적으로 조작할 수 없으며, 따라서 블록체인 기법은 금융이나 재화, 부동산, 에너지 등의 부문에서 신뢰성과 효율성을 추구하는 수단으로서 각광을 받고 있다.[12]

이후 분산형 구조로서 거래 정보가 투명하게 공개되고 시스템 구축 및 유지와 보수 비용을 절감하는 블록체인 기술을 활용한 다양한 가상화폐들이 등장하였다.[13] 가상화폐 거래의 2위를 차지하는 이더리움(Ethereum)의 경우 다양한 정보를 기록한 프로그램을 블록체인 상에서 자동적으로 작동시킴으로써 거래기록의 관리만 수행하는 비트코인과 대조된다. 하지만 자율적이며 분권적으로 기능하는 조직체(DAO: Decentralized Autonomous Organization)로서의 플랫폼 기능을 강조하던 이더리움은 2016년 6월 해킹이 되어 360만여 ETH가 유출되는 사건이 발생하며 강도 높은 하

는 결과(해시값)에 이를 때까지 계산을 반복하는 것이다.

9 이를 하드 포크(hard fork)라 하는데, 이는 기존의 규칙을 변경할 수 없고 호환이 되지 않는 형태이다. 이와 대조되는 소프트 포크(soft fork)는 이전의 규칙을 사용할 수 있고, 새로운 규칙도 추가할 수 있는 호환 가능한 수정을 허용한다.

10 김상진, "디지털화와 블록체인이 가져올 결제제도의 장래와 가상통화의 미래," 「지급결제학회지」 10(2018), 5.

11 2023년 1월 6일 현재 비트코인의 총 발행량은 19,253,918개로서 제한된 발행량 2,100만 개에 근접한 91.7% 발행률을 기록하고 있다. https://coinmarketcap.com/currencies/bitcoin. (2023년 1월 6일 접속).

12 블록체인은 인터넷상 분산노드의 공유를 통해 상호감시가 이루어짐으로써 위조가 방지된다. 각각의 노드가 인터넷을 통해 연결되어 정보를 교환하며, 소스 코드가 공개되어 있는 오픈 소스형 방식을 활용하는데, 이는 불특정 다수의 승인으로 운영되는 퍼블릭형이 다수이지만, 기업 간 연계로 활용되는 컨소시엄형, 그리고 특정 기업이나 조직이 이를 활용하는 개인형도 운용 가능하다. 김상진, "디지털화와 블록체인이 가져올 결제제도의 장래와 가상통화의 미래," 7-10.

13 정용식, 차재상, "블록체인 기반 가상화폐 거래의 보안 위험 및 대응방안," 「한국정보전자통신기술학회 논문지」 11(2018), 101.

드포크의 규칙이 적용되었다.[14] 가상화폐는 일반 기업이 주식시장에서 자금을 조달하는 IPO(Initial Public Offering)과 유사한 ICO(Initial Coin Offering)의 방식으로 불특정 다수의 투자자가 투자를 할 수 있도록 허용한다. 이는 일종의 클라우드 펀딩 형태로 자금을 조달하는 것인데, 일반 기업의 경우 일반적인 회계감사 및 상장심사의 규칙을 통과해야 기업공개를 할 수 있는 반면에 가상화폐의 발행에는 그러한 규칙이 적용되지 않기 때문에 위험이 크다.

2) 세계 각국의 대응 및 의의

비트코인을 비롯한 가상화폐에 대한 세계 각국의 반응은 대략 허용, 신중, 불가, 무반응의 네 가지로 나뉜다.[15] 이는 ICT 발전 수준과 정치 및 경제적 요인이 복합적으로 작용한 것인데, 일반적으로는 ICT가 발전하고, 경제 수준이 높은 선진국으로서 국제자금세탁방지기구에 가입한 국가일수록 가상화폐에 대하여 허용적인 편이다. 그러나 ICT 기술이 충분히 발달했음에도 불구하고 가상화폐에 대하여 선도적인 위치를 점유하지 못하는 국가들이 있는데, 국가의 규모와 국제사회에서의 영향력 면에서 아직 부족한 경우에는 선도적 역할보다는 다른 나라의 동향을 주시하는 소극적 입장을 보일 수밖에 없기 때문이다.[16] 일반적으로 가상화폐의 결제수단으로서의 기능을 용인하는 허용의 입장을 보이는 국가는 영국, 독일, 일본, 미국[17] 등인데, 영국의 경우 2016년 브렉시트 결정 이후 유로화에 대한 대안으로 가상화폐

---

14 각주 9에서 설명한 것처럼 하드 포크는 블록체인의 기본 기능 자체를 수정하는 업그레이드 방식인데, 업그레이드 이후에는 이전 블록체인과는 전혀 다른 프로토콜을 가진 블록체인이 된다. 이더리움의 경우 해킹 사건의 발생 이후 업그레이드를 통해 향후 그와 같은 해킹 사건이 발생하지 않도록 조치한 것이다.

15 임선우, 류석진, "가상화폐 규제의 구조와 변수: 비트코인 규제 영향요인 비교 연구," 89-92.

16 이에 해당하는 대표적인 국가는 2022년 말 현재 인구가 약 584만 명인 덴마크와 512만 명가량인 뉴질랜드이다. 이들은 가상화폐를 도입하여 시험할 수 있는 인구 규모가 되지 못하며, 유럽과 오세아니아에서 주도적인 역할을 담당하며 국제사회를 선도하는 국가는 아니다. https://www.worldometers.info. (2023년 1월 6일 접속).

17 미국은 25개 주에서 비트코인을 제도권 화폐로 인정하거나 결제수단으로 허용하는 준화폐로 인정한다. 최창열, "금융투자 자산으로서 가상화폐 규제에 관한 연구," 「e-비지니스 연구」 20(2019), 121.

에 대한 수요가 증가하며 관련 논의가 활발해졌고, 일본은 블록체인 기술을 활용한 시장규모가 서플라이 체인 분야에서 310조 원, 스마트 계약 분야에서 200조 원, 기타 공유경제 및 디지털 콘텐츠 등의 부분에서 150조 원, 그리고 공공분야 및 의료 분야에서 10조 원 등 670조 원에 달할 것으로 예상함으로써 금융분야를 제외한 부문에서도 파급효과가 클 것으로 기대하고 있다.[18]

둘째, 가상화폐를 인정하되 그 활용에 대하여는 국가가 개입하여 사용지침을 통해 강력히 규제하는 신중한 태도를 보이는 대표적인 국가는 우리나라, 호주, 싱가폴, 프랑스 등이다. 이들 국가는 제한적으로 거래를 허용하지만 화폐로서의 지위는 인정하지 않으며 허가받은 거래에 대하여는 세금을 부과한다. 셋째, 아예 가상화폐 자체를 인정하지 않아서 사용과 거래 및 중개 모두를 금지하는 국가에는 중국, 러시아, 태국, 키프로스 등이 있다. 비트코인 등 가상화폐를 채굴하는 이들의 과반수 이상은 전력요금이 저렴한 중국에 몰려 있으며, 인터넷 환경이 우호적인 미국과 한랭지로서 컴퓨터의 유지 및 보수에 유리한 아이슬란드 등에서도 채굴이 활발하게 전개되고 있다.[19] 따라서 2013년 이전에 중국 내에서 거래되던 가상화폐의 종류는 6가지에 이르렀고, 거래소별 앱 다운로드 개수는 하루 평균 4만 건이었으며, 한때 세계 비트코인 거래의 90%를 차지했다.[20] 하지만 2013년 12월 중국 정부는 가상화폐 과열에 대응하며 가상화폐를 화폐로 인정하지 않고, 모든 거래를 전면적으로 금지하였으며, 2017년 9월에는 거래소들을 폐쇄하는 등 강력한 제재 정책을 취하고 있다. 마지막으로 관련 법규나 제도가 구비되지 않아서 가상화폐에 대하여 구체적인 대응책을 마련하지 않고 비트코인과 같은 가상화폐의 사용을 방임 또는 묵인하는 나라들에는 덴마크, 뉴질랜드, 오스트리아, 터키, 아르헨티나 등이 있다.

---

18 김상진, "디지털화와 블록체인이 가져올 결제제도의 장래와 가상통화의 미래," 18.
19 Ibid.
20 최창열, "금융투자 자산으로서 가상화폐 규제에 관한 연구," 122.

2 비트코인의 경제적 의의

통화(currency)는 교환의 매개물을 의미하는 현금과 수표, 요구불 예금 등을 포괄하는 광범위한 개념이며, 화폐(money)는 일반적으로 통용되는 지불수단으로서의 의미를 강조하는 개념이다. 또한, 법화(legal tender)는 가장 협의의 개념으로서 법에 의해 통용력이 인정되는 화폐를 뜻한다. 가상화폐(virtual currency)는 실물이 없이 가상으로 존재하며 법화와 교환이 보장되지 않기 때문에 주로 각국의 정부에서 사용하는 용어이며, 암호화폐(cryto currency)는 P2P 네트워크에서 안전한 거래 보장을 위해 암호화 기술(crytography)을 사용하는 화폐로서 업계가 주로 사용하는 용어이다. 2012년 유럽 중앙은행(European Central Bank)은 가상화폐를 특정 가상 커뮤니티 구성원들 사이에서 발행, 관리, 공유되며 법적 규제를 받지 않는 디지털 화폐로 정의하였는데,[21] 따라서 가상화폐의 개념이 암호화폐의 개념보다 크지만 본 장에서는 가상화폐로서 암호화폐와 디지털 화폐 등을 통칭하여 사용하며, 대표적인 가상통화인 비트코인의 화폐 및 자산으로서의 가치를 살펴봄으로써 가상화폐의 의의를 조명하였다.

1) 비트코인의 화폐적 의의

화폐의 일반적인 기능은 교환의 매개(medium of exchange), 가치의 척도(unit of account), 그리고 가치의 저장(store of value) 등 세 가지이다. 역사적으로 화폐는 조개나 곡류 등의 물품화폐에서 시작하여 금과 은, 동 등 금속화폐를 거쳐 오늘날에는 종이화폐인 지폐가 널리 유통되고 있으며, 이미 사용자의 선호도는 플라스틱 카드인 신용화폐로 상당부분 이동하였다.[22] 한편, 화폐에 대한 대안적 성격을 지닌 귀금속은 부식되지 않아 저장성이 뛰어나며, 가분성과 기능성으로 인해 보편적인 회계

---

21 박선종, "가상화폐의 법적 개념과 지위,"「일감법학」 42(2019), 150 – 151.
22 Ibid., 147.

단위로도 이용될 수 있어서 안정적인 교환가치를 바탕으로 화폐의 대체제로 자리 잡았다. 비트코인 역시 교환의 매개 기능을 강화하며 지불수단으로서 발전하고 있다. 이와 관련하여 일본 정부는 2017년 4월 자금결제법을 개정하며 가상화폐를 결제수단으로 인정하여 26만여 개 상점에서 결제가 가능하도록 제도를 마련하였고, 미국도 2015년 이후 오버스톡(Overstock)과 뉴에그(New Egg)와 같은 전자상거래 업체로부터 시작하여 마이크로소프트(Microsoft), 델(Dell), 익스피디아(Expedia) 등의 기업이 비트코인을 결제수단으로 받아들이고 있다.[23]

하지만 비트코인 결제의 경우 이를 달러화나 유로화 등 지역사회에서 사용하는 통화로 환전하여 결제 처리를 해야 하는 번거로움과 타 통화와의 거래 유동성 부족, 그리고 거래 수행시간의 지체로 인해 교환의 매개로서의 기능에 의문이 제시되고 있다.[24] 더욱이 글로벌 교역 비중에서 차지하는 비율이 여전히 매우 낮고, 주식보다도 유동성이 낮기 때문에 교환의 매개로 부적합하고, 가격의 급격한 변동성으로 인해 가치척도로서의 기능도 떨어지며, 높은 변동성은 물론 도난과 해킹의 위험에 노출되어 가치저장 수단으로서도 심각한 결함을 가지고 있다는 점에서 비트코인의 화폐로서의 잠재력에 대한 비판이 이어지고 있다.[25] 화폐의 핵심적인 기능은 신뢰를 바탕으로 하는 일반적 수용성으로서 국가의 보증이 그러한 신뢰를 담보한다.[26] 하지만 비트코인과 같은 가상화폐는 그러한 수용성 면에서 불리하며, 일선 기업들의 준비 부족, 미확립된 회계 및 사무 처리, 세금과 규제의 불확실성 등은 가상

---

23 김홍배, "가상자산 비트코인은 화폐인가, 자산인가?,"「금융공학연구」19(2020), 39.

24 일례로 비트코인의 거래에 소요되는 평균 시간은 2016년 30분에서 2018년에는 413분으로 늘어났는데, 그 원인은 높은 거래비용과 거래량 감소, 비트코인 가격의 왜곡 때문이다.

25 뉴욕대 스턴 비즈니스스쿨(New York University Stern School of Business)의 재무학 교수인 데이비드 예르막(David Yermack)과 디지코의 재무임원(CFO of DigiCor Asset Management)인 솔로몬 스테비스(Solomon Stavis)는 그러한 주장을 펼치는 대표적인 인물이다. 그들은 비트코인 가격 급등락의 주요 원인으로서 정부의 규제와 비트코인 자체의 불확실성을 지적하였는데, 극심한 가격 변동성은 사업 메뉴비용(menu cost), 즉 가격조정의 비용을 증가시킨다. David Yermack, "Is Bitcoin a Real Currency?: Bitcoin, Innovation, Financial Instruments, and Big Data," in *The Handbook of Digital Currency*, eds. David Lee and Kuo Chuen (New York, NY: Academic Press, 2015), 31–44.

26 미국의 경우 남북전쟁 이전에는 국가의 보증이 없는 지역별 민간화폐가 널리 유통되고 있었는데, 따라서 국가의 보증 유무도 중요하지만, 화폐에 대한 폭넓은 사회적 신뢰가 보다 중요한 요인이다. 김상진, "디지털화와 블록체인이 가져올 결제제도의 장래와 가상통화의 미래," 3.

화폐의 확산에 부정적인 영향을 끼친다.27

2) 비트코인의 자산적 의의

비트코인의 화폐로서의 기능이 부정적으로 인식되는데 비하여 자산으로서의 기능은 보다 긍정적으로 평가받는다. 우선 비트코인과 같은 가상화폐는 이자를 지급하는 채권이나 배당금을 지급하는 주식처럼 화폐적 현금 수익을 창출하지는 않지만 가치의 상승으로 인한 자본소득(capital gain)을 기대할 수 있다. 또한, 송금이나 지불의 수단으로 인정될 경우 거래비용이 소요되지 않으며, 세금 회피 등의 비화폐적 편익을 제공한다.28 가상화폐는 투기적 자산 및 포트폴리오의 분산 대상으로서 자산의 가치를 보유하지만, 비트코인의 경우 가격의 변동성이 심하여 화폐보다는 투기자산으로서 간주된다. 이와 관련하여 정 백(Chung Baek)과 매트 엘벡(Matt Elbeck)은 비트코인 가격의 결정요소로서 블록체인의 포지션, 헤지율, 유동성의 세 가지를 제시하였다.29 비트코인의 금융적 측면의 본질이 불확실하기 때문에 화폐가 보유하는 안전자산으로서의 지위에 이르지 못하였고, 이는 비트코인을 투기적 자산으로 간주하게 하는 결정적 원인이다. 비트코인은 안전자산의 성격을 보유하지 못한 탓에 위험을 회피하는 헤징 기능도 약하기 때문에 우리나라에서도 교환의 매개로 기능하는 화폐적 가치보다는 투자의 목적으로 거래된다.30

하지만 주식과 채권 및 원자재를 포함한 포트폴리오(stock-bond-commodity portfolio)에 비트코인을 포함시켰을 때에 포트폴리오 위험조정 수익률이 높게 상승함을 확인한 연구 결과는 비트코인에 포트폴리오 분산 기능이 있음을 증명하였다.31 따라서 2017년 12월 미국 시카고 상품거래소(CME: Chicago Mercantile Exchange)

---

27 김홍배, "가상자산 비트코인은 화폐인가, 자산인가?," 42.

28 Ibid., 46.

29 Chung Baek and Matt Elbeck, "Bitcoins as an Investment or Speculative Vehicle? A First Look," *Applied Economics Letters* 22(2015), 30-34.

30 이영주, "가상화폐 비트코인의 정치경제적 성격: 비트코인의 화폐성을 중심으로," 52.

31 Andrew Urquhart, "The Inefficiency of Bitcoin," *Economics Letters* 148(2016), 80-82.

는 비트코인 선물 및 옵션 계약을 상장하여 비트코인 선물거래 및 현물가격의 변동 위험을 헤지할 수 있는 파생상품 시장을 개설하였다. 이렇듯 가상화폐에는 일부 통화적 기능과 더불어 가치가 변동되는 자산으로서의 기능이 있으나 기업회계와 금융 과세적 측면에서 가상화폐의 위치가 정리되어 금융시장에 정착하기에는 다소 시일이 소요될 전망이다. 이는 각국이 가상화폐를 정의하고 관련 법규를 마련하는 것과도 관련이 있다. 가상화폐의 성격을 기존의 법 규정으로만 파악하는 것도 한계가 있는데, 기존의 규정이 가상화폐의 출현을 염두에 두지 않았기 때문이다.

따라서 가상화폐에 대한 새로운 개념 정의와 이에 맞춘 법규와 체제를 갖추는 것이 가상화폐의 지위 결정에 중요한 영향을 끼칠 것이다.[32] 일례로 영국이나 일본이 비트코인을 화폐로 인정하는 데 비하여 미국은 금융자산으로 인정하는 경향이 크기 때문에 가상화폐에 대한 반응에 다소 차이가 있다. 또한, 미국 내에서도 국세청인 IRS(Internal Revenue Service)는 비트코인의 금융자산으로서의 성격에 초점을 맞추어 비트코인 매매로 자본이득이 실현되면 과세하는 데 비하여, 재무부 산하 금융 범죄 단속국(FinCEN: Financial Crimes Enforcement Network)에서는 비트코인의 화폐적 개념을 인정하여 비트코인 거래자들이 거래소에 의무적으로 등록하고 관련 규제를 준수할 것을 강조한다.[33] 우리나라 대법원 역시 비트코인을 재산적 가치를 보유한 무형재산으로 간주하여 범죄행위로 취득하였을 경우 몰수할 수 있다고 판결을 내린 바 있다.[34]

3) 비트코인과 가상화폐의 잠재력

비트코인과 같은 가상화폐가 보유한 장점과 단점은 향후 가상화폐의 금융시장

---

32 그러나 특정 가상화폐의 법적 성격을 규정한다고 해도 이후에 새로운 유형의 가상화폐가 등장한다면 동일한 기준의 법적 성격을 적용하는 것이 어려울 수도 있으므로 이는 실익이 크지 않은 소모적인 과업이다.

33 김홍배, "가상자산 비트코인은 화폐인가, 자산인가,"51.

34 당시 대법원 제3부는 정보통신망법 위반(음란물 유포) 등의 혐의로 기소된 안 모 씨에 대한 상고심에서 그같이 판시하고, 미국에 서버를 둔 음란사이트를 운영하며 거둔 수익금 비트코인을 몰수하였다. 대법원 2018. 5. 30. 선고, 2018도3619 판결.

정착 여부를 결정하는 요인이다. 우선 가상화폐는 해외여행과 송금 등 국경을 초월하는 거래의 경우 환전의 필요가 없다는 점에서 비용의 절감과 편리성의 면에서 유리하며, 자산 포트폴리오의 분산과 금융 위기 발생에 대한 방어에도 유용하다.[35] 특히 자국 통화가 불안정하여 높은 인플레이션과 디폴트의 우려가 있는 경우 가상화폐는 자산 방어와 금융거래의 접근성 면에서 효과적인 수단이다. 중국, 서남아시아, 중동, 아프리카의 인구 약 25억 명이 은행계정을 보유하지 못한 상태이지만 상당수는 휴대전화를 보유한 실정을 고려하면 가상화폐를 통한 빈곤탈출 기회제공의 가능성도 제시된다.[36] 그러나 비트코인은 휘발성이 강하여 부의 축적에는 불안정하며, 익명성으로 인해 자금세탁의 문제가 있고, 범죄나 해킹 등이 사이버 공격에 취약한 것도 약점으로 작용한다.[37] 우리나라도 거래의 수용성 부족과 거래 시스템의 불확실성으로 인해 가상화폐를 지불수단인 화폐로서 수용하지 않고 있으며, 금융자산으로서의 성격 역시 가상화폐에 대한 개념 및 제도 조성의 미흡으로 인해 인정하지 않고 있다.

하지만 향후 블록체인 기술의 발전으로 인해 안전성이 보완되고 효율성이 개선될 경우 가상화폐가 지급수단으로서 폭넓게 확산될 가능성도 있다.[38] 또한, 가상화폐 보급의 기반인 블록체인 기술은 은행의 자금이체, 자본시장 거래의 활성화, 보험사의 스마트계약 등에서 유리하여 가상화폐가 기존의 중앙화된 기관들과 조화를 이루며 발전할 수 있는 가능성을 제시한다.[39] 그러한 블록체인 기술의 장점을 바탕으로 정부 차원에서 비트코인과 유사한 전자화폐의 형태로 법화(legal tender)를 발행하여 중앙은행 전자화폐(CBDC: Central Bank Digital Currency)로 안착시키려는 시도도 나타날 가능성이 높다. 중국과 러시아는 이미 법정통화의 디지털화를 검토하였으며, 향후 국가가 발행하는 가상화폐를 민간이 발행하는 가상화폐에 우선하는 자격을 부여할 가능성이 높다.[40] 이 경우 탈중앙화를 위한 블록체인 기술이 중앙은행이

---

35 김상진, "디지털화와 블록체인이 가져올 결제제도의 장래와 가상통화의 미래," 16.
36 박선종, "가상화폐의 법적 개념과 지위," 148.
37 김상진, "디지털화와 블록체인이 가져올 결제제도의 장래와 가상통화의 미래," 17.
38 한국은행, 『암호자산과 중앙은행』 (서울: 한국은행, 2018), xiv-xv.
39 박선종, "가상화폐의 법적 개념과 지위," 148.

누리는 화폐발행의 막강한 이익인 시뇨리지(seigniorage)를 담보하여 정부의 기득권을 강화하는 결과를 유발한다는 측면에서 반발에 직면할 가능성 또한 높을 것이다.[41] 결국 복합적이고 다중적 금융자산으로서의 성격을 보유한 가상화폐는 이를 구현하는 기술수준보다는 거래 및 관리 과정에서 나타나는 보안과 안정성을 바탕으로 하는 수용성을 확보하는 것이 존립의 관건이 될 것이다.[42] 그러므로 향후 가상화폐의 가능성을 중심으로 기존의 통화 및 금융체제가 공존하며 상생을 도모하는 추세가 이어질 가능성이 높다.

3 비트코인에 대한 신학적 분석

기술발전의 결과로 더 효율적인 화폐가 등장하는 것은 자연스러운 현상이며, 오늘날 현금거래의 비율이 통상 GDP의 1－2%에 불과한 상황에서는 더욱 새로운 종류의 혁신적 화폐에 대한 기대가 부각된다.[43] 그러나 비트코인이 그러한 기대에 부응하는 화폐로 등극할 수 있을지에 대해서는 여전히 의문이 있다. 일례로 마스터카드(Mastercard)의 부회장인 앤 케언즈(Ann Kearns)는 비트코인은 변동성이 너무 크고 거래 관련 소요시간이 길어 결제수단으로 적합하지 않다고 일갈함으로써 비트코인의 화폐적 가치를 인정하지 않았다.[44] 따라서 비트코인과 같은 가상화폐의 미래는 아직 불투명하다. 그런 상황 속에서 한국교회 교인의 상당수, 특히 20－30대 청년층이 비트코인 투자의 열풍에 휩싸인 현실[45] 가운데 구속받은 그리스도인은 겸손한 자세로 사회와 문화 가운데 역사하시는 성령을 의지하며 책임 있는 청지기직을

---

40 김상진, "디지털화와 블록체인이 가져올 결제제도의 장래와 가상통화의 미래," 25.

41 한국은행법 제47조(화폐의 발행)에 의하면 대한민국에서 화폐의 발행권은 한국은행만이 보유한다.

42 정용식, 차재상, "블록체인 기반 가상화폐 거래의 보안 위험 및 대응방안," 103.

43 박선종, "가상화폐의 법적 개념과 지위," 146.

44 임현우, "비트코인이 화폐 대체? 8년전 한국1호 결제상점 가보니,"「한국경제」https://www.hankyung.com/economy/article/202102280656i. (2021년 3월 1일 접속).

45 이대웅, "비트코인(가상화폐) 열풍, 우리가 놓치지 말아야 할 것,"「기독일보」http://kr.christianitydaily.com/articles/95059/20180126. (2021년 3월 11일 접속).

수행해야 하며,[46] 그러한 책임 수행은 가상화폐의 불확실성에 대한 신학적 분석을 통해 신앙적 대응안을 제시하는 것을 포함한다. 또한, 모든 인류에게 주신 일반은총을 긍정하는 신학은 세상의 한 가운데로 투영된 하나님의 복잡한 계획들을 적극적으로 분별해야 하며,[47] 이를 통해 세상과 소통하며 특별은총을 발하는 복음의 가치로 승화하는 사명을 가지고 있다.

1) 비트코인의 기능과 성경적 가치

아담과 하와의 타락 이후 인간은 저주를 받아 남성의 경우 땀을 흘린 수고의 열매를 먹게 되었고, 여성은 임신의 고통을 겪게 되었다(창 3:16-19). 이후 노동의 가치는 땀의 수고에 달려 있어서 사도 바울도 "누구든지 일하기 싫어하거든 먹지도 말게 하라"(살후 3:10)고 말하며 게으름을 경계하였다. 또한, "하나님은 업신여김을 받지 아니하시나니 사람이 무엇으로 심든지 그대로 거두리라"(갈 6:7)고 주장하며 단순히 땀을 흘리는 것이 능사가 아니라, 성령을 위하여 선한 것을 심어야 함을 강조하였다. 그러한 수고의 열매는 구약 성경에서부터 강조하는 것인데 성전에 올라가며 부르는 노래는 "눈물을 흘리며 씨를 뿌리는 자는 기쁨으로 거두리로다"(시 126:5)고 선언했고, 잠언 역시 게으름을 경계하는데, 그 대표적인 구절은 "좀더 자자, 좀더 졸자, 손을 모으고 좀더 누워 있자 하면 네 빈궁이 강도 같이 오며 네 곤핍이 군사 같이 이르리라"(잠 6:10-11)는 구절이다.

땀과 수고의 가치를 강조하는 기독교 전통을 따라 기독교 윤리는 불로소득에 대하여 가치를 인정하지 않는데, 일례로 노동의 수고가 없이 요행으로 얻는 복권 당첨금의 경우 그 가치를 평가절하하는 입장을 보인다. 또한, 복권을 구입하는 이들이 주로 생활의 어려움에 시달리며 작은 희망을 붙드는 일환으로 복권을 이용하는 것을 고려할 때에 어려움에 처한 이들의 마음이 담긴 당첨금을 아무런 수고 없이

---

46 빈센트 바코트, 이의현 역, 『아브라함 카이퍼의 공공신학과 성령』 (서울: SFC 출판부, 2019), 211-212.

47 Richard Mouw, *He Shines All That's Fair: Culture and Common Grace* (Grand Rapids, MI: Eerdmans, 2001), 50.

획득하는 것에 대하여 정당성을 부여하기는 어렵다. 그러나 다른 시각에서 보면 복권 구입금액이 크지 않고, 어려움을 겪는 이들이 적은 비용을 지불하며 작은 희망을 갖는 것에 대하여 "우는 자들과 함께 울라"(롬 12:15)는 성경의 가르침의 견지에서 이를 단순히 부정적으로 폄하하기는 어렵다. 더욱이 복권의 판매를 통해 조성된 복권기금은 어려운 이웃을 위해 사용되기 때문에 사회에 기여하는 측면도 있는데, 일례로 나눔로또의 판매금액에서 당첨금 50%와 사업비 8%를 제외한 나머지 42%는 주거안정 지원사업, 취약계층 및 장애인 지원 등에 사용된다. 그럼에도 불구하고 일확천금을 노리는 복권이나 투기적 자산으로서의 성격이 매우 강한 비트코인의 열풍에 대하여 단순히 긍정하기는 쉽지 않다.

기독교 초기 노동의 의미는 첫 사람 아담과 하와의 타락으로 인한 처벌의 개념(창 3:19)과 시편과 잠언 등 구약 성경 성문서 및 사도 바울이 경고하는 게으름의 반대 개념(욥 5:7; 잠 6:10 – 11; 살후 3:10)으로서의 성격이 뚜렷했고, 종교개혁 이후에 노동은 그리스도인의 신성한 의무이자 소명으로 간주되었다.[48] 하지만 상품화된 노동력의 가치를 강조하던 과거의 산업사회에 비하여 지식과 정보에 의해 가치가 창출됨을 강조하는 현대사회에는 그러한 가치의 개념이 변화하여 육체 노동보다는 창조적 정신 노동의 가치가 보다 강조되고 있다.[49] 화폐의 가치도 마찬가지이다. 특정 화폐의 가치는 자체적으로 존재하는 것이 아니라 그것에 가치를 부여하고 인증하는 제도적 과정을 통해 부여된다. 국가가 화폐를 발행하고 이를 관리하는 이유도 그러한 인증의 신뢰성 확보를 위한 것인데, 화폐의 기능을 원활히 수행하도록 하는 효율성을 위하여 창조적인 방법을 모색하는 것은 현대사회의 새로운 가치 창조에 해당한다. 따라서 비트코인과 같은 가상화폐에 대하여 단순히 받아들이거나, 거부하는 등의 극단적으로 양극화된 대처가 아니라, 새로운 가치 구현의 가능성을 조심스럽게 주시하며, 보다 공정하고 효율적인 화폐의 등장과 발전을 모색해야 할 것이다. 그러한 과업은 비트코인의 채택 여부 및 가상화폐 자체에 대한 긍정 또는 부정의 이원론이 아니라 화폐제도 및 기능에 대한 본질적 조명을 요구하는 것이다. 이는

---

48 최성훈, "기본소득에 대한 신학적 분석," 「장신논단」 52(2020), 157 – 58.
49 Ibid., 158.

관련 제도 마련에 있어서 윤리적인 책임의식을 전제하며, 그 과정에서 성경적 원리가 투영될 수 있도록 한국교회 전체의 관심과 노력을 필요로 한다.

2) 인간의 죄성과 신앙적 윤리

아담과 하와의 타락 이후 인류는 하나님의 형상으로 창조된 피조물로서의 존엄성과 타락한 인간의 죄성이라는 양면성을 지닌 존재가 되었다.[50] 그러므로 예수 그리스도를 믿음으로 대속과 중생을 통해 하나님의 형상으로서의 가능성을 회복한 그리스도인이 가상화폐의 발전과정을 다룸에 있어서도 성령의 도우심을 의지하며 죄성을 이기는 성화의 중요성을 간과해서는 안 될 것이다.[51] 언제나 살아서 꿈틀대는 인간의 죄성이 도덕적 해이를 통해서 화폐의 발행 및 사용과 관련하여 준수되어야 하는 경제윤리와 책임의식을 변질시킬 수 있기 때문이다. 개인의 죄성이 아무런 제어 없이 투영되는 것을 방지하기 위하여 공동체의 협의를 통한 공적 담보가 경제적 측면에서 드러난 것이 바로 화폐이다. 화폐는 국가가 발행하고, 그 가치를 보증함으로써 기능을 발휘하는데, 오늘날 미국 달러화와 같이 기축통화로 기능하는 화폐는 발행국가에 독점적 지위를 부여함으로써 달러화를 발행하는 미국이라는 특정 국가에 과도한 부와 권한을 부여한다. 그러한 문제를 해결하기 위해서 다양한 논의가 진행되고 있으며, 그 과정에서 미국 달러화에 대응하기 위해 등장한 유로화의 경우 이를 지탱하는 유럽 각국의 경제 불황으로 인해 견제기능을 제대로 발휘하지 못하고 있다. 그러한 상황에서 새롭게 조명되고 있는 블록체인 기술을 활용하는 가상화폐가 이루고자 하는 것이 바로 막대한 정보와 권한을 기반으로 부를 독점하는 화폐의 발행기관 또는 중개기관의 역할을 축소하는 한편 플랫폼의 공정성(platform equality)을 실현하는 것이다.[52]

---

50 Reinhold Niebuhr, *The Nature and Destiny of Man: A Christian Interpretation, Vol. 1: Human Nature* (Louisville, KY: Westminster John Knox Press, 1996), 167.

51 최성훈, "기본소득에 대한 신학적 분석," 155.

52 플랫폼의 공정성은 플랫폼의 중립성(platform neutrality)라고도 하는데, 이는 플랫폼이 특정인에게 기회를 주어 이익을 향유하지 않도록 동등한 기회를 제공하는 것을 의미한다. 윤형중, "가상화폐와 한국사회," 365 – 366.

라인홀드 니버(Reinhold Niebuhr)는 약 100년 전, 산업화의 가속화와 문명 발전의 뒤에서 제국주의적 욕망을 투영하는 국가들을 경계하며 인간의 죄성이 집단적 교만과 부정의를 통해 자기파괴적인 모습으로 전락함을 지적하였다.[53] 근대화의 물결 가운데 산업화로 인한 비인간화 문제를 겪었던 20세기와 4차 산업혁명의 사이버 자극이 인간을 주변화시키는 한편, 인간의 이기적 욕망이 환경 파괴 및 코로나 19의 팬데믹 상황을 촉발시킨 21세기 역시 인간의 죄성이라는 면에서 유사한 본질을 드러낸다.[54] 따라서 가상화폐의 미래는 가상화폐를 둘러싸고 구비되는 제도의 공정성 답보와 이에 대한 사회 구성원들의 신뢰 수준에 의해 결정될 것이다. 이를 위해서는 가상화폐의 가능성에 대한 철저한 점검과 더불어 이와 관련한 정책과 법령 및 금융시장의 대처 방안을 건실히 마련할 것을 요구하며, 그 과정에서 인간의 죄성이 틈타지 못하도록 체제를 구비하는 것이 필요하다. 그러한 체제의 구비는 가상화폐의 불확실성을 제거하는 한편, 보다 발전된 형태의 화폐 시스템을 구현하는 데에 공헌할 것이다. 그러므로 세상을 주관하시는 하나님의 주권에 대한 믿음을 기반으로 인간의 이성을 활용하는 일반은총의 가능성 앞에서 균형을 유지하며 죄성을 방지하는 시스템을 구축하는 것이 중요한 공공신학적 과제이다.

3) 가상화폐와 짐승의 표

현대문명에 대한 기독교적 대안은 국가가 인간 삶의 안정성을 답보할 수 있다는 헛된 믿음에 대하여 하나님의 심판이라는 화두를 통해 충동적 욕망을 억제하는 것이다.[55] 하지만 종말론에 대한 곡해를 방지하기 위해서는 피조물인 인간의 유한성을 견지하는 동시에 하나님의 형상으로서의 인간 이성을 조화롭게 사용하여 성경의 가르침을 합리적으로 해석하는 것이 필요하다. 일례로 바코드가 처음 도입될 때에 바코드는 짐승의 표, 666이라며 바코드가 들어있는 상품을 사거나 파는 행위는

---

53 Reinhold Niebuhr, *Beyond Tragedy* (New York, NY: Charles Scribner's Sons, 1937), 203.

54 최성훈, 『교회를 고민하다』 (서울: CLC, 2021), 16.

55 유경동, "현대 문명의 운명과 라인홀드 니버의 운명론," 「장신논단」 52(2020), 133.

위험한 것이라는 주장이 주목을 받았다. 이는 "그 오른손에나 이마에 표를 받게 하고 누구든지 이 표를 가진 자 외에는 매매를 못하게 하니 이 표는 곧 짐승의 이름이나 그 이름의 수라"는 구절 및 그 짐승의 수가 "육백육십육"(666)이라는 성경 구절을 바탕으로 하는 것이다(계 13:17-19). 바코드(Bar Code)는 상품분류를 위해 고안된 1세대 식별코드이며, 오늘날 광범위하게 사용되는 QR(Quick Response) Code는 바코드보다 100배의 용량을 갖추어서 숫자, 알파벳, 한자, 동영상의 구현이 가능한 2세대 식별코드이다.

3세대 식별코드로 알려진 RFID(Radio-Frequency IDentifcation) Code는 전파를 이용해 원거리에서 정보를 인식하도록 한다. 이는 현재 실용화 단계를 지나 상용화 단계에 접어들고 있는데, 따라서 대형마트에서 쇼핑카트에 물건을 담고 그냥 계산대를 지나가면 모든 물건의 계산이 끝나고 재고정리가 되며, 도난도 방지할 수 있다. 2010년대 중반에 논란의 중심이 된 베리칩(verification chip)은 RFID의 원리로 작동하는, 사람의 몸속에 투입하는 마이크로칩이다. 이는 미국 플로리다의 베리칩사(Verichip Corporation)에서 만든 제품으로 2004년 FDA(Food & Drug Administration) 승인을 받았고, 미국의 건강보험개혁법안인 오바마케어(Obamacare)의 계획 일부로 강조되어 주목받았다. 이후 다미선교회 장만호를 비롯한 이단 세력들이 베리칩은 짐승의 표라며 베리칩이 사람들의 몸에 이식되는 2013-2016년에 휴거가 일어날 것이라고 예언하며 혹세무민하였으나 그런 일은 발생하지 않았다.[56] 아직 명확히 베리칩의 용도가 밝혀진 바가 없으므로, 향후 베리칩이 인간 이성을 활용하여 인류에 공헌하는 방법으로 사용될지, 아니면 인간의 죄성에 의해서 인류를 억압하는 방법으로 유용될지 여부에 대하여 추이를 지켜보는 것이 현명한 것처럼 가상화폐에 대하여도 마찬가지이다.

가상화폐는 하나님의 형상으로 창조된 인간이 이성을 바탕으로 일반은총을 활용하는 과정에서 나타난 산물이다. 따라서 일반은총의 견지에서 가상화폐의 가능성을 가늠하는 것은 필요하겠지만, 성경 본문을 자의적으로 해석하여 가상화폐를 짐승의 표로서 곡해하는 것은 위험하다.[57] 예를 들어서, 요한계시록에 나타난 144,000

---

56 최성훈, 『성경으로 본 이단이야기』 (서울: CLC, 2018), 94-95.

(계 7:4) 또는 666(계 13:16-18)과 같은 숫자에 지나치게 의미를 부여하는 것은 본문의 의미를 곡해할 가능성이 매우 높다.[58] 사도 요한은 666을 짐승의 이름이나 그 이름의 수(13:18)라고 설명했는데, 이는 첫 짐승(계 13:1)으로 지칭된 적그리스도의 수인 것이다. 인류의 역사를 통해 적그리스도가 누구냐는 것에 대하여 의견이 분분했었다. 666이라는 숫자는 히브리어 문자를 알파벳의 수치로 환산하는 랍비들의 해석법인 게마트리아 해석법을 따라 최초로 기독교를 박해한 로마의 황제인 "네로"(Nero)의 그리스어 이름을 히브리어로 음역했을 때의 숫자와 일치한다. 하지만 누구든지 계산기와 어느 정도의 창의력만 있으면 상당수의 사람들에게 "666"이라는 딱지를 붙일 수 있음을 인정함으로써 불필요한 확대해석을 경계해야 한다.[59] 일찍이 초대 교부 이레니우스(Irenaeus of Lyons)는 아무 이름이나 가져다가 무리한 억측을 일삼기보다는 이 예언이 성취되기를 기다리는 편이 더 확실하고 덜 위험하다고 적절하게 지적한 바 있다. 적그리스도가 세력을 잡기 전까지는 그가 누구인지 확실히 알 수 없다. 마지막 때가 되어야 "불법의 사람 곧 멸망의 아들"의 정체가 드러나게 되는 것이다(살후 2:3). 따라서 단순히 가상화폐를 짐승의 표로 간주하기 보다는 기독교윤리 및 공공신학의 관점에서 이와 관련한 보다 풍성한 논의를 진행해야 할 것이다.

4) 가상화폐와 한국교회

분절화된 개별적 지식이 아닌 보편화된 지식을 강조하는 4차 산업혁명 시대는 과거와 비교할 수 없을 정도의 수준에 이르는, 소위 "초연결"을 통해 정치, 경제, 사

---

57 이미 킹제임스 유일주의(King-James-Only Movement)로 인해 대한예수교장로회 백석 측에서 이단 판정을 받은 사랑침례교회 정동수는 가상화폐를 블록체인을 활용한 짐승의 표로 주장하는 대표적인 인물이다.

58 최성훈, 『성경가이드』 (서울: CLC, 2016), 221.

59 또한, 로마(Rome)를 지칭하는 헬라어 단어 "라테이노스"($\Lambda \alpha \tau \epsilon \tilde{\imath} \nu o \varsigma$)를 구성하는 음절 숫자의 합도 "666"이 되므로 로마를 뜻한다는 주장도 있다. 역사 속에서 적그리스도로 지목된 인물은 네로 황제, 콘스탄틴 황제, 마호메트, 교황들, 루터, 나폴레옹, 링컨, 히틀러, 무솔리니, 루즈벨트, 케네디, 고르바쵸프, 후세인, 빈 라덴 등 무수히 많았다. Ibid.

회, 문화, 종교 간의 소통과 통합적 사고를 요구한다.[60] 이는 가상화폐를 둘러싼 논란 및 가치에 대하여도 마찬가지이다. 과학기술의 급격한 발전으로 인하여 사회 각 분야의 패러다임 자체가 변화한 것처럼, 기존의 화폐 체제 역시 새로운 변화의 물결 가운데 있다. 따라서 비트코인과 같은 가상화폐는 기존의 화폐 제도와 더불어 상당 기간 공존하며 상생을 모색할 가능성이 높으며, 이는 가상화폐 관련한 신학적 분석이 지속되어야 하는 당위성을 지지한다. 가상화폐에 대한 신학적 조명은 이의 발전 가능성을 둘러싼 정치, 경제, 사회의 제 분야에 대한 점검을 요구하며, 법적 제도와 금융 시스템, 화폐의 사용자인 사회 구성원의 선호도에 대한 연구를 요구한다. 또한, 가상화폐의 대표격인 비트코인을 성립시키는 기술로서 경제와 사회의 다양한 측면에서 적용 가능하여 그 잠재력이 인정받는[61] 블록체인에 대하여도 기술적 측면은 물론, 그의 유용성 및 적용 가능 분야에 대한 신학적 분석이 이루어져야 하며, 블록체인 기반 가상화폐의 보안 위험에 대한 방지책과 관련한 윤리적 조명 및 제도적 보완에 대한 연구가 병행되어야 한다.

종교를 부정하는 역사학자이긴 하지만, 유발 하라리(Yuval N. Harari)는 돈은 물질적 실체가 아니라 심리적 구조물이라고 주장하며, 인간이 고안해 낸 가장 효율적인 상호신뢰 시스템이 바로 화폐라고 날카롭게 지적하였다.[62] 화폐의 본질은 인간 사이의 신뢰와 약속이며, 화폐야말로 사회적 의사소통을 규정하는 핵심적인 은유이다.[63] 따라서 가상화폐를 둘러싼 담론 형성과 새로운 형태의 화폐 대안물의 고안 과정에서 인간의 죄성을 경계하며 개인 및 사회 전체에 공헌하는 방향성을 견지하도록 하는 것은 중요한 공공신학적 과제이다. 인간의 죄성이 투영된 국가 또는 글로벌 지구촌의 죄성 역시 강자 또는 기득권층의 이해관계에 초점을 맞출 수 있기 때문에 경계해야 하며, 한국교회는 가상화폐를 둘러싼 공적담론에 참여하여 인간존중

---

60 최성훈, "4차 산업혁명의 도전과 기독교 대학의 교양과목 운영전략," 「기독교교육정보」 67(2020), 200-202.

61 김상진, "디지털화와 블록체인이 가져올 결제제도의 장래와 가상통화의 미래," 9.

62 유발 하라리, 조현욱 역, 『사피엔스』 (파주: 김영사, 2015), 258.

63 홍성일, "화폐 교환으로서의 커뮤니케이션," 한국언론학회 엮음, 『커뮤니케이션의 새로운 은유들』 (서울: 커뮤니케이션북스, 2014), 125.

과 평등을 지향하는 성경적 가치를 실현해야 한다.[64] 따라서 신학적 윤리를 바탕으로 경제윤리와 제도윤리를 보완하는 측면에서 지속적인 노력을 경주해야 하며, 가상화폐 관련 논의 및 화폐 제도의 발전 과정을 모니터링하는 과업도 병행해야 할 것이다.

---

64 최성훈, "기본소득에 대한 신학적 분석," 156.

참고문헌

김상진. "디지털화와 블록체인이 가져올 결제제도의 장래와 가상통화의 미래." 「지급결제학회지」 10(2018), 1-35.

김홍배. "가상자산 비트코인은 화폐인가, 자산인가?" 「금융공학연구」 19(2020), 33-64.

박선종. "가상화폐의 법적 개념과 지위." 「일감법학」 42(2019), 145-165.

빈센트 바코트, 이의현 역. 『아브라함 카이퍼의 공공신학과 성령』. 서울: SFC 출판부, 2019.

유경동. "현대 문명의 운명과 라인홀드 니버의 운명론." 「장신논단」 52(2020), 117-139.

유발 하라리, 조현욱 역. 『사피엔스』. 파주: 김영사, 2015. (Original Work Published in 2011).

윤형중. "가상화폐와 한국사회." 「자음과 모음」 여름호(2018), 357-370.

이영주. "가상화폐 비트코인의 정치경제적 성격: 비트코인의 화폐성을 중심으로." 「국제관계연구」 23(2018), 45-76.

임선우, 류석진. "가상화폐 규제의 구조와 변수: 비트코인 규제 영향요인 비교 연구." 「비교민주주의연구」 13(2017), 83-116.

정용식, 차재상. "블록체인 기반 가상화폐 거래의 보안 위험 및 대응방안." 「한국정보전자통신기술학회 논문지」 11(2018), 100-106.

최성훈. 『교회를 고민하다』. 서울: CLC, 2021.

_____. "가상화폐에 대한 신학적 분석: 비트코인의 사례를 중심으로," 「장신논단」 53(2021), 131-153.

_____. "4차 산업혁명의 도전과 기독교 대학의 교양과목 운영전략." 「기독교교육정보」 67(2020), 199-225.

_____. "기본소득에 대한 신학적 분석." 「장신논단」 52(2020), 141-165.

_____. 『성경으로 본 이단이야기』. 서울: CLC, 2018.

_____. 『성경가이드』. 서울: CLC, 2016.

최창열. "금융투자 자산으로서 가상화폐 규제에 관한 연구."「e－비지니스 연구」 20(2019), 113－128.

한국은행. 『암호자산과 중앙은행』. 서울: 한국은행, 2018.

홍성일. "화폐 교환으로서의 커뮤니케이션." 121－141, 한국언론학회 엮음, 『커뮤니케 이션의 새로운 은유들』. 서울: 커뮤니케이션북스, 2014.

Baek, Chung, and Elbeck, Matt. "Bitcoins as an Investment or Speculative Vehicle? A First Look." *Applied Economics Letters* 22(2015), 30－34.

Mouw, Richard. *He Shines All That's Fair: Culture and Common Grace.* Grand Rapids, MI: Eerdmans, 2001.

Niebuhr, Reinhold. *The Nature and Destiny of Man: A Christian Interpretation, Vol. 1: Human Nature.* Louisville, TN: Westminster John Knox Press, 1996. (Original Work Published in 1941).

_____. *Beyond Tragedy.* New York, NY: Charles Scribner's Sons, 1937.

Urquhart, Andrew. "The Inefficiency of Bitcoin." *Economics Letters* 148(2016), 80－82.

Yermack, David. "Is Bitcoin a Real Currency?: Bitcoin, Innovation, Financial Instruments, and Big Data." In *The Handbook of Digital Currency*, edited by David Lee and Kuo Chuen, 31－44. New York, NY: Academic Press, 2015.

웹사이트

이대웅. "비트코인(가상화폐) 열풍, 우리가 놓치지 말아야 할 것."「기독일보」(2018년 1월 26일), http://kr.christianitydaily.com/articles/95059/20180126. (2023년 1월 6일 접속).

임현우. "비트코인이 화폐 대체? 8년전 한국1호 결제상점 가보니,"「한국경제」(2021년 3월 1일), https://www.hankyung.com/economy/article/202102280656i. (2023년 1월 6일 접속).

https://coinmarketcap.com. (2023년 1월 6일 접속).

https://www.woldometers.info. (2023년 1월 6일 접속).

06

종교인 과세와 이중직 목회

지난 2018년부터 시행된 종교인 소득에 대한 과세는 목회자의 사례비에 대한 사회적 논의를 불러일으켰고, 그와 관련하여 성경적 납세원리와 조세의 형평성, 교회의 재정과 사회적 정서 등이 통합적으로 논의되었다. 그와 같은 논의는 일부 개신교 대형교회의 세습, 세금탈루, 성추행, 학위논문표절 등 담임목회자를 중심으로 발생한 일탈과 전횡, 그리고 교회의 대형화와 기업화에 대한 사회적 비판과 교회에 대한 불신으로 인하여 한층 과열되었다.[1] 그러나 목회자 납세를 긍정하는 사회적 분위기에 따라, 오늘날 종교인 과세는 교회의 재정 공개, 목회자 수입의 명목일치, 외부감사제도의 도입과 운용 등의 실천적 대안을 도모하는 방향으로 전개되고 있고, 도입 이후 지속적인 모니터링을 통해 문제점을 지적하고 보완해야 할 부분에 대한 개선을 요청하는 단계로 이행하고 있다.

목회자의 이중직[2]에 대한 논의 역시 이제는 거스를 수 없는 현실이 된 상황에서 실천적 대안을 모색하는 방향전환이 필요한 시점이 되었다. 그러므로 이중직 목

---

1 심종석, 조현정, "목회자의 납세문제에 관한 성경적 비평," 「로고스경영연구」 13(2015), 56.
2 이중직이란 소명을 받은 목회자가 목회직과 세속직을 동시에 수행하는 것 또는 목회자가 자신의 생활비 일부를 목회 사역이 아닌 다른 직업 활동으로부터 얻는 경우를 의미한다. 송인규, "목사의 이중직과 미래의 목회자들," 「목회와 신학」 (2014), 4.

회에 대한 논의는 각 교단에서 법적으로 허용 여부를 결정하는 이원론적으로 접근하여서는 논의의 당사자인 교단은 물론, 이중직 목회자 모두가 납득할 만한 결론을 얻기가 어렵다. 이중직을 허용하지 않는 경우 이중직 불허에 대한 사변적인 논리의 제시에 그쳐서 실질적인 지원은 미비할 것이며, 이중직을 허용하는 경우에는 오히려 교단에서는 목회자의 기본적 생계에 대하여 책임을 회피하는 수단이 될 수도 있기 때문이다.

오늘날 한국교회는 경제발전과 더불어 성장을 구가하던 20세기 중, 후반의 영화를 뒤로 하고, 1990년대 이후 정체 내지는 쇠퇴의 어려움을 겪고 있다. 수많은 교단들이 교회 성장기에 기득권을 두고 다툼을 벌여 교단이 분열되었고, 이후 세를 불리기 위한 신학교 난립과 목회자 배출이 어우러져서 목회자의 질적 저하와 교회 성장의 정체로 인한 재정난 가중이라는 후폭풍을 맞이하고 있다. 57개 인가 신학교 및 소재 파악조차 되지 않는 3백여 개의 무인가 신학교를 포함하여 총 4백여 개의 신학교에서 매년 7천 명 이상의 목회자가 쏟아져 나오고 있지만, 교육부 학력 인정 신학교 출신은 30% 미만인 2천여 명 수준에 불과하다.[3] 교회 성장기에 구축된 신학생 선발의 체제로 인하여 목회자 공급은 과잉인 반면, 교회의 침체로 인하여 사역지가 부족하고, 사역지를 얻는 경우에도 최저생계비 이하 사례비를 받는 경우가 빈번하다. 따라서 목회자가 목회 사역으로 인한 사례비 외에 다른 직업 활동을 통해 생활비를 획득하는 이중직 목회에 대한 논의는 현실적인 차원에서 활발히 전개되고 있다.

1 종교인 과세

우리나라의 현행 소득법은 소득의 유형을 종합소득, 퇴직소득, 양도소득의 세 가지로 분류하고 있으며, 종합소득은 다시 이자소득, 배당소득, 사업소득, 근로소득,

---

3 임성빈, "21세기 초반 한국 교회의 과제에 대한 소고: 공공신학적 관점에서," 「장신논단」 47(2015), 184.

연금소득, 기타소득의 여섯 가지 유형으로 구분한다. 또한, 소득세법에 열거되지 않은 소득은 소득세법상 과세소득으로 간주하지 않는 "열거주의 원칙"을 적용하고 있다. 민주화의 정착 및 종교단체의 투명한 운영을 요구하는 사회적 분위기와 맞물려 2018년부터 종교인의 소득에 대한 과세가 시행되고 있다.

1) 종교인 과세의 논의 및 개요

종교인에 대한 과세는 1910년 3.1운동 이후 조선총독부의 종교인에 대한 근로소득세 면제를 시작으로 1948년 정부 수립 이후 면세가 관행화되었다가 1968년 7월 이낙선 초대 국세청장이 종교인에게 근로소득세를 부과하겠다고 발표한 것을 통해 처음으로 제기되었다.[4] 이는 국세청 개청과 맞물려 경제개발 5개년 계획의 추진에 따른 세수 확대가 필요했기 때문인데, 당시 종교계의 강력한 반발로 인해 무산되었다. 국세청에 의해 촉발된 종교인 과세 이슈는 1992년 9월 18일 국세청이 종교인에 대한 과세는 강제 징수가 아니라 자율에 맡기겠다는 입장을 발표하며 공식적으로 마무리되었다. 한편 가톨릭 교회는 1994년 한국천주교주교회 주관으로 소득세 납부를 결의하고 대상과 종료 및 실시 시기는 교구별 자율로 맡기는 것을 결정한 끝에 전국 12개 교구가 성직자 자진 소득세 납부를 시작하였다. 따라서 당시 김수환 추기경이 관장하던 서울 대교구는 소속 사제들에 대하여 소득세를 원천징수하였다.

2006년 종교비판자유실현시민연대가 결성되어 종교인 비과세는 탈세를 조장하는 불법이라 주장하며 국세청장을 직무유기로 고발하며 종교인 과세가 정책문제로 재조명받았는데, 2007년 7월 권오규 부총리 겸 재경부 장관은 종교법인의 특수성으로 인해 의견교환이 필요하다고 지적하는 동시에 추진계획이 없다고 발표하며 논의가 종결되었다. 2012년 3월 19일 박재완 기획재정부 장관이 OECD 국가 중에서 우리나라만 유일하게 종교인에 대한 과세를 하지 않는다고 지적한 이후 종교인 과세에 대한 새로운 논의가 촉발되었다. 따라서 2013년 11월 종교인 과세를 규정한

---

4 박용성, "종교인 과세정책의 사회적 구성과 정책변동에 대한 연구," 「한국동북아논총」 26(2021), 174−176.

소득세법 개정안을 마련해 국회에 제출했지만 지역구의 개신교 보수 진영의 표를 의식한 국회의원들의 미온적 대응으로 논의가 진전되지 않자, 정부 차원에서 대통령령으로 시행령을 개정하여 공포함으로써 종교인 과세에 필요한 근거를 마련하고, 시행령에 의거하여 2015년 1월 1일부터 종교인에 대한 사례를 기타소득으로 과세할 예정이었지만 개신교의 반발에 의해 철회하였다.

2015년 들어 한국기독교장로회(기장)는 교단 총회를 통해 우리나라 장로 교단 중에서 최초로 납세 결의를 하였고, 정부는 2015년 8월 기타소득란에 종교인 소득 항목을 신설하는 개정안을 마련하였다. 2015년 9월 11일 종교인의 소득에 대하여 원칙적으로 기타소득[5]으로 과세하겠다는 정부의 소득세법 개정안이 국회에 제출되고, 개정안이 12월 2일 국회의 본회의를 통과하여 종교인소득에 관한 과세 입법화를 확정하고 2년간 유예기간을 시행하도록 결정함에 따라 2018년 1월 1일부터 발생하는 종교인 소득에 대한 과세가 이루어지게 되었다.[6] 현행 소득세법[7]은 종교관련종사자가 종교의식을 집행하는 등 종교관련종사자로서의 활동과 관련하여 대통령령으로 정하는 종교단체[8]로부터 받은 소득을 "종교인소득"으로 정의하고 이에 대하여 기타소득으로 규정하고 있다.[9] 하지만 이를 근로소득으로서 원천징수하거나 종합소득세확정신고를 한 경우에는 해당 소득을 근로소득으로 규정할 수 있도록 허용하였다.[10]

---

5 기타소득은 일시적, 우발적으로 발생하는 성격의 소득으로서 이자소득, 배당소득, 사업소득, 근로소득, 연금소득, 퇴직소득, 양도소득 외의 소득을 의미한다.

6 이는 2015년 12월 15일부로 법률 제13558호를 통해 종교인의 소득에 대한 과세가 소득세법으로 입법화되었다.

7 이와 관련한 소득세법 제21조(기타소득) 제1항 제26호의 내용은 "https://www.law.go.kr/법령/소득세법"을 참조하라.

8 종교단체란 종교의 보급이나 교화를 목적으로 설립된 단체로서 민법 제32조에 의해 설립된 비영리법인, 국세기본법 제13조에 따라 법인으로 보는 단체, 그리고 부동산등기법 제49조 제1항 제3호에 의하여 부동산등기용등록번호를 부여받은 법인이 아닌 사단·재단을 뜻한다.

9 종교인이 소득유형을 선택하도록 하는 부분은 법적 형식이나 외관에 관계없이 실질에 따라 세법을 해석하고 과세요건 사실을 인정해야 한다는 실질과세원칙에 어긋난다는 비판을 받는다. 세부담 최소화를 위해 각 종교인이 자신의 소득유형을 매년 변경한다면 이는 실질에 위배되는 것이고, 같은 종교단체에 소속된 여러 명의 종교인들이 동일한 종교활동을 수행하면서 일부는 기타소득으로, 다른 일부는 근로소득으로 신고한다면 이 역시 실질에 위배되는 것이다.

10 일반적인 경우에 소득세법은 여덟 가지 소득의 종류를 열거하여, 열거된 소득에 대하여 고유 과세

2) 종교인 과세의 성경적 의의

구약 성경에서 하나님은 출애굽한 이스라엘 백성 중에서 레위 지파를 세워 제사장과 레위인의 직무를 담당하게 하셨다. 특히 아론의 자손들은 제사장 직분을 담당하며 백성들이 하나님께 드리는 거제물과 요제물, 기름과 포도주의 첫 소산을 제사장의 몫으로 받게 하셨고(민 18:8-20), 레위인들은 이스라엘의 십일조를 통해 수입을 얻어(민 18:21-24) 예배의 직무에 전념할 수 있게 하셨다. 레위인들은 다른 열한 지파들과 달리 하나님께 드리는 십일조 외에 따로 국가에 대한 세금을 내지 않았고, 이를 통해 예배의 직무를 담당하는 이들에 대한 세금 면제는 관행으로 자리 잡았다. 포로기 이후 학자겸 제사장이었던 에스라는 제사장들, 레위인들, 노래하는 자들, 문지기들, 느디님 사람들 등 하나님의 성전에서 일하는 자들에게 조공, 관세, 통행세를 받지 않는 것이 당연하다며 그러한 관행을 지지하였다(스 7:24).

하지만 신약 성경에서 예수님은 성전세와 관련하여 예수님의 메시아 되심을 모르는 사람들이 실족할 우려를 방지하시기 위하여 성전세를 납부하셨다(마 17:24-27). 또한, 당시 팔레스타인 지역을 지배하던 로마에게 내는 세금과 관련해서도 "가이사의 것은 가이사에게, 하나님의 것은 하나님께 바치라"(마 22:21)고 말씀하시며 하나님 나라와 구별되는 이 세상 나라에서의 세금 납부의 필요성을 인정하셨다. 이는 바리새인들과 헤롯 당원들이 예수님의 말씀을 올무에 걸리게 하여 로마와 이스라엘 양측에서 곤경을 겪게 하려는 의도로 가이사에게 세금을 내는 것이 옳으냐고 물었던 것에 대한 답변이지만 다른 한편으로는 이는 종교인이 세금을 납부할 수 있다는 가능성에 대한 암시가 된다. 사도 바울 역시 "조세를 받을 자에게 조세를 바치고 관세를 받을 자에게 관세를 바치고 두려워할 자를 두려워하며 존경할 자를 존경하라"(롬 13:7)고 말하며 복음을 위해 세상의 권세를 존중하며 세금을 납부할 것을

체계를 가지고 있다. 종교인 과세의 경우 이를 종교인소득인 기타소득으로 납부할 경우 교회가 기타소득 원천징수를 하는 경우 종교인 소득으로서 연말정산하거나 거주자의 기타소득 지급명세서를 제출하고 종합소득신고를 할 수 있다. 만약 교회가 원천징수하지 않는다면 종교인이 직접 거주자의 기타소득 지급명세서를 제출하고 종합소득신고를 마쳐야 한다. 종교인이 소득을 근로소득으로서 납부할 경우 교회에서 근로소득 원천징수한 후 연말정산 및 지급명세서를 제출하면 된다. 김영근, "종교인과세의 실증적 분석," 「교회와 법」 1(2022), 15.

명하였다.

따라서 오늘날 종교인 과세는 교회의 공공성과 사회적 책임 수행이라는 시대적 요청에 부응하며 복음 전파를 원활히 수행하기 위하여 받아들이는 것이 자연스럽다. 사회적 구성주의의 측면에서 정책을 조명한 헬렌 잉그램(Helen M. Ingram)과 앤 슈나이더(Anne L. Schneider)는 사회 내 특정집단에 대한 고정된 사회적 인식은 사회적으로 구성되는 것이며, 정책형성은 정책담화를 통한 사회 구성원간 상호작용을 통해 이루어지는 것이라고 지적한 바 있다.[11] 정책을 포함한 사회의 객관적 현실이 사회 구성원들의 상호주관적 해석을 공유하며 조성된 것이라고 보는 사회적 구성주의의 입장에서 종교인 과세를 긍정하는 시각은 그러한 시대적 요청을 지지한다.[12] 다만 성직자의 납세 의무 수행을 통해 교회가 사회적 책임을 함께 부담하는 과정에서 교회 내, 외부에서 잡음없이 제도가 지속되도록 하는 지혜로운 방법론에 대하여는 끊임없이 모색하며 종교인 과세를 개선해 나가야 할 것이다.

---

11 잉그램과 슈나이더는 사회적 구성의 측면에서 긍정과 부정, 정치적 권력의 측면에서 강약을 나누어 정책대상을 네 가지로 분류하였다. 그에 따르면 수혜적 정책대상(advantaged)은 정치적 영향력이 크고 사회적 인식이 긍정적인 퇴역군인, 과학자에 대한 지원 정책 등이 대표적이며, 도전적 정책대상(contenders)은 강한 정치권력을 지녔지만 사회적으로는 부정적으로 인식되는 시민운동을 전개하는 정치활동가와 지방정부의 정책 등이 포함된다. 의존적 정책대상(dependents)은 정치적 힘은 약하지만 사회적 인식은 긍정적인 빈곤층, 아동 지원 등의 정책들이 포함되며, 일탈적 정책대상(deviants)은 정치적 권력이 미약하고 사회적 인식도 부정적이라 정책수혜가 거의 없으며 정책비용부담이 큰 정책으로 인식되는데, 불법 이민자 관련 정책이 대표적이다. Helen M. Ingram and Anne L. Schneider, "Policy Analysis for Democracy," in *Oxford Handbook of Public Policy*, eds. Michael Moran, Martin Rein, and Robert E. Goodin (Oxford, UK: Oxford University Press, 2007), 169–189.

12 박용성은 사회적 구성주의의 시각에서 우리나라의 종교인 과세에 대한 사회적 합의를 이슈화하여 논의를 조성하는 사회 이슈화 단계(1990–2011년), 사회적 구성의 변화를 통한 정책의제화 단계(2012–2015년), 그리고 법제화 단계(2015–2019년)로 분류하였다. 그에 의하면 1단계인 사회 이슈화 단계에서 종교인 과세 문제가 정책문제로 이슈화되기 시작했지만 이를 지지하는 진영의 정치적 권력이 미미하고 사회적 인식도 우호적이지 않은 일탈적 정책대상에 그쳤지만, 이후 정책의제화 단계에서는 종교인 과세에 대하여 대다수 국민들이 찬성하며 이를 지지하는 세력의 정치적 영향력이 증대되고 사회적 인식도 긍정적인 수혜적 정책대상으로 변모하였다. 그와 같은 사회적 구성의 변화를 기반으로 법제화를 이루어내고, 2018년 이후 종교인 과세가 시행되었지만 종교단체의 회계적 투명성 확보로의 이슈 확장과 같은 과제를 안고 있다. 박용성, "종교인 과세정책의 사회적 구성과 정책변동에 대한 연구," 174–182.

3) 종교인 과세의 문제와 개선방안

종교인 과세와 관련한 대표적인 문제 및 대응방안은 다음과 같다. 첫째, 종교인 소득을 근로소득과 기타소득 중에서 결정하게 하였는데, 소득 금액으로 인정되는 필요경비는 기타소득이 많지만 연말정산 시 공제되는 항목은 근로소득이 많기 때문에 최종 세액의 유불리 유무는 개인의 상황에 따라 달라질 수 있다. 특히 기타소득을 선택하는 경우 종교인 과세가 일반 근로자의 과세체계에 포함되지 않기 때문에 국민건강보험법, 고용보험법, 또는 노인장기요양보험법에 따라 종교단체가 부담하는 보험료, 국민연금법에 의한 반환일시금, 사망일시금, 월 20만 원 이내의 벽지수당, 국외에서 근로를 제공하고 받는 월 100만 원 이내의 보수 등에 대하여 비과세 혜택을 볼 수 없으며, 건강·고용보험료(전액), 300만 원~1,800만 원의 주택자금, 신용카드 사용금액, 장기펀드 저축액 등에 대한 소득공제 및 근로소득, 보장성보험, 의료비, 교육비, 기부금 등 세액공제 혜택을 받을 수 없다.[13]

미자립교회 등 영세 종교단체의 경우 개인명의 차량을 교회 사역을 위한 종교단체차량으로 등록할 경우 교회가 지출하는 비용이 개인의 소득으로 산정되어 과세되고, 교역자 부담으로 사택을 보유하는 경우에도 사택유지 관련 전기, 수도요금과 제세공과금 등의 보조금에 대하여 과세되는 문제도 있다. 한편 기타소득에 포함되어 있는 종교인소득은 과세기간에 지급받은 금액의 20~80%까지 필요경비로 인정하기 때문에 다른 인적용역소득의 필요경비 인정율 60%와 비교할 때 형평성 문제를 유발하기도 한다.[14] 이는 다음의 문제와 연관하여 종교인소득에 대한 특례조항

---

13 근로장려금과 자녀장려금은 근로소득자와 사업소득자만 수급대상이었지만 2018년부터 종교인과세를 전면적으로 시행하면서 조세특례제한법을 개정하여 동법 제100조의 3 및 제100조의 28을 통해 종교인소득을 기타소득으로 신고하더라도 장려금의 수급대상이 되도록 변경하였다. 4대 보험과 관련하여서는 건강보험의 경우 근로소득 또는 기타소득 신고 유무와 관계없이 근로의 대가로 보수를 받은 것으로 간주하여 직장가입자에 해당한다. 하지만 국민연금의 경우에는 근로소득으로 신고하면 사업장가입자 적용을 받고, 종교인소득인 기타소득으로 신고하면 지역가입자 적용을 받는다. 고용보험법과 산업재해보상보험법에 의하면 종교인은 근로자로 보지 않기 때문에 고용보험과 산재보험의 경우에는 적용 대상이 되지 않는다. 정연식, "종교인소득 소득유형의 문제점과 개선방안,"「로고스경영연구」19(2021), 161 – 165.

14 종교활동비는 종교관련종사자가 소속 종교단체의 규약 또는 의결기구의 의결 및 승인을 통해 결정된 지급기준에 따라 종교활동을 위하여 통상적으로 사용할 목적으로 지급받은 금액 및 물품을 가

또는 세목 신설을 통해 보완할 수 있다.

둘째, 일시적이고 우발적으로 발생하는 성격의 기타소득과 달리 종교인소득은 계속적이고 반복적으로 발생하는 소득이므로 성격상 근로소득에 가깝다. 근로자를 구분하는 기준은 사업 또는 사업장에 임금을 목적으로 종속적 관계에서 사용자에게 근로를 제공했는지 여부인데, 담임목사와 교회의 법률관계는 위임관계와 유사한 계약관계이므로 사례금이 보수의 성격을 보유하며, 부교역자와 교회의 관계는 사법상 고용관계 또는 근로기준법상 근로관계에 가깝기 때문이다. 따라서 기존의 근로소득 내에서 종교인소득에 대한 특례조항을 덧붙여 종교인들의 특성, 일례로 사례와 관계없이 모든 시간을 할애하여 사역에 헌신하는 개신교 목회자들의 특성을 반영하거나 아예 기타소득 항목 내에 새로운 종교인소득 항목을 신설하여 종교인의 특성에 부합되도록 내용을 조정하는 것이 필요하다.

셋째, 개인 또는 개교회가 원천징수 및 연말정산 신고방식, 상속 및 증여 등 세무 관련 전문적인 작업을 수행할 역량이 부족하고, 비과세 혜택의 대상이 되는 종교활동비 등과 관련한 규정이 필요한 현실을 고려할 때에 개신교의 경우 교단별 또는 노회나 연회, 지방회 등 산하기관별로 세무전문가를 배치하여 세금 관련 서비스를 제공하는 한편 종교활동을 정의하고 종교활동비로 인정할 수 있는 필요경비의 기준을 선정하여 개교회가 활용하도록 제공하는 것이 바람직하다. 장기적인 차원에서 교단, 산하기관, 교회에서 원천징수 및 일반적인 세무행정을 담당하는 것이 목회자 개인이 처리하는 것보다는 훨씬 효과적이고, 비용 측면에서도 효율성을 도모할 수 있을 것이다. 교회 차원에서는 종교활동비를 교역자에게 직접 지급하지 말고 종교단체 명의의 통장과 카드를 만들어 기록하고 관리하는 편이 바람직하고, 구분기록을 위해 목적별로 통장을 구분하여 마련하는 것이 좋으며, 종교활동비의 경우 현금의 유입과 유출만 있을 뿐 자산 취득이나 채무의 발생 등 복식부기의 요소가 없

리킨다. 따라서 종교활동비에 대하여 비과세 혜택을 누리려면 첫째, 종교활동비의 개념, 책정, 사용, 증빙 등을 규정하는 정관 또는 재정규칙이 있거나 교인총회 결의가 있어야 하며, 둘째, 결정된 기준에 따라 지급해야 하며, 셋째, 종교활동을 위해 통상적으로 사용한다는 목적을 충족시켜야 한다. 대다수의 교단은 도서비, 선교, 구제 및 심방비, 접대비, 경조사비, 피복비나 휴양, 체력단련, 건강관리 등 목회활동에 도움이 되는 제반활동과 관련한 비용인 품위유지비 등을 목회활동비로 지정하고 있으며, 종교활동에 해당하는 규정과 절차를 구비한다면 비과세 혜택을 누릴 수 있다.

기 때문에 내부적인 관리의 차원에서는 현금의 수입과 지출만 일자별로 기록하는 단식부기로 운영할 수 있다.15

2 이중직 목회에 대한 신학적 조명16

기존의 이중직 관련 논의는 주로 이중직 목회에 대한 찬반 논쟁에 초점을 맞추고 있다. 이중직에 대하여 찬성하는 입장에서 임성빈은 공공신학의 관점에서 이중직 목회를 다루었고, 김승호는 만인제사장직, 직업소명설, 하나님의 선교(missio Dei) 개념을 통해 이중직 목회를 긍정한 바 있으며,17 송인설은 선교적 교회(missional church) 개념을 통해 이중직을 지지하였다.18 반면 남재영은 교회 개척과 성장, 이후의 자립 여부를 목회자에게 귀속시키는 논리를 경계하는 한편, 교단 차원의 목회자 생계에 대한 책임을 대안으로 제시하며 목회자 이중직을 거부하였다.19 또한, 조성돈은 양자를 절충하는 입장에서 목회자의 이중직을 인정하는 동시에 교단에서 이중직을 허용하고, 목회자에 대한 이중직 교육을 시키는 한편, 예배당 중심의 목회 형식을 공동체 중심으로 바꿀 것을 주장하였다.20 하지만 그의 주장은 이중직을 인정하는 편에 가까우며, 이제 한국교회는 이중직 목회를 인정하는 방향으로 의견을 모으고 있다.

---

15 정재곤, "종교인과세와 교회재정·회계,"「교회와 법」5(2018), 184.

16 이중직 목회와 관련한 내용은 최성훈, "이중직 목회에 대한 신학적 조명: 해로 밴 브러멜른의 3대 명령을 중심으로,"「신학과 실천」71(2020), 479-502를 수정 및 보완한 것이다.

17 김승호, "목회자 이중직에 대한 신학적 고찰,"「신학과 실천」47(2015), 571-594.

18 송인설, "이중직 목회를 위한 목회 모델 연구: 선교적 교회와 협동조합을 중심으로,"「장신논단」 49(2017), 173-196.

19 남재영, "목사 이중직 허용, 해답이 아니다,"「기독교사상」(2016. 9), 22-32.

20 조성돈, "목회자 경제인권의 불평등 구조와 개선방안,"「기독교사상」(2016. 6), 89-98.

1) 이중직 목회 논의의 배경

목회자 이중직 문제는 한국교회가 성장기를 지나 정체기와 쇠퇴기로 접어들면서 재정적 어려움을 겪으며 불거졌고, 이중직을 수행하는 목회자의 수가 급증함에 따라 단순히 이중직 목회에 대한 찬성과 반대라는 이분법적 구분을 떠나서 교회와 목회, 목회자의 역할에 대한 전통적인 개념을 재고할 것이 요구되며 새로이 주목받고 있다. 이중직 목회자가 증가하는 근본적인 원인은 목회자 수급의 불균형 때문이다.[21] 교단의 분열로 인해 갈라진 집단들이 세력 과시를 위해 무분별하게 신학교를 설립하다 보니 미인가 신학교가 난립하게 되었고, 그로 인하여 신학교 졸업생들이 증가하는 데 비하여 각 교단에 소속된 교회들이 그들을 수용하는 데에 한계를 보이는 한편, 재정적 어려움으로 인해 목회자의 기본적인 생활을 보장하는 수준의 사례비를 제공하지 못하는 상황에서 이중직 목회에 대한 압박이 커지고 있다.

이 같은 문제 인식을 바탕으로 2014년 1월 바른교회 아카데미 연속 강좌가 "목회자 이중직, 어떻게 보아야 하는가"라는 주제를 다루며 이중직 목회가 한국교회에서 공적 이슈로 최초로 등장하였고, 이후 두란노서원이 발간하는 잡지인 "목회와 신학"이 같은 해 4월, 목회자 이중직을 특집으로 다루면서 이에 대한 관심이 심화되었다. 2014년 10월 목회와 신학이 목회사회학연구소와 "목회자의 이중직, 불법에서 활성화까지"라는 주제로 이중직 세미나를 공동 주최하면서 공론화가 활성화된 이후, 2015년 1월에는 대한예수교장로회(통합) 교단의 국내선교부 산하 목사이중직 연구위원회가 "목회자 이중직에 대한 목회윤리적 고찰"이라는 제목의 연구를 발표하였다.[22] 한편 예수교대한성결교회(예성)에서는 2017년 1월 "사회선교와 목회자 이중직"이라는 주제로 교단 총회본부에서 세미나를 개최하였다.[23]

---

21 성창환, "이중직 목회시대를 대비하는 소규모 신학대학의 커리큘럼 개발과 생존 전략 연구," 「신학사상」 181(2018), 195-196.
22 김승호, 『이중직 목회』 (대구: 하명출판, 2016), 21-22.
23 강춘근, "목회자의 이중직," 「성결교회와 신학」 가을호(2017), 50.

2) 이중직 목회에 대한 교단별 입장

국내 주요 교단 중에서 이중직 목회를 전면적으로 허용하고 있는 교단은 기독교대한하나님의성회(기하성 여의도순복음)와 기독교한국침례회(기침) 두 교단이다. 타교단에 비하여 교단헌법 정비가 느슨한 양 교단은 총회의 규정에 자비량 목회나 이중직 목회에 대한 규제가 없기 때문에 이를 실천적 차원에서 허용하는 입장을 보인다. 또한, 대한예수교장로회(통합)와 기독교대한감리회(기감)은 제한적 허용의 입장을 보이며, 나머지 교단들은 모두 이중직 목회를 금지하고 있다.

대한예수교장로회(통합) 교단은 2015년 1월 총회 국내선교부 산하에 현장 목회자 2인과 신학교 교수 5인으로 구성된 목사이중직 연구위원회를 설립하여 같은 해 9월에 교단총회에 연구 결과를 보고하였다. 보고서는 목회자 이중직을 단순히 헌법이나 규정을 통해 정죄하기 보다는 이중직을 벗어나도록 하기 위한 지원에 초점을 맞추자는 의견을 표명하였다. 이후 위원회가 다시 정비되어 2016년 7월에 최종 회의의 결의를 통해 전도목사직에 대하여 "기타 전도 가능한 곳"이라는 포괄적 규정을 통해 이중직을 제한적으로 인정하는 입장을 보였다. 기독교대한감리회(기감) 측에서는 2016년 1월 제31회 임시입법의회를 통해 예산 3,500만 원 이하인 미자립 교회에서 시무하는 생계점 이하의 목회자들에 대하여 해당 연회의 연회장에게 미리 직종과 근무지, 근무시간 등에 대하여 서면 신청을 통해 허가를 받으면 이중직을 허용하도록 하는 법안을 통과시켰다. 이는 미자립 교회 목회자에 한정하여 이중직을 허용하고, 허가 절차를 거치도록 하는 조건부 허용인 셈이다.

한편, 예수교대한성결교회(예성)는 목회자는 성직 이외의 직업을 겸할 수 없다고 명시하였고, 기독교대한성결교회(기성)는 부천 지방회에서 상정한 목회자 이중직에 대한 안건을 2017년 제111차 총회에서 부결하였다.[24] 대한예수교장로회총회(합동)는 2015년 2월 목회자 의식조사를 통해 목회자 이중직에 대하여 찬성 57.2%, 반대 38.8%로서 찬성 의견이 더 많았음에도 불구하고 총회 헌법을 통해 이중직을 규범적으로 금지하였고, 대한예수교장로회(고신) 측은 2014년 64회 총회에서 미자립

---

24 황병준, 김명기, "이중직 목회자 허용정책에 대한 고찰," 「신학과 실천」 66(2019), 576.

교회 목회자의 이중직을 허용해 달라는 안건을 부결하고, 총회 차원에서 미자립 교회 목회자들에 대한 도움의 방안을 모색하는 것으로 결론을 내렸다.[25]

3) 이중직 목회의 신학적 성찰

이중직 목회에 대한 신학적 조명은 앞서 언급한 것처럼, 단순히 성경적으로 목회자의 이중직 허용을 둘러싼 찬반논쟁이 되어서는 안 된다. 목회자의 생활을 책임질 수 있는 교단이라면 목회자들이 말씀 사역과 목양에 전념하도록 지원하는 것이 바람직하겠지만 목회자 이중직의 논의가 불거져 나온 본질적 원인은 교단과 개교회들이 목회자들의 기본적인 생활을 보장하기 어려운 사정 때문이므로, 이중직의 현실을 수용하는 방법론적 측면에서 신학적인 점검을 하는 것이 효과적일 것이다.

(1) 성경의 사례

구약 성경에서 제사장들과 성전에서 봉사하는 레위인들은 십일조와 예물로 드려진 재물로 생활하였고(신 18:1-8), 특히 땅을 기업으로 받지 않은 레위인들은 이스라엘 자손이 드리는 거제로 드리는 십일조를 수입으로 받았다(민 18:24). 그러나 제사장과 레위인들에 대한 수입이 제대로 보장되지 않은 경우가 빈번했는데, 일례로 유다 족속에 속한 레위인이 에브라임 산지의 미가의 집에서 그의 가정 제사장이 된 것은(삿 17:7-13), 첫째, 레위인과 제사장의 직무가 구별되는 질서가 무너진 것을 뜻하고, 둘째, 당시 이스라엘 백성들이 제사제도와 십일조 규정 등을 준수하지 않아서 레위인의 생활이 피폐해진 현실을 드러낸다.

이와 유사한 사례가 느헤미야 13장 10-14절에서 반복되는데, 이스라엘 백성들이 십일조를 제대로 드리지 않아서 생활이 어려워진 레위인들이 자신의 직무를 떠나는 일이 발생하였다.[26] 예루살렘 성벽 공사를 마치고 성벽을 봉헌한 느헤미야

25 김병국, "지령 2000호 기념 목회자 의식조사," 「기독신문」 (2015.2.26.), https://www.kidok.com/news/articleView.html?idxno=90507. (2023년 1월 7일 접속),

26 황원선, "목회자의 적정 사례비에 관한 연구," 「장신논단」 50(2018), 270.

는 주전 432년, 즉 바벨론 왕 아닥사스다 32년에 왕에게 돌아갔다(느 13:6). 얼마 후에 왕에게 부탁하여 예루살렘을 방문한 느헤미야는 대제사장 엘리아십이 이스라엘의 원수인 도비야를 위하여 하나님의 성전 뜰에 "큰 방"을 만들어 준 사실을 알게되었다(느 13:5, 7). 그 방은 원래 소제물, 유향과 그릇, 레위 사람들과 노래하는 사람들과 문지기들에게 십일조로 주는 곡물과 새 포도주와 기름과 제사장들에게 주는거제물을 두는 곳이었다(느 13:5). 레위인들과 제사장들의 생활을 지원하며 하나님을섬기는 일을 하도록 하기 위해 물품을 저장하는 거룩한 방이 원수가 마음놓고 사용하는 방으로 전락한 것이다. 하나님과의 관계가 무너져 포로기의 어려움을 겪은 이스라엘을 일깨우기 위해서 하나님의 성전을 통해 예배를 섬기는 일을 강조하려던느헤미야의 의도가 꺾여 버린 셈이다.

예루살렘 성벽이 재건될 경우 이스라엘 백성들이 안전하게 성 중에 거하며 힘을 기를 것을 염려한 원수들은 예루살렘 성벽 중수하는 일을 방해하였다. 그들은성벽 공사가 끝난 후에도 유다의 귀족들과 교분을 맺고 연락을 주고받았다(느 6:17).대제사장이 그러한 방해에 앞장섰던 도비야를 위해 예루살렘 성전에 큰 방을 내어주고, 대제사장의 가문이 이스라엘의 원수 산발랏과 사돈 관계를 맺은 것은 느헤미야가 바벨론 왕에게로 돌아간 이후에 예루살렘의 질서가 얼마나 무너져 있는지를여실히 드러낸다. 비록 예루살렘 성벽은 수축되었지만 예루살렘을 중심으로 이스라엘을 영적으로 다스리던 대제사장의 행태는 무너진 이스라엘의 민낯을 드러낸 것이다.27

---

27 대제사장 가문으로부터 무너진 영적 질서로 인하여 이스라엘 백성들은 신앙의 구심으로 삼아야 할 성전을 등한시하였다. 따라서 느헤미야가 잠시 자리를 비운 사이, 이스라엘 백성들은 성전을 섬기는 레위 사람들이 받아야 할 율법으로 정해진 몫을 주지 않았고, 이에 레위 사람들은 각기 자기 밭으로 도망갔다(느 13:10). 더욱이 제사장들과 레위인들의 생활을 위해 율법으로 정한 물질들을 쌓아 놓는 방을 원수가 마음대로 사용할 수 있는 방으로 바꾸어 주었다. 이를 목도한 느헤미야는 그 방을 정화하는 한편(느 13:8-9), "하나님의 전이 어찌하여 버린 바 되었느냐"며 모든 민장들을 꾸짖었다(느 13:11). 이후 레위 사람들을 불러 다시 제자리에 세우고 질서를 바로잡았더니 모든 백성들이 곡식과 새 포도주, 기름의 십일조를 가져다가 곳간에 들였다(느 13:11-12). 느헤미야는 충직한 이들을 세워 레위인들을 위한 물질을 분배하는 일을 맡게 하였고(느 13:13), 그러한 모든 일 후에 "하나님이여 이 일로 말미암아 나를 기억하옵소서 내 하나님의 전과 그 모든 직무를 위하여 내가 행한 선한 일들 도말하지 마옵소서"(느 13:14)라는 기도를 올리며 레위인들에 대한 봉양을 통해 예배를 삶의 지표로 삼는 것이 얼마나 중요한지를 강조하였다. 느헤미야는 이와 함께 무너져

신약 성경에서 이중직 목회의 대표적인 사례로 거론되는 것은 사도 바울의 자비량 선교이다. 그는 자비량 목회를 위해 천막을 만드는 작업을 가졌고, 같은 직업을 가진 브리스길라와 아굴라 부부와 함께 살며 같은 일을 했다(행 18:3). 바울은 데살로니가 교회에 보낸 편지를 통해 자신이 아무에게도 폐를 끼치지 않고 밤낮으로 일하면서 하나님 나라의 복음을 전했다고 기록했다(살전 2:9). 바울이 그렇게 자비량 선교를 수행한 이유는 그리스도의 복음에 아무런 장애가 없게 하기 위함이었다(고전 9:12). 그러나 바울은 자비량 목회만을 강조한 것이 아니라 교회가 사역자들을 위해 재정적 후원을 할 것을 동시에 강조하였다(갈 6:6). 그러므로 바울은 복음 전파를 위하여 세속적 수단과 교회의 재정을 사용하는 양자 모두를 긍정함으로써 오늘날 이중직 목회를 인정하는 성경적 기반을 제공한 것이다.[28]

(2) 만인제사장직과 직업소명설

종교개혁의 정신을 토대로 발흥한 개신교는 목회자와 평신도 등 직분의 구분 없이 예수님을 그리스도로 믿는 모든 이들이 신학적 관심과 실천에 대한 책임을 공유하는 만인제사장직의 개념을 강조한다. 이는 마틴 루터(Martin Luther)가 "너희는 택하신 족속이요 왕 같은 제사장들이요 거룩한 나라요 그의 소유가 된 백성"이라는 베드로전서 2장 9절을 바탕으로 제시한 개념으로서 가톨릭 교회의 교황을 중심으로 하는 위계에 대항하며 전개한 주장이다. 만인제사장직의 개념은 혈통을 통해 이어지는 구약의 제사장 직분에 대한 인식을 초월하여 모든 그리스도인이 예수 그리스도를 통하여 직접 하나님께 나아가며 제사장적 소명을 담당한다고 주장한다. 그러나 루터는 단순히 제사장 직분의 동등성을 강조한 것이 아니다. 그는 질서 있는 교회 사역을 위하여 보편적 목회와 특수한 목회를 구분한 후, 후자에 대하여는 회중의 동의 또는 선임자의 부름을 전제로 하였기 때문이다.[29]

있던 안식일 규정의 준수와 이방인과의 혼인 규정도 재정비하여 영적 기반을 다시 확충하였다(느 13:15-27).

28 김승호, 『이중직 목회』, 74-75.

29 Martin Luther, "Babylonian Captivity of the Church," in *Martin Luther's Basic Theological Writings*, ed. Timothy F. Lull (Minneapolis, MN: Fortress Press, 2005, originally published in 1520), 234-36.

존 칼빈(John Calvin)은 루터의 만인제사장직을 수용하여 로마 가톨릭 교회를 비판하면서도 교회 유지와 복음 전파를 위한 성직의 특수성을 더욱 부각시키며 목회직의 의의를 강조하였다.[30] 칼빈은 하나님의 예정과 선택은 하나님의 부르심과 관련이 있다고 주장하며, 모든 이들을 향한 부르심인 일반적 소명과 그리스도인들 중에 복음 전파를 위해 부르신 특별한 소명을 구분하였다.[31] 그는 직업은 하나님의 거룩한 부르심에 부응하는 것으로서 하나님의 영광을 이 땅에 드러내는 것이라는 주장을 통해 직업소명설의 기초를 제공하였다. 따라서 목회자의 이중직을 찬성하는 진영은 이중직 목회가 모든 합법적인 직업을 하나님의 소명으로 간주하는 직업소명설을 중심으로 하는 종교개혁의 전통에 부합하다는 측면에서 이를 지지한다. 그러나 세속 직업을 통해 얻는 금전적 이익이 목회자의 소명을 약화시킬 수 있고, 이는 목회자의 정체성 희석으로 인한 도덕적, 영적 해이를 유발할 수 있다는 측면에서 이중직 목회를 반대하는 진영의 목소리에도 귀를 기울여야 할 것이다.[32]

(3) 선교신학적 관점

성창환은 선교와 목회는 문화와 언어의 상이성을 기준으로 구분되며, 같은 문화와 언어를 사용하는 이들을 대상으로 하는 목회 역시 복음을 전하는 수단으로 기능한다면 광의적인 차원에서 선교로 간주할 수 있다고 지적하며 이중직 목회의 선교신학적 의의를 긍정하였다.[33] 손인웅도 교회 목회만 생각하지 말고, 선교의 영역을 폭넓게 인식하며 그 자리를 인정하는 방법으로 목회자의 이중직 문제를 해결할 수 있다고 지적하였는데,[34] 그러한 차원에서 하나님의 선교(missio Dei)는 고려할 가치가 충분하다. 하나님의 선교 개념은 13세기 가톨릭 교회의 탁발선교 전통에서 유

---

30 John Calvin, *The Institutes of Christian Religion Vol. 2*, ed. John T. McNeil. (Louisville, KY: Westminster John Knox Press, 1960, originally published in 1559), 1041–1068.

31 Ibid., 964–66, 974.

32 성창환, "이중직 목회시대를 대비하는 소규모 신학대학의 커리큘럼 개발과 생존 전략 연구," 216–217.

33 Ibid., 199.

34 김수남, 박종화, 손인웅, 채수일, "목회자 수급 문제와 양질의 목회자 양성을 위한 제언," 「기독교사상」 (2016), 58.

래하였고, 이후 1952년 국제선교협의회(IMC: International Missionary Council) 독일 빌링겐 대회(International Missionary Conference in Willingen)에서 하나님께서 파송하시고 주도하시는 선교를 강조하며 제안되었으며, 1961년 인도 뉴델리(New Dehli)에서 국제선교협의회와 세계교회협의회(WCC: World Church Council)가 합병되며 새삼 강조되기 시작하였다. 이는 과거의 선교 수행 방식이 하나님과 지상교회와의 관계를 전제로 하여 지상교회가 선교를 수행한다는 의미에서 "하나님 – 교회 – 세상" 모델이었다면, 새로운 방식으로 수행되는 하나님의 선교는 하나님께서 직접 세상을 향한 선교를 주도하시되, 지상교회가 그 가교가 된다는 "하나님 – 세상 – 교회"의 모델이다.[35]

송인설은 하나님의 선교 개념을 교회론적으로 적용한 개념으로서 선교적 교회(missional church)를 강조하며 교회 사역을 중심으로 하는 과거의 전통적 목회자상을 벗어나 세상의 직업 현장에서 왕성히 활동하는 이중직 목회를 지지하였다.[36] 그는 또한 경제적, 사회적, 교육적 목적 달성을 위해 공동으로 사업을 운영하는 협동조합을 이중직 목회의 선교적 교회의 실천 모델로 제시하였는데, 특히 협동조합의 유형 중에서도 조합원과 비조합원, 협동조합을 통한 서비스의 수혜자와 지역 사회의 대표들도 참여하는 형태로서 비영리기업과 협동조합의 혼합적 형태인 사회적 협동조합은 공동체 형성과 이윤 획득을 동시에 추구하므로 선교적인 차원에서 확장성이 있고, 목회자의 생활에도 도움이 된다는 점을 언급하며 이중직 목회를 긍정하였다.[37]

3 성경의 3대 명령과 이중직 목회

캐나다의 교육신학자 해로 밴 브러멜른(Harro W. van Brummeln)은 성경적 교육과정의 구성을 소개하며, 교수자가 학습의 내용들을 신중하게 선택하는 것만으로는

---

35 Norman Goodall, ed, *Mission Under the Cross: Addresses Delivered at the Enlarged Meeting of the Committee of the International Missionary Council at Willingen, in Germany, 1952* (London, UK: Edinburgh House Press, 1953), 147.

36 송인설, "이중직 목회를 위한 목회 모델 연구: 선교적 교회와 협동조합을 중심으로," 176.

37 Ibid., 189 – 93.

부족하기 때문에 교수의 구조를 온전히 하는 방안을 모색하는 것까지를 포함해야 함을 역설하였다.[38] 그는 기독교적 교육과정의 근간을 이루는 성경적 세계관의 중요성을 강조하면서 기독교교육과 관련 있는 성경의 3대 명령을 창조명령, 대명령, 대위임령으로 구분하였다.[39] 이는 비단 기독교교육과의 관계에서 중요할 뿐만 아니라 기독교 복음을 중심으로 하는 신학의 전반적인 차원에서 주목할만한 명령들이다. 목회자의 직분 수행과 관련하여 전임제 또는 이중직 여부가 관건이 아니라 창조명령과 대명령을 기반으로 그리스도의 복음 전파라는 대위임령을 수행하는 것이 가장 중요한 목적이 되어야 한다. 이는 부활하신 그리스도께서 승천을 앞두고 당부하신 마지막 명령으로서 목회의 목적을 이루는 효과성과 관련이 있으며, 그 목적을 이루는 방법론으로서 목회의 형태는 효율성과 관련이 있는 부차적인 사항이기 때문이다.

1) 창조명령

하나님이 인류에게 주신 첫 번째 명령은 창세기 1장 27-28절의 "창조명령"(The Creation Mandate)이다. 하나님이 당신의 형상으로 사람을 창조하신 후에 복을 주시며 주신, "생육하고 번성하여 땅에 충만하라, 땅을 정복하라, 바다의 물고기와 하늘의 새와 땅에 움직이는 모든 생물을 다스리라"(창 1:28)는 명령은 창조명령으로서 인간이 하나님을 대신해서 창조된 세상을 다스리라는 전권의 위임을 반영한다. 따라서 하나님의 형상으로 창조된 최초의 인간인 아담은 창세기 2장 19절에서 각 생물에게 이름을 붙이는 첫 창조 사역을 수행하는 특권을 발휘하였다. 인간은 창조주 하나님의 형상을 지닌, 하나님의 제1의 피조물로서 창조명령을 수행하는 지위를 누리게 된 것이다. 그러나 에덴 동산의 타락 이후에 인류는 죄의 결과로 인해 내재된

---

38 Eunsook Park and Suhong Park, "A Study on the Development of a Blended Learning Model: Based on Brummelen's Biblical Model for Learning," *Journal of Christian Education & Information Technology* 18(2010), 202.

39 Harro W. Van Brummelen, *Steppingstones to Curriculum: A Biblical Path*. 2nd ed, (Colorado Springs, CO: Purposeful Design Publications, 2002), 51-56.

하나님의 형상이 훼손되었고, 하나님과의 관계 또한 단절되었다. 따라서 이 세상을 정복하고 다스리라는 창조명령은 자신의 이익을 위해 자연과 생태계를 파괴하는 피조세계의 파괴자로 그 모습이 변질된 인류로 인해 더 이상 수행되지 못하게 되었다.

하지만 예수 그리스도의 십자가 대속의 은혜로 인해 예수님을 그리스도, 주님으로 믿는 그리스도인에게는 거듭남과 영생의 소유자요, 하나님의 형상 회복자가 되는 길이 열렸다. 거듭난 그리스도인은 이제 피조세계의 청지기로서의 새로운 사명을 받았고, 지속적인 하나님의 형상으로서의 사명을 감당하기 위해서는 성령과의 인격적인 관계를 통한 성령의 충만함을 입어야 한다. 죄는 그리스도의 십자가 보혈로 용서를 받았지만, 모든 인류의 마음 속에서 살아 꿈틀거리는 죄성은 성령의 도우심을 통해서만 이길 수 있기 때문이다. 그러므로 성령으로 충만한 사람만이 두 번째 명령을 수행할 수 있으며, 오늘날 창조명령의 수행은 하나님의 형상을 활용하여 같은 형상으로 창조된 이들을 존중하고, 그들의 잠재력을 실현하는 인간 존재의 목적을 실현하는 것을 통해 달성할 수 있다.[40]

2) 대명령

두 번째 명령은 소위 "대명령"(The Great Commandment)으로서 예수님이 마태복음 22장 37-40절을 통해 율법의 내용을 정리해 주신 가장 큰 지침이 되는 명령이다. 하나님께서 이스라엘 공동체에게 주신 율법, 즉 모세오경의 365가지의 "하지 말라"는 명령과 248가지의 "하라"는 명령, 도합 613가지의 계명은 다시 모세를 통해 십계명이라는 10개로 요약되었고, 예수님은 그 십계명을 다시 하나님 사랑과 이웃 사랑, 두 가지로 요약하셨다.[41] 결국 하나님이 주신 계명의 핵심은 사랑이며, 하나님의 사랑이 율법을 통해서 인류가 사는 이 세상에 질서를 부여한다. 따라서 이중직 목회와 관련한 신학 교육에 있어서 대명령의 원리는 세상을 사랑하기 위해 부르

---

40 최성훈, 『6하 원칙을 통해 본 기독교교육』 (서울: CLC, 2016), 21.

41 에덴동산에서 첫 인류에게 주어진 명령은 "선악을 알게 하는 나무의 열매는 먹지 말라"(창 2:17)는 하나의 금령(禁令)이었다. 그러나 이스라엘의 전통적인 613가지 명령을 요약한 십계명은 열 가지 계명 중에 4계명과 5계명을 제외하면 모두가 부정적 명령인 금령이다.

심을 받은 목회자들을 사랑으로 훈육하고 일으켜 세우는 것을 목적으로 한다.

3) 대위임령

"대위임령"(The Great Commission)은 마태복음 28장 18-20절에서 십자가 사건 이후 부활하신 예수께서 승천하실 때에 제자들에게 부탁하신 마지막 명령으로서 가장 큰 명령이라는 의미에서 "지상명령"(至上命令)이라고도 불린다. 이 명령은 모든 그리스도인들에게 주어진 명령으로서, 개인적인 구속과 그로 인한 하나님의 형상 회복에 그치는 것이 아니라 그 은혜를 나누어야 하는 사명을 내재한 것이다. 그리스도인의 사명은 말씀(the Text)에 근거하여, 모든 민족을 제자 삼고(복음전파), 아버지와 아들과 성령의 이름으로 세례를 주고(신앙고백), 말씀을 가르쳐 지키게 하는(양육) 것이다. 그러한 대위임령의 명령 수행은 시대적 상황(the Context)을 고려하여 지혜롭게 수행되어야 한다. 이중직 목회와 관련하여 대위임령은 하나님의 선교와도 연관이 있지만 거시적인 차원에서 볼 때, 목회자를 훈련하여 온전히 세우는 방법과 목적을 포함하는 창조명령과 대명령과 밀접하게 연결되어 있다.

4) 창조명령 수행을 위한 교회의 인식 전환과 신학교육의 정비

창조명령은 타락한 인간을 먼저 찾아주시는 하나님의 주도성과 섬김에 기인한 것으로서 그러한 섬김은 하나님에 대한 이해로부터 출발한다. 그러므로 하나님의 주도로 이루어진 은혜의 복음에 대한 인식이 피조세계의 청지기로서 창조명령을 수행하는 신앙적 기반이 된다. 그러나 안타깝게도 한국교회가 보이는 편견은 그러한 은혜를 잃어버리고 비대해진 교회조직에만 시선을 고정시키고 있다. 각 교단들이 이중직 목회를 금지하는 이유는 과거 세대로서 기득권을 가진 총회 대표와 총대들이 가진 편견, 즉 목회를 열심히 수행하면 교회가 부흥될 것이고, 교회가 성장하지 않는 이유는 믿음이 부족하여 세속 직업을 기웃거리기 때문이라고 단정짓는 편견 때문이다.[42] 또한, 목회사역에 전념하기 위해서는 이중직을 갖는 것이 옳지 못하다

는 선입견 때문이다.[43] 이와는 대조적으로 초대교회 시대에는 이중직이 목회자의
기본적인 모델이었으며, 로마에서 기독교가 공인된 이후 교회의 제도화가 이루어진
다음에야 목회자들을 재정적으로 후원하는 모습이 출현하였다.[44] 중세에도 청빈과
명상을 강조하는 수도회를 통해 이중직의 정신이 계승되었고, 종교개혁 이후에는
재세례파, 모라비안 형제단 등을 통해, 그리고 미국의 건국 초기에도 이중직 목회가
만연해 있었다.[45] 그러므로 이중직 목회는 기독교 역사 가운데 상황적 의의를 지니
며 이어져왔다.[46]

따라서 이중직 목회를 창조적으로 조명하기 위해서 한국교회는 교육부 인가를
받은 신학교가 소속된 교단들이 모여 교단장협의회를 통한 통제력을 기반으로 신학
교 정원 관련 수급과 신학교육을 논의하였던 과거의 전통을 계승할 필요가 있다.[47]
한국교회의 연합은 교단과 교파를 초월한 폭넓은 교류와 관계 형성은 물론 같은 신
학의 노선을 견지하는 교단들 사이의 통합을 의미한다. 같은 신학적 관점을 가지고
있으면서도 정치적인 이유로 인하여 분열된 교단들이 대승적 차원에서 연합하여 교
육부 인가 신학교는 학문적 인재를 양성하는 교육기관으로, 미인가 신학교는 목회
자들의 재교육 기관으로 이원화한다면 신학교육의 집중과 질적 제고가 가능할 것이
다.[48] 또한, 교단의 신학에 중점을 둔 정규 신학교육을 뛰어넘어 현대사회와 소통하

---

42 조성돈, "목회자 경제인권의 불평등 구조와 개선방안," 92.
43 조성돈, "목회자 이중직에 대한 실증 연구,"「신학과 실천」49(2015), 254.
44 김승호,『이중직 목회』, 101-104.
45 Ibid., 105-109.
46 우리나라에 복음을 전파하는 데에 지대한 공헌을 한 미국 개신교의 경우 사회와 교단의 상황을 고
   려하여 교회가 목회자의 생계를 전적으로 책임지는 형태와 이중직 목회를 교회개척의 중요한 유형
   으로 인식하는 형태가 번갈아가며 나타났다. 경제발전과 더불어 목회자의 강력한 리더십을 바탕으
   로 하는 교회성장 시대가 지나갔고, 민주적 소통이 강조되는 시대를 맞이하는 동시에 저출생, 고령
   화로 인한 새로운 도전에 직면한 한국교회 역시 복음 전파라는 목적 수행을 위하여 이중직 목회와
   관련하여 창조적이고 탄력적인 자세를 견지할 필요가 있다. Cf. 황병준, 김명기, "이중직 목회자 허
   용정책에 대한 고찰," 567.
47 손인웅, 김수남, 박종화, 손인웅, 채수일, "목회자 수급 문제와 양질의 목회자 양성을 위한 제언,"
   59.
48 주요 교단의 신학교육을 담당하는 학교들은 대학 수준에서는 종합대학으로 운영하는 학교와 교단
   의 신학을 담당하는 교단신학교로 구분이 되며, 목회자를 양성하는 신학대학원 수준에서는 교육부
   인가를 받은 학부의 다음 과정으로 운영되는 대학원 또는 대학원 교육만 전담하는 대학원대학교,
   그리고 미인가 신학교로 나뉜다. 교단에서는 대학원 학력 인정을 받지만 교육부의 인가를 받지 않

는 일반적 내용을 다루는 목회자 재교육에 대하여는 교단을 뛰어넘은 연합 사역을 통해 온라인과 오프라인 모두를 활용하며 학습자 중심의 교육과정을 구비한다면 목회자 재교육의 질적 향상은 물론, 수도권과 지방 목회자의 교류, 한국교회 연합의 목적 또한 달성할 수 있을 것이다.

그리스도 사랑의 대명령 수행은 섬김의 리더십을 신학교 교육현장에서 실현하는 것으로서 이는 교수자와 학습자 상호간에 인격적인 관계를 유지하고, 우호적인 학습환경을 제공하는 것에 국한되는 것이 아니다.[49] 신학교육에 있어서 교육과정과 교수학습법이 오늘날 대명령 수행에 앞장서야 할 목회후보생들이 직면하는 목회 현실을 반영해야 할 것이고, 학습자들의 성장을 위하여 높은 수준의 교육목표 설정, 난이도가 있는 과제의 제공과 책임감 요구 또한 병행되어야 하기 때문이다. 따라서 신학교 재학생은 물론, 평생교육의 관점에서 현직 목회자들 역시 지속적인 재교육을 통해 말씀과 목양의 훈련, 멘토링은 물론 시대정신을 이해하는 능력과 사회와 소통하는 역량을 육성할 필요가 있다. 고학력 시대에 적합한 역량과 인성을 갖춘 인재들을 목회자로 구비시켜야 대명령을 온전히 수행할 수 있기 때문이다.

이는 장기적 관점에서 교단을 운영하기 위한 제도를 수립하고 정책을 마련하는 교단의 기관(총회, 노회, 연회, 지방회 등)이 일선에서 신학 교육을 담당하는 신학교들과 연합하여 의사결정을 내릴 것을 요구한다. 각 교단들은 작금의 한국사회에 대한 분석과 향후 전망을 통하여 미래의 목회자 수급을 결정하고, 이에 따라 신학교의 정원 조정 및 재정지원, 목사 고시의 엄정한 운영과 인성검사 등을 통하여 목회자의 자격 요건을 강화함으로써 설교와 목양을 담당하는 목회자의 영적 지도자로서의 경쟁력을 제고하여야 한다. 이는 교단 총회 고시위원회와 신학교의 협력, 그리고

은 신학교는 소위 교단신학교로서 이는 교수진의 학위 및 경력 조건이 인가 신학교보다 낮기 때문에 양질의 교육이 이루어지기 쉽지 않으며, 통신교육 등의 과정을 통해 교육의 기간과 수준 면에서 인가 신학교에 비하여 경쟁력이 떨어진다. 그러므로 각 교단은 교단의 신학교육을 점검하여 교육부 인가를 받은 대학과 대학원에서는 신학의 전통적인 제 분야를 포괄하되, 한국교회와 사회의 필요를 반영하는 교육과정을 구비한 목회와 학문적인 교육을 전담하는 주된 기관으로 양성하고, 인가 대학원대학교와 미인가 교단신학교는 목회자의 재교육을 담당하는 기관으로 이원화할 필요가 있다.

49 최성훈, "섬김의 리더십으로 조명한 기독교교육의 원리," 441.

교단 운영위원회와 신학교의 논의를 필요로 하는데, 이 같은 작업은 결국 창조명령의 수행인 것이다. 또한, 시대적 도전을 반영하여 인가 신학교를 목회자 후보생 교육 및 학자 양성 기관으로 특화시키고, 미인가신학교는 목회자 재교육 담당기관으로 차별화하는 작업 역시 창조적인 과업 수행의 일환에 해당한다.

5) 대명령 실천을 위한 교단의 지원

신학교육의 정비와 더불어 보완해야 할 분야는 목회자의 기본적인 생활 보장에 대한 대책 마련이다. 부익부 빈익빈(富益富 貧益貧)으로 드러나는 사회 양극화 문제를 해결하기 위해서 생계에 위협을 받는 취약 계층에 대하여 일정 수준의 기본소득을 제공하여 최소한의 생계를 보장하자는 목소리가 신학계에서도 대두하고 있다.[50] 이는 하나님의 형상으로 창조된 인간의 평등성을 전제로 하는 종교개혁기의 칭의론과 만인제사장직과도 연관된 개념이다. 하나님 사랑과 이웃 사랑이라는 율법의 가르침을 원수 사랑이라는 파격적인 관계로 확장시키고, 이를 몸소 실천하신 그리스도의 사역은 최소한의 생계 보장을 통해 기독교 사랑의 관계성으로 고양된다. 칼빈 역시 사랑과 긍휼을 핵심으로 하는 성화된 믿음의 실천은 칭의와 성령의 거하심을 전제로 하여 후속적으로 나타나는 것이라고 강조하며 대명령의 의의를 제고하였다.[51]

따라서 대명령을 선포하고, 삶으로 살아내야 하는 목회자들의 기본적인 생계에 대한 해결책 모색은 사랑의 실천이라는 대명령 수행을 위해서도 필수불가결하다. 목회자들은 하나님 앞에서 교회와 가족에 대한 책임을 동시에 지니기 때문이며, 목회자들을 지원하는 것은 하나님의 긍휼과 사랑을 실천하는 기초적 과업이기 때문이다. 이를 위하여 기본적으로 교단의 자정과 책임 있는 운영이 필요하다. 교단에서 신학교의 재정을 책임지고, 신학생의 정원을 결정해야 신학교가 학생들의 등록금

---

50 김동환, "4차 산업혁명 시대, 기본소득에 대한 기독교 윤리적 고찰," 「기독교사회윤리」 44(2019), 65.

51 Seong-Hun Choi, "John Calvin's Understanding of Faith Based on the Doctrine of Justification and Sanctification," *Journal of Youngsan Theology* 45(2018), 312.

수입에만 의존하는 근시안적인 시각을 탈피할 수 있다. 한국교회에서 이중직 목회를 수행하는 대부분의 목회자들은 보건복지부 고시 최저생계비 수준 이상의 생활만 보장되어도 겸직보다는 목회에 전념하고자 하는 의지를 보인다.52 따라서 목회자의 생활 보장을 위하여 교단과 노회, 연회 또는 지방회 등의 중간조직과 각 교회들이 책임을 지고 해결책을 모색할 필요가 있다. 목회자에 대한 재정 지원 관련하여 목회자 수급 균형을 맞추기 위해 목회자 연금제도를 정비하여 현직 목회자의 정년을 앞당기는 방법도 고려할 수 있으나 이는 교단별로 연금제도의 구비와 운영 수준이 상이하므로 일괄적으로 적용하기에는 어렵다. 따라서 연금체제가 잘 갖추어진 교단의 사례를 선례로 하여 타 교단들도 연금제도의 정비를 통해 목회자의 정년을 조정하는 방법을 고려할 수 있을 것이다.

6) 대위임령과 지역사회와의 접점 확보

대명령의 수행 차원에서 이루어지는 목회자에 대한 재정적 지원은 목회자 후보생의 자질을 철저하게 검증하는 제도적 절차의 마련과 병행되어야 하는 작업이다. 오늘날 이중직 목회가 화두가 된 근본적인 원인은 한국교회의 쇠퇴와 목회자의 공급과잉의 여파로 목회자의 기본 자질과 윤리에 있어서 미흡함을 드러냈기 때문이다. 그동안 한국교회는 목사 안수 이전의 교육에 치중하여 안수 이후, 목회자의 인격 함양과 영적 지도력 양성에는 소홀히 하였다. 그 때문에 일선 목회를 담당하는 목회자들은 역부족을 느끼며 도태되어 간다는 느낌을 면하기가 어려웠던 것이다. 따라서 신학교 교육과정에서 교회개척과 이중직 목회에 대한 시대적 조명을 가미해야 하며, 대학원 졸업 고학력 목회자가 사회에 참여할 수 있는 다양한 직종에 대한 소개와 직무 수행 관련 조건들을 충족시키는 훈련 기회를 부여하여야 한다. 각 교단의 교회개척 프로그램 운영에 있어서도 이중직과 관련한 재교육과 훈련이 포함되어야 할 것이다.

하나님의 선교라는 선교적 개념은 예수 그리스도를 따르는 삶으로 부르심을

---

52 조성돈, "목회자 이중직에 대한 실증 연구," 256.

받은 그리스도인의 정체성을 바탕으로 한다.[53] 이는 그리스도의 사랑과 긍휼을 따르는 것을 필연적으로 전제하므로 대명령과 연장선에 있는 것이다. 그리스도의 현존인 교회는 그리스도께서 지향하시고 행하셨던 사역을 이루어 가는 사명을 위임받았다.[54] 어떤 특별한 사역을 전개하는 것보다 중요하고, 또한 선행되어야 할 것은 사역을 수행하는 목회자로서의 뚜렷한 정체성 점검이듯, 이중직 목회에서도 복음전파의 목적이라는 효과성이 목회의 형태라는 효율성보다 중요시되어야 한다.

교회 압축 쇠퇴기에는 기존의 교회 압축성장기의 일률적인 정책보다는 선교적이고 성육신적인 상황화된 목회 모델이 필요하다.[55] 따라서 조성돈은 현대 목회의 패턴과 관련하여 예배당 중심의 목회에서 공동체 중심의 목회로의 전환을 제시하였다.[56] 이는 복음을 핵심으로 하는 성경본문의 가르침(the Text)과 복음전파의 대상이 되는 지역사회(the Context) 간의 효율적인 소통을 위한 패러다임의 전환을 요구한다. 지역사회의 인구분포 및 소득, 교육수준, 지역적 성향 등 인구통계학적 자료와 종교지형 등 영적 토양 및 필요를 점검하는 것은 교회가 자리 잡은 지역사회를 품고 사랑으로 섬기는 사명을 수행하기 위한 기반이기 때문이다.[57] 수많은 목회자들이 신학교육이나 설교능력의 부족함보다는 미숙한 인간관계나 세상 경험의 부족으로 인해 교회 내 갈등상황에 제대로 대처하지 못해서 교회 분란 등의 문제를 방치하는 것 또한 목회자가 이중직을 통해 지역사회와의 접점을 확보하고 세상에 대한 이해를 증진하면 해결될 수 있는 부분이다.[58] 복음전파를 목적으로 하는 대위임령의 명령은 현실을 조명하는 이성에 바탕을 둔 실존적 복음과 기복신앙을 타파하는 영성 실천의 균형에 근거한 것이어야 하기 때문이다.

---

53 계재광, "기독교 리더십과 선교적 교회론의 소명에 대한 연구," 「신학과 실천」 68(2019), 573-574.

54 조성돈, "사회적 목회의 실천신학적 이해," 「신학과 실천」 68(2019), 792.

55 주상락, "인구절벽 시대에 대안적 교회개척: 새로운 교회 공동체들 중심으로," 「신학과 실천」 66 (2019), 537-540.

56 조성돈, "목회자 경제인권의 불평등 구조와 개선방안," 97-98.

57 최성훈, 『교회개척 매뉴얼』 (서울: CLC, 2019), 83-89.

58 김승호, 『이중직 목회』, 145.

7) 3대 명령과 이중직 목회

오늘날 한국교회의 위기는 전통적인 목회 패러다임에 갇혀 있는 목회지도력과 의사결정 구조 측면의 거버넌스의 위기로 대변된다.[59] 이는 각 교단뿐만 아니라 개 교회 차원에서도 나타나는 소통의 부재와 사회 현실에 대한 이해 부족, 공동체 개념 희석과 사사화된 목회 이기주의를 드러내는 것이다. 과거 교회 성장 시대의 이념은 양적 성장에 초점을 맞추다 보니 질적 성숙에는 허점을 드러내었다. 또한, 각 교단의 권력 다툼으로 인한 분열과 신학교 난립의 결과 목회자의 인격과 자질, 전반적인 경쟁력이 저하되었고, 한국교회가 쇠퇴기에 진입하며 목회자의 기본적인 생활 유지가 어려운 상황에 이르렀다. 이 같은 상황에서 대두된 이중직 목회에 대한 필요성은 더 이상 부인할 수도, 외면할 수도 없는 시점에 이르렀다.

이중직 목회와 관련하여 성경의 3대 명령인 창조명령, 대명령, 대위임령이 공통적으로 추구하는 가치는 인간에게 내재된 잠재력의 실현으로서, 이는 하나님의 형상으로 창조된 모든 인간의 기본적인 인격과 그 가능성을 존중하는 것을 핵심으로 한다. 먼저 한국교회는 목회 실천의 역사를 점검함으로써 이중직 목회에 대한 편견을 타파하고, 교단과 교파를 초월한 연합을 통해 신학교육에 있어서 교수자 교류 및 목회와 학문성에 초점을 둔 기관과 목회자의 재교육을 전담하는 기관으로 이원화하는 창조성을 발휘해야 한다. 사랑의 대명령 수행을 담당할 목회자들에 대하여 교단 차원에서 기본적인 생활을 보장할 수 있는 수단을 강구하는 한편, 신학교육에 있어서 이론과 더불어 목회현실을 조명하는 교육과정을 구비하고 다양한 직종과 직무에 대한 재교육과 훈련 기회를 제공함으로써 이중직 목회가 지역사회와 소통하며 목회 실천의 차원에서 선교적 사명을 수행할 수 있도록 도와야 할 것이다.

---

59 장신근, "공공실천신학으로 본 한국교회의 현실과 개혁과제," 262–263.

참고문헌

강춘근. "목회자의 이중직." 「성결교회와 신학」 가을호(2017), 50-69.

계재광. "기독교 리더십과 선교적 교회론의 소명에 대한 연구." 「신학과 실천」 68(2019), 555-582.

김동환. "4차 산업혁명 시대, 기본소득에 대한 기독교 윤리적 고찰." 「기독교사회윤리」 44(2019), 49-82.

김병국. "지령 2000호 기념 목회자 의식조사." 「기독신문」 2015.2.26. https://www.kidok.com/news/articleView.html?idxno=90507. (2023년 1월 7일 접속)

김수남, 박종화, 손인웅, 채수일. "목회자 수급 문제와 양질의 목회자 양성을 위한 제언." 「기독교사상」 (2016. 9), 45-68.

김승호. 『이중직 목회』. 대구: 하명출판, 2016.

_____. "목회자 이중직에 대한 신학적 고찰." 「신학과 실천」 47(2015), 571-594.

김영근. "종교인과세의 실증적 분석." 「교회와 법」 1(2022), 10-48.

남재영. "목사 이중직 허용, 해답이 아니다." 「기독교사상」 (2016. 9), 22-32.

박용성. "종교인 과세정책의 사회적 구성과 정책변동에 대한 연구." 「한국동북아논총」 26(2021), 165-186.

성창환. "이중직 목회시대를 대비하는 소규모 신학대학의 커리큘럼 개발과 생존 전략 연구." 「신학사상」 181(2018), 193-224.

송인규. "목사의 이중직과 미래의 목회자들." 「목회와 신학」 (2014. 4), 4-12.

송인설. "이중직 목회를 위한 목회 모델 연구: 선교적 교회와 협동조합을 중심으로." 「장신논단」 49(2017), 173-196.

심종석, 조현정. "목회자의 납세문제에 관한 성경적 비평." 「로고스경영연구」 13(2015), 43-62.

임성빈. "21세기 초반 한국 교회의 과제에 대한 소고: 공공신학적 관점에서." 「장신논단」 47(2015), 179－207.

장신근. "공공실천신학으로 본 한국교회의 현실과 개혁과제."「장신논단」 51(2019), 247－275.

정연식. "종교인소득 소득유형의 문제점과 개선방안."「로고스경영연구」 19(2021), 157－180.

정재곤. "종교인과세와 교회재정·회계."「교회와 법」 5(2018), 170－192.

조성돈. "사회적 목회의 실천신학적 이해."「신학과 실천」 68(2019), 785－809.

_____. "목회자 경제인권의 불평등 구조와 개선방안."「기독교사상」 (2016. 6), 89－98.

_____. "목회자 이중직에 대한 실증 연구."「신학과 실천」 49(2015), 245－268.

주상락. "인구절벽 시대에 대안적 교회개척: 새로운 교회 공동체들 중심으로."「신학과 실천」 66(2019), 535－559.

최성훈. "이중직 목회에 대한 신학적 조명: 해로 밴 브러멜른의 3대 명령을 중심으로."「신학과 실천」 71(2020), 479－502.

_____. 『교회개척 매뉴얼』. 서울: CLC, 2019.

_____. 『6하 원칙을 통해 본 기독교교육』. 서울: CLC, 2016.

_____. "섬김의 리더십으로 조명한 기독교교육의 원리."「기독교교육논총」 40(2014), 421－447.

황병준, 김명기. "이중직 목회자 허용정책에 대한 고찰."「신학과 실천」 66(2019), 561－588.

황원선. "목회자의 적정 사례비에 관한 연구."「장신논단」 50(2018), 263－287.

Calvin, John. *The Institutes of Christian Religion*, edited by John T. McNeil. Louisville, KY: Westminster John Knox Press, 1960. (Originally published in 1559).

Choi, Seong－Hun. "John Calvin's Understanding of Faith Based on the Doctrine of Justification and Sanctification." *Journal of Youngsan Theology* 45(2018), 291－317.

Goodall, Norman, ed. *Mission Under the Cross: Addresses Delivered at the Enlarged Meeting of the Committee of the International Missionary Council at Willingen, in Germany, 1952*. London, UK: Edinburgh House Press, 1953.

Ingram, Helen M., and Schneider, Anne L. "Policy Analysis for Democracy." In *Oxford Handbook of Public Policy*, edited by Michael Moran, Martin Rein, and Robert E. Goodin, 169－189. Oxford, UK: Oxford University Press,

2007.

Luther, Martin. "Babylonian Captivity of the Church." In *Martin Luther's Basic Theological Writings*, edited by Timothy F. Lull, 210 – 238. Minneapolis, MN: Fortress Press, 2005. (Originally published in 1520).

Park, Eunsook, and Park, Suhong. "A Study on the Development of a Blended Learning Model: Based on Brummelen's Biblical Model for Learning." *Journal of Christian Education & Information Technology* 18(2010), 201 – 20.

Van Brummelen, Harro W. *Steppingstones to Curriculum: A Biblical Path*. 2nd ed. Colorado Springs, CO: Purposeful Design Publications, 2002.

웹사이트

https://www.law.go.kr/법령/소득세법.

PART
03

정치와 공적 신앙

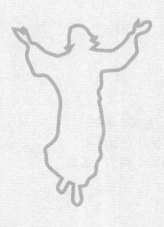

07

대통령 권력과 종교

기독교와 오랜 관계를 유지해 온 서구 각국은 시대 변화에 맞추어 정치와 종교의 관계를 재구성하였다. 헨리 8세의 집권기에 영국 국교회의 독립을 놓고 대립했던 영국과 스페인은 국교회와 가톨릭이라는 국교 제도를 유지하며 종교적 관용책을 통해 종교의 자유를 보장했고, 종교개혁과 종교전쟁을 경험한 독일과 이탈리아는 국교를 인정하지 않고 종교를 공적 법인으로 대우하였으며, 혁명을 경험한 프랑스는 아예 교회와 국가의 분리, 즉 정교분리를 헌법으로 규정하였다. 프랑스의 경우 국가로부터 종교를 분리시키려는 의도를 가지고 정교분리를 시행한 반면, 미국은 국가 설립의 배경이 된 기독교로부터 국가를 분리시키는 데에 초점을 맞추어 정교분리의 원칙을 제시하였다.[1]

---

1 1776년 영국으로부터 독립을 선언하고 1789년에 연방헌법을 제정한 미국은 1891년 총 10조로 구성된 권리장전을 마련하여 연방헌법을 수정하였다. 수정헌법 제1조에서 미국 의회는 종교를 국교로 정하거나 자유로운 신앙행위를 금지하거나 언론 또는 출판의 자유를 제한하거나 집회와 진정의 권리를 제한하는 것에 대한 법률을 제정해서는 안 된다고 규정함으로써 정교분리를 헌법을 통해 확정한 세계 최초의 국가가 되었다. 하지만 주정부들이 이 조항에 대한 해석에 대하여 오랜 논쟁을 벌인 끝에 1947년 "Everton vs. Board of Education" 재판에서 적법절차에 의하지 않고는 생명, 자유, 재산을 부정하거나 관할 내에 있는 이에 대하여 법의 평등한 보호를 거부할 수 없다는 내용의 수정헌법 제14조가 수정헌법 제1조의 종교 및 언론, 출판의 자유를 포괄하는 것이라는 판결 이후 비로소 모든 주정부는 정교분리의 원칙을 담은 국교금지조항을 반영하였다.

한편 선교사들의 영향을 받아 미국이 지향하는 정교분리 원칙을 수용한 우리 나라에서 정치와 종교의 분리는 시대와 상황에 따라 각기 다른 의미를 드러냈는데, 특히 대통령과 종교의 관계가 가장 중요한 상황적 요인으로 작용하였다. 따라서 우 리나라에서 정치와 종교 사이의 관계를 조명하는 가장 효율적인 방법은 대통령 권 력과 종교의 상호작용을 살펴보는 것이다. 또한, 대통령 권력과 종교의 관계를 살피 는 과정에서 대통령이 중립성을 잃고 너무 강한 종교성을 드러내는 것은 종교차별 의 정책으로 이어지거나 그렇게 보여짐으로써 사회통합을 저해하는 요인이 될 수 있다는 점을 직시해야 할 것이다.[2] 정치적 질서를 사회 전체를 움직이는 기본 개념 이자 종교의 상위 개념으로 간주하는 정치신학과 달리, 공공신학은 정치에 직접적 인 영향을 주기보다는 정치적인 판단에 대한 기준을 제공함을 통해 기여함을 추구 한다.[3] 또한, 공공신학은 정치, 경제, 사회적 불의에 대항하여 체제의 전복을 추구하 는 해방신학의 혁명적 특성과 달리 체제 자체를 악하거나 불의하게 보는 것이 아니 라 기존 제도의 장점을 인정하는 동시에 상반된 견해에 대한 토의를 통해 공동의 선과 합의점을 도출함으로써 잘못된 부분에 대한 점진적인 개혁을 추구하는 개혁적 성향을 드러낸다.[4] 그러므로 공공신학은 교회가 불완전한 세상에서 가장 약한 구성 원들을 보호하며 사회 전체에 복음의 빛을 비추어 평화를 달성하는 정치적 방향성 을 제공하는 역할 수행을 담당할 것을 요구한다.[5]

1 일제 강점기와 해방 이후의 개신교

구한말 청일전쟁(1894–95), 러일전쟁(1904–05), 외교권 박탈을 유발한 을사늑약

---

2 박광서, "종교권력을 경계한다," 「철학과 현실」 가을호(2007), 37–38.
3 김민석, "공공신학의 토대와 흐름 그리고 그 특징," 「종교문화학보」 18(2021), 15–16.
4 김창환, "공적 선교학: 선교학과 공공신학의 대화," 「선교와 신학」 57(2022), 19.
5 공공신학은 정치신학과 달리 정치뿐만 아니라 광범위한 사회적 이슈를 다루며, 대화의 과정에서 논쟁의 근원, 언어, 방식이 모든 이들에게 개방적이라는 특징을 보인다. Cf. E. Harold Breitenberg Jr., "To Tell the Truth: Will the Real Public Theology Please Stand Up?," *Journal of the Society of Christian Ethics* 23(2003), 55–96.

(1905), 군대해산(1907), 일제에 의한 강제합병(1910) 등을 경험하며 사회의 혼란 속에서[6] 교회는 도피처로 인식되었는데, 일제 강점기 당시 선교사들이 운영하는 교회가 치외법권적 특권을 향유하고 있었기 때문이다. 그러나 조선총독부가 미국인 선교사 전원을 추방하고, 개신교 대다수 교단이 일제의 신사참배 강요에 굴복함에 따라 한국교회는 정체성의 위기를 겪었다. 하지만 교단의 인위적 통합 및 군소 교단 해산, 성경과 찬송가의 사용 금지 등의 일제 탄압으로 인해 존폐 기로에 놓였던 개신교는 미국의 승리로 대반전의 계기를 맞이하였다. 다시금 개신교는 2차 대전에서 승리한 미국의 종교로 인식되었고, 해방 이후 추방된 선교사들이 재입국한 후 미 군정의 고문 역할을 담당하며 개신교가 국가 재건 과정에 참여하는 주체로 등극하였다. 해방 이후 한반도 남한 지역은 미 군정 지배하에 들어갔는데, 당시 미국은 소련의 팽창 정책에 맞서 남한을 자유민주주의의 최후 방어선으로 구축하려고 하였기 때문이다. 또한, 개신교는 일제 탄압을 가장 많이 받은 종교로 인식되는 한편, 북한에 공산정권이 들어선 이후 신앙을 위해 월남한 개신교인들에 대한 배려를 통해 정치적 기반을 확고히 하였다.

특히 영어를 구사하는 개신교 엘리트들이 통역을 전담하며 세력을 확장하였는데, 대표적으로 일본 소유의 적산(敵産)을 분배하는 과정에서 그들의 역할이 컸다. 미국 장로교 선교사 호레이스 언더우드(Horace H. Underwood)가 미 군정청 재산관리과로부터 장로교 선교회 재산관리관으로 위촉받았고, 한국인 최초 신학박사인 남궁

---

6 1894년 동학군이 봉기 후 북상하자 관군은 토벌군을 보냈지만 패배하였다. 이후 고종이 청나라에 파병을 요청했는데, 청나라와 일본 중 한 나라가 조선에 파병하면 다른 나라도 파병한다는 내용의 1885년 체결된 톈진 조약에 의해 일본군도 제물포에 상륙하여 경복궁을 점령하며 청일전쟁(1894년 7월-1895년 4월)이 벌어졌다. 청일전쟁에서 조선 조정이 보낸 중앙군 장위영군(壯衛營軍)은 일본군과 연합하고, 당시 평양 감사가 이끌던 평양 주둔군(지방군) 위수병(衛戍兵)은 청군과 연합하여 조선 군대끼리 전투를 벌였다. 전라도 지역의 지방군은 동학군과 연합하여 경복궁을 점령한 일본군을 치기 위해 북상했고, 이를 막기 위해 파견된 군대는 일본군과 연합한 경리청군(經理廳軍), 장위영군(壯衛營軍), 통위영(統衛營軍) 및 일본식으로 훈련된 교도중대(敎導中隊) 등 조선 정부의 최정예 부대들이었다. 1894년 11월 공주 우금치 전투에서 동학 농민군이 패한 이후 일본의 영향력이 강화되자, 고종 황제와 명성황후는 러시아에 접근하여 친러정책을 전개하였다. 1895년 명성황후 시해(을미사변) 사건이 발생하자 고종은 1896년 2월부터 1897년 2월까지 러시아 공관으로 도망한 아관파천을 통해 러시아의 힘을 빌어 친일 내각을 무너뜨리고 개화파 지식인들을 숙청하였다. 이처럼 구한말 조선의 운명은 바람 앞의 등불과도 같았고, 그로 인하여 사회적 불안과 혼란이 가중되었다.

혁 목사가 적산관리처장을 맡는 한편, 영락교회 교인 김병훈이 미군정청 적산관리과에 근무함에 따라 일본이 보유하였던 적산의 상당수가 개신교에 제공되었다. 예를 들어 일본의 신흥종교인 천리교(天理敎)의 경성대교당이 영락교회에 불허되는 등 장로교는 일본의 적산을 주로 분배받았고, 감리교는 주로 일본의 신사(神社)를 불허받았으며, 성결교는 전국의 불교 사찰을 배분받았다.[7] 무엇보다도 초대 대통령 이승만이 감리교 신자로서 개신교 대통령이라는 점은 한국교회 성장의 기반이 되었다. 한국전쟁을 전후하여 북한의 개신교인들이 대거 월남하며 개신교의 중심축이 남한으로 이동함에 따라 이후 남한의 개신교는 반공이라는 분명한 정체성을 보유하였는데, 이는 남한 정부와의 끈끈한 연결 고리로 작용하였다.[8]

2 초대대통령에서 군사정권까지

1) 이승만(1875-1965)

이승만은 양녕대군의 16대손으로서 11번이나 과거 시험에 실패한 이후 배재학당에 입학하였다. 그는 독립운동 혐의로 1899년 경시청에 체포되어 한성 감옥에서

---

7 불교 역시 정부로부터 서울 한성극장, 경기여객, 강원여객, 충북여객, 충남여객, 전남여객, 부산백화점, 대구백화점, 대전백화점, 충주비료공장, 인천 베어링, 목포 대광유지공장, 영도 도자기, 영도 조선소, 밀양 내화벽돌, 대구 대한사, 전주 도정공장, 전남유지, 통영조선, 동래박직, 밀양모직 등을 불하받았으나 그러한 재산들을 제대로 관리하지 못하여 상당수를 잃었다. 김순석, 『백년동안 한국불교에 어떤 일이 있었을까』 (서울: 운주사, 2010), 269.

8 해방 직후 남한교회들은 교회재건에 총력을 기울이며 해방 이전인 1945년 7월 29일 총독부의 종교통합정책에 의해 정동교회에서 조직된 "일본기독교 조선교단"을 계승한 남부대회를 재건하려 하였다. 당시 대회를 준비하던 임원들 전원은 총독부에 의해 임명받은 친일 어용 목사들로서 장로교, 감리교, 구세군 등 모든 교파를 통합하려 했었다. 그들은 1945년 9월 8일 새문안교회에서 남부대회를 개최할 것을 결의했지만 반대 여론이 심해지자, 1945년 11월 27-30일 정동제일교회에서 "조선기독교 남부대회"를 개최하였다. 남부대회는 조선독립을 위해 3일간 금식기도하고, 대한민국 임시정부를 절대지지하며, 38선 문제와 조선의 자주독립을 위해 미국 트루먼 대통령에게 진정서를 보내기로 결의하였다. 이는 친일파 목사들이 자신들의 입지 강화를 위해 친정부적 성향을 보인 것으로서, 일제 강점기에 신앙의 순결과 조선의 독립을 위해 일제에 맞서다 옥고를 치른 교인들의 반발을 유발하였다. 전준봉, "해방직후 한국교회의 정치화 문제,"「역사신학논총」 30(2017), 230.

5년 7개월간 복역하였는데, 옥중에서 회심을 통해 신앙을 받아들인 후 쓰러져가는 조선의 희망 원천을 예수교라고 확신하였다. 따라서 1920-30년대 미군 정보당국 문서가 이승만을 이목사(Rev. Rhee)로 기록할 정도로 그는 독실한 신자가 되었다. 당시 미국은 근대적이며 진취적인 나라로 여겨졌는데, 개신교는 미국의 종교로서 각인되어 한국의 엘리트들에게 어필하였기 때문에 미국에서 석, 박사 과정을 마친 이승만은 그와 같은 미국과 개신교의 긍정적 이미지의 후광을 활용할 수 있었다.9 그는 1948년 5월 31일 구성된 첫 제헌국회를 이윤영 목사의 기도로 시작하였고, 1948년 7월 24일 대통령 취임식에서 신앙을 고백하는 한편, 1952년 2대 대통령 취임식에서도 배은희 목사에게 국가를 위한 기도를 부탁하였다. 또한, 1948년 일제 치하 신사참배를 연상시키는 국기 배례를 주목례로 변경하는 등 이승만은 개신교 국가처럼 나라를 운영하며 개신교 특혜 정책을 시행하였다.10

이승만은 국영방송을 통한 선교를 허락했는데, 그에 따라 1947년 3월부터 매주 일요일마다 국영방송인 서울중앙방송을 통해 복음전도가 시행되었고, 1954년에는 첫 민간방송으로서 기독교방송(CBS) 인가를 내주었다. 이승만 정권은 1949년 5월 24일 국무회의를 통해 국경일에 대한 법률안과 관공서의 공휴일 관련 안건을 심의하며 일요일과 성탄을 공휴일로 결의하였다. 이에 따라 장로 대통령인 이승만은 해마다 성탄 메시지를 발표했는데, 한국전쟁이 휴전 국면에 들어간 1953년에 그는 인류의 평화와 행복을 보장하기 위해 탄생하신 예수님의 1953년째 생일잔치를 뜻있게 맞

---

9 다니엘 튜더, 노정태 역, 『기적을 이룬 나라 기쁨을 잃은 나라』 (파주: 문학동네, 2012), 377.

10 개신교와 가톨릭 다음으로 대한민국 건국에 참여한 종교는 대종교로서 임시정부 수립 당시 각료의 절반 이상이 대종교 신자였고, 임시정부를 계승한 대한민국 정부에서도 초대 부통령 이시영, 이범석, 안호상, 정인보 등의 각료가 대종교 신자였다. 대종교는 국가의 연호를 단기(檀紀)로 하고, 개천절을 국경일로 지정하며, 전국체전 개최 시 대종교 제단인 마니산에서 성화를 채취하게 하는 등 단군을 민족의 중심에 놓으려는 노력을 펼쳤다. 대종교와 관련 있는 대학은 경희대학교, 단국대학교, 홍익대학교인데, 경희대학교는 대종교 신자인 초대 부통령 이시영이 만주 신흥무관학교를 이어 설립한 신흥학교가 전신이지만 현재는 대종교와 관련이 없다. 단국대학교는 1914년 대종교에 입교한 후 원로원참의(元老院參議)를 지낸 교단의 원로급 인사인 독립운동가 장형이 1947년 설립하였지만, 현재는 대종교와 상관이 없다. 그러나 대종교 관련 자료와 연구 실적이 국내에서 가장 뛰어난 대학으로 인정받고 있다. 홍익대학교는 대종교 지도자였던 독립운동가 이흥수가 사재를 출연하여 1948년 8월 재단법인 홍익학원으로 설립하였으나 재단이 바뀌면서, 1960년대 이후로는 대종교와 아무런 관련이 없다.

이하자고 주장하였다. 또한, 이승만은 1951년 2월 군종(군목) 제도를 시행함으로써 개신교 군목 장교 32명이 입대하였고, 1954년에는 형목제도와 경목제도를 시행하는 한편, 경찰 신우회 조직 및 교도소 선교를 지원하였다.

초대 내각의 정, 부통령과 국무총리를 제외한 21개 부서장 중 9명(42.8%)이 개신교 신자였으며, 그 가운데 2명은 목사였는데 이는 당시 5%에 불과한 개신교 인구에 비교하면 상당히 높은 비율이다. 이승만 집권기인 1952－62년까지 장, 차관, 고위공무원, 대사, 군 장성, 의회 지도자 298명 중 개신교 39.2%, 불교 16.2%, 가톨릭 7.4%, 국회의원 90명 중 21명(23%)가 개신교 신자였다.[11] 이승만은 1960년 3월 15일 부정선거 및 이어지는 4·19혁명으로 인해 하야했는데, 부정선거로 인해 개신교 진영 내부에서도 자유당 정부에 대한 강한 비판의 목소리가 대두되었다.[12] 반면 당시 이승만이 출석하던 정동제일교회는 이승만의 당선 축하 전보를 발송하였고, 감리교 신자 이화여대 총장 김활란은 4·19 사건은 교수진이 잘못 교육시킨 탓이라며 대통령께 사과하러 가자고 제안하는 시대착오적 모습을 보였다.[13]

---

11 해방 이후 불교계는 일제 강점기 시대의 기득권을 유지하려는 대처승 중심의 중앙총무원과 친일불교를 척결하려는 비구승 중심의 조선불교총본원의 갈등으로 어지러웠기 때문에 국가 재건의 과업에 참여할 여유가 없었다. 대처승(帶妻僧)은 일본 불교의 영향으로 승려가 결혼도 하고 자녀도 두었지만 비구승(比丘僧)은 출가하여 독신으로 불도를 닦는 데에 전념하였다. 중앙총무원은 조선불교총본원을 좌파라고 규정하며 공격하였고, 미군정이 비구승들을 좌파로 인식하고 체포함에 따라 비구승들은 투옥되거나 월북하였다. 그러나 한국전쟁 이후 중앙총무원이 이승만 반대세력인 한민당과 결탁하는 바람에 이승만은 친일불교 숙청을 위한 정화유시를 8회나 발표하며 비구승들을 지지하였다. 결국 대통령의 지지를 얻은 소수의 비구승들은 대처승 중심의 중앙총무원을 몰아내었고, 1962년 비구－대처 양 지도부의 합의로 대한불교조계종(大韓佛敎曹溪宗)을 세웠다. 이를 반대하는 대처승단은 1970년 총무원을 계승한 한국불교태고종(韓國佛敎太古宗)을 설립하여 이에 맞섰다.
12 배덕만은 4·19 혁명이 한국교회 안에서 정부에 대한 객관적 평가와 자기반성이 시작된 중요한 모멘텀이라고 해석하였다. 하지만 그러한 반성이 부패한 정권과 정교유착에 대한 진지한 성찰이 아니라 교회 외부에서 주도된 혁명으로 야기된 충격으로 인한 수동적 반응이라는 점에서 한계를 노출한다고 지적하였다. 배덕만, "정교분리의 복잡한 역사: 한국의 보수적 개신교를 중심으로, 1945－2013,"「한국교회사학회지」 43(2016), 194.
13 김활란은 일제 강점기에 조선총독부 운영 조선 부인연구회, 방송선전협회, 금비녀와 금가락지 등을 팔아 일제 국방비로 헌납하자고 선동하는 애국금차회 활동은 물론 신사참배를 강요하고 징병 권유의 강연에 앞장선 대표적인 친일파 인물이다.

2) 박정희(1917-1979)

박정희는 1917년 경북 구미에서 태어나 상모교회에 출석하였고, 주일학교 교사로도 봉사하였다. 그러나 그는 종종 불교 신자로 오해받는데, 그 이유는 독실한 불교 신자인 아내 육영수 여사 때문이다. 1961년 5월 16일 쿠데타로 정권을 잡은 이후 박정희는 자신의 종교가 없다고 말했고, 한국대학선교회(C.C.C.: Campus Crusade for Christ)의 김준곤 목사와 극동방송 김장환 목사의 전도에도 화답하지 않았다. 따라서 집권 초기에 박정희가 이끄는 군사정권은 개신교에 우호적인 모습을 보였던 이승만 정권과 달리 모든 종교에게 중립적인 자세를 보였고, 개신교 특혜를 바로잡는 형평성 차원에서 불교를 지원하였다. 그는 1962년 사찰령을 불교재산관리법으로 변경하여 정부가 관할하던 주지 임명권을 사찰에 넘겨주었고, 1969년부터 군종제도에 불교가 참여하여 군승을 배출하도록 하였으며, 1975년에는 석탄일을 공휴일로 지정하였다. 또한, 새마을운동의 전개 과정에서 전국의 사찰에 도로와 전기를 공급하였다. 이는 5·16 쿠데타 세력 내 불교 신자 다수가 포진해 있었기 때문이기도 한데, 일례로 중앙정보부장 이후락은 조계종 전국신도회 회장을 두 차례나 역임한 독실한 불교 신자였다. 이후 사회지도층 불교 신자 비율이 7%에서 19.1%로 증가하였다.

하지만 정권의 기반이 취약한 군사정권이 체제를 유지하기 위하여 필요했던 최우선 과제는 반공이며, 이를 위하여 미국의 지원이 절실했기 때문에 박정희 정권은 결국 친미 전략을 취할 수밖에 없었다.[14] 따라서 박정희 정권은 당시 미국과의 관계 개선을 지원할 수 있는 유일한 세력이었던 개신교와 손을 잡을 수밖에 없었다. 이에 개신교는 대미 접촉 창구 역할을 수행하며 미국 내 반유신 여론 무마를

---

14 더욱이 1960년대 국제정세는 냉전 체제 가운데 중국에서 일어난 문화혁명, 인도차이나 반도의 공산화 위협에 더하여 북한의 김일성이 간첩을 남파하여 남한 사회를 교란시키는 일이 빈번하였기 때문에 남한 정부의 가장 주된 임무는 공산화의 위협으로부터 나라를 지키는 것이었다. 또한 공산주의의 도전을 물리치고 자유민주주의를 수호하기 위해서 군사력뿐만 아니라 정신적인 무장이 필요했는데, 그 때문에 종교의 도움을 필요로 하였다.

위해 미국을 방문하여 박정희 정권과 미국 정부의 관계 개선에 공헌하였다. 또한, 5·16 쿠데타 이후 반공을 기반으로 지지 성명을 발표하였고,[15] 반대 여론이 높았던 베트남 파병에서도 파병군을 "자유의 십자군"으로 묘사하며 대대적 환송예배를 드리는 한편, 군 내에 개신교 특수중대와 임마누엘 중대를 창설하고 베트남 파병 이후 목사들로 구성된 구국십자군 창설 및 총검술 등 군사훈련을 통해 정권을 지원하였다.[16] 정부 역시 개신교의 협력에 대한 보상으로서 전군 신자화운동 전개 및 진중교회건축 지원을 활발히 전개하였고, 개신교 주최 대형집회들을 지원하였다. 따라서 1965년 한국 복음화 운동의 해 집회를 필두로 320만 명이 참석한 1973년 빌리 그래함 목사 집회, 650만 명이 참석한 C.C.C. "엑스플로 1974" 기독교 세계복음화 대회, 1,600만 명이 참석한 1980년 세계복음화 대성회 등이 개최되었다.[17]

또한, 개신교는 박정희 정권이 진행한 산업화의 최대 수혜자로 등극하였는데, 당시 박정희 군사정권은 종교와 집회의 자유 보장을 선전하며 새마을운동을 전개하였고, 개신교는 이를 신도 확보 수단으로 활용하였다.[18] 일찍이 여의도순복음교회

15 김준곤 목사는 1973년 조찬기도회 설교에서 민족의 운명을 걸고 세계의 주시 속에서 벌어지고 있는 10월 유신은 하나님의 축복을 받아 기어이 성공시켜야 한다고 주장하였다. 1972년 10월 17일에 대통령 박정희가 위헌적 계엄과 국회해산 및 헌법정지 등을 골자로 하는 대통령 특별선언을 발표한 10월 유신에 대한 전폭적인 지지를 보낸 것이다. 박광서, "종교권력을 경계한다," 34.

16 1960년대부터 기독교 문화가 뿌리내린 미국의 대통령조찬기도회를 모방한 조찬기도회는 대통령 권력과 교회의 교류를 제도화시키는 기반이 되었다. 1965년 국회조찬기도회를 시작으로 1966년에는 대통령조찬기도회가 시작되었는데, 이는 1976년부터 국가조찬기도회로 명칭을 변경하여 오늘에 이르고 있다. 1964년 9월부터 1973년 3월까지 이루어진 베트남 파병은 개신교 보수 진영에 의하여 지지를 받았고, 김준곤 목사 주도하에 1966년부터 시작된 대통령조찬기도회는 보수 진영의 개신교와 정권이 밀월 관계를 맺는 기반이 되었다. 조찬기도회의 효용성이 확인된 이후 "국무총리를 위한 조찬기도회" 등 다양한 형태의 조찬기도회로 확장되어 정권과 정책에 대한 찬양과 지지가 이어졌다. 강인철, "해방 후 한국 개신교의 정치참여: 역사와 평가," 「한국교수불자연합학회지」 15(2009), 178-179.

17 1965년 6월 22일 한일협정이 체결되었을 때에 개신교는 보수와 진보 여부와 상관없이 이를 굴욕외교라고 강하게 비판하였으나, 1969년 박정희 정권이 정권연장을 위해 헌법개정을 추진하자 김재준, 박형규, 함석헌 등의 진보 진영은 이를 반대하며 "3선개헌반대 범국민투쟁위원회"에 참여하였고, 반대로 김윤찬, 박형룡, 조용기, 김준곤, 김장환 등 보수 진영 목회자 242명은 "개헌문제와 양심자유선언"을 발표하며 진보 진영의 정치참여를 반대하는 한편, 국가의 수반인 대통령을 위해 기도해야 한다고 맞섰다. 한편, 박정희 정권 아래에서 보수 개신교회는 1970년 3월 25일 문교부가 사립학교법을 개정하여 사립학교의 종교교육 및 종교행사를 금지하려 하자 약 10년간 갈등을 빚기도 하였다.

18 다니엘 튜더는 대한민국은 한강의 기적을 이루며 눈부신 경제성장을 달성한 나라임에도 불구하고

조용기 목사는 박정희 대통령에게 "새마음운동"을 벌이라고 조언하였고, 박정희는 이를 "새마을운동"으로 다듬어서 대한민국의 산업화를 이끌었다. 그 과정에서 개신교는 1970−80년대 산업화로 인해 도시로 유입된 이농민들을 흡수하며 급격한 교세 성장을 경험하였는데,[19] 특히 보수적 교회는 대형 집회를 통해 도시 중산층을 흡수하며 소외된 개인의 영혼 구원에 집중하는 모습을 보였다. 반대로 진보적 교회는 반독재민주화 운동 추진하는 한편, 사회적 약자인 도시 노동자 및 빈민을 위한 단체를 결성하며 정권에 대항하였다. 또한, 1968년 도시산업선교회를 출범하여 노동자 인권을 강조하였고, 1969년 7월 3선 개헌반대운동을 벌이고, 1970년대 반독재민주화 운동을 전개하였는데, 박정희 정권은 9차례 긴급조치 발동으로 이에 응수하였다. 제5대에서 제9대에 이르는 5선 대통령이었던 박정희는 1979년 10월 26일 중앙정보부장 김재규의 권총에 피격되어 사망하였다.

3) 전두환(1931-2021)

전두환은 원래 가톨릭 신자로서 "베드로"라는 세례명도 보유하고 있었지만, 대통령이 된 이후에는 정권에 협조적인지 여부로 종교에 대하여 판단하고 대응하였다. 5·18 광주 민주화운동을 무력으로 진압하고 국가안보위원회를 통해 헌법을 개정한 뒤 전두환을 7년 임기의 대통령으로 선출한 신군부는 박정희의 반공과 친미정책을 계승하였는데, 개신교, 가톨릭, 불교의 대형 집회를 허용하며 종교를 활용한 민심 수습의 전략을 전개하였다. 후일 전두환은 1987년 6월 5·18 광주 민주화 항쟁의 역풍을 맞아 1988년 백담사 칩거 후에 1989년 불교 신자가 되었지만 여러 종

진실된 만족감과 기쁨을 잃고 있음을 지적하며 불가능한 기적의 뒤에 자리 잡은 정서적 공백을 지적하였다. 이는 개신교가 산업화와 경제발전의 과정을 자신의 외형적 성장 동력에 삼는 데 치중한 나머지 복음을 통해 국민들의 마음을 위로하고 평안케 하는 일에는 소홀히 한 것이 아닌지 돌아보는 성찰을 요구하는 일갈이다. 다니엘 튜더, 『기적을 이룬 나라 기쁨을 잃은 나라』, 28−29.

19 박정희는 한편으로는 1961년 문화재보호법 및 1972년 문화예술진흥법을 제정하여 전통문화 보호 정책을 전개함에 따라 무속이 무형문화재라는 명목으로 국가의 지원을 통해 보호를 받았지만, 다른 한편으로는 새마을운동과 함께 벌인 미신타파운동은 무속을 근대화를 방해하는 주범으로 인식하는 양면성을 보였다. 박명수, "한국 정치의 변화와 기독교 정책," 「성결교회와 신학」 28(2012), 61−62.

교를 넘나드는 자유로운 행보를 보였다. 1979년 12·12 사건과 1980년 5월 18일 광주 민주화 항쟁 이후 종교계와 대립하기 시작한 전두환은 특히 가톨릭 고(故) 김수환 추기경과 사이가 좋지 않았다. 또한, 광주 사태를 지적한 불교는 신군부가 폭도 진압이란 명목으로 1980년 10월 27일 전국 사찰과 암자 5,731곳을 수색하여 조계종 승려 및 관계자 153명을 강제 연행한 "10·27 법난"의 피해자가 되었다. 전두환 정권은 개신교 종립학교의 종교교육 금지 및 무인가 신학교 정비와 더불어 언론 통폐합 작업의 일환으로 기독교방송의 보도 및 광고를 금지하며 개신교와도 맞섰다. 그러나 개신교는 1980년 8월 전두환 대통령 당선 축하 국가조찬기도회를 계기로 정권과 우호적인 관계를 맺은 이후 전도폭발, 영적전쟁, 기도의 용사, 총동원 주일, 전도특공대, 100일 기도작전, 선교의 전초기지, 목회사관학교 등 군사용어를 도입하며 정권을 지지하였다.

한편 전두환의 제5공화국은 박정희 정권의 전통문화보호정책을 계승하여 헌법에 전통문화와 민족문화를 계승, 발전시켜야 한다는 조항을 삽입하며 서구 문명을 추종하지 말고 민족 고유의 문화적 주체성을 확립함으로써 사회발전의 기초를 마련할 것을 강조하였다. 민심 수습 및 집회결사의 자유를 보장한다는 홍보의 의도로 광주민주화운동 1주기가 되는 시점인 1981년 5월 28일부터 6월 1일까지 여의도에서 "국풍 81"을 개최하였고, 이를 통해 민족(토속)종교 역시 정치 수단화하기를 도모하였다. 따라서 전두환 정권 아래에서 무속신앙은 민족문화로 인식되는 한편, 문화보존이라는 명목으로 정부의 지원을 받기 시작하였다. 그러한 흐름 속에서 1985년 한국민족종교협의회가 설립되어 과거에 미신으로 폄하되던 무속종교들이 민족종교의 이름으로 연합회를 만들었고, 1991년 사단법인으로 등록된 이후 한국의 공인종교로 자리매김하였다.[20]

전두환의 군사정권에 대한 진보 개신교 진영과 가톨릭의 반발이 지속되던 중에 1987년 1월 15일 서울대생 박종철군 고문 치사 사건을 계기로 전개된 민주항쟁은 1987년 6월 당시 대통령 후보인 노태우가 "6·29 선언"을 통해 군부 독재가 아닌 대통령 직선제를 약속하도록 하는 동인으로 작용하였다. 개신교 보수 진영의 일

---

20 Ibid., 65－67.

부는 한국기독교교회협의회(한기교, NCCK: National Council of Churches in Korea)를 통해 민주화 항쟁에 적극 참여하는 한편, 1988년 2월 29일 제37차 총회를 통해 "민족의 통일과 평화에 대한 한국기독교의 선언"을 발표하며 그동안 한국교회가 민족 분단의 현실을 외면한 것을 반성하고, 통일의 원칙 및 통일을 이루기 위한 한국교회의 과제들을 제시하였다. 진보적 복음주의의 출현 및 선언에 대한 대응으로 보수 진영이 재결집하여 1989년 한국기독교총연맹(한기총, CCK: The Christian Council of Korea)을 탄생시키며 맞섬으로써 한국교회의 보수 진영이 진보적 복음주의와 보수로 양분되었다.

4) 노태우(1932-2021)

노태우는 소위 "부처님 귀"로 불리는 넓적한 귀를 가진 독실한 불교 신자였다. 그의 모친 역시 대구 파계사 신도회장을 지낸 독실한 불교 신자인 탓에 그는 불자 대통령으로 불리기도 했다. 노태우는 10·27 법난 당시 합동수사본부장을 맡았던 전력을 만회하고자 집권 뒤 불교계와의 관계 회복을 위해 애썼다. 따라서 그는 1987년 대통령 후보 시절 조계종 종단 간부들을 집으로 초청하였고,[21] 취임 직후 고향인 대구 팔공산 동화사의 통일기원대전 현판을 직접 쓰기도 하였으며, 대통령 재임시기인 1990년 불교계 유일의 지상파 방송인 BBS 불교방송 개국을 지원하였다. 그러나 노태우는 퇴임 이후인 1995년 비자금 사건으로 2년간 수감생활을 하던 중에 조용기 목사, 김장환 목사의 면회와 전도를 통해 성경을 정독하기 시작했고, 12·12 군사반란 및 5·17 내란 주도 혐의로 징역 17년형을 선고받고 복역하던 중 2010년 하용조 목사의 면회와 전도 및 가족 중에서 유일한 개신교 신자였던 딸 노소영의 오랜 노력으로 인해 개신교로 개종하였다. 퇴임 이후 가톨

---

21 조계종 간부 중에 한 스님이 노태우 후보에게 자신이 불교 신자임을 분명히 밝혀 달라고 요청하자 노태우는 대통령 후보로서 모든 국민의 표를 얻어야 하니 그것은 불가능하지만 출근할 때마다 차 안에서 금강경 독송 테이프를 듣는다며 누가 더 천수심경을 잘 외우는지 겨루어보자고 말할 정도로 자신이 독실한 불교 신자임을 밝혔다. 백중현, 『대통령과 종교: 종교는 어떻게 권력이 되었는가?』 (서울: 인물과 사상사, 2014), 141-142.

릭에서 불교로 개종한 전두환과 같이 쿠데타의 주역인 노태우 역시 불교에서 개신교로 개종한 것이다.

노태우는 대통령 후보 시절인 1987년, 6월 항쟁을 경험하며 "6·29 선언"을 통해 대통령 직선제를 약속하였고, 민주정의당 후보로 출마하여 제13대 대통령에 당선되었다. 1987년 치러진 직선제 대선은 개신교 김영삼, 가톨릭 김대중, 불교 노태우 후보 등을 통해 종교의 3파전 양상을 보였는데, 당시 10원 동전에 새겨진 다보탑 내의 불상에 대한 음모론이 전국에 확산되었다. 이는 전 국민이 불상을 가져야 노태우 후보가 대통령에 당선이 될 수 있다는 주장에 근거한 것이다. 하지만 10원 동전에 새겨진 그림은 불상이 아닌 돌사자(해태)상이었기 때문에 이는 해프닝에 그쳤다. 한편 6·29 선언을 이끌어낸 사회 분위기는 노태우 정권이 등장한 이후 5공 청문회에 대한 요구로 이어졌고, 그 결과 전두환은 백담사에 은거하는 신세로 전락하였다.

노태우 정권기에 개신교는 진보와 보수 세력으로 양분되어 갈등이 심화되었는데, 복음주의 진보 진영을 대표하는 한국기독교교회협의회(한기교)는 민간 차원에서 최초로 평화통일운동 전개하였고, 반공정책을 비판하며 미군 철수를 주장하였다. 반면 한국기독교총연합회(한기총) 중심의 보수 개신교는 평화통일론은 북한에 이용당할 빌미를 제공할 수 있고, 미군 철수는 불가한 것이라고 응수하며 맞섰다. 결국 진보적 개신교는 평화통일운동의 싹을 틔우는 데에 공헌하였는데, 1989년 3월 문익환 목사가 정부의 허가 없이 방북해 김일성과 두 차례 면담하며 발표한 자주평화통일 9개 원칙은 이후 진보 성향의 김대중 정권이 마련한 "6·15 남북공동선언"의 기초가 되었다. 또한, 한기교의 "88통일선언"은 노태우 정부가 발표한 1988년 "77선언", 1989년 제시한 "한민족공동체통일방안", 그리고 1992년 북한과 합의한 "남북기본합의서"의 근간이 되었다.

3 문민정부 이후 21세기

1) 김영삼(1927-2015)

김영삼은 조부 김동욱, 부친 김홍조를 잇는 3대째 기독교 가문 출신으로 부친 김홍조는 부인 박부련이 무장 공비에 의해 살해된 이후 신명교회를 세우고 장로로 임직하였고, 이후 수정교회와 마산교회를 설립하였다. 김영삼은 대학 시절 서울 상경 후 문익환, 문동환 목사의 아버지 문재린 목사가 시무하는 신암교회에 출석하다가 1965년 이후 충현교회로 옮겼고 1977년에 장로로 임직하였다. 재야 민주화 운동가 출신인 그는 1979년 국회의원 제명 파동 당시 순교자의 각오로 투쟁 성명을 발표한 탓에 1980년 5월 장기 가택연금을 당하였고, 1983년 5·18 광주 민주화 운동 3주기에는 전두환 독재정권에 대항하는 23일 단식 투쟁을 벌이며 맞섰다.

그가 1992년 제14대 대통령 선거에 후보 출마했을 때 개신교는 "장로 대통령 만들자"는 구호로 결집하였는데, 특히 당시 여의도순복음교회 조용기 목사는 기독교 입국론을 주장하며, 앞으로 한국 정치는 기독교가 일어나서 담당해야 하고, 국회의원은 기독교인이, 대통령은 장로가 맡아야 한다고 강조하였다. 김영삼이 1993년 제14대 대통령에 당선되는 데 공헌한 개신교는 1996년 15대 총선에서 여의도순복음교회와 소망교회를 통해 각 6명의 국회의원을 배출하였고, 2004년 17대 총선에서는 소망교회 7명, 사랑의교회 5명, 서울중앙침례교회 3명의 국회의원을 배출하였다.

한편 군사정권 이후 "문민정부"로 자처한 김영삼 정권은 집권기에 12개 대형 사고가 발생하여 1,400여 명이 사망하며 대한민국은 "사건 공화국"의 오명을 얻었다. 그의 대통령 취임 40여 일 전인 1993년 1월 철주 우암상가아파트 가스폭발 사건이 발생했고, 1993년 3월에는 경부선 물금-구포 구간 무궁화 열차 전복사건이 일어났으며, 1993년 7월 아시아나항공 목포 운거산 충돌사건, 1993년 10월 서해 훼리호 침몰사건이 발생하였다. 다음 해인 1994년 역시 10월 성수대교 붕괴, 10월 충주 유람선 화재, 12월 아현동 가스폭발 사건 등으로 얼룩졌다. 1995년 4월에 대구 지하철 가스 폭발 사건이 일어났고, 6월에는 삼풍백화점 붕괴 사고로 수많은 목숨을 잃었다. 정권 말기인 1997년에도 대한항공 항공기가 괌에서 추락하는 사고가 8월에 발생하였고, 김영삼 정권에서 발생한 마지막 열두 번째 사건은 1997년 11월 국제통화기금(IMF)에 구제금융을 신청할 수밖에 없는 국가 부도의 위기 상황에 처했던 "IMF 경제위기"가 장식하였다.

2) 김대중(1924-2009)

김대중은 1956년 민주당 입당 후 가톨릭 신자가 되었고, 세례명은 "토머스 모어"이다. 반면 영부인 이희호 여사는 창천 감리교회에 출석하는 개신교 신자였다. 김대중은 군부정권에 의해 사형선고를 받고, 투옥과 납치에 직면하는 어려움을 겪은 끝에 1997년 제15대 대통령에 당선되었다. 김영삼이 보수적인 민주화 운동을 전개했다면 김대중은 다소 사회주의에 가까운 민주화 운동가의 면모를 보였다. 따라서 김대중의 집권 이후 한국기독교교회협의회(한기교) 계열 진보성향 인사들이 대거 김대중 정부에 입각하였는데, 대표적인 인물로서 진보적 개혁주의 교단인 기장의 김성재 목사가 대통령민정수석 비서관과 문화관광부 장관을 역임했고, 기장 김상근 목사는 제2건국 범국민추진위원회 상임위원장, 성공회 이재정 신부는 비례대표 국회의원을 거쳐 노무현 정권에서는 통일부 장관을 지냈으며, 문재인 정권 및 윤석열 정권 초기에 이르는 2014년부터 2022년까지 경기도 교육감을 역임하였다.

"국민의 정부"를 지향하던 김대중 정권 시기에 들어서며 개신교와 정권의 밀월관계가 붕괴되었는데, 이는 대형교회 담임목사들이 저지른 비리들에 대한 공중파 방송 보도 및 진보성향 인사들의 입각으로 인한 것이다. 가장 중요한 요인은 김대중의 대북정책인 "햇볕정책"으로 인한 것인데, 보수 개신교는 북한을 포용함으로써 국가의 정체성을 약화시키는 김대중 정부는 좌파라고 규정하고 대립하기 시작하였다. 그 과정에서 보수적 교단의 연합단체인 한국기독교총연합회(한기총)가 급부상하였는데, 한기총은 반핵, 반김(반김정일), 자유민주주의 수호라는 캐치프레이즈를 내

걸고 좌파 반대 시위를 주도하였다.

3) 노무현(1946-2009)

노무현은 세례받은 가톨릭 신자로서 그의 세례명은 "유스토"이지만 종교란에는 무교로 기입하였다. 그는 김수환 추기경과의 대화 중에 하느님을 믿느냐는 질문에 희미하게 믿는다고 답변하였고, 확실하게 믿느냐는 질문에 대하여 앞으로 종교란에 "방황"이라고 쓰겠다고 답했다. 오히려 불교의 영향을 많이 받은 가톨릭 신자인 그는 29세에 사법고시에 합격할 때까지 집 근처 정토원에서 공부하였고, 영부인 권양숙 여사 역시 독실한 불교 신자이다. 노무현 정권 최대의 정적은 보수적 개신교였는데, 집권 당시 정부 여당이 추진한 국가보안법, 사립학교법, 과거사진상규명법, 언론관계법 등의 4대 개혁입법을 두고 개신교와 충돌하였다. 한편 노무현 정권 집권기 중반인 2005년 민족 해방파(NL: National Liberation)계 진보 진영 출신 인물들이 우익으로 전향하여 결성한 "뉴라이트"가 출현하여 기존의 보수 진영을 타락한 수구세력으로 비판하는 한편, 노무현 정권의 4대 개혁입법에도 반대의 입장을 표명하였다.22

전통적인 보수 개신교 진영은 국가보안법은 반공이라는 개신교 근간을 흔들고, 사립학교법은 개신교의 재산권을 흔드는 중대한 사안이라 판단하여 열여덟 차례 대규모 반정부 시위를 벌이는 한편, 2004년 5월 제17대 총선에서 우파 주류 목회자들이 참여한 한국기독당을 설립하여 직접 정치에 뛰어들려고 시도하였다. 따라서 목사 2명을 포함한 9명의 지역구 후보들과 14명의 비례대표 후보들을 출마시켰지만 지역구에서 모든 후보가 낙선했을 뿐만 아니라 1.08%(228,837표)의 득표를 얻는 데 그쳐 정당 등록이 취소되었다.23 노무현 정권은 2004년에 종교의 자유를 주

---

22 김진홍 목사, 서경석 목사, 한기총 및 보수적인 신학자들에 의해 추진된 뉴라이트 운동은 미국의 남침례교 목사로서 기독교 우파단체인 "도덕적 다수"(Moral Majority)의 대표인 제리 폴웰(Jerry L. Falwell)을 비롯한 미국 백인 보수주의 목사들에 의해 주도된 "New Right Movement"를 본뜬 것이다. 그러나 그들이 개진한 운동은 백인 남성들이 지배하던 과거의 기득권을 되찾아 백인 중심의 사회체제를 재확립하기 위한 것이며, 결코 소수의 사회적 약자를 위한 것이 아니라는 점에서 비판을 받았다.

장하며 채플 거부가 발생한 대광고 강의석 군 사건에서도 교목실장인 류상태 목사를 직위해제함으로써 개신교의 반발을 유발하였다.[24]

4) 이명박(1941-)

이명박은 자신의 종교 성향을 거침없이 피력한 대통령으로서 김영삼에 이어 다시 탄생한 장로 대통령으로 주목받았다. 어머니의 새벽기도를 듣고 성장한 그는 서울시장 재직 시기인 2002년 7월부터 4년간 공식적으로 참여한 개신교 행사만 50여 회에 달하고, 2004년 5월 31일 장충체육관에서 개최된 "청년·학생 연합기도회"에 참석하여 서울을 하나님께 드리는 봉헌서를 낭독하였고,[25] 청계천 복원사업 준공식에 개신교 목사를 초청하여 준공 예배를 드렸다. 대통령 선거에서 뉴라이트와 한기총 등 개신교가 이명박을 지지하여 다시 한번 장로 대통령을 만들기 위하여 전폭적 지지를 보낸 반면, 불교계는 이에 대하여 광범위한 저항을 전개하며 정권에 맞섰다. 이명박 정권 출범 이후인 2008년 8월 27일에도 서울시청 광장에서 "범불교도대회"를 개최하여 정부, 지방자치단체, 공무원 등에 의해 불교에 대한 종교차별이 발생했다고 주장하며 정부를 비판하였다. 개신교 진영 역시 템플스테이 및 전통문화보존이라는 명목하에 불교계에 지원되는 국고 지원의 문제를 둘러싸고 정부와 마찰을 빚기도 하였다.

대통령 당선 후에는 장관 16명 중 가톨릭 신자 2명, 무종교인은 4명이었지만 개신교 신자는 약 2/3에 해당하는 10명에 달함으로써 코드 인사 논란이 불거졌다.

---

23 선거관리위원회 등록 취소를 면하기 위한 최소 득표율은 2.0%이다.

24 강의석은 2004년 8월 11일부터 9월 22일까지, 그리고 10월 16일부터 22일까지의 두 차례 종교의 자유를 요구하는 단식 농성을 벌였다. 2007년 10월 서울중앙지법은 학교가 학생의 종교 자유를 침해했다며 원고 일부승소 판결을 내렸지만 서울시 교육청에 대한 손해배상 청구에 대하여는 고의나 과실이 인정되지 않는다며 기각하였다. 2008년 5월 9일의 항소심에서는 원심을 뒤집고 학교 측의 손해배상도 인정하지 않았다. 강의석은 즉시 상고하였고, 2010년 4월 22일 대법원은 미션스쿨에서도 종교의 자유는 인정되어야 한다는 취지로 원심을 파기하고 1심과 같이 원고 일부승소 판결을 내리는 한편, 학교법인 대광학원이 1,500만 원의 손해배상금을 지급하라고 판결하였다.

25 불교계는 그와 같은 개신교의 성시화 운동은 정교일치(政敎一致) 또는 신정일치(神政一致) 사회를 목표로 하는 운동이라고 규정하며 정교분리(政敎分離)의 원칙을 위반한 것이라고 비판하였다. 이진구, "한국 개신교사에 나타난 정교분리의 정치학," 「종교문화비평」 33(2018), 155-156.

이와 관련하여 고려대, 소망교회, 영남 출신 인사를 지칭하는 소위 "고소영" 인사가 이명박 정권의 내각의 특징을 요약하였다. 그는 제17대 대통령에 당선된 이후 열린 국가조찬기도회에서 길자연 한기총 대표회장의 통성기도 제안에 무릎 꿇고 기도하는 모습이 노출되어 논란을 일으키기도 했다. 하지만 이에 부응하여 미국산 쇠고기 수입으로 촉발된 반미촛불시위, 한미 FTA 협상체결, 용산 4구역 재개발사업 관련 철거로 인한 참사, 천안함 사건, 4대강 개발사업 등으로 인해 이명박 정부가 심각한 위기에 처했을 때마다 보수 진영은 변함없는 절대적 지지를 선언하였다.

또한, 이명박은 대통령 임기 중반 이후 조용기 목사와의 갈등을 빚기도 했는데, 이는 이슬람채권법인 수쿠크법의 국회 상정과 관련한 것이었다. 2011년 2월 조 목사는 이를 계속 추진할 경우 정권 퇴진 운동 벌이기로 결의하였고, 결국 기획재정위원회에서 수쿠크법이 부결됨으로써 일단락되었다. 개신교 진영의 반대는 이자를 금지하는 이슬람법에 따라 채권 발행 자금을 실물에 투자하여 배당금을 지급하는 수쿠크법을 통해 이슬람권의 지하자금 유입을 우려하였기 때문인데, 이를 결국 막아내며 개신교 진영의 세력을 과시하였다. 하지만 이명박 정권 말기에 이르러는 개신교 스스로 이미지 추락과 교세 감소를 유발하였다. 이는 개신교 특유의 일방적이고 공격적인 선교방식으로 인해 사회적 반감이 확산되며 정치적 영향력이 약화되었기 때문이며, 교회에 대한 이미지 실추가 야기한 청장년층의 이탈에 따른 교인의 고령화로 인해 교회의 동력 또한 저하되었다. 개신교 보수 진영은 2008년 4월 치러진 제18대 총선에서 기독사랑실천당을 설립하여 지역구 후보 3명을 출마시켰지만 모두 낙선하였고, 정당득표율은 2.59%(443,705표)를 얻어 비례대표 의원 배출을 위한 3.0%의 기준에도 미달하였다.

5) 박근혜(1952-)

박근혜는 다양한 종교와 관련이 있는 무종교 대통령이었다. 무종교임을 공개적으로 피력한 그녀는 청소년기에 가톨릭 재단인 가톨릭 성심여중과 성심여고를 거쳐서 가톨릭 예수회 소속인 서강대학교를 졸업하였고, "율리아나"라는 가톨릭 세례명을 받았다. 한편 독실한 불교 신자인 어머니 육영수 여사와 외조모의 영향을 받고 두 개의 법명 대자행(大慈行)과 선덕화(善德華)를 보유하기도 하였다. 또한, 1974년 8월 15일 광복절 기념식에서 재일교포 간첩 문세광의 총탄에 시해된 어머니를 잃고 방황하던 청년 시절에 사이비 종교 지도자 최태민을 만나 구국십자군 활동을 벌이기도 했다. 1979년 10·26 사태로 아버지 박정희 대통령의 피격 후 2년 뒤인 1981년 예장 통합 교단에 소속된 장로회신학대학교 대학원에서 기독교교육 전공으로 한 학기 대학원 학업을 이어가는 등 힘든 시기를 거치며 위로와 평안을 얻기 위해 다양한 종교들을 추구하는 모습을 보였다.

박근혜는 2012년 12월 제18대 대통령 선거에서 당선되었는데 선거 과정에서 사랑의교회 인맥들이 주도하여 승리를 이끌었다. 중앙선거대책위원장 김성주는 연세대 신학과 출신으로 사랑의교회 집사였고, 허태열 비서실장과 주철기 외교안보수석도 사랑의교회 집사와 장로 출신이었다. 박근혜는 대통령 당선 후 선거과정에서 공헌한 사랑의교회 인맥을 등용하는 코드 인사를 단행하였는데, 소위 "성시경"으로 불린 성균관대학 출신, 고시 출신, 경기고 출신 등의 공통점을 가진 인물들이 많았다.26 박근혜 정권은 전북 익산 국가식품클러스터 내 할랄식품 단지를 조성하여 수출전진기지로 삼겠다는 복안을 발표했다가 개신교의 거센 반대운동에 막혀 이를 전면 백지화하며 물러서는 모습을 보이기도 하였다. 그녀는 "박근혜-최순실(최서원) 국정농단"으로 인해 2017년 3월 10일 헌정 사상 최초로 헌법재판소 대통령 탄핵을 결정하였고, "박근혜-최순실 게이트"를 통해 직권남용, 권리행사방해, 강요, 특가법상 제3자 뇌물수수, 공무상 비밀누설 등 18개 혐의, 국고손실 등 2개 혐의, 그리고 공직선거법 위반 혐의로 징역 22년 및 벌금 180억 원과 추징금 35억 원이 확정되었다. 그러나 2021년 12월 24일 수감된 지 4년 9개월 만에 문재인 정권에 의해

---

26 당선 당시 박근혜 정권의 청와대 및 내각을 구성한 30명 가운데 성균관대 출신이 7명으로서 서울대 출신 10명보다는 적은 숫자이지만, 이는 이전 정권보다 훨씬 많은 비중을 보인 것이다. 나머지 인물들의 출신대학 구성은 육사 3명, 연세대 2명에 이어 고려대, 서강대, 한양대, 한국외대, 동국대 및 영남대와 부산여대, 그리고 미국 존스홉킨스 대학이 각 1명씩이었다. 고시 출신은 12명으로서 교수·연구원 출신 7명, 정치인 출신 5명, 군인 출신 3명, 기업인, 언론인, 외국 기관 출신 각 1명에 비하여 월등히 높은 비중을 차지하였다. 출신고교로 한정하면 경기고 출신이 7명으로서 서울고 5명, 부산고 3명, 살레시오고 2명, 그리고 기타 12명으로 구성되었다.

특별사면·복권되었다.

6) 문재인(1953-) 및 윤석열(1960-) 이후

"티모테오"(디모데)라는 세례명을 가진 가톨릭 신자인 문재인은 개신교 및 불교와 비교적 좋은 관계를 유지하였다. 문재인은 2017년 제19대 대선에서 개신교의 표를 의식하여 차별금지법에 반대한다고 언급했는데, 당시 정의당 심상정 후보를 제외한 안철수, 유승민, 홍준표 후보 모두 동일한 이유로 차별금지법에 반대한다는 입장을 밝혔다. 2017년 5월 새로 취임한 문재인 대통령 내외가 청와대 관저에 입주하는 과정에서 가톨릭이 주최하는 청와대 축복식이 열린 후, 이에 대한 불교계의 비판이 대두하며 대통령과 불교의 관계가 경색되기 시작하였다. 한편, 개신교와는 코로나 19 방역과 관련하여 접촉하였는데, 그는 2020년 8월 한교총의 종교 자유 주장과 관련, 교계 지도자 16명을 청와대로 초청하여 방역의 모범이 되어줄 것을 당부하며 우호적인 관계를 형성하였다.

윤석열은 국민의힘 대선 경선 후보 시절부터 여의도순복음교회, 사랑의교회, 명성교회 등 대형교회에 참석하여 자신을 둘러싼 무속 논란을 잠재우고, 개신교의 표를 확보하고자 하였다. 2021년 10월 경선 토론의 과정에서 윤석열의 손바닥에 쓰인 임금 왕(王) 한자가 공개되며, 이를 권유한 인물이 윤석열의선거대책위원회 네트워크 본부에서 활동하던 불교 사이비 단체인 일광조계종 소속 건진법사 전성배라는 내용이 회자되며 논란을 일으켰기 때문이다. 더욱이 그의 멘토로 알려진 천공도사도 터무니없는 신비주의 주장을 통해 혹세무민하며 부를 축적하여 건물을 보유하고 고급 수입 자동차를 타고 다니는 인물이라는 사실이 밝혀졌고, 윤석열과 부인 김건희를 이어준 인물이 무속·역술인인 무정스님이라는 사실이 드러나며 우려가 가중되었다. 윤석열은 제20대 대통령에 당선된 직후 그러한 논란을 의식한 듯 자신은 기독교 계통의 YMCA 유치원 및 영락교회 재단에서 운영하는 대광초등학교 출신으로 어린 시절의 꿈이 목사가 되는 것이었다고 주장하기도 하였다. 한편 대선 직후 한국기독교교회협의회(한기교) 이홍정 총무, 한국교회총연합(한교총) 류영모 목사, 천주교 서울대교구장 정순택 대주교, 대한불교조계종 총무원장 원행 스님, 원불교 나상호 교정원장 등 종교계 각 종단과 수장들은 윤석열 대통령에게 국민의 통합을 위해 애써달라고 당부하였다.

현대사회에서 제도화된 종교는 그 자체가 거대권력의 일부가 되어 성역으로 자리 잡고, 초법적 위상을 발휘하며 사회의 반발 및 분열과 갈등을 일으킬 것이다.[27] 따라서 기독교는 공공성을 통해 사회와 소통하는 공공신학의 관점을 견지하며 복음을 중심으로 빛과 소금의 직분을 담당하도록 끊임없는 노력을 경주해야 할 것이다. 구체적으로 기독교는 탈정치화를 통해 기존 정치의 모순을 지적하며 평화로운 공동체 조성을 위해 헌신해야 하는데, 이는 종교가 권력을 탐하는 것이 아니라 세속의 가치를 초월하는 종교적 권위를 회복함을 통해 가능한 것이다.[28] 한국교회는 정치와 종교 사이에서 양극단을 달리는 경향이 있는데, 한편에서는 신앙의 이름으로 특정 정치 세력을 노골적으로 지지하고, 다른 한편에서는 종교가 정치에 참여해서는 안 된다고 강조하며 정치적 무관심을 종종 유발한다. 하지만 교회는 신앙인이 정치적 이익을 추구하는 것이 아니라 피조세계에 대한 하나님의 사랑을 드러내는 역할을 담당해야 한다고 가르쳐야 한다. 이는 교회가 윤리 교사와 같은 역할을 수행하는 것이 아니라 정치를 포함한 지역사회의 공동체적 삶 속에서 기독교의 진리를 드러내야 한다는 본질적 사명을 일깨우는 것으로서 어떤 종교, 어떤 성향을 보유한 대통령 권력이 정권을 잡든지 여부와 관계없이 한국교회는 그러한 사명을 수호해야 할 것이다.

---

27 윤평중, "종교의 권력화와 종교성의 망실(忘失)," 「철학과 현실」 겨울호(2007), 62.
28 유경동, "종교폭력 이면의 정치와 경제 문제에 대한 소고," 「기독교사회윤리」 49(2021), 396.

참고문헌

강인철. "해방 후 한국 개신교의 정치참여: 역사와 평가."「한국교수불자연합학회지」 15(2009), 165－207.

김민석. "공공신학의 토대와 흐름 그리고 그 특징."「종교문화학보」 18(2021), 1－21.

김순석.『백년동안 한국 불교에 어떤 일이 있었을까?』. 서울: 운주사, 2010.

김창환. "공적 선교학: 선교학과 공공신학의 대화."「선교와 신학」 57(2022), 9－36.

다니엘 튜더, 노정태 역.『기적을 이룬 나라 기쁨을 잃은 나라』. 파주: 문학동네, 2012.

박광서. "종교권력을 경계한다."「철학과 현실」 가을호(2007), 30－42.

박명수. "한국 정치의 변화와 기독교 정책."「성결교회와 신학」 28(2012), 47－78.

배덕만. "정교분리의 복잡한 역사: 한국의 보수적 개신교를 중심으로, 1945－2013."「한국교회사학회지」 43(2016), 175－224.

백중현.『대통령과 종교: 종교는 어떻게 권력이 되었는가?』. 서울: 인물과 사상사, 2017.

유경동. "종교폭력 이면의 정치와 경제 문제에 대한 소고."「기독교사회윤리」 49(2021), 371－400.

윤평중. "종교의 권력화와 종교성의 망실(忘失)."「철학과 현실」 겨울호(2007), 56－64.

이진구. "한국 개신교사에 나타난 정교분리의 정치학."「종교문화비평」 33(2018), 131－171.

전준봉. "해방직후 한국교회의 정치화 문제."「역사신학논총」 30(2017), 216－250.

Breitenberg Jr., E. Harold. "To Tell the Truth: Will the Real Public Theology Please Stand Up?" *Journal of the Society of Christian Ethics* 23(2003), 55－96.

08

전쟁이론과 통일신학

분쟁과 폭력은 종교를 둘러싸고 발생하는 경우가 많지만 특별한 관심의 대상이 되지 못하다가 2001년 9.11 테러 이후 이에 대한 조명이 활발히 전개되기 시작하였다. 일례로 이슬람 국가(IS: Islamic State) 집단에 소속된 테러리스트들이 인질을 살해할 때에 꾸란(Quran)을 인용하는 장면에 대하여 종교적 맹신이 폭력을 유발한다는 점을 지적하는 종교무용론, 과격한 무장 테러 단체의 폭력과 종교적 가르침은 별개라고 주장하는 종교와 폭력의 무관론, 종교와 폭력의 관계는 각 종교 공동체의 상황에서 형성되는 주관적인 것이라는 종교와 폭력의 주관주의, 그리고 사회적 격변과 불평등 구조 및 박해 등의 상황이 집단적 갈등을 유발하는 것이라는 종교와 폭력의 정치론 등이 나름대로 종교와 폭력 사이의 관계에 대한 해석을 제공하였다.[1] 이와 관련하여 기독교 신학도 주로 이슬람 원리주의자들이 일으킨 테러 등 종교간 갈등 상황에서 이를 조명하는 모습을 보여왔다. 하지만 종교와 폭력 간의 관계, 특히 전쟁을 둘러싸고 이를 신학적으로 분석하는 연구의 역사는 초대 교부인 어거스틴(Augustine)에게까지 거슬러 올라가며, 평화주의, 정당전쟁론, 거룩한 전쟁론의 논의가 정치학의 현실주의와 대조를 이루며 발전하였다.

---

1 유경동, "법과 종교를 위한 공동체 윤리: 종교/폭력과 기독교 평화주의 연구," 「기독교사회윤리」 32(2015), 249–252.

한편 오늘날 우리와 국경을 마주하고 있는 북한이 핵을 보유한 것이 기정사실화된 상태 및 미국, 중국, 러시아, 일본 등이 끊임없이 한반도와 태평양을 두고 자국의 이익 극대화를 위해 군사외교적 노력을 경주하는 상황에서 국방개혁 2.0을 전개하는 우리나라는 그 이념적 토대가 굳건해야 흔들림 없이 자주국방을 통해 국가적 토대를 견고히 할 수 있다. 그와 같은 차원에서 평화주의의 취지는 인정해야 하지만 그 실효성의 측면에서 의문이 제기되고, 거룩한 전쟁론의 자의적인 신적 목적에 대한 해석도 경계의 대상이 되며, 윤리적 기반을 상실한 신현실주의의 접근방식 역시 한반도 평화를 위한 국방개혁의 인도주의적 차원의 취지 및 자주국방이라는 적절한 목적 달성에 부합되지 않는다. 따라서 전쟁 개시와 수행의 정당성이라는 원칙에 대한 비판에도 불구하고 사랑과 정의라는 성경적 이념을 바탕으로 평화로운 공존을 이루는 인류의 보편적 윤리에 부합하는 한편, 이론의 정교화를 통해 북한 및 한반도를 둘러싼 주변국의 위협에 적절히 대응할 수 있도록 수정 및 보완한다면 정당전쟁론이 가장 효과적인 방법론으로 기능할 수 있을 것이다.

본 장은 그와 같은 기대를 기반으로 기독교적 배경에서 형성된 평화주의, 정당전쟁론, 거룩한 전쟁론 및 세속적인 현실주의의 주장에 대하여 살펴보고, 이를 바탕으로 국방개혁에 대하여 비판적으로 조명한 후에 국방개혁 2.0의 시대적 과제 수행을 위한 방법론을 기존 전쟁론에 대한 비판적 반성 및 수정된 정당전쟁론을 통해 제시하였다. 또한, 국방개혁 2.0과 조화를 이루며 남북 관계와 북핵 위협에 대한 대응 및 한반도를 둘러싼 외교와 관련하여 한국교회의 공공성을 실현하는 통일신학의 과업과 방향성을 조명하였다.

1 기독교와 전쟁이론[2]

인류의 역사가 시작된 이래로 인간의 이기적인 본성과 탐욕으로 인해 희소한

---

2 본 섹션의 내용은 최성훈, "전쟁이론과 국방개혁: 정당전쟁론을 중심으로," 「영산신학저널」 60 (2022), 145-172를 수정 및 보완한 것이다.

자원을 둘러싼 갈등과 전쟁은 끊이지 않았고, 교회는 이를 조명하는 다양한 입장을 표명해왔다. 초대교회는 콘스탄틴 황제가 313년 기독교를 공인하고, 테오도시우스 황제가 380년에 기독교를 로마의 국교로 인정하기 전까지는 평화주의적 입장을 견지하고 있었다. 하지만 기독교가 로마의 국교가 된 이후 이민족의 침입이 잇따르며 정의와 평화를 수호하기 위한 수단으로서 정당전쟁론이 등장하였고, 십자군 전쟁을 치르며 거룩한 전쟁론이 대두하였다. 이후 근대에 들어서며 신앙이나 윤리적 가치관 보다는 전쟁을 둘러싼 힘의 역학관계에 초점을 맞춘 실용주의적 관점에 바탕을 둔 현실주의가 확산되고 있다. 우리나라 역대 정부 역시 기독교적 전쟁이론의 형태가 국방개혁을 포함한 통일담론에 영향을 끼쳤는데, 일례로 이승만, 박정희 정부의 통일정책은 거룩한 전쟁론 유형의 정책이라고 볼 수 있고, 전두환, 노태우, 김영삼 정부는 남북관계 개선을 통해 거룩한 전쟁론에서 평화주의로 이행하는 모습을 보였으며, 김대중 정부는 평화주의 유형에 가까운 성격을 드러냈다.3 이후 노무현 정부 역시 김대중 정부와 마찬가지로 평화주의에 가까운 모습을 보였고, 이명박, 박근혜 정부는 정당한 전쟁론 형태를 보였으며, 문재인 정부는 다시 평화주의적 입장으로 회귀하는 모습을 보였다.

1) 평화주의(Pacifism)

무력으로 불의에 대항하지 않고 십자가 위에서 죽음을 수용하신 그리스도의 사랑과 용서에 기반한 평화주의는 콘스탄틴 황제가 기독교를 공인한 시점인 4세기 전반까지 기독교의 주류 입장이었다.4 하지만 기독교를 받아들인 로마가 황제와 제국을 보호하기 위하여 전쟁의 가능성을 인정하는 정당전쟁론을 수용함에 따라, 평

---

3 이창호, "역대 한국 정부의 통일 정책에 대한 기독교 윤리적 응답: 전쟁과 평화 전통을 중심으로," 「기독교사회윤리」 20(2010), 256-261.

4 평화주의에는 모든 전쟁에 반대하는 절대적 평화주의 외에도 전쟁의 가능성을 조건부로 인정하는 기술발전론 평화주의, 핵위협 평화주의, 환경론적 평화주의, 실용적 평화주의, 선택적 평화주의 등 다양한 입장이 있다. 하지만 본 장에서는 전쟁의 부당성을 전제로 모든 종류의 전쟁에 반대하는 절대적 평화주의를 중심으로 거룩한 전쟁론, 정당전쟁론, 신현실주의의 기본적인 입장과 비교하기로 한다.

화주의는 수도원 운동과 같은 소수에 의해서만 명맥이 이어졌다. 종교개혁 이후 평화주의는 그리스도의 사랑을 본받기 위해 무저항과 비폭력을 견지하는 재세례파(Anabaptist)에 의해 받아들여졌고, 이후 메노나이트(Mennonites)[5] 및 퀘이커(Quakers) 등의 교단에 의해 이어졌다. 종교개혁 시기에 활동했던 독실한 그리스도인인 동시에 르네상스 시대의 인문주의자였던 데시데리우스 에라스무스(Desiderius Erasmus)는 자연의 질서 아래에서 동물들은 같은 종족끼리는 물론 서로 다른 종족들과도 싸우지 않는 반면에 인간의 전쟁은 탐욕으로 인해 발생하는 부자연스러운 것이라고 일침을 놓았다.[6] 그는 인간은 자연의 질서 아래에서 본능적으로 평화로운 공존을 위한 사랑의 존재로서 창조되었다고 지적하며, 그리스도의 본을 따라 사는 제자도의 핵심이 바로 평화의 추구라고 주장하였다.[7]

20세기 후반에 들어서 평화주의는 존 하워드 요더(John H. Yoder)와 스탠리 하우워스(Stanley Hauerwas)를 통해 정교화되었다. 현대적인 평화주의는 비폭력적 방법이 전쟁에 비하여 이 세상의 불의에 저항하는 데에 보다 효과적이라는 실용주의적 입장과 비폭력의 결과적 이득과 별개로 전쟁 자체가 예수 그리스도의 제자도에 부합되지 않기 때문에 배격해야 한다는 증인적 입장으로 나뉜다.[8] 메노나이트 교단 출신인 요더는 기독교의 공인 이후 교회가 세상의 권력과 결탁함으로써 세상의 질서 속에서 기득권을 가지고 그 권력을 합법화하기 위해 종교적 수단을 사용하였다

---

5 메노나이트의 기원은 네덜란드 로마 가톨릭 신부 메노 시몬스(Menno Simons)가 새 예루살렘을 이 땅에 건설하기 위한 급진적 재세례파와 그리스도의 가르침에 근거한 비폭력주의를 표방한 평화주의 재세례파 사이에서 후자의 입장을 취한 이후에 그의 추종자들이 그의 이름을 따서 메노나이트라 부른 것에 연유한다. 메노나이트는 하나님 나라를 예수, 권력, 공동체, 평화라는 관점에서 바라보는데, 예수는 하나님 나라의 성취자이고, 권력은 하나님 나라를 이루는 수단이며, 공동체는 하나님 나라의 실현인데 평화가 바로 그 나라의 성격이라고 주장한다. 신치재, "존 하워드 요더(John H. Yoder)의 국가·법사상: 하나님 나라와 비폭력 평화주의를 중심으로," 「중앙법학」 18(2016), 242.

6 Desiderius Erasmus, *The Correspondence of Erasmus: Letters 594 To 841, 1517 To 1518*, trans. Roger A. B. Mynors and Douglas F. S. Thomson (Toronto, Canada: University of Toronto Press, 1979), 275－278.

7 이창호, "역대 한국 정부의 통일 정책에 대한 기독교 윤리적 응답: 전쟁과 평화 전통을 중심으로," 251.

8 Joseph L. Allen, *War: A Primer for Christians* (College Station, TX: Texas A&M University Press, 2014), 13－15.

고 비판하는 한편,[9] 메노나이트의 개인주의에 기반한 정치에 대한 무관심을 비판하며 무저항이라는 근원적 혁명이 필요함을 역설하였다.[10] 그는 하나님의 때에 하나님의 방법으로 문제를 해결하실 것을 믿어야 한다고 지적하며, 그리스도께서 비폭력과 순종의 본을 보이셨기 때문에 그리스도인은 이를 따라 무장을 통한 방어가 아니라 타협을 통해 침략을 방지할 것을 주장하였다.[11] 하우워스도 그리스도께서 어떠한 종류의 폭력이라도 거부하셨기 때문에 교회 역시 세상에 대하여 폭력적인 방법을 사용해서는 안 된다고 덧붙였다.[12]

2) 정당전쟁론(Just War Theory)

정당전쟁론은 인간의 죄성으로 인하여 이 세상에서 전쟁과 무력 충돌이 사라지지 않는다는 현실적인 진단에 기반을 두고, 하나님의 정의를 구현하고, 평화를 유지하기 위하여 불가피하게 전쟁을 수행할 수 있음을 인정한다. 정당전쟁론은 아리스토텔레스의 자연법 사상에도 영향을 받았지만 어거스틴(Augustine)이 쓴 "하나님의 도성"(The City of God)에 의한 성찰에 주된 근거를 두는데, 어거스틴은 로마 제국이 전쟁을 수행하여 이루는 평화(Pax Romana) 역시 선(善)한 것이요, 하나님께서 주시는 은혜의 결과라고 주장하였다.[13] 또한, 자국의 권리를 침해한 데에 대한 복수로서 개진하는 전쟁이 정당하다고 인정함으로써 방어적 보복을 긍정하였다. 하지만 그는 전쟁은 이를 통해 하나님께서 인간을 구속하여 평화를 부여하신다는 필연적인 원인에 의해서만 개시되어야 하며, 전쟁의 과정에서도 평화의 정신이 수호되어야 한다는 제한을 두었다. 이는 전쟁 수행과 관련하여 정당한 명분 및 적절한 권한을

---

9 John H. Yoder, *The Priestly Kingdom: Social Ethics as Gospel* (Notre Dame, IN: University of Notre Dame Press, 1984), 137−138.

10 John H. Yoder, *For the Nations: Essays Evangelical and Public* (Eugene, OR: Wipf and Stock, 2002), 169−173.

11 John H. Yoder, *Nevertheless: The Varieties and Shortcomings of Religious Pacifism* (Palestine, TX: 2001), 55.

12 Cf. Stanley Hauerwas, *Against the Nations* (New York, NY: Harper and Row, 1988).

13 Augustine, *The City of God*, trans. Marcus Dods (New York, NY: The Modern Library, 1950), Chap. 11−22.

요청하는 것으로서 현대적 정당전쟁론에서도 토대가 되는 원리로 작용하고 있다.[14]

중세에 토마스 아퀴나스(Thomas Aquinas)도 정당한 원인을 토대로, 평화 추구와 악의 회피라는 정당한 의도에 의하여, 전쟁을 선포할 수 있는 권위를 가진 주체에 의해 정당한 선언될 때에만 전쟁을 인정하였다.[15] 어거스틴과 아퀴나스에 의해 제시된 정당한 전쟁론의 원칙은 전체적으로 전쟁 개시와 수행의 정당성의 두 가지로 나뉜다. 전쟁 개시의 정당성과 관련한 기준으로서는 첫째, 자기방어 또는 제3국에 대한 인도적 개입 등 정당한 이유, 둘째, 불의한 공세에 대응하는 정의로운 의도, 셋째, 정통성 있는 주권국가의 권위에 의한 선포, 넷째, 모든 비폭력적 노력이 실패한 후 사용하는 최후의 수단, 다섯째, 승리에 대한 합리적인 전망, 여섯째, 전쟁을 통한 평화의 회복, 그리고 일곱째, 악보다는 선으로 종결되거나 최소한의 무력만 사용하는 수단과 목표의 비례성 확보로 요약된다. 또한, 전쟁 수행의 정당성과 관련한 기준은 첫째, 적국의 완전한 궤멸을 지양하는 최소한의 비례적인 무력을 행사하는 수단의 비례성과 둘째, 군사 시설과 관련 없는 민간인과 민간 시설에 대한 공격 배제이다.

이후 정당전쟁론은 어거스틴이 제시하였던 두 도성의 구분을 받아들여서 성령의 인도함을 받는 하나님의 도성 백성들에게는 불필요한 세속적인 무력이 땅의 도성에는 필요함을 지적한 종교개혁자 마틴 루터(Martin Luther)[16]와 성경적 법과 세속법을 구분하면서도 모든 세상은 하나님의 절대 주권 아래에 있다고 주장하며 불필요한 혼란을 방지하기 위한 개입을 인정한 존 칼빈(John Calvin)을 거쳐 발전하였다.[17] 정당전쟁론은 오늘날에도 로버트 폴 램지(Robert P. Ramsey)와 제임스 터너 존슨(James T. Johnson) 등 수많은 학자들에 의해 지지를 받으며 발전하고 있으며, 대부

---

14 Nicholas Fotion, *War and Ethics: A New Just War Theory* (New York, NY: Continuum, 2007), 10−20.

15 Andrew Heywood, *Global Politics* (New York, NY: Palgrave Macmillan, 2011), 256−259.

16 Martin Luther, "Temporal Authority: To What Extent It Should Be Obeyed(1523)," in *Martin Luther's Basic Theological Writings*, Second Edition, ed. Timothy F. Lull (Minneapolis, MN: Augsburg Fortress, 2005), 435.

17 Seong−Hun Choi, "Christian Unification Education of Pentecostal Theology and Juche Ideology: Viewed through Political Thought by Luther, Calvin, and Machiavelli," *Journal of Youngsan Theology* 37(2016), 198−201.

분의 북미 복음주의 주류교단 역시 정당전쟁론의 입장을 취하고 있다. 비록 무력을 사용하는 한이 있더라도 억압으로부터 무고한 희생자들을 구출하는 것이 사랑이라는 정당전쟁론의 해석은 어떠한 형태의 무력 사용도 허용하지 않는 평화주의와의 결정적인 차이이다.[18]

3) 거룩한 전쟁론(Holy War Theory)

거룩한 전쟁론은 전쟁이 하나님의 뜻을 이루는 거룩한 수단이라고 주장하는데, 십자군 전쟁이 그 대표적인 사례가 된다. 교황 우르반 2세(Urban II)가 개진한 십자군 전쟁은 동방의 예루살렘을 중심으로 하는 기독교 공동체를 보호하고 기독교 진영의 영토를 회복하는 목적으로 시작되었다. 그는 십자군 전쟁에 참전한 병사는 그리스도의 군사로서 거룩한 신적 목적을 성취함을 통해 사회적인 보상과 영적인 구속의 은혜를 얻을 수 있다고 강조하였다. 이에 따라 당시 성직자들은 설교를 통해 십자군에의 참여를 권유하는 동시에 면죄부 판매를 통한 전쟁 후원금 모금을 독려하였다.[19]

십자군 전쟁은 전쟁에 대한 부정적 인식을 바탕으로 성직자의 전쟁 참여를 금지하는 한편, 전쟁에 참여했던 병사들이 성례전에 참여하기 전에 참회를 요구하던, 교회의 신중한 입장에 있어서 큰 변화를 유발하였다.[20] 교황이 전쟁을 정당화함에 따라서 전쟁 참여에 대한 자세가 훨씬 더 적극적으로 변하였고, 전쟁과 관련한 도덕적 의심들이 해소되었기 때문이다. 따라서 예루살렘 성지 탈환을 기치로 1095년 시작된 십자군 전쟁은 1291년까지 지속되는 과정에서 십자군의 약탈과 유대인 학살 등 폭력으로 얼룩지기도 하였다. 그 과정에서 십자군은 폭력을 기독교 제자도의 핵심으로 변질시키며, 교회를 위한 방어적 폭력에서 침략을 위한 공격적 폭력으로

---

18 Robert P. Ramsey, *The Just War: Force and Political Responsibility* (New York, NY: Scibner's, 1968), 142–143.

19 최성훈, 『성경으로 본 설교이야기』 (서울: CLC, 2018), 60.

20 Anthony J. Coates, *The Ethics of War* (Manchester, UK: Manchester University Press, 1997), 106.

급선회하는 한편, 전쟁의 보상으로서 영원한 천국의 상급을 표방함에 따라 성직자들 조차도 군대로 편입시키는 결과를 야기하였다.[21]

4) 신현실주의(Neorealism)

현실주의(Realism)는 "펠로폰네소스 전쟁사"(The History of the Peloponnesian War)를 기술한 고대 그리스의 투키디데스(Thucydides)를 시초로 하여 16세기 니콜로 마키아벨리(Niccolò Machiavelli)의 "군주론"(The Prince)에 의해 기초가 정립되었으며, 이후 토마스 홉스(Thomas Hobbs)가 "리바이어던"(Leviathan)에서 언급한 "만인의 만인을 향한 투쟁"으로 상징화되었다. 근대 이후 칼 클라우제비츠(Carl von Clausewitz)는 자신의 저서 "전쟁론"(Vom Krige)을 통해 전쟁이란 자신의 의지를 상대방에게 강요하기 위한 것이므로 본질적으로 정치적인 행위라고 강조하며 현실주의 세계관을 제시하였다. 고전적 의미의 현실주의 또는 전통적 현실주의는 종교개혁 이후 가톨릭 교회와 개신교 진영 사이에서 벌어진 30년 전쟁을 마무리하는 1648년 베스트팔렌 조약 이후 부상하였다. 종교 문제를 명분으로 발발한 전쟁이 종교보다는 왕조와 국익을 앞세운 유럽 각국의 정치적 갈등의 양상을 띠었기 때문에 전쟁을 국가의 주권적 권리로 인정하는 근대 민족국가의 태동과 함께 현실주의적 토대가 확산된 것이다. 현실주의는 불확실한 국제사회의 정세 속에서 개별 국가가 생존과 안전을 도모하는 수단은 힘이라고 주장하였는데,[22] 신정통주의 신학자 라인홀드 니버(Reinhold Niebuhr) 역시 정의와 사랑과 같은 추상적 개념으로 죄성에 가득 찬 인간과 비도덕적 사회를 통제하기에 적합하다고 보는 관점은 과도한 낙관주의라고 비판하며 현실주의적 입장을 견지하였다[23]

---

21 Lisa S. Cahill, *Love Your Enemies: Discipleship, Pacifism, and Just War Theory* (Minneapolis, MN: Fortress, 1994), 125.

22 고전적 현실주의자인 한스 모겐소(Hans J. Morgenthau)는 힘이란 다른 국가의 행동을 지배하는 능력이라고 정의하는 한편, 국제정치에서 군사력이 바로 국가가 가지는 힘의 명백한 수단이자, 그 입증을 통해 타국에 영향을 미치는 요소라고 보았다. Hans J. Morgenthau and Kenneth W. Thompson, *Politics Among Nations, The Struggle for Power and Peace*, 6th ed. (New York, NY: McGraw-Hill, Inc, 1985), 32, 117.

제1차 세계대전의 참상을 경험하고 난 이후에 세계 평화를 위한 논의와 노력이 경주되었지만 제2차 세계대전을 막는 데에 실패하였고, 이후에 이어진 냉전은 국제 사회로 하여금 도덕적 정당성보다는 자국의 이익을 우선시하는 신현실주의(Neorealism)를 태동시키는 배경이 되었다.[24] 신현실주의는 고전적 현실주의와 인간의 이기성과 권력욕에 대한 우려를 공유하지만, 이와 관련한 윤리적 가치 판단은 배제한다. 특히 1979－1981년 사이에 벌어진 이란의 미국 대사관 점거 및 인질 억류 사건과 1979년 구(舊) 소련의 아프가니스탄 침공으로 인해 동서 간의 긴장 증대, 그리고 미국과 소련의 군비경쟁이라는 신냉전 기류를 타고 신현실주의가 부각되었다. 케네스 월츠(Kenneth N. Waltz)는 국제적 수준의 문제를 개별 국가 수준으로 환원하는 것이 문제라고 지적하는 한편, 인간의 본성, 선과 악, 윤리와 같은 가치 판단을 배제하고, 국제정치의 구조에 초점을 맞추어야 한다고 주장하며 신현실주의의 이론을 정교화하였다. 또한, 월츠는 세력 균형이 전쟁의 가능성을 방지하는 요인이라고 주장하였는데, 특히 자국의 군사력 증강을 통한 내적 균형과 동맹을 통한 국가 간 협력이라는 외적 균형의 양자를 활용할 것을 강조하였다.[25] 이후 신현실주의는 미국의 주류 정치학계를 포함하여 21세기 국제정치를 지배하는 패러다임으로 자리잡았다.[26]

2 국방개혁 1.0에 대한 반성과 국방개혁 2.0

한반도는 핵무기 위협이 최고조에 이른 지역임에도 불구하고 반핵론이 부진하

---

23 Cf. Reinhold Niebuhr, *Moral Man and Immoral Society: A Study in Ethics and Politics* (New York, NY: Charles Scribner's Sons, 1932).

24 신현실주의는 케네스 월츠(Kenneth N. Waltz)가 1979년에 발간한 "국제정치의 이론"(Theory of International Politics)을 통해 부각되었는데, 국제정치의 구조와 역학관계에서 오는 힘을 강조하므로 구조적 현실주의(Structural realism)라고도 불린다. Cf. Kenneth N. Waltz, *Theory of International Politics* (Reading, MA: Addison－Wesley Publishing Company, 1979).

25 김명수, "세력균형에서의 군사력 수준과 동북아시아에 주는 함의," 「STRATEGY 21」 38(2015), 115－117.

26 박원곤, "정당한 전쟁론 연구: 평화주의, 현실주의와의 비교," 「신앙과 학문」 21(2016), 68.

고, 반전운동이나 전쟁 관련한 담론이 매우 부진한 예외적인 지역이다.[27] 하지만 사실상 세계에서 아홉 번째 핵보유국으로 등극한 북한과[28] 국경을 맞대고 있는 우리나라의 입장에서 평화적 공존을 이루기 위해서는 전쟁 억제력을 보유해야 한다.[29] 국방개혁은 특정한 전쟁이론에 근거한 것이 아니라, 외교적 노력을 통해 북한의 핵무기 개발을 저지할 수 있다는 신념을 바탕으로 전개되었다. 그러나 이에 대하여 다양한 이론적 입장에서 조명함으로써 그 토대를 확고히 할 필요가 있다. 일례로 신현실주의적 입장을 반영하는 국제체제이론인 구조주의적 체계이론으로 조명하면,[30] 우리나라의 국방은 남한만의 군사력이 아니라 한반도 주변국가들의 힘의 균형 상태를 고려해야 하지만 북한의 핵무기 개발 성공으로 인하여 한반도를 둘러싼 세력 균형에 변화가 일어남에 따라서 국방개혁 도입의 취지와 의의가 희석되고 말았다.[31] 2018년 4월 남북 정상회담에 이어 같은 해 6월에 미북 정상회담을 통해 비핵화를 위한 논의가 이어졌지만 가시적인 성과를 도출하지 못함에 따라 2018년 7월 27일 국방부는 국방개혁 2.0을 공개하였다. 따라서 이전에 제시한 국방개혁의

---

27 안교성, "기독교 통일담론의 한국 통일담론에의 기여 방안: 기독교 통일담론은 무엇을, 어떻게 기여하는가?,"「종교문화학보」16(2019), 76.

28 지난 1970년에 발동된 핵확산방지조약(NPT: Non Proliferation Treaty) 체제는 미국과 러시아, 중국, 영국, 프랑스 등 5개국을 공식적인 핵보유국으로 특례 인정하고 있으며, 인도, 파키스탄, 이스라엘 역시 비공식적이지만 사실상 핵보유국으로 인정받는다. 북한은 아홉 번째 핵 보유국으로 인정받아 한반도를 둘러싼 6개국의 회담이 아니라 군축회담의 새로운 틀에서 미국과 어깨를 나란히 하며 협상력을 높이기 위해 총력을 기울이고 있다. 이는 핵무기의 무력이 체제 보장 및 경제 제재를 극복하기 위한 유일한 수단이라고 믿기 때문이다.

29 김영한, "평화통일신학과 영성,"「조직신학연구」18(2013), 23 – 24.

30 국제체제이론에는 15세기 유럽에서 다원적 국가 체제가 형성되며 각 진영 간 세력의 균형 유지를 위해 국가는 필요에 따라 진영을 교체하며 동맹을 결성하고 전쟁도 불사해야 한다는 세력균형이론, 동맹의 구조와 관련한 세력의 변동 상황에서 전쟁이 발생한다는 권력분화이론, 정치, 경제, 사회의 통합된 관계 수립이 전쟁을 방지할 수 있다는 통합이론, 강력한 군사력을 가진 중심 국가가 경제적 이익을 위하여 주변 국가들에 대하여 지배적 영향력을 행사한다는 세계체제이론, 그리고 전쟁을 방지하는 세력 균형이란 개별 국가의 정책이나 힘으로 가능할 수 있는 것이 아니라 국제체제 자체의 구조적 특성을 통해 가능할 수 있다는 현실주의적 입장을 가장 많이 반영하는 구조주의적 체계이론 등이 있다. 권기붕, "전쟁의 일반이론과 정당한 전쟁론,"「철학연구」68(2005), 25 – 28.

31 세력균형이론으로도 불리는 구조주의적 체계이론은 신현실주의 학파의 대표적인 학자인 케네스 월츠를 통해 핵심적인 주장이 제시되었다. 비록 이론의 배경이 냉전 당시의 특수한 상황을 반영한 것일 뿐이라는 비판도 받지만 힘의 균형을 통해 전쟁을 조명하는 정교한 이론으로서 의의를 지닌다는 사실은 부정할 수 없다.

구상은 상대적으로 국방개혁 1.0으로 볼 수 있을 것이며, 이는 공식적인 명칭이 아니지만 본 장에서는 국방개혁 2.0과 대비되는 이전 단계의 초기 개혁안들을 통칭하는 의미로서 이를 사용하였다.

1) 국방개혁의 수립과 추진

2003년 출범한 노무현 정부는 대대적인 국방개혁을 추진하였는데, 그 일환으로 2005년 "국방개혁 2020"을 발표하며 2020년까지 종합적인 국방의 개혁을 추진하기 위한 계획을 수립하였고, 이의 실행을 뒷받침하기 위하여 2006년 12월에 "국방개혁에 관한 법률"을 제정하였다. 동법 제2조 기본이념에 의하면 국방개혁 2020, 즉 국방개혁 1.0은 다음의 다섯 가지를 기본으로 하는 내용으로 구성되었다. 첫째, 국방정책을 추진함에 있어서 문민기반을 확대하고, 둘째, 미래전의 양상을 고려한 합동참모본부의 기능 강화 및 육, 해, 공군의 균형 있는 발전을 도모하며, 셋째, 군 구조를 기술집약형으로 개선하고, 넷째, 고효율 및 저비용의 국방관리체제로의 혁신을 이루며, 다섯째, 사회변화에 부합하는 새로운 병영문화를 정착시키는 것이다.

2008년 이명박 정부가 들어서며 개혁 재원의 부족으로 인해 1년간의 논의와 검토 끝에 2009년 6월 "국방개혁 2020 수정안"을 발표하였는데, 기존 계획이 2020년까지 사용 가능한 예산을 621조 원으로 판단했지만 수정안은 이를 599조 원으로 줄이고, 병력의 감축 목표는 50만 명에서 51만 7천 명으로 조정했으며, 첨단 무인정찰기 등의 고가 장비에 대한 구매 일정을 연기하는 등의 수정을 통해 국방개혁의 속도를 완화시켰다. 이후 2010년 3월 북한의 천안함 폭침 사건과 동년 11월 연평도 포격 사건이 발생함에 따라 국방부는 2011년 3월 "국방개혁 2011-2030"을 발표하여 다시 수정안을 마련하였다.[32] 새로운 계획은 재원의 부족으로 인해 국방개혁의

---

[32] "국방개혁 2011-2030"은 천안함 피격 사건을 계기로 국방개혁 2020에 대한 전면적 수정 및 보완 작업을 거쳐 2011년 3월 8일 발표한 국방개혁안이다. 국방선진화추진위원회와 국가안보총괄점검 기구에서 논의를 거쳐 3월 7일 국방부가 73개의 개혁과제를 대통령에게 보고하고 이튿날 이를 언론에 발표하였기 때문에 대통령 보고 날짜인 3월 7일에서 딴 "307"을 붙여서 "국방개혁 307 계획"이라고 부르기도 하였다. 하지만 이는 제18대 국회의 임기종료로 자동폐기되었다가 2012년 8월 "국방개혁 2012-2030"을 통해 재개되었다.

완료 시점을 2030년으로 조정하는 한편, 국방부, 합동참모본부, 각군 본부로 이어지는 상부지휘구조 개편을 포함하여 73개의 장, 단기 추진과제들을 제시하였는데, 이는 2012년 8월 17개의 완료과제를 제외한 51개 과제를 중심으로 하는 "국방개혁 기본계획 2012－2030"으로 공식화되었다.

2013년 출범한 박근혜 정부도 기존 계획의 세부사항을 재검토한 후에 2014년 3월 "국방개혁 기본계획 2014－2030"을 발표하였는데, 이는 북한에 대한 전략을 적극적 억제와 공세적 방위에서 선제적 대응을 포함하는 능동적 억제와 공세적 방위로 수정한 것이다.

능동적 억제를 위하여 북한의 핵·미사일 발사 징후를 탐지해 선제타격하는 한미연합 타격체제인 "킬 체인"(Kill Chain)을 도입하는 한편, 핵·미사일이 발사된 뒤 10－30km의 낮은 고도에서 요격 미사일로 이를 타격하여 방어하는 한국형 미사일 방어체계(KAMD: Korea Air and Missile Defense), 그리고 2016년 9월 북한의 5차 핵실험 직후 북한 지도부 제거를 포함하는 대량응징보복(KMPR: Korea Massive Punishment and Retaliation)을 더하면서 소위 "한국형 3축 체계"(3K)의 개념이 완성되었다.[33] 또한, 이와는 별개로 2022년까지 육군만 11만 명을 감축하여 병력을 52만 2천 명으로 줄이고, 군단의 수를 8개에서 6개로 축소하는 한편, 사단의 수는 42개에서 31개로 감소시킴으로써 효율적인 운영을 도모하였다.

2) 국방개혁 1.0에 대한 평가

남한과 북한은 1953년 이후 휴전 상태에 있어서 대규모의 군사력이 비무장 지대를 중심으로 첨예하게 대치하고 있다. 따라서 우리나라의 국방개혁은 위협기반 기획 방식을 도입하여 추진되어야 마땅하지만 비효율적인 능력기반 기획의 방식을 따라 북한의 핵무기 관련 위협을 충분히 고려하지 않은 채로 추진되는 양상을 보였

---

33 킬 체인"(Kill Chain)은 이명박 정부가 2010년 북한이 일으킨 천안함 사건과 연평도 포격 도발을 겪으며 2012년 한－미 안보협의회의(SCM)에서 북한 미사일, 장사정포를 요격하는 시스템을 2015년까지 구축하겠다는 발표에 의해 준비되었던 것이다.

다. 2005년 발표된 "국방개혁 2020"에서 국방개혁의 배경으로 북한의 핵무기 개발 가능성이 언급되지 않았고, 2009년의 "국방개혁 2020 수정안"이 국방개혁의 동기로서 북한의 핵, 미사일 등 군사 위협의 증대를 지적했지만 이에 대한 대응책으로서 어떤 무기와 체제를 갖출지에 대한 전혀 언급이 없었다. 이후 2018년 "국방개혁 2.0"이 발표될 때까지 추진된 이전의 국방개혁, 즉 국방개혁 1.0은 추진 기간 동안에 북한이 여섯 차례나 핵실험을 실시하며 사실상 핵 보유국으로 자리매김하였지만 국방개혁에 관한 수정안을 거듭해오는 과정에서 한국군이 북핵 위협을 핵심적인 위협으로 간주하지 않음에 따라 이에 대한 대응력도 강화하는 데에 실패하였다.34 국방개혁 1.0을 추진한 중요한 동기인 전시 작전통제권을 미군으로부터 환수하기 위하여 우리 군의 군사력을 증진하기 위한 방안이 북한이 기존에 보유한 무기 체계에 대한 대응력에 집중함에 따라 북한의 재래식 전력에 대한 위협에는 한미연합사를 통해 국군과 미군이 공동으로 대응하도록 했지만, 북한의 핵무기 위협에 대하여는 한미 양국이 적극적으로 협력하지 못하게 됨으로써 전력의 크나큰 불균형이 발생한 것이다.35

국방개혁은 기획(planning), 계획(programming), 예산편성(budgeting), 집행(executing) 및 평가분석(evaluation and analysis)의 단계로 구성되는데,36 가장 중요한 기반이 되는 것은 기획 단계이다. 기획 단계의 방법론으로서 예상되는 구체적인 위협 요인들을 분석하고, 이에 효과적으로 대응하는 무기와 장비, 물자 등의 수요를 도출하는 위협기반 기획(threat-based planning)과 미래의 일반적인 전쟁 양상을 예상하여 승리 가능성을 높이는 능력기반 기획(capabilities-based planning)의 방식이 대표적인데, 전자는 적의 위협이 명확히 밝혀진 경우에 활용하는 방식이고, 후자는 확실한 적국이 존재하지 않는 일반적인 경우에 사용하는 방식이다.37 국방개혁은 북핵이라는 위협

---

34 박휘락, "한국의 '국방개혁 1.0' 평가: 북핵 '위협'과 '대응'을 중심으로," 「국가정책연구」 32(2018), 169-170.

35 Ibid., 168-169.

36 기획은 큰 틀의 전략을 수립하는 것을 의미하는 단계이고, 계획 단계에서는 무기와 각종 장비의 수요를 도출하여 우선순위를 중심으로 구체적인 집행안을 마련한다. 이후 예산편성 단계를 통하여 사업계획에 대한 예산을 배치하고, 이를 집행하는 한편, 선행 단계들을 통합적으로 조명하고 평가하는 분석의 단계로 마무리된다. 국방부, 『국방기획관리기본규정』 (서울: 국방부, 2007), 4.

에 대한 인식을 전제하기 때문에 대응력 구성이 용이하며, 비용 측면에서도 효율적인 위협기반 기획 방식을 도입하여 추진되어야 마땅하지만 비효율적인 능력기반 기획의 방식을 따라 북한의 핵무기 관련 위협을 충분히 고려하지 않은 채로 추진하고 말았다.

6하 원칙을 통해 국방개혁 2.0을 조명하면, 그 방향이 보다 명확한 위협, 즉 북한의 핵무기에 초점을 맞추는 한편, 주변국들의 움직임에 대비하는 체계를 구성해야 할 것이며(who), 이는 한국형 3축 체계를 보강함으로써 북한을 포함하여 어떠한 적의 도발에도 대응할 수 있도록 전력을 확보해야 한다(how). 또한, 국방개혁 2.0이 원활히 수행되기 위해서는 소요 예산을 안정적으로 확보하는 것이 필요하고(what), 전투 임무를 수행하는 인력을 중심으로 전문성을 제고하는 조치가 요청된다(how). 그와 같은 과업을 수행하기 위하여 국방부는 개혁 추진 의지를 통해 국민들의 공감 및 지지를 얻음으로써 지속적인 개혁의 추동력을 확보해야 한다. 가용 병력자원의 감소 및 미래 사회의 급변하는 전장 환경을 고려하여(when & where) 북핵 위협에 대응하는 한국형 3축 체계 등 직접 전투임무를 수행하는 인력들을 중심으로 전문성을 제고하고 복무여건을 개선하는 한편, 한미동맹을 통해 보다 폭넓은 한반도의 전방위 위협에 동시 대응할 수 있는 체제를 구비하여야 할 것이다(what & how). 또한, 정치적이고 군사적인 의미의 통일뿐만 아니라 경제, 사회, 문화 및 심리적 차원의 통일을 포괄하기 위해서는 전자와 관련한 군사적 긴장 상황이 발생하더라도 후자와 관련한 민간 영역의 교류와 협력 지속을 통해 정책적 역량을 일관성 있게 발휘할 수 있도록 통일신학을 통해 그 이념적 토대를 제공하고 안보와 평화의 기반을 구축해야 한다(why).[38]

3) 국방개혁 2.0과 수정된 정당전쟁론

2017년 집권한 문재인 정부는 북핵 위협에 대한 대응력 확보에 초점을 맞추어

---

37 박휘락, "한국의 '국방개혁 1.0' 평가: 북핵 '위협'과 '대응'을 중심으로," 158-159.
38 이창호, "문재인 정부의 통일 정책과 기독교윤리적 응답 모색," 「장신논단」 51(2019), 116.

"국방개혁 2.0"을 준비하였으나, 2018년 4월 남북 정상회담 및 6월의 미북 정상회담을 거친 후, 비핵화에 대한 희망으로 북한의 핵무기 대응이 아닌, 군대의 일반적인 발전을 도모하는 것으로 그 내용을 변경하였다. 2018년 7월 27일 발표된 수정된 내용의 국방개혁 2.0은 한반도를 중심으로 하는 동북아 지역의 전략적 경쟁과 군비 증가 등 지역 안보의 불안정성이 상승하는 시점에서 저출생 문제로 인한 병역자원 감소, 촛불혁명 이후 증대된 국민의 참여와 인권의식 및 4차 산업혁명으로 대표되는 과학기술 기반의 전장 환경의 급변에 대한 대비의 필요성을 기반으로 마련되었다. 그러한 상황에서 강한 군대와 책임국방을 구현하기 위한 3대 목표로서 전방위 안보위협 대응, 첨단과학기술 기반의 정예화, 및 선진화된 국가에 걸맞는 군대 육성을 강조하였고, 비대칭 위협에 대한 대응력 강화, 굳건한 한미동맹에 기반을 둔 조속한 전시작전통제권 전환, 국방 문민화의 추진, 방산비리 척결과 4차 산업혁명에 부응하는 방위산업 육성, 장병의 인권보장 및 복무여건 개선 등을 5대 과제로 제시하였다.[39]

국방개혁 2.0은 이의 추진과제로서 하드파워인 군 구조 12개 분야와 방위사업 부문 10개 분야, 그리고 소프트파워인 국방운영 11개 및 병영문화의 측면에서 9개 분야에 대한 소과제를 제시하였다.[40] 이는 군의 구조 관련하여 병력집약적 구조에서 첨단과학기술 기반의 전투 효율성을 갖춘 부대구조로 개편하고, 굳건한 한미동맹을 지속하는 한편, 우리 군 주도의 지휘구조로 개편하며, 한반도를 둘러싼 전방위 위협에 대한 첨단 전력을 확보하고, 병력 감소의 어려움 속에서도 최상의 전투력을 발휘할 수 있는 구조를 지향하는 것을 골자로 한다. 또한, 국방부의 실장 및 국장급 인력을 민간인력으로 대체하여 문민화를 통해 정치적 중립성 확보를 추진한다. 방위산업 부문에 대하여는 그동안 제기된 비리와 부실의 가능성을 원천 봉쇄하기 위하여 방위사업법을 전면개정하여 투명성을 제고하고, 방위사업청 조직의 개편을 통해 전문성을 증진하고 유연성을 확보하는 한편, 국방 R&D 패러다임을 선도형으로

---

39 손한별, "기술변화로 본 '미래전' 양상 1: 전쟁양상의 변화요인과 미래전," 「국방과 기술」 500 (2020), 57.

40 편집부, "국방부, 국방개혁 2.0 기본방향 수립: 군 구조 국방운영 병영문화 분야 개혁으로 강한 군대, 책임 국방 구현," 「국방과 기술」 474(2018), 11.

전환하여 방산경쟁력을 강화하는 데에 중점을 둔다. 국방운영 분야에 대하여는 4차 산업혁명의 핵심기술을 국방 전분야에 적용함으로써 병력감소 및 복무기간 단축, 제한된 재정 등의 어려움을 극복하고, 장군 정원을 기존 436명에서 2022년까지 360명으로 줄이는 한편, 여군 간부 비중을 2017년 5.5%(10,097명)에서 2022년 8.8%(17,043명)으로 확대하는 동시에 근무여건 개선을 도모한다. 국민 눈높이에 부합되는 병영문화를 수립하기 위하여 병영 내 인권 제고를 위해 영창제도 폐지 및 인권친화적 군기교육을 시행하고, 군 항소심을 민간으로 이관하는 등 사법제도를 개혁하며, 병 봉급 인상 등 장병 복지를 향상시키는 것을 목표로 한다.

한반도를 둘러싼 정세는 국방개혁이 처음 입안되던 시점에 비하여 북한의 핵무기 보유 및 주변국들의 정세 불안으로 인하여 더욱 불확실성 및 위협이 커졌다. 특히 북한은 핵무기 관련하여 플루토늄으로 시작하여 농축우라늄 핵무기 제조에 성공하였고, 이를 탑재하여 남한은 물론 미국 본토까지도 타격할 수 있는 대륙간탄도미사일(ICBM: Intercontinental Ballistic Missile) 개발에도 성공하였다. 따라서 국방개혁 2.0은 북한은 물론 중국, 러시아 및 북핵을 빌미로 군비를 강화하려는 일본 등 주변국들의 움직임에도 대비하는 한편, 트럼프 행정부 이후 바이든 정권에서도 여전히 국익을 우선시하는 모습을 노골적으로 드러내는 우방국 미국과의 전략적 협력관계에 대한 점검도 필요하다. 이는 기존의 국방개혁 2.0의 인식으로는 모두 담아내기 어려운 복잡성을 전제하기 때문에 수정 및 보완이 필요하며, 한국교회의 통일에 대한 인식이 통일과 평화를 강조하며 평화주의를 내세우는 진보진영의 의견을 반영하는 한편, 반공과 안보에 초점을 맞추며 거룩한 전쟁론 내지는 정당전쟁론에 가까운 입장을 보이는 보수진영의 의견을 아우르며 하나의 목소리를 만들어 내야 한다.[41] 또한, 일반적인 전쟁이론인 구조주의적 체계이론과 같은 신현실주의 이론의 해석을 뛰어넘는 신학적 토대에 기반한 전쟁론의 필요성 측면에서 정당전쟁론의 수정 또한 요구된다. 이는 한국 사회에서 다수를 차지하는 개신교가 담당해야 할 역할의 측면에서 중요한 의의가 있다.[42]

---

41 안교성, "기독교 통일담론의 한국 통일담론에의 기여 방안: 기독교 통일담론은 무엇을, 어떻게 기여하는가?," 70.

3 국방개혁 2.0과 통일신학[43]

핵무기를 보유한 북한은 이제 자신의 핵 보유국으로서의 지위를 통해 대남관계 및 대미관계를 통해 그 기반을 확고히 하려는 모습을 보임에 따라 통일이라는 개념은 기존에 지향하던 남북의 완전한 통합이 아니라 인지적, 정서적 통합을 통한 평화적 공존을 지향하는 것으로 바뀌고 있다.[44] 더욱이 분단된 현실에 대한 익숙함과 더불어 젊은 세대의 통일에 대한 관심이 저하되는 한편, 사회의 구성이 다문화 사회로 이행중이므로 기존의 단일 민족의 당위성을 중심으로 하는 통일담론의 수정이 불가피하다.[45] 또한, 분단 역사가 길어짐에 따라서 남북의 정서적 이질감이 커졌기 때문에, 통일 관련 경제적 비용뿐만 아니라 정서적 비용 역시 크게 증가하였다. 그러므로 통일이라는 캐치프레이즈 아래에서 단순히 물리적 통합의 목표에 초점을 맞추어서는 안 되며, 지속적인 상호교류와 소통을 통한 갈등 해소와 친밀한 관계 수립을 모색하는 과정이 훨씬 중요해졌다. 이는 교류와 접촉을 통해 서로에 대한 이해를 증진함으로써 종전선언 및 평화협정으로 이어지는 화합과 평화적 공존을 이루어야 할 통일신학의 사명을 일깨운다.[46] 따라서 통일신학은 선언적 수준에 머무

---

42 매 10년마다 조사하는 인구주택총조사의 최근 2015년 통계 결과에 의하면 개신교(19.7%)와 가톨릭(7.9%)를 합친 기독교 인구는 27.6%로서 전체 종교인구 43.9% 가운데 약 63%인 다수를 차지한다. 종교는 사회내 소수집단일 경우에는 개혁세력으로 기능하고, 다수일 경우에는 사회 통합의 구심으로 기능한다. 우리나라 최대 종교인 개신교가 단순히 소수로서의 기능에 국한된다면 이는 직무태만이며, 기독교가 전반적으로 정당전쟁론의 입장을 취해온 역사적 배경을 고려할 때에 정당전쟁론을 수정하여 국방개혁에 기여하는 것 역시 교회의 사명이다. Ibid., 77.

43 본 섹션의 내용은 최성훈, "국방개혁 2.0과 통일신학의 변증적 통합: 통일신학의 새로운 패러다임," 「신학과 실천」 81(2022), 839−861을 수정 및 보완한 것이다.

44 혹시 북한 정권이 붕괴한다 하더라도 북한은 지난 1991년 9월 제46차 유엔 총회를 통해 남한과 함께 유엔에 가입한 독립국가이기 때문에 국제법상 남한이 북한을 흡수할 수 없으며, 유엔의 결의 없이 군사적으로 개입하는 것도 불가능하다. 따라서 이제는 더이상 물리적인 흡수 통일의 논리를 주장하는 것은 타당하지 않고, 오늘날의 시대적 상황에도 부합되지 않는다.

45 안교성, "기독교 통일담론의 한국 통일담론에의 기여 방안: 기독교 통일담론은 무엇을, 어떻게 기여하는가?," 66.

46 이는 생명을 살리는 신학적 과제보다 앞서서 성급한 개혁에 치중하는 오류를 경계하며 공공의 관점에서 교회의 정체성을 재점검해야 함을 전제한다.

르지 않고 국방개혁 2.0과 관련된 구체적인 실천의 과제를 국가와 함께 모색해 나가야 할 것이다. 이는 한국교회가 통일과 관련한 거시적 차원의 문제에만 집중해 온 과거의 모습을 탈피하여 통일의 화두를 중심으로 국민들의 안전과 평안한 삶을 답보하는 구체적인 영역에서 개선을 도모하는 공공신학적 사명을 요구한다.

1) 기존 전쟁론에 대한 비판적 반성

평화주의는 윤리적 기준의 관심을 그리스도에게로 돌리는 한편, 힘과 권력의 논리로 하나님 나라를 세우고자 했던 콘스탄틴주의에 근거를 둔 주류 신학에 대한 반성을 제시했다는 점에서 의의가 있다. 하지만 그리스도의 사역과 가르침을 모든 그리스도인들이 쉽게 따를 수 있는 보편적인 것으로 단순화하기에는 무리가 있고, 국가와 교회를 일원론적으로 이해하는 시각이 오늘날 정치와 종교가 분리된 시대에는 부합되지 않으며, 평화의 실천에 있어서 인간의 죄성을 간과하는 지나친 낙관주의라는 비판에 직면하고 있다[47]. 따라서 이를 국방개혁과 연계하는 것은 현실적으로 불가능하다.

거룩한 전쟁론은 이미 십자군 전쟁의 사례를 통해 절제의 한계를 넘어서 교회의 이익을 위하여 방어적 폭력을 공격적 폭력으로 오용한 오점을 남겼다. 또한, 자신의 진영을 하나님의 심판을 대리하는 것으로 곡해하여 상대방을 대결과 극복의 대상으로 삼아 철저히 파괴하는 경향을 보이므로 자칫하면 인간의 죄성이 하나님께 위임받은 거룩한 대리자라는 자기인식을 통해 이슬람 원리주의 테러리스트들처럼 폭력으로 치닫게 될 우려도 있다. 특히 서로 대치하는 양쪽 진영이 스스로를 거룩한 이념의 수호자로 자처할 경우에 전쟁은 참혹한 결말을 향해 끊임없이 지속될 가능성이 있기 때문에 양자 모두에게 큰 위해를 가하게 된다. 그러므로 거룩한 전쟁론의 입장을 국방개혁에 대입하는 것은 오히려 남북 관계에 커다란 악영향을 미치며 양측 모두에게 소모적인 불필요한 군비경쟁을 유발할 가능성이 높다.

---

47 신치재, "존 하워드 요더(John H. Yoder)의 국가·법사상: 하나님 나라와 비폭력 평화주의를 중심으로," 265.

한편 신현실주의적 입장은 비성경적 견해로서, 이는 인간의 제한된 이성에 근거한 세속적 견해이기 때문에 하나님의 형상으로 창조된 인간을 향한 윤리적 토대가 부재하다. 따라서 인간의 죄성이라는 근본적 성향이 아닌, 죄성에 기인하여 드러나는 이기적인 모습 등 2차적 원인에 치우치기 때문에 본질적인 전쟁의 방지책이 되기 어렵다. 또한, 무력의 사용을 보편적 규범, 즉 자연적 질서의 한 부분으로 인정하기 때문에 갈등과 분쟁을 통해 전쟁으로 확대되는 양상을 막기에는 이념적인 토대가 부실하다.[48] 따라서 신현실주의적 입장은 북핵의 위협에 대비하는 데에는 효과적일 수 있지만 장기적인 차원에서 남북 관계를 개선하는 데에는 적절하지 못하다. 이는 또한 예수 그리스도의 복음을 통한 인류 구속을 목표로 하는 기독교 교리와 부합되지 않으며, 하나님 사랑이 이웃 사랑으로 이어져서 평화의 사명을 수행해야 하는 그리스도인의 윤리적 의무와도 상충된다. 그러므로 소모적인 경쟁을 지양하고 지속적인 남북의 교류와 화합을 증진하기 위한 장기적 기반의 이념적 토대 위에 국방개혁을 추진할 수 있도록 교계가 힘을 모으는 한편, 이를 신학적으로 조명하며 공적 담론 형성을 통해 선한 영향력을 발휘해야 할 것이다.

정당전쟁론 역시 다양한 측면에서 비판의 대상이 된다. 우선 정당전쟁론이 제시하는 전쟁 개시와 수행의 정당성이 현실적으로 자국의 이익을 우선시하는 개별 국가가 수용하기 어렵기 때문에 인류 역사상 이를 따른 선례가 없다는 점이 지적되고, 설사 정당한 이유로 개시된 전쟁이라 하더라도 승리를 목표로 할 수밖에 없기 때문에 전쟁행위의 정당성을 준수하는 것 또한 어려우며, 자칫하면 모호한 윤리적 기준으로 인해 확전의 가능성이 높다는 점에서 비판을 받는다.[49] 하지만 정당전쟁론의 원칙이 이기적인 국가에 의해 악용된다는 문제를 노출하기보다는 오히려 그러한 국가의 악의성을 드러내는 수단으로 기능하는 의의를 고려하면, 정당전쟁론의 기준을 보다 구체화함으로써 전쟁의 참상을 줄이고, 전후 재판에서 부당함을 지적하는 근거를 삼는 것이 유익할 것이다. 이는 기독교 복음에 근거하여 윤리적 기준

---

48 Andrew Heywood, *Global Politics*, 255.

49 또한, 전쟁 개시와 수행의 정당성 가운데 무엇에 더 우선순위를 두어야 하는지가 불분명하며, 비슷한 윤리적 가치와 규범을 공유하는 국가들 사이에서만 적용될 수 있다는 점도 한계로 작용한다. 박원곤, "정당한 전쟁론 연구: 평화주의, 현실주의와의 비교," 74 – 76.

을 정교화함으로써 전쟁의 범위를 최소한으로 축소시키고, 정당전쟁론을 받아들이지 않는 국가들도 이를 보편적인 원칙으로 인정할 수 있도록 전쟁 개시와 수행 분야 모두에서 국제적 기준으로 자리매김하도록 하는 정교화 작업을 요구한다.

정당전쟁론이 인정하는 침략에 대한 정당방위 또는 강탈된 영토를 수복하기 위하여 행하는 전쟁에 대하여는 신현실주의 역시 이견을 보이지 않는다. 하지만 전쟁 개시의 정당성과 관련한 제3국에 대한 인도적 개입과 관련해서는 개입의 주체와 정도에 대한 논란이 끊이지 않는다. 우선 전쟁의 개입 주체와 관련하여 하나님의 절대적 주권을 강조하는 기독교 신앙과 주권 국가를 별도로 인정하는 오늘날의 상황 사이에서 조율이 필요하며, 오랜 기간 동안 식민 통치를 받으며 독립을 위해 고군분투하는 소수 민족의 권위 인정에 대한 성경적 지침이 요구된다.[50] 또한, 전쟁이 모든 비폭력적 노력을 기울인 이후 취하는 최후의 수단이어야 한다는 원칙에 있어서도 그러한 노력의 수준에 대하여 협상, 제재, 고통의 차원 등에 대한 세밀한 기준이 필요하며, 합리적인 승리의 전망은 물론 전쟁의 결과에 대한 객관적인 판단의 근거도 보다 정교하게 구성되어야 한다.

국방개혁의 기획 단계에서 북핵의 위험을 추산하는 것은 핵무기의 가공할 위력을 고려할 때에 어렵지 않지만, 그에 대한 대응책을 마련하는 것은 평화적 공존을 위한 단계적인 절차를 필요로 한다. 따라서 국방개혁과 관련하여 정당전쟁론은 사랑과 정의를 지향하는 성경적 지침이 보편적인 원리로 자리 잡도록 정교화 및 체계화할 필요가 있다. 이는 인도주의적 차원에서 부인할 수 없는 원칙이므로 큰 어려움은 없을 것으로 예상되지만 인간의 죄성과 탐욕에 대한 냉철한 분석을 기반으로 하는 보완책 마련이 병행되어야 실효성을 확보할 수 있을 것이다. 이를 위해서 성경의 가르침만을 통해 구체적인 내용을 제시하기는 어려우며, 사랑과 공의라는

---

50 우리나라의 경우 일제 강점기에 독립을 위해 중국에 설립된 임시정부는 정당전쟁론이 요청하는 정통성 있는 권위를 확보하지 못하며, 태평양 주변 다수 국가를 상대로 전쟁을 일으킨 일본 제국주의에 대항하여 수행하는 전쟁의 승리 가능성도 낮았다. 또한, 안중근 장군의 일본 총독 이토 히로부미 암살 사건의 경우 군인이 아닌 민간인 신분의 히로부미에 대한 공격은 전쟁 수행의 정당성과 합치되지 못한다는 점이 지적될 수 있다. 따라서 국가 간 얽힌 이해관계에서 본질적인 가해자와 피해자를 구분하고 이를 입증하기 위한 정교한 지침을 성경의 가르침에 근거하여 다듬어야 하며, 그 같은 지침을 통해 불의한 공세에 대응하는 정의로운 의도를 온전히 투영해야 할 것이다.

성경적 원칙을 중심으로 북한이 보유한 핵무기와 관련한 위협은 물론, 과거의 전쟁 사례 및 현대적 무기와 전장의 상황에 대한 치밀한 연구를 통해 한반도 평화를 답보하기 위한 단계적 절차에 입각한 대응안을 구체적으로 마련해야 하며, 연구 결과를 바탕으로 지속적인 공공신학적 점검이 필요하다.[51]

2) 통일신학의 발전

통일신학은 남북한의 통일에 대한 신학적 성찰 또는 통일 관련 활동에 대한 신학적 성찰로서 한반도의 분단 상황을 기반으로 하는 상황신학이자, 분단의 고통이라는 우리 민족 특유의 역사적 경험과 현실을 바탕으로 하는 한국적 신학이다.[52] 통일신학의 논의는 한반도 분단 이후부터 시작되었지만 정권의 안보 논리와 결합하여 이념적 홍보의 수단으로 활용되다가 1970년대 군사 독재하에서 민주화 운동을 전개하던 소수의 학자들을 통해 주도되었고, 1980년대를 거치며 통일에 대한 진지한 신학적 논의와 조명이 본격적으로 전개되었다. 통일신학 형성의 초기 단계인 1980년대에는 통일이라는 주제에 대한 성경적 근거를 찾으며 이스라엘의 분단 사례를 통해 이의 극복 방안을 논의했고, 1990년대 들어서며 성서신학, 조직신학, 기독교윤리학, 선교신학 등의 분야에서 다양한 조명이 이루어지기 시작했다.[53]

이후 통일신학은 1988년 한국기독교교회협의회(NCCK: The National Council of Churches in Korea)가 "민족의 통일과 평화에 대한 한국 기독교회 선언"을 발표하며

---

51 전쟁 수행과 관련하여 최소한의 비례적 무력을 행사하도록 하는 수단의 비례성에 대하여도 마찬가지로 치밀한 연구에 바탕을 둔 정당전쟁론의 원칙이 적용되어야 할 것이다.

52 김윤옥은 여성신학의 관점에서 민족 분단이 가난한 민중과 여성들의 삶에 위해를 가하는 구조적인 악이라는 점에서 통일신학을 상황신학으로 규정하였고, 박순경은 통일신학을 민족의 문제를 다루는 민족신학으로 보았으며, 박종화는 민족신학인 통일신학이 보편적 평화의 개념을 바탕으로 하는 세계적 평화신학으로 확대되어야 한다고 주장하였다. 하지만 그와 같은 진보적 견해는 민족의 고난을 지나치게 형상화하는 한편, 이스라엘의 해방사건을 한민족과 동일시함으로써 우리 민족의 역사적 경험을 정경화하는 우를 범한다는 비판을 받기도 한다. Cf. 박정수, 『성서로 본 통일신학』 (서울: 한국성서학연구소, 2010).

53 1988년 이후 1세대 통일신학자로서 진보진영의 통일 논의를 추진한 대표적 인물은 박순경, 문익환, 노정선 등이다. 박삼경, "통일신학에서 본 통일의 의미와 교회의 역할," 「신학과 선교」 49(2016), 35.

활발히 전개되었는데,**54** 이 선언을 계기로 진보진영은 통일운동의 한계를 극복할
수 있도록 통일신학의 형성과 발전에 초점을 맞추며 통일신학의 발전을 선도하였
고, 보수진영은 선언의 문제점과 한계를 지적하며 북한 선교에 주력하였다.**55** 특히
진보진영의 문익환은 기독교가 개인의 구원에 천착하기 보다는 정의와 평화를 지향
하는 하나님 나라에 초점을 맞추어야 한다고 주장하며 샬롬 공동체를 이루기 위한
방안으로서 통일을 제시하였다.**56** 또한, 노정선은 서구 신학과 보수적인 교회들이
분단이 하나님의 뜻이라고 주장하며 이를 고착화시킨다고 비판하며, 분단의 상태
자체가 하나님의 형상인 인간의 존엄성을 파괴하는 것이므로 통일을 추진하지 않는
것이 곧 우상숭배라고 강력하게 일갈하였다.**57** 하지만 양 진영 모두 성경적 사랑과
정의, 평화 등의 개념에 대한 심도 있는 분석의 측면에서는 부족함을 드러냈고, 현
상적 차원이 아니라 하나님의 나라 또는 종말론적 시각에서 통일이라는 주제에 대
하여 통전적으로 조명하는 데에도 실패하였다.**58** 따라서 초기 단계의 통일신학은
주로 통일의 당위성을 강조하는 수준에 머물렀다는 비판과 함께 구체적인 통일의
방안을 제시해야 한다는 지적을 받았다.**59**

　　신옥수는 1970년대 민주화 운동을 통해 통일 운동이 전개되기 시작하였고,
1980년대에 신학적 자각을 통해 통일신학이 등장했으며, 통일신학이 형성되는

---

54 이는 통일 운동의 중요한 전기를 마련하는 이정표가 되었는데, 주된 내용은 성경에 나타난 정의와
　　평화가 선교적 전통이며, 민족 분단의 현실 아래에서 증오에 대한 죄책 고백, 민족 통일을 위한 한
　　국교회의 기본원칙 천명, 남북한 정부에 대한 한국교회의 건의, 평화와 통일을 위한 한국교회의 과
　　제 제시 등으로 구성되었다. 신옥수, "통일신학의 어제와 오늘,"「한국기독교신학논총」 61(2009),
　　57 – 59.
55 전자의 대표적인 학자는 서광선, 박종화, 박순경, 노정선, 홍성현, 손규태 등이 있고, 후자는 김영
　　한, 황현조 등으로 대변된다. 후자인 보수적 복음주의 계열의 통일신학은 1990년대 이후 통일신학
　　의 체계화 보다는 북한선교의 방법론에 치중하는 모습을 보였다.
56 문익환, 『통일은 어떻게 가능한가』 (서울: 학민사, 1984), 96.
57 노정선, 『통일신학을 향하여』 (서울: 한울, 1988), 58 – 61.
58 안교성은 기독교의 통일담론 형성은 1988년 선언 이후 오히려 쇠퇴했다고 비판하며 그 원인으로서
　　기독교 내부의 일치된 통일담론 형성에 실패함으로써 공감대를 잃어 동력을 상실했다는 점을 지적
　　하였다. 안교성, "기독교 통일담론의 한국 통일담론에의 기여 방안: 기독교 통일담론은 무엇을, 어
　　떻게 기여하는가?," 79.
59 양자 모두 화해, 평화, 일치, 연합 등의 화두에는 동의하지만 진보진영이 정의와 해방을 주제로 이
　　같은 화두를 다루는 반면, 보수진영은 십자가의 의미를 부각시키며 그러한 화두를 강조하는 차이
　　를 보인다. 신옥수, "통일신학의 어제와 오늘," 74.

1990년대를 거쳐서 2000년대에 통일신학이 확대, 발전되었다고 요약하였다.[60] 반면 안교성은 통일신학을 분단 극복의 관점에서 조명하는 1기(1980년-1998년), 남북교류의 관점에서 다루는 2기(1998년-2008년), 보다 광범위한 통합의 관점에서 논의하는 3기(2008년 이후)로 구분하였다.[61] 통일신학의 발전이 주로 진보진영을 통해 이루어지고, 1988년 선언이 1995년을 희년의 해로 선포하였기 때문에 1990년대 통일신학은 성경적 희년의 의미를 탐구하며 화해와 평화를 지향하는 희년신학의 모습을 보였다. 이후 2000년대 들어서며 김대중 정권의 햇볕정책으로 인한 남북관계의 개선과 민간차원의 교류 증진이 확대되며, 통일신학에 대한 논의도 다양한 차원에서 전개되기 시작했다.

통일신학은 진보와 보수와 두 진영으로 나뉘어 각기 강조점을 두고 발전하였는데, 진보진영에서는 정치신학, 해방신학, 민중신학, 하나님의 선교(mission Dei)의 측면에서 통일신학을 조명하였고, 보수진영은 인간적 이데올로기를 배제하는 성육신적 화해와 십자가 중심의 정치학을 바탕으로 통일신학을 전개하였다. 진보진영 학자들은 평화를 강조하는 공통점을 보였지만, 이는 성경적 근거를 중심으로 전개하는 평화의 개념이 아니라 정치, 경제, 사회적 자유와 평등, 정의를 위한 평화라는 점에서 비판을 받았고,[62] 따라서 성경적 가치가 아니라 통일신학 자체의 이론적 발전에 치중하였다는 지적을 받았다.[63] 반면 보수진영 역시 신학자들이 통일신학을 본격적으로 논하기 시작한 시점이 1990년대로 다소 늦은 데다가 북한 선교라는 주제에 치중하다 보니 진보진영에 비하여 신학화 작업 및 이론적 체계가 빈약하다는 지적을 피할 수 없었다.[64] 진보와 보수의 진영을 망라한 통일신학에 대한 총평은 통

---

60 Ibid., 63.

61 1998년은 문민정부인 김영삼 정권이 종료된 해이자, 햇볕정책을 전개한 김대중 정부가 출범한 해이다. 2008년은 이명박 정부가 출범한 해로서 남북관계가 경색되기 시작한 때이다. 안교성, "통일신학의 발전에 관한 소고,"「한국기독교신학논총」 90(2013), 89.

62 한반도의 통일신학과 관련한 희년 또는 평화의 개념은 방향성을 제시할 수는 있었지만 구체적인 방안을 담은 청사진으로 연결되는 데에는 한계를 드러냈다. 안교성, "기독교 통일담론의 한국 통일 담론에의 기여 방안: 기독교 통일담론은 무엇을, 어떻게 기여하는가?," 88-89.

63 이는 남북한과 이스라엘 남북 왕국의 분단이라는 상황적 유사성에 바탕을 두고 성경적 가치를 상황에 끼워 맞추는 유비적 해석의 문제로 귀결되었다. 강웅산, "통일과 구원: 한반도 통일에 대한 성경적-신학적 고찰,"「신학지남」 83(2016), 90.

일을 신학적으로 세밀히 조명한 연구보다는 실천적 선언에 국한된 논의가 많기 때문에 풍요 속의 빈곤 현상이 나타난다는 지적이다.[65] 따라서 통일신학은 국방개혁 2.0과 같은 정부 정책은 물론 통일의 전반적인 요소들에 대하여 기독교 복음에 근거한 선한 영향력을 발휘할 수 있도록 성경적 근거를 정비하고, 세밀한 방안들을 구성해나가야 하는 과제를 안게 되었다.

3) 국방개혁 2.0과 통일신학

평화의 개념을 현실화시켜서 한반도 평화를 유지하기 위해서는 국가의 역할을 인정해야 하기 때문에 통일신학은 국방개혁 2.0과 조화를 이루며 남북교류의 이념적 토대를 제공하는 한편, 국방개혁 2.0의 실효성 증진에 공헌해야 한다.[66] 특히 김대중 정부와 노무현 정부의 대북정책이 유화와 포용에만 초점을 맞추다가 북한의 핵실험 재원을 조달함으로써 북한이 명실상부한 핵 보유국이 되도록 방치하였다는 비판을 반영하여,[67] 통일신학이 냉철한 현실인식을 바탕으로 사랑과 정의 사이에서 균형감각을 견지하며 좁게는 국방개혁 2.0에 그리고 넓게는 남북 교류와 화합 증진을 통한 한반도 평화 정착에 기여하여야 한다. 이는 북한의 핵 위협에 대한 구체적인 대응책을 마련하는 동시에 이념과 체제의 차이를 수용하는 개방적 태도를 견지할 것을 요구하며, 국방개혁 2.0 및 통일신학 내부 차원의 수정 및 보완과 더불어 국방개혁 2.0과 통일신학 사이의 변증적 조화를 전제하는 것이다.

국방개혁 2.0은 기본적으로 북한의 핵위협에 대한 구체적이고 실효적인 대책을 강화하는 한편, 한반도를 둘러싼 국제정세의 변화에도 동시에 대비해야 한다. 또

---

64 1980년대 말부터 시작된 동유럽 공산권의 붕괴와 1990년대 초반 구 소련의 몰락으로 인하여 보수 진영은 통일에 대한 기대감으로 북한선교를 강조하였다. 이는 먼저 물리적 통일을 이룬 후에 본격적인 선교 활동을 전개하려는 의도를 가지고 통일신학을 형성하였기 때문에 여러 가지 사정을 감안할 여유가 없었다. 김병로, "평화 통일 북한 복음화를 위한 한국 교회의 과제,"「성경과 신학」 37(2005), 28.

65 안교성, "통일신학의 발전에 관한 소고," 88.

66 안인섭, "한반도 평화를 위한 통일 신학,"「기독교와 통일」 9(2018), 67-68.

67 김영한, "평화통일신학과 영성," 11.

한, 이와 병행하여 남북 관계의 개선 및 교류 증진을 염두에 둔 대안적 조치도 마련함으로써 유연성을 확보해야 할 것이다. 마찬가지로 통일신학도 일방적인 흡수통일 지향의 관점이나 무분별한 유화책 모두를 지양하고, 단계적 소통과 교류를 통해 통합의 부작용을 방지해야 한다. 따라서 남한이 일방적으로 북한에 대하여 물질적으로 지원하는 비대칭적인 방식을 탈피하는 한편, 인도적 지원에 대하여는 현장 접근성과 투명성을 확보하여 실질적인 남북 교류와 협력 관계를 이루어야 한다.[68] 이는 국방개혁 2.0 및 통일신학이 조명하는 대북 관계 및 정책이 북한 정권과 주민사회를 이원화하여 접근할 것을 요구한다.

구체적으로 국방개혁 2.0은 북한의 핵위협에 대응한 방어체계 및 핵시설에 대한 타격을 중심으로 첨단 무기를 확보함으로써 전쟁 억제력을 증진시켜야 하며, 동시에 북한의 핵무력을 억제하기 위하여 미국과 중국 등 주변국들을 대상으로 외교적 노력을 경주해야 한다. 또한, 남한 정부가 주도권을 쥐고 이를 진행할 수 있도록 필요에 따라서 러시아와 일본을 포함하는 6자 회담을 탄력적으로 활용함으로써 보다 큰 국제적 네트워크를 통해 북핵 견제 및 동북아 세력의 균형을 도모해야 한다. 이를 위하여 한반도의 긴장 완화 및 남북의 평화적 공존이 단지 남한과 북한에만 이익이 되는 것이 아니라 동북아 전체의 안정과 세계 평화와 교류 증진에도 기여한다는 점을 부각시켜야 한다. 그러한 과정에서 통일신학의 이념이 투영되도록 국방개혁 2.0의 보완 과정에서 한국교회가 공공신학 및 실천신학의 측면에서 제 역할을 수행해야 한다.[69] 이는 한국교회의 갱신과 개혁을 통해 자정 기능을 갖춤으로써 사회적 정당성을 확보하고, 이를 바탕으로 전쟁 경험의 트라우마를 해소하고 피해의식을 치유할 수 있는 용서와 화해를 견지하는 통일신학을 정비하는 한편, 국방개혁

---

68 독일의 경우 남, 북한과 달리 전쟁을 겪지 않았기 때문에 상호 적대감의 수준이 낮았고, 분단 초기부터 인적, 물적 교류가 활발했으며, 인구 대비 경제력의 수준도 훨씬 차이가 있었기 때문에 서독에 의한 동독의 흡수 통일이 용이했다. 하지만 그럼에도 불구하고 통일 독일의 구 동독 지역 주민의 삶은 2등 시민의 삶으로 강등됨으로써 상대적 박탈감 조장을 통해 사회문화 및 심리적 통일은 제대로 이루지 못하고 있다. 최성훈, 『통일을 대비하는 한국교회』(서울: CLC, 2017), 203-205.

69 이와 관련하여 경동교회 박종화 목사는 한국교회가 일종의 시대정신으로서 한반도와 동북아 평화를 지향하는 선교적 과제 및 공공신학적 과제를 부여받았다고 지적하였다. 박종화, "한국기독교가 새롭게 부름받은 '공공 신앙적 과제': 한국기독교의 역할과 전망," 「기독교사상」 678(2015), 37.

2.0에 대한 세밀한 이해를 바탕으로 미래지향적 대안들을 제시할 것을 요구한다.

구 소련이 무너져서 냉전 시대가 종식되고, 중국 역시 정치적으로는 공산주의를 유지하지만 사회의 운영에 있어서는 자본주의적 시장경제 체제를 도입하는 반면, 서구 선진국들은 글로벌 금융위기 이후 사회주의적 제도를 도입하는 모습은 포스트모던 시대인 오늘날 과거의 근대적 이념 대립이 더 이상 기능하지 못한다는 사실을 드러낸다.[70] 이는 또한 공산주의와 민주주의, 그리고 자본주의와 사회주의라는 이분법적 이념의 국제질서가 무너진 것을 의미하기도 한다. 이러한 국제정세 아래에서 통일신학 역시 통일지상주의와 통일무용론의 양극단을 경계하는 한편, 흡수통일론의 입장에 선 보수진영과 유화정책을 견지하는 진보진영의 이념적 차이를 아우르는 통합적 담론을 통해 내부의 갈등을 극복하고 하나된 목소리를 내야 하며, 젊은 세대에게 소구할 수 있는 객관적 근거와 합리적 논리를 견지하며 세대간 소통에도 기여해야 한다.[71] 소위 MZ세대로 불리는 초급 간부 및 신세대 장병들은 뚜렷한 개인의 주관을 드러내며 특정 이슈에 대하여 객관적 자료에 근거한 합리적인 설득이 없이는 마음을 열지 않으며,[72] 따라서 국방개혁의 실효성에 대하여 큰 기대를 갖지 않고, 통일이라는 주제에 대하여도 진부하게 여기기 때문이다.[73]

통일신학은 한국적 상황에 근거하여 구성되고 있는 구성신학(constructive theology)인 동시에 사랑과 정의라는 성경적 가치에 기반한 사회윤리적이며 실천적 성격을 지닌 신학이다. 이는 기독교사회윤리와 공공신학, 실천신학적 성격을 견지하는

---

70 Daniel Bell, *The End of Ideology: On the Exhaustion of Political Ideas in the Fifties* , with *"The Resumption of History in the New Century* (Boston, MA: Harvard University Press, 2000), 116−123.

71 디지털 기기에 익숙한 MZ세대의 특징은 양방향 소통 및 수평적 관계를 중요시한다는 것이다. 따라서 통일담론과 관련하여서도 세대간 소통의 방식은 민주적인 수평적 관계를 기반으로 수행되어야 한다.

72 우리나라의 세대 구분은 1950−1964년에 출생한 한국전쟁 이후의 베이비부머 세대, 1965−1980년 출생한 X세대, 1981−1996년에 출생한 Y세대 또는 밀레니얼 세대, 그리고 1997년 이후 출생한 Z세대로 나뉜다. 오늘날 국군은 상위 간부층을 이루는 베이비부머와 X세대 및 중간 간부층을 이루는 X세대와 Y세대는 약 19만 8천 명이며, 병사 계층을 이루는 Z세대는 약 30만 3천 명으로서 다수를 차지한다. 최은석, "선진 병영문화 환경변화에 따른 군 정신교육: 신세대(MZ세대) 특징을 중심으로," 「통일문제연구」 33(2021), 36.

73 신옥수, "평화통일신학의 형성과 과제: 하나님나라 신학의 빛에서," 「선교와 신학」 35(2015), 18.

한편, 이를 통해 남북 화합과 교류를 이루고 인도주의적 차원의 지원과 더불어 기독교 복음을 전파하는 선교적 사명도 보유한다. 따라서 통일신학은 필연적으로 기독교적 전쟁이론과 연관성을 가지고 국방개혁을 조명하며, 평화주의의 비현실성을 극복하는 한편 거룩한 전쟁론의 자의적 해석에 대한 우려를 불식시켜야 한다. 이를 위하여 전쟁 개시와 수행의 원칙에 대하여 보다 세밀하고 정교화된 지침을 제공하는 수정된 정당전쟁론의 견해를 바탕으로 갈등과 대립을 방지함으로써 한반도의 전쟁을 사전에 막아야 할 것이다. 또한, 평화를 주장하는 토대가 되는 국력이 단순히 군사력만을 의미하는 것이 아니라 건전한 시민의식에 바탕을 둔 정치적 안정과 4차 산업혁명 시대를 선도하는 경제력, 전 세계를 아우르는 한류와 같은 문화역량, 그리고 국제적으로 인정받는 한국적 민주주의와 윤리의 기반 확립 등을 포함하는 것임을 간과하지 않고 다층적 역량 확보에 만전을 기할 수 있도록 하는 이념적 토대의 제공 역시 향후 통일신학이 수행해야 하는 과업에 포함된다.[74]

통일신학은 남북의 분단 및 대치 상황을 전제하는 상황신학인 동시에 사랑과 정의라는 보편적인 성경적 가치를 통해 남북 간의 간극을 좁히며 화합을 이루어가는 과정신학에 해당한다. 하나님의 나라는 특정 이념을 지지하지 않으며, 특정한 정치, 경제, 사회, 문화적 제도를 절대화하지 않는다. 하나님 나라는 오직 사랑과 정의를 토대로 하나님과의 평화, 자기 자신과의 평화, 그리고 타인과의 평화를 이루며 완성되는 것이기 때문이다.[75] 따라서 통일신학은 국방개혁 2.0이라는 수단을 통해 사랑과 정의를 구현해야 한다.[76] 사랑은 소통과 교류의 기반으로 기능하며, 정의는 인권보장과 억압으로부터의 구속을 지향하므로 우선 상대방에 대한 이해가 선행되

---

74 이와 관련하여 제임스 페이지(James S. Page)의 비판은 참조할만한 의의가 있다. 그는 우리나라의 평화론 내지는 화해론에 대하여 첫째, 평화의 개념이 너무나 지당하면서도 현실감이 없이 수사적이고, 둘째, 평화의 모델이 부재하며, 셋째, 따라서 자칫하면 평화에 대한 자의적이고 부르주아적 접근으로 전락할 수 있다는 점을 지적하였다. James S. Page, "The International Year for the Culture of Peace: Was It Worthwhile?," *International Journal of Cultural Studies* 4(2001), 349.

75 신옥수, "평화통일신학의 형성과 과제: 하나님나라 신학의 빛에서," 31-32.

76 한국교회는 국방개혁 2.0을 대하며 남북분단 및 갈등과 관련한 특정 세대의 경험과 기억보다는 그것이 오늘날 영향을 미치는 요인을 헤아려서 신학적 사랑과 정의의 균형이 통일신학을 통해 투영되도록 하는 사명을 안고 있다. 송훈, "COVID-19 팬더믹 상황 속에서의 한인 이민 청소년을 위한 평화, 통일교육의 가능성," 「신학과 실천」 73(2021), 708.

어야 하며, 이를 바탕으로 차이를 좁혀나가야 한다. 국방개혁 2.0은 군사적 대치 상황을 전제로 수립된 것이지만, 통일신학을 통해 이를 선용하면 오히려 그 과정에서 남한이 북한을 이해하는 수단으로 기능할 수 있다. 그러므로 통일신학의 사랑과 정의를 바탕으로 국방개혁 2.0이 적극적인 국방의 군사력을 확보하고 이를 유지하도록 지지하는 동시에, 유연성을 가지고 한반도뿐만 아니라 세계 평화에 공헌할 수 있는 평화와 화해의 구심이 되도록 지지해야 한다. 칼을 쳐서 보습을 만들고, 창을 쳐서 낫을 만드는(사 2:4; 미 4:3) 평화의 날을 기다리는 과정에서 남북의 평화를 이루고, 나아가 세계 평화에 공헌하는 단계적 힘이 필요하기 때문이다.

통일신학은 통일을 염원하는 인간의 의지에 하나님의 뜻을 꿰어맞추는 식의 자기합리화 수단이 되는 것을 경계하며 신학이라는 방법론 역시 자의적인 통일의 그림을 그리기 위한 도구로 전락하지 않도록 주의를 기울여야 한다. 따라서 국방개혁 및 정부의 정책을 아우르기 위한 통일의 이념을 제공하는 통일신학은 특정 이념에 편향되어서는 안 되며, 특히 북한을 대하는 자세에 있어서 공산주의를 사탄의 세력과 동일시하는 낡은 반공 이데올로기를 극복해야 한다. 통일신학을 전개하는 한국교회 역시 특정 이념에 편향되어서는 안 되는데, 특정 체제에 우호적인 태도를 보이거나 특정 계층의 입장을 대변하게 되면 대립과 갈등을 해소하지 못하며, 화해와 평화를 제시해도 공신력을 얻지 못하기 때문이다.[77] 또한, 평화적 공존을 달성하기 위한 절차와 방식도 복음의 원리를 반영하는 구속적 방법론을 반영하되, 균형감각을 견지하는 지혜로운 운영의 묘를 발휘함으로써 한반도와 동북아에 참다운 평화를 실현하는 기반이 되어야 한다. 통일신학의 이념을 중심으로 북한 정권과 시민사회에 대한 접근방식을 달리하는 이원화된 전략을 활용하는 한편, 6자 회담의 주체인 국가들에게도 남북의 평화적 공존이 남과 북은 물론, 동북아 안정을 통해 주변국들이 함께 평화를 누릴 수 있음을 납득시킴으로써 원망과 시비가 없는 원만한 평화를 이루어야 할 것이다(빌 2:14).

어느 시대에서든 분열과 갈등을 해소하고 사랑과 정의에 기반한 평화를 이루

---

77 조은식, "샬롬과 북한선교," 한국기독교통일연구소 편, 『성경으로 읽는 북한선교』(고양: 올리브나무, 2013), 122.

도록 하는 것이 교회와 교회를 이루는 그리스도인들의 사명이므로 남북 간의 평화 수립은 이 시대에 한국교회에 주어진 사명이다. 이를 위해 한국교회 자체가 평화의 이념을 구현하는 모델이 되는 한편, 국방개혁 2.0과 같은 주제를 대하며 통일신학의 객관성을 유지해야 하고, 물리적인 통일 자체보다도 삶 속에서 직면하는 차이와 차별, 그리고 갈등의 문제를 풀어나가는 과정이 통일신학이 견지하는 사랑과 정의를 구속적으로 실현하는 방안이라는 점을 간과해서는 안 될 것이다. 따라서 통일신학은 국방개혁 2.0은 물론 국가와 사회의 중요한 주제에 대하여 복음의 정신을 구현하는 구속적 방법론을 통해 사랑과 정의가 드러나도록 함으로써 결과적으로 하나님의 형상으로 창조된 인간성을 회복하고 인류의 복리를 증진해야 한다. 또한, 통일신학은 국방개혁 2.0의 운영에 있어서 사랑과 정의를 바탕으로 북한 당국과 대화와 협상의 여지를 제공하는 토대가 되어야 하며, 이념을 초월하여 인도적인 차원에서 북한 사회를 포용하는 정책을 통해 꾸준히 상호교류를 지속함으로써 신뢰를 구축해야 한다. 그러한 책무를 담당하는 통일신학은 복음의 은혜 체험에 근거한 사랑을 바탕으로(요 15:12), "정의를 물 같이, 공의를 마르지 않는 강 같이 흐르게"(암 5:24) 하는 방법론으로서 기능할 것이다.

참고문헌

강웅산. "통일과 구원: 한반도 통일에 대한 성경적－신학적 고찰." 「신학지남」 83(2016), 85－115.

국방부. 『국방기획관리기본규정』. 서울: 국방부, 2007.

권기붕. "전쟁의 일반이론과 정당한 전쟁론." 「철학연구」 68(2005), 15－41.

김명수. "세력균형에서의 군사력 수준과 동북아시아에 주는 함의." 「STRATEGY 21」 38(2015), 112－162.

김영한. "평화통일신학과 영성." 「조직신학연구」 18(2013), 9－39.

노정선. 『통일신학을 향하여』. 서울: 한울, 1988.

문익환. 『통일은 어떻게 가능한가』. 서울: 학민사, 1984.

박삼경. "통일신학에서 본 통일의 의미와 교회의 역할." 『신학과 선교』 49(2016), 33－62.

박원곤. "정당한 전쟁론 연구: 평화주의, 현실주의와의 비교." 「신앙과 학문」 21(2016), 57－88.

박정수. 『성서로 본 통일신학』. 서울: 한국성서학연구소, 2010.

박종화. "한국기독교가 새롭게 부름받은 '공공 신앙적 과제': 한국기독교의 역할과 전망." 「기독교사상」 678(2015), 32－37.

박휘락. "한국의 '국방개혁 1.0' 평가: 북핵 '위협'과 '대응'을 중심으로." 「국가정책연구」 32(2018), 155－176.

송훈. "COVID－19 팬더믹 상황 속에서의 한인 이민 청소년을 위한 평화, 통일교육의 가능성." 「신학과 실천」 73(2021), 697－724.

신옥수. "평화통일신학의 형성과 과제: 하나님나라 신학의 빛에서." 「선교와 신학」 35(2015), 13－48.

_____. "통일신학의 어제와 오늘." 「한국기독교신학논총」 61(2009), 55－83.

신치재. "존 하워드 요더(John H. Yoder)의 국가·법사상: 하나님 나라와 비폭력 평화주의를 중심으로.”「중앙법학」 18(2016), 241－269.

안교성. “기독교 통일담론의 한국 통일담론에의 기여 방안: 기독교 통일담론은 무엇을, 어떻게 기여하는가?”「종교문화학보」 16(2019), 65－94.

안인섭. “한반도 평화를 위한 통일 신학.”「기독교와 통일」 9(2018), 59－83.

유경동. “법과 종교를 위한 공동체 윤리: 종교/폭력과 기독교 평화주의 연구.”「기독교 사회윤리」 32(2015), 247－275.

이창호. “문재인 정부의 통일 정책과 기독교윤리적 응답 모색.”「장신논단」 51(2019), 93－120.

＿＿＿. “역대 한국 정부의 통일 정책에 대한 기독교 윤리적 응답: 전쟁과 평화 전통을 중심으로.”「기독교사회윤리」 20(2010), 223－268.

조은식, “샬롬과 북한선교,” 한국기독교통일연구소 편, 『성경으로 읽는 북한선교』, 105－129. 고양: 올리브나무, 2013.

최성훈. “국방개혁 2.0과 통일신학의 변증적 통합: 통일신학의 새로운 패러다임.”「신학 과 실천」 81(2022), 839－861.

＿＿＿. “전쟁이론과 국방개혁: 정당전쟁론을 중심으로.”「영산신학저널」 60(2022), 145－172.

＿＿＿. 『성경으로 본 설교이야기』. 서울: CLC, 2018.

＿＿＿. 『통일을 대비하는 한국교회』. 서울: CLC, 2017.

최은석. “선진 병영문화 환경변화에 따른 군 정신교육: 신세대(MZ세대) 특징을 중심으 로.”「통일문제연구」 33(2021), 29－63.

편집부. “국방부, 국방개혁 2.0 기본방향 수립: 군 구조 국방운영 병영문화 분야 개혁으 로 강한 군대, 책임 국방 구현.”「국방과 기술」 474(2018), 8－11.

Augustine. *The City of God*. Translated by Marcus Dods. New York, NY: The Modern Library, 1950. (Originally Published in 426).

Allen, Joseph L. *War: A Primer for Christians*. College Station, TX: Texas A&M University Press, 2014.

Bell, Daniel. *The End of Ideology: On the Exhaustion of Political Ideas in the Fifties, with The Resumption of History in the New Century*. Boston, MA: Harvard University Press, 2000.

Choi, Seong－Hun. “Christian Unification Education of Pentecostal Theology and Juche Ideology: Viewed through Political Thought by Luther, Calvin, and Machiavelli.” *Journal of Youngsan Theology* 37(2016), 183－214.

Cahill, Lisa S. *Love Your Enemies: Discipleship, Pacifism, and Just War Theory*. Minneapolis, MN: Fortress, 1994.

Coates, Anthony J. *The Ethics of War*. Manchester, UK: Manchester University Press, 1997.

Erasmus, Desiderius. *The Correspondence of Erasmus: Letters 594 To 841, 1517 To 1518*. Translated by Roger A. B. Mynors and Douglas F. S. Thomson. Toronto, Canada: University of Toronto Press, 1979.

Fotion, Nicholas. *War and Ethics: A New Just War Theory*. New York, NY: Continuum, 2007.

Hauerwas, Stanley. *Against the Nations*. New York, NY: Harper and Row, 1988.

Heywood, Andrew. *Global Politics*. New York, NY: Palgrave Macmillan, 2011.

Luther, Martin. "Temporal Authority: To What Extent It Should Be Obeyed(1523)," In *Martin Luther's Basic Theological Writings*, edited by Timothy F. Lull, 429−459, 2nd ed. Minneapolis, MN: Augsburg Fortress, 2005. (Originally Published in 1523).

Morgenthau, Hans J., and Thompson, Kenneth W. *Politics Among Nations, The Struggle for Power and Peace*. 6th ed. New York, NY: McGraw−Hill, Inc, 1985.

Niebuhr, Reinhold. *Moral Man and Immoral Society: A Study in Ethics and Politics*. New York, NY: Charles Scribner's Sons, 1932.

Page, James S. "The International Year for the Culture of Peace: Was It Worthwhile?" *International Journal of Cultural Studies* 4(2001), 348−351.

Ramsey, Robert P. *The Just War: Force and Political Responsibility*. New York, NY: Scibner's, 1968.

Waltz, Kenneth N. *Theory of International Politics*. Reading, MA Addison−Wesley Publishing Company, 1979.

Yoder, John H. *For the Nations: Essays Evangelical and Public*. Eugene, OR: Wipf and Stock, 2002.

_____. *Nevertheless: The Varieties and Shortcomings of Religious Pacifism*. Palestine, TX: 2001. (Originally Published in 1971).

_____. *The Priestly Kingdom: Social Ethics as Gospel*. Notre Dame, IN: University of Notre Dame Press, 1984.

09

군종제도의 역사와 발전[1]

우리나라의 군종제도는 약 70년의 역사를 바탕으로 군대의 정신적 지주 역할을 담당해왔으며, 그 중심에는 개신교가 있다. 물론 군종제도를 도입한 한국전쟁 시기부터 개신교에 대한 특혜 논란이 있었고, 이후 타 종교와 대조되는 다양한 혜택을 받아온 것이 사실이다.[2] 하지만 일제 강점기 당시에도 극소수에 불과한 개신교 진영에서 3.1운동 당시 민족 대표 33인 중에서 16인을 배출했다는 점과 함께 한국전쟁을 거치며 국가의 운명이 달려있는 급박한 상황에서 군종제도는 장병들을 정신적, 영적 측면에서 지지함으로써 절박한 위기를 극복하도록 하는 수고와 섬김, 헌신의 기반이었음을 간과해서는 안 될 것이다.

군종제도는 일반적으로 전쟁을 기반으로 발전하는 모습을 보이는데, 오늘날 탈냉전 및 포스트모더니즘의 탈이데올로기화로 인해 그러한 군종제도의 역할은 새

---

1 본 장의 내용은 최성훈, "군종제도의 역사와 발전, 그리고 도전: 개신교를 중심으로," 「ACTS 신학저널」 50(2021), 391-419를 수정 및 보완한 것이다.

2 일례로 해방 이후 대한민국 정부는 일제 강점기에 일본 불교의 승려들이 담당했던 형무소의 교화 활동을 개신교 목회자들이 담당하게 하는 한편, 1949년 개천절과 함께 성탄절을 대통령령으로 공휴일로 지정하였다. 윤용복, "한국의 종교정책과 종교계의 대응: 불교, 천주교, 개신교를 중심으로," 「종교와 문화」 28(2015), 5.

로운 도전을 맞이하고 있다. 특히 남북한의 관계 개선으로 인한 주적(主敵) 개념의 변화는 정신전력에 있어서 혼란과 어려움을 유발하였으며, 군대의 양적 규모보다 질적 규모가 중요해진 현대전의 흐름을 반영한 국방개혁으로 인한 군인들의 수적 감소에 따라 군종 활동 또한 위축되고 있다.3 더욱이 소위 MZ세대로 알려진 초급 간부 및 신세대 장병들은 과거와 달리 개인주의를 중시하고, 단순한 상명하복(上命 下服)의 조직문화를 거부하며 명령과 관련하여 합리적인 설득을 요구하고 있으며, 종교의 자유와 차별금지 등에 대한 사회적 관심도 제고되고 있다. 이러한 변화의 흐름 속에서 군종제도는 새로운 시대에 맞춘 패러다임의 전환을 요구받고 있으며, 본 장은 그러한 시대와 상황적 도전에 대한 대응방안을 개신교 군목의 역할 및 복음을 바탕으로 제시하였다.

1 군종제도의 역사

고대 사회로부터 전쟁 참전으로 인한 생명의 위협 앞에서 유발된 인간의 공포를 누그러뜨리기 위하여 종교는 중요한 기능을 담당하였다. 따라서 전쟁이 발발했을 때에 대부분의 군대는 자신들이 신봉하는 신에게 제사한 후에 출전하곤 했다.4 따라서 징기스칸의 군대에도 사제들이 동행했고, 임진왜란 당시 우리나라를 침략한 일본군에도 그레고리오 데 세스페데스(Gregorio de Céspedes)라는 가톨릭 신부가 종군하였다. 그러나 체계화된 군목제도는 유럽과 미국 등 서구 기독교 국가들을 중심으로 발전하였다.

---

3 정신전력과 관련한 정훈교육은 국군만의 특별한 정신교육의 일종이다. 이는 남북 분단으로 인해 남한과 북한이 이념을 중심으로 첨예하게 대립하던 과거의 정치적 상황을 배경으로 생성된 것으로서, 대한민국 건국 이전 임시정부 시절에 광복군이 일제에 맞서 정신교육의 중요성을 강조하며 이미 시행한 바 있다. 조흥제, 박균열, "한국군 정신교육관련 용어 재정립 방향성 검토를 위한 기초연구," 「정신전력연구」 47(2016), 38.

4 박응규, "한국의 군종제도와 기독교," 「성경과 신학」 66(2013), 229.

1) 군종제도의 기원과 발전

생사(生死)를 넘나드는 전쟁의 참호 속에서 절대적인 존재인 신(神)을 찾는 인간의 본성을 바탕으로 군종제도는 시작되었다. 군종제도는 3세기 시리아, 이집트, 페르시아, 불가리아 등 중동 및 동유럽 각지에서 광범위하게 시행되던 군대 사제(military priest)를 연원으로 하여 8세기에 이르러 유럽에서 군대조직 내부의 공식적인 제도로 발전하기 시작하였다.[5] 이후 군종제도의 본격적인 시행 역시 서구 유럽에서 시작되었는데, 특히 주로 기독교 국가들인 유럽 각국이 십자군 전쟁을 앞두고 교황의 비호를 받으며 이를 필수적인 군대의 조직으로 안착시켰다.[6] 또한, 16세기 종교개혁 이후 진행된 구교와 신교 간의 장기간의 전쟁 역시 군종제도의 발전을 가속하였다. 이후 16-18세기에 유럽 각국은 교황권에 대항하여 일어난 왕권을 중심으로 상비군 제도를 도입하였고, 19세기에는 징병제를 도입함과 동시에 제국주의의 대두 및 식민지 점령이 확산됨에 따라 군종제도가 평시에도 운영되는 상설조직으로 자리잡았다.

군종제도는 제1차 세계대전과 제2차 세계대전을 거치며 유럽에서는 보편적인 제도로서 자리를 잡았지만, 제2차 세계대전 후 공산화된 동유럽 국가들에서는 종교를 거부하는 공산주의 이념에 따라 군종제도가 폐지되었다. 오늘날 군종제도는 주로 서구 중심의 기독교 국가들을 중심으로 약 70개 국가에서 시행되고 있는데, 특히 우리나라는 비서구 지역에서 군종제도를 비교적 일찍 도입하여 활성화시킨 예외적인 국가에 속한다.[7] 우리나라의 군종제도는 해방 및 한국전쟁을 배경으로 미국의 군종제도를 거의 그대로 수용한 측면이 강하므로 미국의 군종제도를 조명하는 것이

---

5 강인철, 『종교와 군대: 군종, 황금어장의 신화는 어떻게 만들어졌나?』 (서울: 현실문화, 2017), 15.
6 David S. Bachrach, "The Medieval Military Chaplain and His Duties," in *The Sword of the Lord: Military Chaplains form the First to the Twenty-First Century*, ed. Doris L. Bergen (Notre Dame, IN: University of Notre Dame Press, 2004), 69-84.
7 물론 서구 기독교 국가들만 군종제도를 운영하고 있는 것은 아니다. 불교 문화권인 베트남이 공산화 이전에 불교, 가톨릭, 개신교 등 세 종교의 현역 장교들로 구성된 군종제도를 운영하였고, 불교 국가인 태국은 불교 군종장교만을 두고 있다. 또한, 대표적인 이슬람교 국가인 인도네시아는 특이하게도 이슬람교 군종 외에 기독교 군종을 함께 구비하고 있다. 강인철, 『종교와 군대: 군종, 황금어장의 신화는 어떻게 만들어졌나?』, 18-21.

우리나라의 초기 군종제도를 이해하는 데에 유용하다.

미국의 군종제도는 영국으로부터 독립하기 위하여 벌인 전쟁(American War of Independence, 1775–1783)과 노예해방을 둘러싸고 남과 북이 첨예하게 대립했던 남북 전쟁(American Civil War, 1861–1865)을 배경으로 발전하였다. 특히 1740년 확산된 제1 차 대각성운동(First Great Awakening)은 영적 각성을 통해 미국교회의 사명에 대한 주 의를 환기하였는데, 당시 대각성운동의 진원지였던 미 동부의 독립에 대한 열의를 바탕으로 군목의 중요성에 대한 인식이 확고하게 정립되었다. 또한, 대각성운동을 주도했던 조나단 에드워즈(Jonathan Edwards)가 군목의 아들이었고, 그의 손자 역시 군목으로서 군종제도를 지지하였다. 이후 미국은 남북전쟁을 거치며 군목의 필요성 을 절감하여 기독교, 가톨릭, 유대교를 근간으로 하는 군종제도를 확립하였다. 미군 은 제1차 세계대전을 계기로 군목이 군복을 착용하기 시작하였고, 제2차 세계대전 부터는 계급장을 부착하도록 하며 군종제도를 강화하였다.[8] 오늘날 미국의 군종제 도는 정교분리 정책에 의하여 이슬람교를 포함한 다양한 종교들에 대하여 군종장교 를 파송할 수 있도록 제도를 보장하고 있다.

2) 한국전쟁과 군종제도의 도입

우리나라 국군 내에서 군종제도가 공식적으로 도입된 것은 한국전쟁 중인 1950년 12월 21일 이승만 대통령이 대통령 비서실 지시인 "국방신 제29호"를 국방 부에 하달한 이후부터이다.[9] 하지만 군종제도의 도입의 배경이 된 다양한 활동이 이미 해방 이후부터 활발히 전개되었다. 예를 들어 1948년 창설된 대한민국 국군의 전신인 조선경비대의 개신교인 장병들이 민간교회와 협조하여 부대 내에서 종교행 사를 진행한 것이 군종제도의 밑거름이 되었고,[10] 1948년 9월 15일에 초대 해군 참 모총장을 역임한 손원일 제독이 당시 이화여자중학교에서 활동 중이던 정달빈 목사

---

8 박응규, "한국의 군종제도와 기독교," 230.

9 육군본부, 『육군군종사』(서울: 육군인쇄공창, 1975,) 40.

10 박응규, "한국의 군종제도와 기독교," 233.

를 종군목사로 해군에 초빙한 것이 군종제도의 효시가 되었다.[11] 또한, 한국전쟁 중에 미군에서 전투를 수행하던 카투사 병사가 미군 군목들의 활동을 체험한 후 당시 이승만 대통령에게 군목제도의 필요성을 건의하는 편지를 보냈다는 일화도 전해진다.[12]

해군은 1950년 3월에 군종제도의 설립을 공식적으로 건의했고, 같은 해 6·25 한국전쟁이 발발한 이후 극동 사령부 군종부장이었던 이반 베네트(Ivan L. Bennett) 군목이 군종 참모 회의를 주재하는 자리에서 한국군에도 군종제도를 설립해야 한다는 주장을 제기하였다. 1950년 9월 5일 미국 북감리교 소속인 윌리엄 쇼우(William E. Shaw) 목사와 죠지 캐롤(George Carroll) 신부는 이승만 대통령을 방문하여 군종제도에 대하여 설명하였고, 9월 13일에는 미 고문단을 방문하여 한국군에 군종제도를 도입하면 미군처럼 군목에게 계급을 부여해야 한다는 합의를 도출하였다. 또한, 9월 18일 군종제도 추진위원회를 조직하여 가톨릭 진영에서는 캐롤 신부, 개신교에서는 장로교의 한경직 목사와 성결교의 유형기 목사가 대표로 선출되었다. 그들은 9월 19일 이 대통령을 방문하여 한국전쟁이 이념적 차이로 인해 발발한 사상전이므로 정신적 계몽이 필요하고, 유엔군처럼 신앙의 무장이 필요함을 역설하며 국군에 대한 군종제도 도입의 정당성을 주장하였다. 그러나 이 대통령은 예산문제와 반 기독교 진영인 타 종교의 종군 요청을 우려하며 이를 한국교회 선교부에서 논의할 것을 요청하였다.

1950년 9월 25일 캐롤 신부와 쇼우 목사는 대통령을 방문하여 피복과 식량 등 병참은 군에서 지급하고, 군종 경비는 각 교단이 부담한다는 조건으로 군종제도에 대한 승인을 받은 후, 12월 21일 이승만 대통령이 대통령 비서실 지시인 "국방신 제29호"를 국방부에 하달함으로써 우리나라에서 군종제도가 시작되었다. 1951년 2월 7일 "육본 일반명령 제31호"를 통해 육군 본부 인사국에 군승과가 설치되었고, 일반장교인 대위로 복무 중이던 김득삼 목사를 포대 군승과장인 군목으로 임명함에

---

11 개신교 진영의 박응규는 정달빈 목사가 인도한 집회를 한국 내 군선교의 효시로 보았다. 윤선자, "6.25 한국전쟁과 군종활동," 「한국 기독교와 역사」 14(2001), 148.
12 이현식, "군종제도와 그 활동에 대하여," 「새가정」 (2003), 54.

따라 군종제도가 본격적으로 시작되었다.[13] 1951년 4월 14일 "육본 일반명령 제55호"에 의해 군승과는 군목과로 명칭이 변경되었고, 1952년 6월 16일 "국인명 제58호"를 통해 139명의 군목이 무보수 촉탁에서 문관으로 변동되어 국가로부터 급여를 받는 유급 신분이 되었다. 1954년 1월 12일 "육본 일반명령 제9호"에 의해 군종감실 설치령이 하달되었고, 2월 18일에는 경북지구 관재과 건물을 빌려 군종감실을 설치함으로써 인사국에서 독립하였다. 이는 군종병과가 인사국 소속 군목과에서 독립하여 독립병과인 군종감실로 승격한 것이며, 한국전쟁 이후 육군 본부의 서울 귀환과 더불어 군종감실도 1955년 2월 24일부로 함께 서울로 이전하며 군내에서 확고한 입지를 다지게 되었다.

2 우리나라 군종제도의 운영과 발전

우리나라의 군종제도는 육, 해, 공군의 각군별, 개신교 각 교파 및 각 종교별로 다르게 발전하였다. 해군은 국군 최초의 군목실을 설치하였고, 이후 육군과 공군이 그 뒤를 따라 군종제도를 도입하였다. 처음에 개신교와 가톨릭 등 기독교로 출발한 군종제도는 1968년 불교(조계종), 2007년부터는 원불교가 참여하였고, 개신교 중에서도 최초에는 장로교, 감리교, 성결교만 참여하였으나 곧 구세군이 합류하였고, 1960년 이후 침례교와 기독교대한하나님의성회(기하성) 등으로 확장되었다.

1) 각군별 군종제도의 창설

육군에서 군종제도 설립에 관한 논의가 진행되던 1950년 12월 4일 해군본부에 국군 최초로 군목실이 설치되었고,[14] 이틀 후인 6일 해군 참모총장 손원일 제독이 군목으로 임명한 추인봉 목사가 군종 업무를 시작함으로써 해군에서 군종 활동이

---

13 김기태, "한국전쟁과 군선교," 「선교와 신학」 26(2010), 46.
14 윤은석은 추 목사가 본격적으로 군종 업무를 개시한 12월 6일을 시초로 본다. 윤은석, "6.25 전쟁 중 개신교의 군내 활동과 정신전력," 「군사」 107(2018), 6.

공식적으로 제도화되었다. 추 목사는 군목업무 잠정규정을 제정하여 군목의 본질과 업무에 대하여 설명하였는데, 그러한 규정 역시 3군 중에서 해군에서 최초로 제정된 것이다.[15] 1951년 8월 10일 인광식, 박창선 목사와 김동한 신부가 해군의 첫 군종으로 부임하였는데, 해군은 육군과 달리 문관 신분을 거치지 않고 군종제도 시작부터 군종을 현역 장교로 임관시켰다.[16]

육군에서는 1951년 2월 7일 육군 본부 인사국에 군승과가 설치되며 군종제도가 본격적으로 시작되었다. 이후 2월 28일 제1기 군종으로 목사 28명, 신부 11명이 입대하였는데, 당시 육군은 군종 업무의 편제와 지침이 불완전한 상태에서 군종 업무에 회의적이었다. 하지만 그들이 40일의 훈련을 마치고 부대에 배치되자 군종제도에 대한 인식이 완전히 달라졌는데,[17] 한창 한국전쟁이 치열하던 중에 국군은 목사와 신부들이 전선에 함께 있다는 사실만으로 위로를 받았기 때문이다.[18] 따라서 제2기 군종을 곧바로 모집하여 같은 해 5월 1일 목사 11명, 신부 7명의 2기 군종이 입대하여 5월 27일 임관하여 활발한 활동을 벌였다. 위험을 무릅쓰고 전선을 넘나드는 활동으로 인해 1952년 2월 22일 윤광섭 군목이 최초의 전사자가 되었고, 같은 해 10월 12일 김관수 군목도 전사하였으며, 1953년 1월에 자동차 사고를 당한 박춘심 군목이 다음 달인 2월에 사망하는 등, 1956년까지 총 6명이 순직하였다.[19]

타군에서 시행되는 군종업무가 공군에도 시행되어 장병들이 종교생활의 지도를 받으면 좋겠다는 한 하사관의 건의로 1951년 11월 대구 소재 공군 본부 연병장에서 공군 군목업무에 대한 발족강연회가 개최된 이후, 미 제5공군 군목장 라이트 패터슨(Wright Patterson)의 자문을 통해 공군 군종제도 창설에 대한 초석이 마련되었다. 공군에서는 1952년 2월 10일 공군 본부 강당에서 육군 군목 김형도와 육군 군

---

15 군목업무 잠정규정에 의하면 군목은 참모총장 직속으로 군인의 종교, 도덕 생활을 향상 및 진작시킬 의무가 있으며, 종교나 양심에 관한 사항에 대항 비밀이 보장된다. 윤선자, "한국 군종 활동의 어제와 오늘 그리고 내일," 「기독교사상」 6(2013), 39−40.
16 윤선자, "6.25 한국전쟁과 군종활동," 161−162.
17 제1기 군종요원들은 1951년 4월 초 육군 본부, 1, 2, 6, 8, 9, 11사단 및 제3, 23, 31 육군병원 등 전, 후방 각 부대와 병원에 배치되었다.
18 윤선자, "한국 군종 활동의 어제와 오늘 그리고 내일," 40.
19 윤은석, "6.25 전쟁 중 개신교의 군내 활동과 정신전력," 8.

종 신부인 조인원이 집례하는 첫 예배와 미사가 진행되었는데, 당시 공군은 육군 본부 군목과에 지원을 요청하였고, 따라서 공군에 군목이 정식으로 임명되기 전까지 김형도 목사와 조인원 신부가 매주 공군본부교회에서 예배와 미사를 집례하였다. 이후 1952년 3월 30일에 조인숙 목사와 이삼복 신부가 공군 군목으로 임관하며 군목제도가 시작되었고, 1953년 4월 3일 공군본부에 군목실이 설치되었다.[20] 1953년 4월 목사 4명과 신부 2명을 공군 군종으로 입대시킨 공군은 현역장교제도를 도입하여 군사훈련을 마친 이들을 장교로 임관시켰는데, 이는 공군 군종제도가 육군 군종제도의 확대 차원에서 구비되었음에도 불구하고 1954년 12월 13일부로 현역장교제도를 실시한 육군보다 1년 8개월 앞선 것이었다.[21] 또한, 1955년 8월 20일 제정된 "공규 165-1"은 공군의 군종 업무를 예배와 목회, 종교와 도덕교육, 개인 상담, 박애봉사, 대외 공공활동, 그리고 문화 지도의 여섯 가지로 요약하여 명확하게 정의함으로써 직무 활동의 효과성을 도모하였다.[22]

2) 개신교 군종제도의 변천

한국전쟁을 거치며 개신교 신앙을 받아들인 장병들이 많았는데, 이는 군목들의 헌신적인 활동은 물론 생사를 넘나드는 전장에서 죽음의 공포를 느끼는 군인들에게 하나님이라는 절대적 존재가 의지의 대상이 되었기 때문이다.[23] 또한, 신앙생활을 중단했던 기신자 장병들 역시 포화가 쏟아지는 전장에서 다시금 신앙을 회복한 사례도 무수하다.[24] 한국전쟁 직후인 1954년 장로교 제39회 총회 보고 자료에 의하면 국군의 20%가 개신교 신앙을 받아들였는데, 이는 전체 인구의 2.5%를 점유하던 당시 개신교 인구에 비하여 훨씬 높은 비율이다.[25] 그와 같은 비율은 전쟁의

20 백창현, 『한국군목회』 (서울: 한국군목회, 2015), 62-65.
21 윤선자, "6.25 한국전쟁과 군종활동," 163-164.
22 Ibid., 43.
23 윤은석, "6.25 전쟁 중 개신교의 군내 활동과 정신전력," 37.
24 Ibid., 37-38.
25 심한보, 『대한예수교장로회총회록』 (서울: 한국교회사문헌연구원, 1993), 288.

극한 상황에서 절대적인 존재를 의지하는 인간의 종교성이 반영된 것이기도 하지만, 전선의 군인들을 방문하여 위로하고 위문품을 전달한 군목들의 활동과 신앙을 가진 군인들이 다른 이들을 위한 헌금을 하고 군인교회를 건축하는 등 이타적인 믿음의 실천을 통해 기독교 신앙의 정수를 전달하였기 때문이다.26

한국전쟁 이후 북한에서 우세했던 개신교 교세가 남한을 중심으로 재편됨에 따라 정부는 물론 군 조직의 요직도 개신교 교인들 다수가 차지하며 영향력을 발휘하였다.27 또한, 전군 신자화 운동을 통해 장병들의 군생활 적응을 제고하여 전력증강에 공헌하는 한편, 한국교회의 성장에도 이바지하였다. 그러나 군종제도를 활용하여 전군신자화 운동을 전개하며 군선교를 한국교회 성장의 도구로 삼으려는 근시안적이고 이기적인 접근은 예수 그리스도의 구속이라는 기독교 복음이 근거한 사랑과 섬김과는 거리가 멀다. 이는 개신교 내부에서도 절차상 간략한 학습을 거친 후 세례를 베풀어 신자를 삼는 것의 실효성에 대한 의문이 제기되었고, 타 종교들의 반발을 유발한다는 점에서도 바람직하지 않은 부분이 있기 때문에 그러한 접근에 대하여는 복음의 원리를 중심으로 비판적 시각을 견지할 필요가 있다.

군종제도의 도입 초기에 이에 참여한 개신교 교파는 장로교, 감리교, 성결교에 불과하였고, 원래 군종제도추진위원회를 함께 구성하였던 구세군이 빠르게 합류하였다. 1950년대 장로교가 기장, 예장 합동, 예장 통합으로 분열하는 한편, 1959년 감리교와 성결교 역시 둘로 분리되는 분열을 겪었지만 분열된 교단들은 여전히 군종제도에 참여하였다. 이후 개신교 내에서도 1960년대에 이르러야 침례교가 군종제도에 참여하였고, 1970년에 예장 고신을 거쳐, 1990년대 이후에야 기독교대한하나님의성회(기하성), 예장 개혁, 예장 합동정통, 예장 백석 등으로 참여 교단이 확장되었다. 이는 그동안 사실상 군종제도추진위원회에 참여한 종교와 교파들이 진입장벽의 역할을 담당했다는 사실을 드러낸다. 따라서 오늘날 개신교단은 군종제도를 자신의 교세 확장을 위한 수단으로 활용하려는 이기적인 생각을 버리고 대승적인 차원에서 복음주의 내의 각 교단들과 연계하여 군종제도를 강화할 필요가 있다.28

---

26 윤은석, "6.25 전쟁 중 개신교의 군내 활동과 정신전력," 39-44.
27 백중현, 『대통령과 종교: 종교는 어떻게 권력이 되었는가?』 (서울: 인물과 사상사, 2014), 52-53.

한편 군종제도와 관련하여 강인철은 우리나라 군종의 특색을 압축성장과 무성찰성으로 요약했는데, 그는 1950-60년대에 우리나라 군종제도가 미군의 군종제도를 그대로 수용하며 동질화를 통한 압축성장을 이룬 점과 그러한 단순한 모방의 과정에서 드러난 무성찰성을 비판하였다.[29] 우리나라의 군종제도는 미국의 군종제도 및 프로그램들을 수용하여 동질화하는 작업을 통해 발전했는데, 이는 극동사령부의 미군 군종장교들이 군목자문위원회를 조직하여 국군 군종장교들의 교육 및 군인교회 건축의 재정을 적극적으로 지원하였기 때문이다. 따라서 우리나라 군종의 업무, 기능, 조직 등과 관련한 기본구조는 미군 군종을 모방한 것이었고, 초기부터 미국 군종장교 교범의 번역본을 사용하다가 1976년에 이르러서야 국군의 상황을 반영한 군종교범을 제작하여 사용하였다.[30] 이후 우리나라의 군종제도는 베트남 전쟁을 계기로 1970년대부터 분화하는 모습을 보이기 시작하였다.

3) 군종제도의 종교적 확산

우리나라에서 종교 및 교단별 군종 쿼터를 결정하는 방법은 초기에 총인구의 종교분포를 고려하는 방식에서 1962년 이후 군인의 종교분포만을 반영하는 방식으로 변화하였고, 2002년에는 총인구와 군인의 종교분포를 모두 반영하는 방식으로 변경되었다. 2006년에 들어서는 군종장교운영심사위원회를 통해 총인구 대비 2% 이상, 군인 총수 대비 1% 이상인 교단에게 군종제도의 참여자격을 부여하는 것으로 구체화되었다.[31] 기존의 방식은 군의 필요성에 의한 것이 아니며 소속 종교 또는 교파의 교세확장 차원에서 이루어진 것이므로, 가장 공정한 방식은 군종장교의 수를 배분하는 데 있어서 전체 종교인구가 아니라 신병 또는 장병들의 종교적 성향을 먼저 조사한 후 그 비율에 의해 배분해야 한다는 제안이 힘을 얻고 있지만 이는 오늘

---

28 강인철, "한국 군종 제도와 활동에 대한 비판적 성찰," 「종교연구」 76(2016), 86-91.

29 강인철, "압축성장과 무성찰성: 비교의 맥락에서 본 한국 군종의 특성," 「종교문화연구」 25(2015), 218-219.

30 박성원, "군종 약사," 총회 군선교회 편, 『군선교신학』 (서울: 예장총회출판국, 1990), 374.

31 박응규, "한국의 군종제도와 기독교," 249.

날 군종제도의 운영과 현황에 대한 점검을 통해 현안을 파악한 후 재검토해야 할 문제이다.[32]

한국전쟁 당시 우리나라 최대 규모의 종교였던 불교는 군종제도의 설립 이후 인 1952년부터 군종 참여를 도모하였고, 1961년부터 군종승제 실현을 위한 노력을 본격화하였다. 대한불교 조계종은 1964년 3월 14일 군종승제도 설치청원서를 제출 하였지만 참여 허가를 얻지 못했다가 1965년 2월 9일 국군의 베트남 파병과 관련하 여 불교국인 베트남에서의 종교적인 대민관계를 위해 승려의 군종제도 참여에 대한 필요성이 재강조되었다. 따라서 1965년 2월 11일 조계종은 다시 군승제도 설치청 원서를 국회에 제출하였고, 3월 17일 국회 국방위 제3소위원회는 향후 1년간 군승 제도를 연구하게 하고 불교 포교사 10명을 군부대에 출입시켜 불교 교화활동을 전 개하는 한편, 국방부장관이 추천하는 군승제도 연구위원 5명을 불교기관 및 대학에 파견하여 위탁교육을 받을 것을 결정하였다. 1967년 7월 17일 해당 위원회는 군종 승 14명을 충원하되, 베트남에 3명 종군하게 하고 국내에 11명을 종군케 할 것을 결정하였다. 따라서 1968년 9월 3일 군승요원 5명이 선발되어 10주간 교육을 수료 한 후 중위로 임관하여 베트남 파병 3명, 육군 본부 1명, 1군 사령부에 1명이 배치 됨으로써 불교의 군종제도 참여가 시작되었다.

또한, 불교의 분파인 원불교가 1970년 9월 국회에 청원서를 제출한 이후 1975 년 1월 군종참여 민원을 청와대와 국방부에 제기하고, 1976년부터 꾸준히 정부와 국회, 시민단체 등에 민원을 제기하며 군종제도 참여를 위한 노력을 기울였다. 2002−2003년에 병역법 및 동법시행령이 개정되어 제118조의 3(군종분야 현역장교의 선발기준 및 절차) 1항이 그 자격조건을 "학사 이상의 학위를 가진 자로서 목사·신 부·승려 그 밖에 이와 동등한 직무를 수행하는 자의 자격을 가진 사람"으로 규정하 며 그 선발의 폭이 확장되었다. 따라서 원불교 측은 다시 군종제도 참여를 신청하 였으나 2005년 8월 19일 개최된 제1회 군종장교운영심사위원회는 군내 신자 수가 적다는 이유로 원불교의 참여를 허용하지 않았다. 2006년 2월 28일 제1회 군종장교 정책자문회에서 소수종교의 군내 진입을 논의한 결과 3월 24일 제2회 군종장교운

---

32 Ibid., 249−250.

영심사위원회에서 원불교의 군종제도 참여를 가결하였고, 2007년 7월 1일 원불교 교무 1명이 군종장교로 임관하여 육군 5사단에 배치됨으로써 원불교의 군종제도 참여가 본격적으로 시작되었다.

3 21세기의 새로운 도전과 대응

기독교 복음은 기본적으로 예수님을 구원자 그리스도, 즉 주님으로 믿고 받아들이면 영원한 생명의 은혜를 누릴 수 있음을 의미한다. 그러나 복음의 실천을 통해 복음의 원리가 전달되는 것이므로 군종제도가 직면한 도전 앞에서 지혜로운 실천적 대응방안이 요구된다. 21세기를 맞이하여 군종제도는 국방개혁과 신세대 장병의 유입, 그리고 포스트모더니즘의 개인주의 및 인권 제고를 바탕으로 종교적 자유와 차별금지라는 도전을 맞이하고 있다.

1) 군목의 업무와 국방개혁

군목의 주업무는 진중 교회에서 정기 예배를 집례하는 종교활동이지만, 군목들은 진중에서 종교교육과 정신교육을 담당하는 한편, 군생활에 적응하지 못하는 장병들을 상담하고 위문하는 활동도 수행한다.[33] 특히 군종제도의 도입 초기부터 정신교육은 공산주의에 대한 기독교적 비판을 통해 장병들을 이념으로 무장시키는 사상교육의 일환으로 시행되는 것이었으며, 선도활동은 정신전력의 증강에 기여하였다. 정신전력이란 장병들로 하여금 투철한 군인정신의 기반 위에 지휘관을 중심으로 하나가 되어 부여된 임무를 능동적으로 완수할 수 있는 의지력으로서 군목은 신앙과 윤리, 사상을 통한 장병들의 정신전력을 제고하는 역할을 담당한다.[34] 하지만 오늘날

---

33 김기태, "한국전쟁과 군선교," 54-57.
34 군의 전력은 무기와 물자에 대한 숙달을 의미하는 기술전력, 전투의 승리를 위한 전력과 전술을 뜻하는 운용전력, 그리고 전투 의지력을 의미하는 정신전력으로 구분된다. 국방부, 『정신전력 지도 지침서』 (서울: 국방부, 1984), 38.

군목의 역할은 사상과 신앙으로 무장한 소위 "신앙 전력" 함양에 국한되지 않으며 국방개혁의 추세에 맞추어 활동영역을 재조정해야 효율적으로 기능할 수 있다. 또한, 군목은 성직자일 뿐만 아니라 군대에 소속된 참모 장교이므로 지휘관에게 적절한 도움을 제공해야 하고, 동료 장교들과의 협업도 중요한 임무이다. 그러한 차원에서 국방부의 군 운영방안을 숙지하고 이에 맞추어 적절한 업무를 수행해야 한다.

2005년 9월 국방부는 "국방개혁 2020"을 제시하며 미래의 국군을 최첨단 선진형 군대로 탈바꿈하겠다는 구조개편에 대한 야심찬 혁신안을 발표하였다. 이는 단순히 군인과 무기의 숫자가 아니라 군사력의 질적 경쟁력이 훨씬 중요하다는 인식을 바탕으로 독자적인 연구개발을 통해 첨단화, 정밀화, 고속화된 미래형 무기를 개발 및 양산하여 선진형 군대를 형성하겠다는 의지의 표명이다. 하지만 국방개혁 2020은 2010년 3월 26일 북한군에 의한 천안함 피격 사건과 11월 23일 아무런 선전포고도 없이 발생한 북한의 연평도 포격으로 인해 2011년 이명박 정부가 들어서며 발표한 "국방개혁 307"에 의하여 만료되었으며, 이후 박근혜 정부의 "국방개혁 기본계획"(2014-2030)으로 대체되었다. 문재인 정부는 2018년 7월 27일 "국방개혁 2.0"을 발표하며 이전의 "국방개혁 기본계획"을 대체하였는데, 이는 "강한 군대, 책임국방의 구현"을 모토로 하여 전방위 안보위협 대응, 첨단과학기술 기반의 정예화, 선진화된 국가에 걸맞은 군대 육성을 3대 목표로 설정하였다.

"국방개혁 2.0"은 기존의 국방개혁안들이 지엽적이고 개별적인 개혁에 초점을 맞춤으로써 근본적인 한계를 드러낸다는 비판을 근거로 총괄적인 개혁을 지향하였다. 기존에 북한군(조선인민군)을 주적으로 명시하던 개념이 한반도를 둘러싼 안보위협 다변화를 반영하여 북한을 넘어선 잠재적 주변국의 위협에 대응할 수 있도록 군대의 구조를 50만 명으로 감축하는 한편, 첨단전력의 확보, 전투부대의 간부보강, 비전투부대의 민간인력 확대 및 전문성 제고 등을 통해 최상의 전투력을 발휘할 수 있는 국방인력구조로의 개편을 도모하였다. 또한, 국민 눈높이의 인권과 복지를 구현하기 위해 군사법제도 개혁, 영창제도의 폐지, 장병 봉급의 인상, 자기개발 지원 등 병영문화의 개선을 추구하였다. 그러한 상황 속에서 군목은 단순히 사고 예방과 부적응 장병의 선도에만 전념할 것이 아니라 여전히 군대에서 발생하는 병영폭력과 인권침해를 방지하기 위한 실질적인 해결책 마련에 함께 머리를 맞대는 한편, 포괄적인 부대 환경의 개선을 위해 노력해야 할 것이다. 국방개혁 2.0이 지향하는 평화와 번영의 대한민국을 힘으로 뒷받침하는 선진화된 군대를 조기에 구현하기 위하여 군목의 역할이 새롭게 조명되고 있기 때문이다.

2) 신세대 장병과 목회적 돌봄

최첨단 무기를 구비하는 것도 중요하지만 이를 운용하는 장병들의 정신전력은 그러한 전투력 발휘의 기반이 되므로 더욱 중요하다. 따라서 소위 "MZ세대"로 불리는 신세대 장병들에 대한 이해를 바탕으로 군목은 신세대의 특성에 적합한 신앙과 교육을 지도하는 한편, 부대의 응집과 전투력에 위해를 가하는 부적응 장병들에 대한 선도에도 심혈을 기울여야 한다. 일반 사회에서도 신세대들이 마케팅의 중요한 대상으로 등극했음을 지적하며, 인간 중심의 가치를 바탕으로 세대별 특성에 부합되는 대응책을 제시하고 있다.[35] 군대를 중심으로 살펴보면 우리나라의 세대 구분은 1950–1964년에 출생한 한국전쟁 이후의 베이비부머 세대, 1965–1980년 출생한 X세대, 1981–1996년에 출생한 Y세대 또는 밀레니얼 세대, 그리고 1997년 이후 출생한 Z세대로 나뉜다.[36] 오늘날 국군은 상위 간부층을 이루는 베이비부머와 X세대 및 중간 간부층을 이루는 X세대와 Y세대는 약 19만 8천 명이며, 병사 계층을 이루는 Z세대는 약 30만 3천 명으로서 다수를 차지한다.[37]

Y세대 초급 간부들은 신세대로서 개인주의로 인한 대인관계의 어려움을 겪는 한편, 휴식여건 보장을 요구하고, 결과가 아니라 과정에 초점을 맞추는 합리적 사고를 중시한다.[38] 일례로 중대장이 바라본 신세대 부사관들의 경우 부대운영의 새로

---

35 Philip Kotler, Hermawan Kartajaya, and Iwan Setiawan, *Marketing 5.0: Technology for Humanity* (Hoboken, NJ: Wiley, 2021), 19–34.

36 이는 제2차 세계대전을 중심으로 베이비부머 세대를 1946–64년 출생자로 분류한 것 외에는 서구 중심의 구분과 일치한다.

37 최은석, "선진 병영문화 환경변화에 따른 군 정신교육: 신세대(MZ세대) 특징을 중심으로," 「통일문제연구」 33(2021), 236쪽.

38 원홍규, "신세대 장병의 군 복무와 병영생활 인식," 「군사논단」 86(2016), 106–109.

운 방침에 대하여 냉소적 반응을 보이며, 직무 만족도가 저하될 경우 언제든지 전역하여 이직하겠다는 태도를 보이며, 고참과 신참 사이에서 세대 차이를 느끼고 있다.[39] 신세대 부사관들은 내일보다는 오늘, 결혼보다는 연애, 주택보다는 자동차에 대한 필요성을 더 느끼는 현실주의적 시각을 드러내며, 소속 부대에 대한 애착보다는 개인적인 편안함을 추구하는 한편, 부대나 부하를 위해 자비를 사용하지 않는 개인주의적 성향을 드러낸다.[40] 하지만 그들의 태도는 지휘관의 관심과 인격적 대우 등에 의해 달라지므로 신세대 간부들에 대하여 기성세대와 같은 기준으로 평가하거나 이해하려 하지 말고 그들의 눈높이에 맞추어 그들을 받아들여야 한다. 특히 군목의 경우 탈이념적이고 자유와 개성을 존중하는 신세대 특성을 존중하는 한편, 군 조직의 특수성을 바탕으로 군종활동을 전개해야 할 것이다.[41]

사병들의 경우 개인주의적 특성이 훨씬 강화된 모습이 나타나서 사적 이익을 중시하고 엄격한 상하 위계질서가 강조되는 군 조직문화에 적응하는 데 어려움을 겪는다.[42] 더욱이 징병제 의무복무에 대하여 군 입대의 당위성 자체에 대한 설명을 요구하고, 안보의식과 군인으로서의 사명감이 부족한 것은 강력한 군대 체제를 유지하는 데에 걸림돌이 될 수 있다.[43] 반대로 ICT(Information and Communication Technology) 기술과 세계화에 익숙한 세대로서 최신 정보의 습득과 처리에 익숙한 MZ세대는 합리적으로 납득을 시키면 강력한 잠재력을 발휘할 수 있는 세대로서 군 경쟁력 강화의 초석이 될 수도 있다. 관건은 신세대 장병을 이끌고 지도하는 이전

---

39 황보 식, "신세대 장병의 상호인식을 매개로 한 리더십 기법에 관한 연구," 「대한정치학회보」 24(2016), 142.

40 Ibid., 135-144.

41 배춘섭, "군선교에 관한 제반 이해와 Vision 2020에 관한 신학적 재고," 「개혁논총」 36(2015), 314-315.

42 신세대 장병은 장점과 약점을 동시에 노출하는데 그들의 강점은 정보처리능력, 자아실현욕구, 모험과 도전정신, 낙관주의, 순수성, 직무몰입성 등이며, 약점으로 지적되는 것은 과도한 자존심, 공동체의식 부족, 인내심의 결여 등이다. 신세대의 지나친 개인주의와 자유분방한 사고는 군 지휘통제에 대한 거부 및 권위주의에 대한 반발을 통해 병영생활에 악영향을 끼칠 수 있다. 소명섭, 임재욱, 이종구, "한국 군 인트라넷 사용이 신세대 장병들의 군복무 만족도에 미치는 영향," 「국제지역연구」 16(2012), 369.

43 서혜석, 안성순, "신세대 병사의 자살시도 경험에 대한 내용분석," 「한국사이코드라마학회지」 23(2020), 40.

세대 간부들의 상호소통과 인격적 관계의 자세이며, 이는 군종장교들에게도 동일하게 요구되는 부분이다.

3) 종교의 자유와 차별금지

오늘날 우리 사회는 포스트모더니즘의 개인의 주관적 가치에 대한 강조와 민주화로 인한 인권 제고에 힘입어 개인의 자유에 대한 의식이 확산되고 있다. 따라서 종교의 자유와 차별금지를 부르짖는 개인의 외침에도 귀를 기울여야 하는 동시에, 그러한 음성이 타당한지 여부도 판별해야 한다. 대한민국 헌법은 종교와 관련하여 세 가지 조항을 규정하고 있는데, 이는 각각 종교의 자유, 정교분리의 원칙, 그리고 종교차별의 금지를 천명하고 있다. 1948년 7월 17일 제정된 제헌헌법의 제8조는 모든 국민은 법 앞에 평등하며 신앙에 의해 차별을 받지 않는다고 규정하며 종교차별을 금지하였고, 제12조는 모든 국민은 신앙과 양심의 자유를 가지며 국교는 존재하지 않아서 종교와 정치는 분리된다는 종교의 자유와 정교분리를 명시하였다. 이후 1987년 10월 29일부로 개정되어 1988년 2월 25일부터 시행되고 있는 현행 헌법 역시 제11조 1항에서 모든 국민이 법 앞에 평등하다는 사실과 종교로 인해 차별을 받지 않는다고 규정하며, 제20조 1항은 종교의 자유를, 2항에서는 종교와 정치의 분리를 규정하였다.

종교의 자유를 보장하기 위하여 다양한 종교 및 교파가 군종제도에 참여할 수 있도록 보장해야 할 것이다. 하지만 헌법이 지향하는 평등이 획일적 평등이 아니라 공정한 평등이라면 군대 내 신자의 현황을 반영하여 군종정책을 전개해야 한다는 주장도 무시해서는 안 된다.[44] 군종제도 참여를 위해서는 해당 종교 또는 교단이 4년제 종립대학을 보유해야 한다는 조건은 재정여건이 취약한 군소종교 또는 교단의 참여를 막는 진입장벽으로 작용한다. 그러나 이는 종교의 자유 침해나 차별로 보기보다는 사회적으로 인정받는 공적 종교로서의 공공성을 확보하는 수단으로 받아들여야 한다. 종교의 자유를 강조하며 사회 통념상 받아들이기 어려운 예전이나 집회

---

44 박응규, "한국의 군종제도와 기독교," 242.

및 결사를 통해 물의를 빚을 가능성이 있는 이단 종파나 사이비 종교들을 걸러내어 배제하기 위한 방법이 바로 그와 같은 최소한의 기준이기 때문이다. 정교분리의 원칙에 대한 판단 기준 역시 특정 종교에 대한 우대와 차별의 금지에 있으며, 단순히 정치와 종교의 관계를 단절시키기 위함이 아니다.

따라서 공공성을 기반으로 사회와 소통하고 긍정적인 순기능을 발휘하는 종교가 군종제도에 참여할 때에 군대는 물론 사회적 복리가 증진될 것이다. 그러한 의미에서 개신교 군목은 국가와 군대가 추구하는 목적에 부합되는 범위 안에서 공공신학의 차원에서 복음의 의미를 구체적으로 실천하는 전령이 되어야 한다. 이는 타종교와의 불필요한 마찰과 갈등 유발을 방지할 수 있는 종교인으로서의 기본적인 소양과 인격을 요청하는 것이다. "그러므로 무엇이든지 남에게 대접을 받고자 하는 대로 너희도 남을 대접하라 이것이 율법이요 선지자니라"(마 7:12)는 예수님의 가르침은 복음의 근원인 하나님 말씀, 즉 율법서와 선지서는 먼저 상대방의 입장을 헤아리는 역지사지(易地思之)의 마음가짐을 요구한다는 것을 일깨운다. 예수 그리스도를 통한 구원이라는 복음의 진리는 수호하되, 이를 전달하고 소통하는 방식은 상대방을 존중하는 부드러운 인격과 겸손한 태도에 바탕을 두어야 하는 것이다.

4) 21세기의 도전과 대응

오늘날 군종제도는 다양한 시대적 도전에 직면하고 있다. 개신교는 70년 군종제도의 역사를 계승, 발전시키기 위해서 군 목회와 교단 목회 및 군 장병들과 사회의 연결을 위해 군목들과 교단 목회자들의 교류를 활성화하고, 군목들을 교단 내 후원교회와 연계시켜서 진중 교회가 신앙 및 재정적 지원을 받도록 하는 한편, 군목들의 후원교회 내 선교 보고를 정례화함으로써 상호 소통과 교류를 증진해야 한다. 또한, 현역 군목들이 장병들을 대상으로 원활한 상담 및 선도 활동을 전개할 수 있도록 재교육 차원에서 교단별로 대학원 교육을 지원할 필요가 있다. 하지만 간과해서는 안 될 것은 최상의 전투력을 유지함으로써 전쟁을 방지해야 하는 군대 조직의 특수한 목적이다. 그러한 목적으로 인하여 군 조직은 계급과 직책 및 권위를 바탕으로 하는 위계적 집단이며,[45] 비록 출신배경이나 종교, 가치관이 다를지라도 군부대 전체가 공동체 의식을 견지함으로써 종교적 신념보다 부대 공동의 가치와 필승의 신념을 우위로 한다.[46] 따라서 군목은 일반사회와 달리 특수성을 띠는 군대라는 조직의 문화 내에서 복음의 기반 위에서 유연한 사고와 태도를 유지하며 군의 운영에 기여해야 할 것이다.

군목은 군대의 장교요, 교단에 소속된 목회자로서의 이중성을 띤다. 따라서 국가안보라는 군 조직의 목적과 복음을 통한 감화와 섬김이라는 종교적 목적 사이에서 우선순위를 정리하여야 한다. 이는 이원론적 시각을 탈피하여 복음의 진리 면에서는 하나님 사랑의 확고한 기반을 견지하되, 이를 시대적 상황에 맞추는 현실감각을 수용하며 군 부대 구성원들을 품는 복음적 세속화를 요청한다.[47] 그러한 측면에서 "즐거워하는 자들과 함께 즐거워하고 우는 자들과 함께 울라"(롬 12:15)는 사도 바울의 권면은 기독교 복음의 사랑에 기반한 공감의 중요성을 드러낸다. 군 조직 특유의 공동체성을 존중하되, 개인의 인격과 사고를 수용하는 균형감각이 군목 활동의 기반이 되어야 한다. 또한, 복음의 통전적 이해를 통해 군대와 전쟁에 대한 개념을 정립할 필요도 있다. 특히 군인의 임무를 하나님의 공의 시행의 도구로 이해하거나 평화유지 및 악에 대한 제어를 위한 수단으로 이해함으로써 단순히 복음을 비폭력과 동일하게 받아들이는 해석학적 오류를 탈피해야 한다.[48] 인간의 죄성과 하나님 형상으로 창조된 피조물로서의 잠재력이라는 이중성에 대한 견지 및 구속의 특별은총과 그러한 구속의 확장 차원에서 모든 이들을 향한 일반은총 간의 통합적 이해는 군목 활동의 효과성을 제고하는 기반이 될 것이다.[49]

---

45 Morris Janowitz, *Hierarchy and Authority in Sociology and Military Establishment* (New York, NY: Russel Sage Foundation, 1965), 27-49.

46 김진섭, 이승진, 민상기, "군선교를 위한 효과적인 설교 사역방안," 「군선교 신학」 12 (2014), 73.

47 최성훈, "포스트 코로나 19시대와 한국교회의 공공성: 예배와 공동체성을 중심으로," 「ACTS 신학 저널」 47 (2021), 71.

48 배춘섭, "군선교에 관한 제반 이해와 Vision 2020에 관한 신학적 재고," 306-307.

49 최성훈, "기본소득에 대한 신학적 분석: 인간 존중의 가치실현을 위한 방법론적 의의," 「장신논단」 52 (2020), 160-161.

참고문헌

강인철. 『종교와 군대: 군종, 황금어장의 신화는 어떻게 만들어졌나?』. 서울: 현실문화, 2017.

_____. "압축성장과 무성찰성: 비교의 맥락에서 본 한국 군종의 특성." 「종교문화연구」 25(2015), 217–246.

국방부. 『정신전력 지도 지침서』. 서울: 국방부, 1984.

김기태. "한국전쟁과 군선교." 「선교와 신학」 26(2010), 41–69.

김진섭, 이승진, 민상기. "군선교를 위한 효과적인 설교 사역방안." 「군선교 신학」 12(2014), 38–85.

박성원. "군종 약사." 총회 군선교회 편. 『군선교신학』. 서울: 예장총회출판국, 1990.

박응규. "한국의 군종제도와 기독교." 「성경과 신학」 66(2013), 227–260.

배춘섭. "군선교에 관한 제반 이해와 Vision 2020에 관한 신학적 재고." 「개혁논총」 36(2015), 297–334.

백중현. 『대통령과 종교: 종교는 어떻게 권력이 되었는가?』. 서울: 인물과 사상사, 2014.

백창현. 『한국군목회』. 서울: 한국군목회, 2015.

서혜석, 안성순. "신세대 병사의 자살시도 경험에 대한 내용분석." 「한국사이코드라마학회지」 23(2020), 37–54.

소명섭, 임재욱, 이종구. "한국 군 인트라넷 사용이 신세대 장병들의 군복무 만족도에 미치는 영향." 「국제지역연구」 16(2012), 367–390.

원홍규. "신세대 장병의 군 복무와 병영생활 인식." 「군사논단」 86(2016), 129–158.

육군본부. 『육군군종사』. 서울: 육군인쇄공창, 1975.

윤선자. "한국 군종 활동의 어제와 오늘 그리고 내일." 「기독교사상」 (2013), 36–43.

_____. "6.25 한국전쟁과 군종활동." 「한국 기독교와 역사」 14(2001), 145–183.

윤용복. "한국의 종교정책과 종교계의 대응: 불교, 천주교, 개신교를 중심으로." 「종교와 문화」 28(2015), 1–25.

윤은석. "6.25 전쟁 중 개신교의 군내 활동과 정신전력."「군사」 107(2018), 1−52.

이현식. "군종제도와 그 활동에 대하여."「새가정」(2003), 54−57.

조흥제, 박균열. "한국군 정신교육관련 용어 재정립 방향성 검토를 위한 기초 연구." 「정신전력연구」 47(2016), 1−56.

최성훈. "군종제도의 역사와 발전, 그리고 도전: 개신교를 중심으로."「ACTS 신학저널」 50(2021), 391−419

_____. "포스트 코로나 19시대와 한국교회의 공공성: 예배와 공동체성을 중심으로." 「ACTS 신학저널」 47(2021), 69−97.

_____. "기본소득에 대한 신학적 분석: 인간 존중의 가치실현을 위한 방법론적 의의." 「장신논단」 52(2020), 141−165.

최은석. "선진 병영문화 환경변화에 따른 군 정신교육: 신세대(MZ세대) 특징을 중심으로."「통일문제연구」 33(2021), 29−63.

황보식. "신세대 장병의 상호인식을 매개로 한 리더십 기법에 관한 연구."「대한정치학회보」 24(2016), 133−154.

Bachrach, David S. "The Medieval Military Chaplain and His Duties." In *The Sword of the Lord: Military Chaplains from the First to the Twenty−First Century*, edited by Doris L. Bergen, 69−84. Notre Dame, IN: University of Notre Dame Press, 2004.

Janowitz, Morris. *Hierarchy and Authority in Sociology and Military Establishment*. New York, NY: Russel Sage Foundation, 1965.

Kotler, Philip, Kartajaya, Hermawan, and Setiawan, Iwan. *Marketing 5.0: Technology for Humanity*. Hoboken, NJ: Wiley, 2021.

사회와 공적 신앙

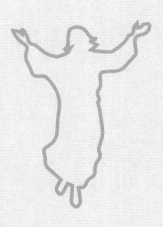

10

여성혐오와 성차별[1]

오늘날 한국사회는 여성혐오와 성차별을 둘러싸고 갈등을 빚으며, 젠더[2] 의식 및 성인지 감수성의 제고를 요청하고 있다. 지난 2016년 5월, 강남역 10번 출구에서 발생한 여성 살인 사건은 여성혐오에 대한 사회적 각성을 불러일으켰고,[3] 2017년 트위터 해시태그를 통해 전 세계로 확산된 미투(me too) 운동은 우리 사회의 전반에 걸쳐 성폭력과 성차별에 대한 새로운 논의를 촉발시켰다. 이는 2018년 11월 이수역 근처 주점에서 남성 다섯 명과 여성 두 명의 다툼 속에 드러난 젠더 갈등을 통해 가속화되었다. 당시 쌍방이 주고 받은 폭력적 언어들은 상대방의 성별에 대한 비하와 모욕으로 점철되었는데, 이는 온라인 상에서 남성우월과 여성혐오를 드러내는 일간베스트(일베)와 여성우월 및 남성혐오를 기반으로 하는 여성측 워마드

---

1 본 장의 내용은 최성훈, "여성혐오와 성차별: 기독교 여성관을 중심으로," 「영산신학저널」 56 (2021), 169-195를 수정 및 보완한 것이다.

2 젠더(gender)는 남녀의 생물학적 차이에 바탕을 둔 성(sex)과 달리 사회적 성차를 뜻한다.

3 가해자가 여성들이 자신을 무시했기 때문에 여성을 선별하여 범행 대상으로 삼았다는 점에서 이는 여성혐오 범죄라고 명명되었다. 대부분의 여성들은 해당 사건이 성폭력 사건은 아니었지만, 여성을 대상으로 발생하는 가장 광범위하고 지속적인 폭력이 성범죄이므로 여성혐오의 시각에서 발생한 본 사건에서 성폭력을 떠올렸다. 권최연정, "여성혐오와 교회 내 성범죄," 「종교문화연구」 29 (2017), 26.

(womad)로 나뉘어 설전이 벌어지는 양상으로 전개되었다.

한국교회도 그러한 흐름에서 예외는 아니다. 교회 내에서 발생한 성범죄에 대한 기록은 1926년 12월 3일, 동아일보에서 다룬 마산 문창교회 박승명 목사 사건에서 시작되어 이후로도 끊이지 않았다.[4] 비교적 가까운 사례만 하더라도 여성 교인들을 성추행한 사건들이 폭로되어 2010년 11월부로 담임목사직에서 사임한 전병욱 목사 사건, 2016년 청소년 사역단체인 라이즈업 무브먼트 대표 이동현 목사의 여고생에 대한 성폭행과 2017년 청소년 부흥사 문대식 목사의 미성년자 추행 사건은 한국교회 역시 성추행과 성폭력의 기저에 자리 잡은 여성혐오와 성차별에서 자유로울수 없음을 여실히 드러내었다.

차별에 대한 연구는 성차별, 계층차별, 연령차별, 인종차별 등의 제 분야에서 사회복지학, 심리학, 교육학, 행정학, 법학 등의 차원에서 주로 사례별로 분화되어 다루어진다. 우리 사회의 차별에 관한 연구 역시 대부분 정치, 경제, 언론, 문화 등의 사회 제 분야에서 발생하는 현상의 1차적 측면에 치중되어 있거나, 현상학적 철학의 입장에서 사변적으로 논의하는 데에 그치고 있다.[5] 최근에는 성차별, 계층차별, 연령차별, 인종차별을 조명하는 다양한 연구들이 수행되고 있지만 보다 본질적이고 심층적인 의미를 점검하는 데에는 한계가 있다.[6] 특히 사회의 구조가 복잡해질수록 성차별에 따른 갈등의 정도와 복합성이 증가하여 사회에 위해를 가하지만, 사회문제를 다루는 선행연구들은 한국사회의 문제들의 원인 진단과 해결책을 모색

---

4 당시 동아일보(1926.12.3.)는 "교회 재판정이 권투의 수라장"이라는 제하에서 본 사건을 다루었는데, 이는 마산문창교회의 교인인 윤덕이와 이옥동이 박승명 목사의 간음 사건을 제기하며 시작되었다. 두 교인은 1925년 1월 부임한 박목사가 2년도 못 되어 여성 교인 이악이에 대하여 성추행을 저질렀고, 윤덕이에게도 추행을 시도하다가 거절당했음을 문제삼았지만, 마산문창교회의 당회가 담임목사인 박목사의 추문을 공표한 죄로 윤덕이에게 무기책벌을 내리고, 이옥동은 교회를 분규케 한 죄로 4개월의 책벌을 내렸다. 그러나 경남노회는 박목사에게 사임을 권고하였고, 박목사는 노회를 비난하는 문서를 배포하는 한편, 교단 총회에 진정서를 제출하며 맞섰다. 이후 박목사를 지지하는 측과 반대하는 측이 다툼을 벌여 예배 중에 유혈사태가 발생한 끝에 두 교회로 분열되는 것으로 사건이 일단락되었다.

5 김병선, "차별과 역차별의 변주곡: 이명박 정부 출범 이후 영호남 신문에 나타난 지역주의 보도 행태에 대한 탐색적 연구," 「언론과학연구」 10(2010), 41 – 44.

6 정순둘, 이미우, "우리나라, 미국, 네덜란드의 고용상 연령차별 금지법: 연령차별의 개념과 적용대상," 「보건사회연구」 32(2012), 135 – 138.

하기보다는 사례별 특성을 기술하는 정도에 그치고 있는 실정이다.[7] 따라서 다원화된 현대사회에서는 차별의 복합적인 양상을 기준으로 통전적인 시각으로 차별의 주제를 다룰 필요가 있으며, 특히 여성과 관련한 차별은 연령차별과 계층차별과 맞물려 악화된 모습으로 나타날 수 있기 때문에 기저에 깔린 의식 점검이 필요하다.[8] 이를 고려하여 본 장은 사회에서 나타나는 문제에 대하여 성경의 가르침을 기반으로 하는 복음주의적 관점을 통해 비판적으로 조명하는 공공신학의 접근법을 바탕으로 여성혐오와 차별의 문제를 다루었다.

1 여성혐오와 성차별의 개념

오늘날 교회 내에서 빈번하게 발생하는 성폭력 사건으로 인하여 여성혐오와 성차별의 근원으로서 한국교회의 여성을 차별하는 신학과 가부장적 권위를 내세우는 전통이 계속해서 지적되고 있다. 이에 대한 대응책으로서 교회개혁실천연대, 기독교윤리실천운동 등 교회에서 발생하는 성범죄에 관심을 두고 이를 공론화하는 단체들이 대두하였고, "믿는 페미" 또는 "갓페미"(God + feminism) 등과 같이 교회의 울타리 안에서 페미니즘적인 지향을 실현하고자 하는 여성 연대의 활동들도 활발히 전개되고 있다.[9] 그러나 교회 내 성 문제를 둘러싼 학계의 연구는 매우 부족한 실정이며, 그마저도 목회상담과 목회윤리를 다루는 목회학 및 여성신학의 분야에 국한되어 있다. 따라서 여성혐오와 성차별에 대하여 그 의미를 점검하는 한편, 성경의 가르침을 통해 여성의 존재적 의의를 재조명하는 것이 공공신학의 중요한 과업으로 강조된다.

---

7 유희정, 이숙종, "한국사회 갈등의 원인 및 관리에 대한 연구: 갈등유형별 특성을 중심으로," 「한국사회」 17(2016), 40-41.

8 최성훈, "중세 마녀사냥과 사회적 약자: 여성의 사례를 중심으로," 「선교와 신학」 52(2020), 456-458.

9 권최연정, "여성혐오와 교회 내 성범죄," 27-30.

1) 여성혐오의 의미

여성혐오란 성차별과 관련한 극단적 혐오표현으로서 여성에 대한 증오의 감정을 드러내는 것인데, 성차별이 남성과 여성 모두에게 적용될 수 있는 개념인 데 비하여 여성혐오는 여성들만을 대상으로 하는 것으로서 피해자인 여성들에게 심리적 불안감을 가중시키며, 성차별적 인지를 통해 물리적인 폭력으로 연결되는 공격성을 드러낸다.[10] 기본적으로 여성혐오는 남성들 사이의 연대를 위한 여성의 타자화와 대상화에 근간을 두고 있다.[11] 남성들의 여성혐오에는 한편으로는 사회적 위치를 놓고 경쟁하는 강력한 상대로 부각한 여성에 대한 경계와 함께 전통적인 가부장적 재배치를 염원하는 의식이 깔려 있고, 다른 한편으로는 가족 형태의 안전망이 무너져서 가장의 책임을 다하기 어려운 현대사회에서 경제적으로 의지하려는 여성의 성향에 대한 거부감이라는 선택적 혼종성(elective hybridity)이 자리 잡고 있다.[12] 그러한 선택은 전근대적 남성 중심의 인식과 근대적이고 민주적인 주체 의식 사이에서 자신에게 유리한 지점을 취사선택하는 이기적인 태도에 기인한다. 특히 한국사회의 여성혐오 현상은 신자유주의 경제로의 진입과 근대적 젠더 이분법이 해체되며 야기된 남성들의 위기의식이 표출된 것으로 보는 입장이 지배적이다.[13]

우리나라에서는 2010년대에 들어서야 여성혐오와 관련한 연구들이 수행되기 시작하였고, 여성혐오에 대한 문제의식을 바탕으로 이를 근절하기 위한 범사회적 인식 제고를 위한 연구는 아직 미비한 실정이다. 또한, 관련 연구가 주로 피해자와 가해자의 개인적 성향과 심리 상태에 주목함으로써 이를 피해자와 가해자 개인의 문제로 환원시키는 경향을 보인다.[14] 물론 개인적 요인에 대한 분석은 필요하지만, 이는 여성혐오를 둘러싼 복잡성을 간과하여 다차원적인 접근을 방해할 수 있고, 교

---

10 박건우, 이정읍, "한국의 여성혐오에 대한 실증적 연구," 「사회과학연구」 27(2019), 71–74.
11 백은미, "기독교 교육과정에 내재한 여성혐오 분석과 대안 모색," 「기독교교육논총」 51(2017), 44.
12 백소영, "젠더 갈등의 선택적 혼종성 양상에 대한 신학, 윤리적 제언," 「기독교사회윤리」 43(2019), 131–132.
13 백은미, "기독교 교육과정에 내재한 여성혐오 분석과 대안 모색," 44–45.
14 권최연정, "여성혐오와 교회 내 성범죄," 31–32.

회 내에서 이를 다룰 때에는 자칫하면 신앙적 관점에서 무조건적 이해와 용서를 강요하는 수단으로 전락할 수 있음을 경계해야 할 것이다. 그런 맥락에서 존 곤죠렉(John C. Gonsiorek)은 개인의 성향만으로 여성혐오나 성범죄 발생에 대하여 설명할 수 없으며 사회의 조직 및 제도적 환경을 통합적으로 점검해야 한다고 주장하였다.[15] 더욱이 혐오라는 감정 자체가 인간의 타락 이후 인간 본성에 내재된 죄성(罪性)에 기인하는 것이므로 부정적일 수밖에 없다는 점이 더욱 큰 문제이다. 여성혐오는 개인에 대한 증오가 아니라 여성이라는 집단에 대한 적대감에 의해 유발된 실제적 범죄로 이어지기 쉽기 때문이다.[16]

2) 성차별과 젠더

인간의 죄성에 기인한 여성혐오는 종종 성차별과 성폭력이라는 보다 강화된 모습으로 나타난다. 국가인권위원회에 의하면 성차별이란 합리적인 이유 없이 성별만을 원인으로 하는 모든 종류의 구별, 배제, 제한, 폭력을 의미하며, 따라서 해당 위원회는 고정된 성 역할 관념에 근거한 차별이 금지의 대상임을 천명하였다.[17] 성차별, 성희롱, 성폭력 등은 대부분 젠더 권력과 불평등에 기인하는 것으로서, 그 결과 여성들에게 수치심, 우울증, 자존감 저하 등을 유발하고, 심한 경우에는 교회 내에서도 신앙의 포기와 영적 공황에 이르게 한다.[18] 또한, 교회 내에서 성 문제를 다루는 연구의 상당수는 피해자의 심리나 가해자의 개인적인 병리적 성향에만 초점을 맞추기 때문에 자칫하면 성범죄를 가해자 또는 피해자의 개인적인 문제로 환원할 위험을 노출한다. 이는 가해자의 측면에서는 목회자 한 사람의 죄 또는 교회를 돌

---

15 John C. Gonsiorek, "The Interplay of Psychological and Institutional Factors in Sexual Abuse by Roman Catholic Clergy," in *Clergy Sexual Abuse: Social Science Perspectives*, eds. Clair M. Renzetti and Sandra Yocum (Boston, MA: Northeastern University Press, 2013), 37–59.

16 Katherine Chen, "Including Gender in Bias Crime Statues: Feminist and Evolutionary Perspectives," *William & Mary Journal of Women and the Law* 3(1997), 280. 허민숙, "젠더폭력과 혐오범죄: 여성에 대한 폭력은 혐오범죄인가? 논쟁을 중심으로," 「한국여성학」 33(2017), 79에서 재인용.

17 강호숙, "성차별적 설교와 성희롱 발언, 이대로 괜찮은가?," 「기독교사상」 (2020), 159.

18 Ibid., 159, 164.

보는 스트레스로 인한 질병으로 치부하는 한편, 피해자에 대하여는 교회 공동체를 와해한다는 구실로 오히려 정죄하는 오류에 빠지기 십상이다.

혐오범죄는 피해자 개인이 아니라 피해자가 속한 집단에 대한 적대감에 의해 발생하는 것으로서, 젠더 폭력에 나타나는 표적 집단인 여성의 취약성과 그로 인한 과도한 폭력, 젠더 편견이라는 무의식적 동기가 여성혐오 범죄를 유발하는 근본적인 원인이다.[19] 특히 여성혐오와 직결된 위계를 나누는 젠더의 관계는 가해자인 남성으로 하여금 범행 의도와 계획, 자기합리화를 통해 성범죄를 실행에 옮기도록 하는 직접적 원인으로 기능한다.[20] 남성 중심의 가부장적인 젠더 체계는 기존의 남성 지배적인 위계 질서를 강화하며 고착화되는데, 지금까지 한국교회는 가부장적 권위와 보수적 신앙관을 통하여 여성을 타자화하고, 대상화하면서 성차별적 인식을 강화해왔고, 그로 인하여 젠더에 기반한 차별과 혐오를 방치 및 조장하였다.[21] 특히 여성 교인의 수가 우위를 점하는 한국교회에서 여성혐오는 표면적으로 드러나기보다는 종교적 신념을 통해 은밀하게 작용하고 의식적으로 학습되기 때문에 더욱 위험하다.[22] 더욱이 젠더 문제는 개인만의 문제가 아니라 정치, 경제는 물론 문화와 종교 등이 얽혀있는 복합적 사회문제이므로 이를 해결하기 위해서는 사회 구성원 모두의 인식 전환과 실천적 차원의 변화가 요청된다.[23]

2 기독교 여성관과 여성의 지위

남성이 여성에게 가하는 성차별과 폭력이 오랫동안 지속된 결정적인 원인은 이에 대한 사회의 미온적 대응 때문이다.[24] 이는 여성은 태생적으로 유혹에 취약하

---

19 허민숙, "젠더폭력과 혐오범죄: 여성에 대한 폭력은 혐오범죄인가? 논쟁을 중심으로," 87.

20 권최연정, "여성혐오와 교회 내 성범죄," 36.

21 송진순, "개신교인 젠더 인식의 현주소," 「기독교사상」 (2019), 48−49.

22 백은미, "기독교 교육과정에 내재한 여성혐오 분석과 대안 모색," 43.

23 송진순, "개신교인 젠더 인식의 현주소," 38.

24 존 포트만, 서순승 역, 『죄의 역사: 숨기고 싶지만, 숨길 수 없었던 치명적인 이야기』 (서울: 리더스 북, 2008), 233.

고 열등하며, 따라서 여성에게 모든 책임이 있다는 잘못된 편견이 복합적으로 작용한 결과이다. 특히 교회 내에서는 사회적 여성혐오의 왜곡된 통념이 종교적 신념에 의해 정당화될 수 있기 때문에 더욱 위험하다. 교회에서 다양한 형태로 가해지는 여성혐오와 차별적 문화는 청년 세대 여성들이 냉소적으로 머무르거나 거부감과 분노 끝에 교회를 떠나게 하는 기제로 작용하므로25 이를 근절해야 한다. 그러한 측면을 고려할 때, 여성에 대한 곡해로 여성에 대한 편견을 조장하고 여성 차별을 방치해 온 기독교 역사를 점검하고 그러한 차별의 문제를 개선해야, 복음의 기쁜 소식을 중심으로 하는 기독교의 의의와 복음을 위해 십자가에 달리신 예수 그리스도를 머리로 하는 그리스도의 몸 된 교회의 정체성과 본질을 회복할 수 있을 것이다.

1) 기독교 초기

초기 기독교는 여성은 남성의 갈빗대를 통해 남성을 돕는 배필로 창조되었기 때문에 남성에게 종속된다는 주장을 전개하였다. 또한, 아담과 하와의 타락 기사를 통해 먼저 뱀의 유혹을 받고 선악과를 따 먹은 후 그것을 아담에게 주었던 하와를 주목하며, 남성에 비하여 여성이 영적인 면과 지적인 부분에서 모두 취약하여 악마의 유혹에 쉽게 빠지는 존재라며 폄하하였다.26 이후 요셉을 유혹한 보디발의 아내와 삼손을 유혹한 들릴라로 대변되는 여성은 악한 존재로 규정되며, 남성의 나약함과 불신앙의 책임을 전가받았다.27 초대교부들의 여성관 역시 당시 그리스-로마 사회의 가부장적 사고를 그대로 반영하는데, 일례로 암브로우즈(Ambrose)는 남성만이 하나님의 형상으로 창조되었다고 주장하였고,28 그러한 주장을 받아들인 터툴리안(Tertullian)은 선악과를 처음으로 딴 여성이 바로 하나님의 형상인 남성을 파괴한

---

25 백은미, "기독교 교육과정에 내재한 여성혐오 분석과 대안 모색," 47.

26 최성훈, "중세 마녀사냥과 사회적 약자: 여성의 사례를 중심으로," 454.

27 Barbara J. Essex, *Bad Girls of the Bible: Exploring Women of Questionable Virtue* (Cleveland, OH: United Church Press, 1999), 44-63.

28 정용석, "기독교 여성관의 역사," 「대학과 선교」 13(2007), 148.

악마의 출입구라고 정죄하며 여성의 존재적 가치를 폄하하였다.[29]

또한, 그리스-로마 문화처럼 가부장적인 성격을 띠는 유대 전통이 헬레니즘의 영혼과 육체를 구별하는 이원론과 결합하면서 남성은 영혼과 정신에 해당하는 존재로 격상되었고, 여성은 육체에 해당하는 존재로 격하되었다.[30] 어거스틴(Augustine)은 온전한 하나님의 형상인 남성과 대비하여 여성은 2차적인 형상만을 보유한다고 주장하며, 아내는 남편과 함께 있을 때에만 하나님의 형상이 될 수 있는 것이라고 설명하였다.[31] 따라서 초대교회는 여성은 교회에서 잠잠하라는 고린도전서 14장 34절의 발언을 근거로 여성이 지도자직을 맡지 못하도록 금지하였다. 대부분의 교부들은 남성의 입장에서 여성을 처녀, 아내, 매춘부로서의 세 부류로 구분하여 여성의 존재적 의미를 자녀 생산을 위한 수단 내지는 육체적 쾌락을 위한 성적 대상으로 축소하였다.[32] 물론 미리암, 드보라, 에스더, 안나 등은 당시 여성들의 믿음과 행동에 있어서 귀감으로 제시되었고, 동정녀 마리아는 순종적 태도와 순결성으로 인해 칭송과 심지어 숭배의 대상이 되기도 하였다.[33] 그러나 이는 여성을 타자화하여 추앙하거나 멸시하는 이원론적 대상화의 귀결이다.[34] 그러한 이분법을 기준으로 전반적으로 여성은 남성에 비하여 열등한 존재로 여겨졌고, 이는 여성혐오와 차별의 근거가 되기 시작하였다.

2) 중세

육체적 존재로 간주되는 여성은 중세 이후 선과 악의 이분법에 따라 열등한 성으로 규정되며 더욱 악의 근원으로 정죄되기에 이르렀다. 중세 가톨릭교회는 레위

---

29 최영숙, "교회와 여성," 「대학과 선교」 38(2018), 142.
30 김정자, "서양 중세여성의 역할과 지위," 「여성과 사회」 1(1990), 244.
31 Rosemary R. Ruether, "Misogynism and Virginal Feminism in the Fathers of the Church," in *Religion, and Sexism: Images of Women in the Jewish and Christian Traditions*, ed. Rosemary R. Ruether (New York, NY: Simon & Schuster, 1975), 156-161.
32 백은미, "기독교 교육과정에 내재한 여성혐오 분석과 대안 모색," 52.
33 정용석, "기독교 여성관의 역사," 150.
34 백은미, "기독교 교육과정에 내재한 여성혐오 분석과 대안 모색," 52-53.

기의 정결규정에서 피, 생리혈, 정액 등 인체 분비물들을 부정시하는 해석을 따라 여성의 피를 부정한 것으로 금기시하였고, 이를 통해 결과적으로 여성의 성을 폄하하였다.35 이같이 여성을 죄악시하고 열등시하는 편견으로 인하여 선천적으로 불결하다고 여겨지는 여성은 성체를 맨손으로 받을 수 없었고, 585년에 개최된 오세르 회의(The Council of Auxerre)는 여성의 경우 생리 기간이나 임신 중에 성찬식 참여를 금지한다는 내용의 교회법을 제정하였다. 같은 해에 개최된 마콘회의(The Council of Macon)에서는 여성들에게도 영혼이 있는가를 놓고 열띤 토론 끝에 불과 한 표 차이의 과반수 찬성으로 여성에게도 영혼이 있다고 결론을 내리기도 하였다.36

한편 중세의 대표적인 신학자 토마스 아퀴나스(Thomas Aquinas)는 모든 임신은 남성을 생산하는 것을 목적으로 한다고 주장하며 여성 비하와 차별을 부추겼으며,37 그와 같은 편견은 중세에 자행된 마녀사냥을 통해 구체적으로 실현되었다. 특히 도미니크 수도회 수도사로서 종교재판관이었던 요하네스 스프랭거(Johann Sprenger)와 하인리히 크래머(Heinrich Kramer)는 교황 인노켄티우스 8세(Innocentius VIII)의 인준을 받고 "마녀의 망치"(Malleus Maleficarum)라는 저서를 집필하였는데, 그들은 인간 사회에서 발생하는 모든 불행의 원인을 마녀가 행하는 마법 탓으로 돌리며 마녀사냥을 정당화하였고, 여성들은 머리가 나빠서 잘 속고, 정욕에 취약해서 악마의 유혹에 잘 넘어가기 때문에 마녀가 되는 것이라고 단정하였다.38 그와 같은 마녀사냥은 가톨릭교회가 전통적인 여성혐오 인식을 바탕으로 사회적 약자인 여성들을 대상으로 가한, 젠더화된 박해라는 사회적 폭력의 대표적인 모습이었다.39

---

35 최성훈, "중세 마녀사냥과 사회적 약자: 여성의 사례를 중심으로," 455.

36 정용석, "기독교 여성관의 역사," 151.

37 Genevieve Lloyd, "Augustine and Aquinas," in Femist Theology: A Reader, eds. Ann Loads and Karen Armstrong (Louisville, KY: Westminster Press, 1990), 94.

38 스프랭거와 크래머는 "마녀의 망치"를 통해 "여성"을 뜻하는 "feminus"라는 단어를 "신앙"을 지칭하는 "fedes"와 "없다"라는 의미의 "minus"가 결합한 것으로 설명하며, "여성"의 개념이 "신앙이 결여된 자"를 뜻한다고 주장하였다. 그러한 해석에 따르면 신앙심이 없는 여성이 쉽게 악마의 유혹에 넘어가 마녀가 되는 것은 당연한 귀결이다. Cf. Johann Sperenger and Heinrich Kramer, Malleus Maleficarum, trans. Montague Summers (London: Folio Society, 1968), 41–48.

39 최성훈, "중세 마녀사냥과 사회적 약자: 여성의 사례를 중심으로," 448.

3) 종교개혁기

중세에 만연했던 여성혐오와 여성폄하는 종교개혁 이후 다소 개선되었지만, 종교개혁자들 역시 여성이 남성에게 종속되는 것이 신의 뜻이요, 세계의 질서를 유지하는 수단이라고 보았기 때문에 여성의 지위에 근본적인 변화는 없었다.[40] 종교개혁으로 인하여 성직자들의 결혼이 허용되며 부부 사이의 상호적 사랑과 성적 결합에 대하여 긍정적인 해석이 가미되기도 했지만, 여전히 성적 욕망 또는 성관계에 대하여는 경계하는 입장이 견지되었다.[41] 한편으로 결혼은 인간의 성적 욕망을 조절하기 위한 수단인 동시에 출산의 목적을 이루는 방법으로 여겨졌지만, 다른 한편으로는 결혼을 교회의 성사에서 제외하여 이혼이 가능해짐에 따라 여성도 이혼을 제기할 수 있게 됨으로써 여성의 지위가 다소 개선되었다. 하지만 종교개혁을 이끌었던 지도자들의 여성관에 큰 변화가 없었기 때문에 여성들은 여전히 남성 아래에 자리한 2등 시민으로 남았다.

마틴 루터(Martin Luther)는 창조의 시기부터 여성의 열등성을 강조한 가톨릭교회와 달리 남성과 여성이 창조시에는 동등함을 인정했지만, 하와로 인해 인류의 타락이 시작되었음을 근거로 제시하며 여성으로 인해 유발된 인류의 원죄를 강조하였다. 결국 루터는 여성이 남성에게 종속되어야 함을 긍정하였고, 여성의 역할을 출산과 자녀의 양육, 그리고 남편에 대한 내조로 국한시키며, 여성의 소명은 아내, 어머니, 가정주부의 역할을 수행하는 것이라고 주장하였다.[42] 존 칼빈(John Calvin) 또한 남성과 여성의 동등성을 인정했지만, 흙으로 빚어진 남성과 남성의 갈빗대에서 만들어진 여성의 재료가 다름을 지적하며 여성보다 남성에게 권위가 있고, 따라서 남성이 여성을 지배하는 것이 하나님의 창조질서라고 믿었다.[43] 과거와의 차이를 요약하면 종교개혁 이전에는 가부장적인 유대교 전통을 따라 여성의 부정함과 열등함

---

40 Ibid., 456.
41 백은미, "기독교 교육과정에 내재한 여성혐오 분석과 대안 모색," 54.
42 Martin Luther, *Luther's Commentary on Genesis, Vol. 1* (Grand Rapids, MI: Zondervan, 1958), 34.
43 최성훈, "중세 마녀사냥과 사회적 약자: 여성의 사례를 중심으로," 456.

을 주장한 반면, 종교개혁 이후에는 타락과 원죄를 중심으로 하는 성경의 해석을 통해 여성이 남성에게 종속되는 것의 정당함을 강조한 것이다. 결국 성경의 가르침에 초점을 맞추며 믿음을 통해 구원을 받을 수 있다는 확신을 전파했던 종교개혁은 여성을 열등한 존재로 여기고 그 역할을 가정에만 국한시킴으로써 여성의 지위 개선에는 별다른 공헌을 하지 못했다.

4) 근, 현대

17세기 말부터 영국에서는 조지 폭스(George Fox)를 중심으로 각 사람이 보유한 내적 광명과 은사 체험을 강조하며 남녀 평등을 추구한 퀘이커주의(Quakerism)의 영향으로 인해 여성은 점차 남성과 동등한 존재로 인식되기 시작하였다. 18−19세기에 이르러는 여성 교인들의 적극적 참여에 의해 확산된 미국의 1, 2차 대각성운동 (The Great Awakening)과 목회적 측면에서 여성의 역할을 인정하여 여성의 안수와 설교를 허용했던 영국의 감리교로 인하여 여성의 위상이 증대되기 시작하였다. 그 결과 미국에서는 1836년에 여집사협회가 설립되었고, 1853년 안투아네트 브라운 (Antionette Brown)이 미국 최초의 여성 목사로 안수받았다.[44] 한편 1830−40년대의 노예 폐지 운동과 연계된 여성해방운동의 결과 1920년에 미국에서 여성들은 비로소 참정권을 획득하게 되었는데, 이는 1870년 흑인 남성들에게 참정권이 부여된 이후 50년 만에 이루어진 일이었다.

1960년대 이후 북미의 인권운동과 맞물리며 여성신학이 대두하여 기존의 가부장적 제도와 성차별에 대한 비판의 목소리를 드높이기 시작하였다. 로즈메리 류터 (Rosemary R. Reuther)는 여성신학의 목적은 성차별적 편견을 불법으로 규정하는 것이라고 지적하는 한편, 진정한 구원의 의미란 성차별로부터의 해방이라는 것을 입증하는 것이라고 주장하였다.[45] 필리스 트리블(Phyllis Trible)은 여성이 남성의 갈빗대

---

44 정용석, "기독교 여성관의 역사," 157.

45 Rosemary R. Ruether, "Feminist Theology and Spirituality: Visions of a New Humanity," in *Christian Feminism*, ed. Judith L. Weidman (San Francisco, CA: Harper & Row, 1984), 9−12.

로부터 창조되었기 때문에 남성에게 종속된다면 흙으로 창조된 남성인 아담이 흙에 종속되느냐며 항변하였고, 인간이 피조물 중에서 가장 나중에 창조된 존재임에도 불구하고 하나님의 형상으로 창조된 유일한 존재임을 들어 남성이 여성보다 먼저 창조되었기 때문에 우월성을 강조하는 것 역시 오류라고 지적하였다.[46] 또한, 여성 신학은 새로운 시각으로 기존에 폄하하였던 여성 특유의 체험을 긍정적으로 받아들였다. 일례로 생리는 금기시할 것이 아니라 여성이 생명의 순환계와 특별한 관계를 갖고 있다는 상징이라고 받아들여서 이를 긍정하였다.[47] 근대의 여성관이 남성과 대비한 주체적이고 독립적인 여성을 강조했다면, 현대에 들어서는 남성과의 상호작용을 통해 보완적 관계를 강조하는 움직임이 대두하였다. 이는 성경의 가르침을 복음의 빛으로 해석하는 작업을 통해 강화되고 있다.

3 복음의 의미와 성평등

현대사회를 살아가는 오늘날 사회 구성원들이 공통으로 보유해야 하는 태도는 단순히 새로운 시대적 도전 또는 위험에 대하여 대처하는 방법에 초점을 맞추는 것이 아니라, 그러한 대처의 결과들을 공동체 전체의 입장에서 통전적으로 고려하는 성찰적 또는 재귀적 합리성(reflexive rationality)의 자세이다.[48] 이는 여성혐오를 지양하고 성평등을 이루는 과정에서도 남성과 여성을 이분법적으로 구분하는 방법론을 지양해야 함을 시사한다. 사회 전반에 만연한 여성혐오와 성차별에 대처하기 위해서는 기본적으로 여성들의 연대가 필요하지만 다른 사회 문제에 대하여는 성별 구분없이 한 목소리를 내야 하기 때문이다. 그러한 성찰적 합리성을 위해서는 성경의 가르침의 핵심인 복음의 참다운 의미를 통하여 성평등의 원리를 재조명할 것이 요구된다.

---

46 Phyllis Trible, *God and the Rhetoric of Sexuality* (Philadelphia, PA: Fortress, 1978), 113.
47 정용석, "기독교 여성관의 역사," 160.
48 울리히 벡, 홍성태 역, 『위험사회: 새로운 근대(성)을 향하여』 (서울: 새물결, 1997), 77.

1) 창조와 타락

창세기 1장 26 – 28절은 하나님의 형상대로 남자와 여자가 창조되었고, 피조된 그들 모두가 하나님의 복과 함께 명령을 받았음을 기록한다. 이는 하나님의 창조에 있어서 남성과 여성의 구별은 있지만 인간으로서의 존재론적 차별은 전혀 계획되지 않았음을 증명한다.[49] 또한, 창세기 2장 18절에서 하나님은 사람이 혼자 사는 것이 좋지 않다고 말씀하시며 돕는[50] 배필로서 아담에게 하와를 만들어 주셨다. 따라서 하나님의 창조원리는 남성과 여성의 동등성과 평등성이며,[51] 하나님께서 단순히 사람을 창조하신 것이 아니라 남성과 여성이라는 인간의 성을 창조하셔서 서로 도우며 인격적인 관계를 맺도록 하셨다는 사실을 알 수 있다. 여성인 하와가 남성인 아담의 갈빗대에서 만들어졌다는 사실로 인해서 여성이 남성보다 열등하다는 논리도 성립하지 않는다. 이는 앞서 언급한 트리블의 주장과 같이 마치 아담이 흙으로 만들어졌기 때문에 사람이 흙보다 열등하거나 흙에 종속된다고 볼 수 없는 것과도 같다. 하와를 본 아담이 "이는 내 뼈 중의 뼈요 살 중의 살이라"(창 2:23)고 고백한 후 이어진, 남자가 부모를 떠나 아내와 한 몸을 이루었다는 구절은(창 2:24) 남성과 여성이 동등한 주체로서 인격적이고 친밀한 관계를 이루어야 함을 시사한다.

그러나 타락 사건 이후에 창조질서에서 계획된 남녀평등과 친밀한 인간관계는 깨어져 버리고, 성차별이라는 악을 낳았다. 이후 차별은 여성비하와 혐오, 그리고 성추행 및 성폭행 등으로 악화되었다. 성범죄가 비윤리적인 이유는 자신과 타인 사이의 친밀감의 거리를 교환이나 강압의 형식을 통해 일방적으로 제거하고, 하나님의 형상으로 창조된 타자성을 유린하는 침탈적 행위이기 때문이다.[52] 따라서 예수

---

49 하나님의 인간 창조는 하나님의 형상을 따라 창조된 인간의 존엄성을 기반으로 한다. Seong – Hun Choi, "The Universality of Black Theology: Implications for Youngsan Theology," *Journal of Youngsan Theology* 28(2013), 176.

50 "돕는"으로 번역된 히브리어 "에쩨르"(עזר)는 도움 또는 도움을 주는 자를 뜻하는데, 이는 구약 성경에서 이스라엘을 향한 하나님의 도움을 지칭하는 대목에서 사용되었다(출 18:4; 신 33:7). 따라서 하와가 아담을 돕는 배필로 창조되었다는 것은 마치 하나님께서 인간을 도우시듯, 하나님 안에서 남성과 여성이 함께 존재하며 서로를 도울 때에 양자의 존재가 완전해진다는 의미이다.

51 최영숙, "교회와 여성," 136.

52 김혜령, "#Me too의 시대: 성폭력의 범죄성과 기독교 성윤리의 새 기준,"「한국기독교신학논총」

그리스도를 통한 구원의 복음이 선포된 이유는 인류의 타락으로 인해서 깨어진 평등과 조화로운 관계를 회복시키기 위함이다. 인간의 죄성이 야기한 지배와 갈등, 반목의 관계를 그리스도의 구속을 통하여 평등한 동반자의 관계로 탈바꿈하는 것이 복음의 목적이기 때문이며, 이는 타락 이후 훼손된 하나님의 형상을 창조시의 모습으로 되돌리는 과업이다.

2) 복음과 회복

예수 그리스도의 복음은 단순히 잃어버린 하나님의 형상을 회복하는 것에 그치지 않는다. 복음은 인간 삶의 모든 부분을 회복시키는 통전적이고 전인적인 성격을 띠기 때문이다. 예수님 당시 그리스-로마 문화의 가부장적 문화는 여성을 물품화하고 사회활동을 배제하였는데,[53] 일반적으로 여성의 존재를 제우스 신이 만든 가장 큰 악으로 치부하였고, 여성이 남성을 신선하게 하는 경우는 결혼식 날과 아내를 장례지내는 날뿐이라는 속담까지 있었다.[54] 유대교 역시 남성 중심의 문화 아래에서 남편은 언제든지 이혼할 권한이 있었지만 아내에게는 이혼권이 없었고, 남편이 이혼증서를 발행해 주기 전에는 재혼도 금지되었다. 또한, 여성은 토라(Torah)를 배우는 것이 금지되었고, 단지 재산으로 취급받을 뿐이었으며, 반면 유대교 남성은 자신이 여성으로 창조되지 않은 사실을 감사하는 기도를 아침 기도회마다 일상적으로 드렸다.[55] 그러나 예수님은 로마와 유대교가 견지하던 여성차별적인 관점을 완전히 뒤집어 놓으셨다. 예수님은 사마리아 여인, 마리아, 헬라 여인, 간음 현장에서 잡힌 여인, 마르다와 마리아와의 대화 등을 통해 당시 소외된 존재인 여성들을 인격적으로 존중하는 본을 보이셨고, 그들과 소통하며 남성과 동등한 여성의 지위를 제고하셨

111(2019), 281.

53 최성훈, "최자실 목사의 교육목회 리더십: 마리아 해리스의 교육목회 커리큘럼에 기초한 분석," 「영산신학저널」 36(2016), 197-198.

54 최영숙, "교회와 여성," 141.

55 Ibid., 140-42.

다. 특히 요한복음 4장에서 수가성 여인을 만나 대화를 나누며 복음의 의미를 전하신 예수 그리스도의 모습은 당시 유대인들이 금기시하던 사마리아인, 열등한 존재로 치부되던 여성, 그리고 집 밖에서 대화를 금기시하던 랍비의 전통을 한꺼번에 깨뜨린 것이었다. 이같이 그리스도는 하나님 나라의 복음을 선포하고, 신유와 축귀의 사역을 행하심에 있어서 남녀의 성별을 구분하지 않으셨다. 사도 바울 역시 인간이 세운 모든 차별의 장벽을 허물고 그리스도를 통한 하나됨이라는 새로운 창조질서를 제시하였다(엡 2:14-18).[56] 그는 유대인과 이방인 사이의 인종차별, 주인과 노예의 신분차별(계층차별), 그리고 남성과 여성의 성차별 등 사회적 차별을 타파하고 그리스도 안에서 하나 됨을 강조하였다(갈 3:28).[57] 이처럼 차별과 불의를 해소함으로써 창조의 질서를 회복하는 복음의 의의는 예수 그리스도께서 이사야 61장 1-2절을 인용하시며 선포하신 누가복음 4장 18-19절에 잘 요약되어 있다.[58] 복음은 가난한 자에게 기쁜 소식이 되고, 차별과 불의의 포로된 자에게 자유를 선포하며, 인간의 죄성으로 눈 먼 자의 시선을 다시 회복하며, 결국 그렇게 함을 통해 주의 은혜의 해를 전파하는 것이다.

3) 페미니즘과 성평등

버니스 마틴(Bernice Martin)이 소개한 "오순절주의 젠더 역설"(The Pentecostal

---

[56] 바울이 견지한 영성이란 개인적이고 주관적 경험들을 포함함에도 불구하고 그리스도 안에서 그리스도의 몸 된 하나로서의 공동체를 형성한다는 측면에서 공동체적인 현상이다. 이승현, "바울과 그리스도, 그리고 신비주의 영성신학," 「영산신학저널」 48(2019), 36-37.

[57] 고린도전서 11장 2-16절에서 바울이 여성들이 머리를 가려야 한다고 주장한 것에 대하여 성차별 여부에 대한 논쟁이 있다. 바울이 그러한 주장을 펼친 이유는 머리를 풀어헤친 모습이 이방종교의 영향이라고 보는 견해, 예배에 참여한 여성들의 머리 노출이 남성 신자들에게 성적 자극을 줄 것을 우려했다는 견해 등이 있다. 그러나 궁극적 원인은 고린도전서 11장을 둘러싼 12장과 14장이 은사 문제를 집중적으로 다룬 것으로 볼 때에 당시 고린도교회가 신비주의의 영향을 받아 무분별하게 열광주의적 상태에 들어가는 것을 경계하기 위하여 단정한 자세로 기도할 것을 명하는 것이라고 보는 것이 옳으며, 그러한 주장의 원리적 배경이 되는 본문이 바로 남녀의 성평등을 주장한 갈라디아서 3장 28절의 선언이다. 김경희, "고린도전서 11:2-16에 나타난 바울의 성차별주의와 초창기 기독교 여성들의 성평등 의식," 「한국여성신학」 45(2001), 47-48.

[58] 최성훈, "복음전도의 역사와 패러다임의 변화," 「영산신학저널」 46(2018), 287.

gender paradox)이라는 개념은 라틴 아메리카에서 오순절 운동에 참여하는 남성들이 자신의 기득권을 양보하는 한편, 급속한 사회변동에 따른 정치, 경제 영역에서의 권위와 자존감의 실추를 가정에서 회복하고, 여성들은 남성들의 공식적 권위에 도전하지 않는 범위 내에서 오순절 운동을 통해 교회에서 향상된 지위를 누리는 현상을 지적한다.[59] 젠더 역설 이론을 수용하는 측에서는 여성들이 행위의 주체이긴 하지만 종교참여의 득과 실을 따져보고 실질적인 이익을 위해 행동하는 것으로 기술하며, 진보주의 페미니스트들은 그러한 실질적 효과와 관계없이 여성들의 주체적 선택을 강조한다.[60] 그러나 양자 모두 성경적 여성의 인권과 권위를 회복하는 방안과는 거리가 멀다.

남성들의 여성혐오가 이기적인 선택적 혼종성을 바탕으로 드러난 것처럼, 여성들의 페미니즘 역시 이기적 동기에 의하여 경도되는 양상을 보이기도 한다. 가부장적 배치 속에서 유리한 상황에서는 전통적인 여성의 역할을 취하고, 개인의 소비에 초점을 맞춘 오늘날 신자유주의 경제의 욕망이 여성이라는 사회적 위치에 의하여 제약받는 상황에서 주체 선언을 하는 페미니즘 언어를 강화시키는 모습을 보이는 것이 그 대표적인 사례이다.[61] 남성과 여성의 이분법적 구도로 여성혐오와 성차별의 문제를 다루는 것은 남성과 여성이 조화로운 관계를 이루며 사회를 형성하는 것을 부정함으로써 새로운 형태의 억압과 강요를 양산하기 마련이다.[62] 반대로 참된 인간화는 남성과 여성 모두가 온전한 창조의 모습을 회복하는 것을 뜻한다.[63] 그런 의미에서 벨 훅스(Bell Hooks)는 페미니즘이란 성차별주의와 그러한 차별에 근거

---

59 오순절-은사주의 운동의 초기에 지도자적 위치를 획득했던 여성들이 교회체제 내에서 권위를 확보하기 어려웠던 이유는 개인적인 성령체험과 은사가 누구에게나 열려있음을 강조하는 동시에 성서문자주의에 기반한 보수적이고 가부장적 신학으로 인하여 성차별적 사역 조직을 구성하였기 때문이다. Bernice Martin, "The Pentecostal Gender Paradox: A Cautionary Tale for the Sociology of Religion," in *The Blackwell Companion to the Sociology of Religion*, ed. Richard K. Fenn, 52-66 (Oxford, NY: Blackwell, 2001), 53.

60 우혜란, "한국의 오순절-은사주의 운동에서 여성의 위치와 그 구조적 배경에 대한 고찰," 「종교와 문화」 23(2012), 49.

61 백소영, "젠더 갈등의 선택적 혼종성 양상에 대한 신학, 윤리적 제언," 138.

62 성호숙, "현대 기독교 여성관 정립을 위한 기독교 교육적 모색," 「신앙과 학문」 17(2012), 139.

63 이정효, "성서의 여성관과 참인간화 교육," 「기독교교육논총」 1(1996), 178.

한 착취와 억압을 종식시키는 운동이라고 정의하며 이는 남성을 혐오하지 않으며, 오히려 남성들 역시 페미니즘을 통해 가부장제의 속박에서 벗어날 것이라고 일갈하였다.[64] 그러한 페미니즘의 목적을 이루는 수단이 바로 성평등의 실현과 남녀 모두의 회복을 도모하는 복음의 가르침이다.[65] 가난하고 소외된 자들을 대상으로 회복의 은혜와 소망을 선포하는 데에 있어서 남성과 여성의 구별은 불필요하다.

4) 여성혐오와 성차별, 그리고 복음

여성혐오와 성차별을 비롯하여 오늘날 한국사회에서 발생하는 문제들은 모두 인간의 타락한 죄성에 근거를 두고 있다. 따라서 그러한 문제들을 해결하기 위한 방안은 성경의 가르침, 특히 예수 그리스도의 복음을 통해 조명해야 하며, 급변하는 현대사회의 문제들을 성경적 관점에서 조명하여 공론화하는 공공신학의 방법론은 여성혐오와 차별의 문제를 다루는 데 있어서 유용한 수단이 된다. 대화와 소통을 통해 문제를 해결하는 공공신학의 관점에서 볼 때에 특정 집단에서 하나의 답을 만들어 놓고 이를 다른 집단에 강요하는 방식은 옳지 못하다. 남성의 집단이기주의에 기인한 여성혐오가 위험한 것처럼, 여성혐오에 담긴 가부장성을 드러내는 데에 초점을 맞추는 페미니스트들의 미러링(mirroring) 또한 여성의 집단이기주의에 갇혀버릴 위험성이 크기 마련이다. 하지만 방관 또는 무반응과 같은 소극적 대처 역시 미필적 고의를 통해 성범죄를 조장하는 간접적 처사이므로 바람직하지 않다.

일례로 한국교회가 당면한 중요한 문제 중 하나는 목회자의 성범죄를 흉악한 죄악으로 보는 공론이 결여되어 있는 것인데, 그 같은 결여는 남성과 여성의 성별의 차이를 넘어서 하나님의 형상으로 창조된 개인에 대한 폭력을 조명하는 신학적 작업의 부재로 인한 것이다. 여성에 대한 성폭력에 대하여 단기적 관점에서 교회 사역에 대한 악영향을 우려한다는 구실로, 죄를 판단하는 것은 하나님의 영역에 속한 것이라며 가해자인 목회자를 감싸는 태도는 남성 우위적인 젠더 위계 및 여성을

---

64 벨 훅스, 이경아 역, 『모두를 위한 페미니즘』 (서울: 문학동네, 2017), 18–25.
65 최성훈, "영산신학으로 조명한 기독교교육의 원리,"「영산신학저널」32(2014), 207–208.

향한 편견을 고착화시킨다. 그 같은 태도는 교회와 신학이 성과 관련한 문제를 단순히 이원론의 입장에서 다루고, 성윤리의 규범체계를 수립하는 일을 세속 사회의 도덕과 법 체계에 전적으로 양도한 결과로 나타난 것이다. 그와 같은 문제는 성경의 가르침을 조명하여 여성을 향한 혐오와 차별의 문제를 심도 있게 다루지 않은 게으름에도 기인한다. 따라서 여성혐오와 성차별은 물론 성매매와 성폭력 등과 관련한 대처가 미흡하게 되었다.

하지만 예수 그리스도의 복음은 성차별을 비롯하여 인종차별, 계층차별, 연령차별 등 어떤 형태의 차별도 용납하지 않으며, 하나님의 형상을 회복하여 하나 됨을 이룰 것을 지시한다. 따라서 차별을 조장하는 행태는 그리스도의 십자가 구속을 헛되게 하는 것이다. 부활하신 그리스도께서 가장 먼저 만나신 막달라 마리아, 야고보의 어머니 마리아와 살로메 등의 여인들과(마 28:1; 막 16:1), 뵈뵈, 브리스가, 마리아, 유니아, 드루배나, 드루보사, 루포의 어머니, 율리아, 네레오의 자매 등 바울의 동역자였던 초대교회의 여성 지도자들(롬 16:1-15)의 존재는 당시 불의한 차별의 대상이었던 여성들을 향한 그리스도의 회복이라는 의도를 드러낸다. 참다운 혐오와 차별의 제거는 복음 안에서 남성과 여성 모두를 일으켜세우는 데에서 시작할 것이다. 주 안에서 남자 없이 여자만 있지 않고 여자 없이 남자만 있지 아니하다(고전 11:11).

참고문헌

강호숙. "성차별적 설교와 성희롱 발언, 이대로 괜찮은가?" 「기독교사상」 734(2020), 156–166.

권최연정. "여성혐오와 교회 내 성범죄." 「종교문화연구」 29(2017), 25–48.

김경희. "고린도전서 11:2–16에 나타난 바울의 성차별주의와 초창기 기독교 여성들의 성평등 의식." 「한국여성신학」 45(2001), 7–49.

김병선. "차별과 역차별의 변주곡: 이명박 정부 출범 이후 영호남 신문에 나타난 지역주의 보도 행태에 대한 탐색적 연구." 「언론과학연구」 10(2010), 40–79.

김정자. "서양 중세여성의 역할과 지위." 「여성과 사회」 1(1990), 242–281.

김혜령. "#Me too의 시대: 성폭력의 범죄성과 기독교 성윤리의 새 기준." 「한국기독교신학논총」 111(2019), 269–293.

박건우, 이정읍. "한국의 여성혐오에 대한 실증적 연구." 「사회과학연구」 27(2019), 70–89.

백소영. "젠더 갈등의 선택적 혼종성 양상에 대한 신학, 윤리적 제언." 「기독교사회윤리」 43(2019), 123–151.

백은미. "기독교 교육과정에 내재한 여성혐오 분석과 대안 모색." 「기독교교육논총」 51(2017), 41–73.

벨 훅스, 이경아 역. 『모두를 위한 페미니즘』. 서울: 문학동네, 2017.

성호숙. "현대 기독교 여성관 정립을 위한 기독교 교육적 모색." 「신앙과 학문」 17(2012), 127–147.

송진순. "개신교인 젠더 인식의 현주소." 「기독교사상」 731(2019), 38–49.

우혜란. "한국의 오순절–은사주의 운동에서 여성의 위치와 그 구조적 배경에 대한 고찰." 「종교와 문화」 23(2012), 37–80.

올리히 벡, 홍성태 역. 『위험사회: 새로운 근대(성)을 향하여』. 서울: 새물결, 1997.

유희정, 이숙종. "한국사회 갈등의 원인 및 관리에 대한 연구: 갈등유형별 특성을 중심으로.”「한국사회」 17(2016), 39−80.

이승현. “바울과 그리스도, 그리고 신비주의 영성신학.”「영산신학저널」 48(2019), 7−44.

이정효. “성서의 여성관과 참인간화 교육.”「기독교교육논총」 1(1996), 163−186.

정순둘, 이미우. “우리나라, 미국, 네덜란드의 고용상 연령차별 금지법: 연령차별의 개념과 적용대상.”「보건사회연구」 32(2012), 118−142.

정용석. “기독교 여성관의 역사.”「대학과 선교」 13(2007), 147−163.

존 포트만, 서순승 역.『죄의 역사: 숨기고 싶지만, 숨길 수 없었던 치명적인 이야기』. 서울: 리더스북, 2008.

허민숙. “젠더폭력과 혐오범죄: 여성에 대한 폭력은 혐오범죄인가? 논쟁을 중심으로.”「한국여성학」 33(2017), 77−105.

최성훈. “여성혐오와 성차별: 기독교 여성관을 중심으로.”「영산신학저널」 56(2021), 169−195.

_____. “중세 마녀사냥과 사회적 약자: 여성의 사례를 중심으로.”「선교와 신학」 52(2020), 437−466.

_____. “복음전도의 역사와 패러다임의 변화.”「영산신학저널」 46(2018), 283−312.

_____. “최자실 목사의 교육목회 리더십: 마리아 해리스의 교육목회 커리큘럼에 기초한 분석.”「영산신학저널」 36(2016), 195−228.

_____. “영산신학으로 조명한 기독교교육의 원리.”「영산신학저널」 32(2014), 193−227.

최영숙. “교회와 여성.”「대학과 선교」 38(2018), 133−161.

Chen, Katherine. “Including Gender in Bias Crime Statues: Feminist and Evolutionary Perspectives.” *William & Mary Journal of Women and the Law* 3(1997), 277−328.

Choi, Seong−Hun. “The Universality of Black Theology: Implications for Youngsan Theology.” *Journal of Youngsan Theology* 28(2013), 171−206.

Essex, Barbara J. *Bad Girls of the Bible: Exploring Women of Questionable Virtue*. Cleveland, OH: United Church Press, 1999.

Gonsiorek, John C. “The Interplay of Psychological and Institutional Factors in Sexual Abuse by Roman Catholic Clergy.” In *Clergy Sexual Abuse: Social Science Perspectives*, edited by Clair M. Renzetti and Sandra Yocum, 118−143. Boston, MA: Northeastern University Press, 2013.

Lloyd, Genevieve. "Augustine and Aquinas." In *Femist Theology: A Reader*, edited by Ann Loads and Karen Armstrong, 90−98. Louisville, KY: Westminster Press, 1990.

Luther, Martin. *Luther's Commentary on Genesis, Vol. 1*. Grand Rapids, MI: Zondervan, 1958.

Martin, Bernice. "The Pentecostal Gender Paradox: A Cautionary Tale for the Sociology of Religion." In *The Blackwell Companion to the Sociology of Religion*, edited by Richard K. Fenn, 52−66. Oxford, NY: Blackwell, 2001: 52−66.

Ruether, Rosemary R. "Feminist Theology and Spirituality: Visions of a New Humanity." In *Christian Feminism*, edited by Judith L. Weidman, 4−32. San Francisco, CA: Harper & Row, 1984.

_____. "Misogynism and Virginal Feminism in the Fathers of the Church." In *Religion, and Sexism: Images of Women in the Jewish and Christian Traditions*, edited by Rosemary R. Rueter, 150−183. New York, NY: Simon & Schuster, 1975.

Spengler, Johann, and Kramer, Heinrich. *Malleus Maleficarum*, Translated by Montague Summers. London, UK: Folio Society, 1968. (Originally published in 1495).

Trible, Phyllis. *God and the Rhetoric of Sexuality*. Philadelphia, PA: Fortress, 1978.

11

사회적 재난과 노인차별[1]

과거에는 재난의 개념을 홍수, 지진, 가뭄 등 자연재난(natural disasters)에만 국한했지만, 현대사회로 이행하며 인간의 책임 수행과 관련한 화재, 교통사고 등 인위적인 재난의 빈도가 잦아졌다. 따라서 오늘날의 재난 개념은 자연재난과 인위적으로 발생한 사회적 재난(social disasters)을 모두 포괄하며, 재난의 양상과 관련하여서도 자연재난과 인적재난의 형태를 동시에 띠는 복합재난(complex disasters)의 발생 빈도가 높아지고 있다. 그러한 위기의 복합성에 대비하기 위하여 지금까지 재난과 관련한 연구는 주로 재난의 예방 및 대책 마련, 그리고 재해현장의 위기관리에 초점을 맞추어 수행되었다. 그러나 재난에 대하여 어떤 관점에서 접근해야 하는지에 대한 고려는 많지 않았고, 특히 대표적인 사회적 약자인 노인이 처한 사회적 위치를 고려하는 관점에서 재난을 조명한 연구는 거의 찾아보기가 어렵다. 민주주의 시민의식의 제고와 과학기술의 발전으로 인하여 재난에 대한 체계적 분석과 대응 등과 같은 인간의 책임을 강조하는 오늘날, 인위적 요인이 주가 되어 발생하는 사회적 재난 또는 복합성을 띤 재난을 조명함에 있어서 재난과 노인의 상호작용에 대하

---

[1] 본 장의 내용은 최성훈, "코로나 19 관련 노인차별에 대한 공공신학적 분석: 위험인식, 여가와 돌봄, 사회적 자본을 중심으로," 「선교와 신학」 55(2021), 423－453을 수정 및 보완한 것이다.

여 점검하는 것이 필수적으로 요구된다. 재난 발생 시 재난 자체의 규모와 경중은 물론 위험에 노출된 이들의 대처능력에 따라 위험의 여파가 달라지는데, 청, 장년 세대와 비교할 때 노인의 상대적 취약성은 그러한 위험을 증대시키기 때문이다.

저출생과 고령화, 가족구조의 변화 등으로 인하여 독거노인이 증가함에 따라 노년층의 생활비와 디지털 적응력의 부담이 가중되고 있고, 여가와 돌봄의 공백 및 사회적 자본의 결핍은 다른 연령층에 비하여 노년층의 사회적 지위에 악영향을 끼친다. 특히 지난 2020년 발생한 코로나 19로 인해 유발된 피해 정도는 누적적인 동시에 차등적이며, 노년층이 더 큰 위험에 노출되어 있다는 점에서 노인차별에 대한 주의가 환기되었다.[2] 또한, 당시 코로나 19의 확산을 방지하기 위해 시행된 사회적 거리두기로 인해 가족과의 단절을 경험한 노년층이 겪은 우울증과 스트레스는 심각한 수준에 이르렀다. 지역사회에서 코로나 19 확산에 따른 시민의 심리상태를 조사한 연구는 소득이 낮고, 연령대가 높고, 학력수준이 낮을수록 코로나 19에 대한 공포감이 높다는 사실을 발견함으로써 연령과 공포 및 우울감이 비례하는 것으로 보고하였는데,[3] 코로나 19와 같은 재난 상황은 노인들의 스트레스 수준을 높여 우울증에 취약하게 만들기 때문이다.[4] 노인들은 코로나 19로 인한 스트레스와 불안감의 가중으로 정신적 건강의 위해를 경험하며, 여가와 돌봄에 있어서 다른 연령층에 비하여 더욱 배제되는 한편, 빈곤과 실업의 이중고를 겪었다. 그와 같은 사회적 재난을 조명함에 있어서 한국교회의 노인 돌봄은 디아코니아라는 섬김의 윤리를 수행하는 책임있는 응답이자, 공동체성의 증빙이라는 사실에 근거하고 있으므로 교회의 본질을 실현하는 수단이라는 점에서 공공신학적 의의가 있다.[5]

---

2 최동용, 오혜인, 김준혁, "코로나 19, 노인만 격리하는 정책은 타당한가?,"「생명, 윤리와 정책」 4(2020), 111 – 112.

3 손헌일, 김기욱, 허종배, 박충훈, "코로나19 극복을 위한 부산시 정책 대응,"「BDI 정책포커스」 (2020), 3 – 4.

4 김새봄, 최성식, 송영지, "재난피해 노인의 우울과 삶의 질의 관계에서 사회적 지지와 사회참여의 조절효과,"「노인복지연구」 74(2019), 10.

5 이희철, "돌봄: 목회 돌봄에 근거한 목회상담의 미래 전략,"「한국기독교신학논총」 116(2020), 507.

1 연령주의와 노인차별

1) 연령주의

연령주의(Ageism)는 노인차별과 혼용되어 사용되는 개념으로서 명확히 정의되어 있지 않으며, 연구의 특성과 목적에 따라 달리 정의되는 경향이 있다.[6] 그러나 일반적으로 연령주의는 사회적 특성을 기준으로 노인을 범주화하여 노인을 대상으로 부정적 사회적 통념을 투영하는 노인차별의 의미로 사용된다.[7] 연령주의 또는 연령차별이라는 용어는 1969년 미국 국립노화연구소(NIA: National Institute on Aging)의 초대 소장인 로버트 버틀러(Robert N. Butler)가 최초로 사용한 것인데, 그는 이를 나이든 사람들에 대하여 체계적으로 정형화하고 차별하는 과정으로 정의하였다.[8] 이후 어드만 팔모어(Erdman B. Palmore)는 특정 연령 집단을 향한 어떤 종류의 편견과 차별도 연령차별이라고 정의하며 이를 개념화하였는데,[9] 그러한 편견과 차별이 실제로 노년층을 향하는 경우가 많아 연령차별은 주로 노인차별로 인식된다.

인종차별(Racism)이나 성차별(Sexism)과 같은 다른 종류의 차별과 노인을 대상으로 하는 연령차별이 다른 이유는 전자와 달리 후자는 노화의 과정에 따라 모든 이들이 직면할 수 있는 것이며, 그럼에도 불구하고 그 중요성이 인식되지 않고 막연하게 여겨져서 간과된다는 점이다.[10] 특히 압축적 경제성장에는 성공했지만 사회적 가치체계가 함께 성숙할 수 있는 충분한 시간을 갖지 못했기 때문에 사회적 갈등의 소지가 많은 우리나라의 특성을 고려할 때, 노인차별은 단순히 노인집단을 향한 문

---

6 김주현, 주경희, 오혜인, "경제활동 노인의 연령차별 경험에 관한 근거이론적 접근," 「노인복지연구」 60(2013), 292-293.

7 김수지, "노인차별 경험이 노인의 여가 시간 사용과 고독감에 미치는 영향: 대도시 노인을 중심으로," 「보건사회연구」 40(2020), 212.

8 Robert N. Butler, "Age-Ism: Another Form of Bigotry," *Gerontologist* 9(1969), 243-244.

9 Erdman B. Palmore, *Ageism: Negative and Positive* (New York, NY: Springer Publishing Company, 1999), 4.

10 Erdman B. Palmore, "Ageism Comes of Age," *The Gerontologist* 43(2003), 418.

제가 아니라 전체적인 사회통합을 저해하는 요인이므로 적절한 차원의 해결방안이 마련되어야 한다.[11] 코로나 19와 같은 사회적 재난 상황에서 노년층은 더욱 취약한 계층으로 전락하여 점증된 차별의 희생양이 될 수 있기 때문에 그러한 차별 관련 요소를 점검하는 한편, 이에 대한 대책을 마련하는 것이 요구된다. 세상에 대한 책임을 다루는 신학적 담론은 초대교회에서부터 중요한 주제였으며, 오늘날 노인차별이라는 사회문제를 신학의 관점으로 조명하여 해결책의 구체적인 방안을 제시하는 공공신학적 분석은 당위적 구호에 머무르는 신학의 추상성을 극복하고 사회적 약자인 노인에 대한 관심을 갖고 그들을 위한 공적 자리를 마련하는 기독교의 공공성을 실현하는 방편으로 기능할 것이다.

2) 차별과 낙인의 문제

노인차별은 긍정적 형식과 부정적 형식으로 나뉘는데, 긍정적 측면의 인식은 노인은 친절하고, 인성이 좋으며, 지혜롭다는 것이고, 부정적인 내용은 노인은 허약하고 의존적이며, 인지능력이 떨어지는 반면에 불필요한 고집을 부린다는 것이다.[12] 그러나 산업화 이후 노동 경쟁력에 초점을 맞추는 추세에 따라 노인들은 젊은 세대와의 경쟁에서 밀려나게 되었고, 노인에 대한 부정적인 측면만이 부각되어 연장자의 권위에 대한 예속이 사라지며 노인의 지위는 하락하게 되었다. 이후 노년층에 대한 인식은 고령자 개개인의 특성과 관계없이 노년층 구성원 전체에 대한 편향된 부정적 견해로 인한 고정관념, 노인의 능력, 행동, 특성에 대한 편견, 노년기는 인생의 최악의 시기라는 부정적 태도로 인하여 개인차가 고려된 기능연령(functional age)이 아니라 단순히 생년월일에만 근거하는 역연령(chronological age)에 기초하여 노년층을 다른 연령집단과 다르게 대하는 노인차별로 확장되었다.[13]

---

11 오혜인, 주경희, 김세원, "연령주의에 관한 생태체계적 영향요인에 관한 실증연구: 베이비부머와 노인세대의 차이 비교를 중심으로," 304; Cf. 최성훈, "중세 마녀사냥과 사회적 약자," 「선교와 신학」 52(2020), 459–461.

12 Brad A. Meisner and Becca R. Levy, "Age Stereotypes' influence on Health: Stereotype Embodiment Theory," in *Handbook of Theories of Aging*, eds. Vern L. Bengtson and Richard A. Settersten Jr., 3rd ed. (New York, NY: Springer Publishing Company, 2016), 259–275.

노인에 대한 고정관념은 낙인의 형태로 고착화되어 궁극적으로 노인차별의 원인이 된다.[14] 낙인이란 특정 집단의 특성에 대하여 부정적 표식을 붙인 것으로서, 대상자 또는 대상집단의 가치에 대한 평가절하를 통해 심각한 위해를 가한다. 고정관념전형이론(stereotype embodiment theory)에 의하면 노년층을 향한 부정적 고정관념에 오랫동안 노출된 노인은 이를 내면화함으로써 자신에 대하여 부정적인 평가를 하게 되며,[15] 노년층 스스로 고정관념과 편견을 내재화하여 사적으로 받아들임으로써 차별이 사회적으로 고착화된다.[16] 따라서 노인에 대한 낙인은 노인 스스로 낙인을 내재화하는 과정을 통해 자존감 하락을 유발하고, 삶의 만족도를 저하시킨다. 또한, 노인이 질병 등의 다른 낙인의 요소를 보유했을 경우에는 자신이 노인이라는 사실에 의해 이중적 낙인이 가해진다.[17] 따라서 낙인에 대한 두려움으로 노인은 사회적 상호작용에서 배제되고, 의료서비스 이용에 스스로 제한을 가함으로써 삶의 질이 더욱 저하되는 2차적 문제로 연결된다.[18] 그와 같은 측면에서 코로나 19와 관련하여 노인격리에 대하여 윤리적으로 조명한 연구는 노인격리가 명백히 노인차별이라고 지적한 바가 있다.[19]

---

13 지은정, "노동시장의 연령주의(ageism) 측정도구 개발 및 타당성 연구," 10-11.

14 낙인은 사회적 낙인과 개인적 낙인의 두 종류로 구분되는데, 사회적 낙인은 사회에서 특정 구성원 집단에 대하여 갖는 부정적 고정관념에 근거한 것이고, 자기 낙인은 자신을 향한 사회적 낙인을 내면화함으로써 스스로를 향해 갖는 낙인이다. 박채리, 정순둘, 안순태, "노인에 대한 낙인에 영향을 미치는 요인: 연령집단별 비교," 「노인복지연구」 73(2018), 386.

15 김수지, "노인차별 경험이 노인의 여가 시간 사용과 고독감에 미치는 영향: 대도시 노인을 중심으로," 212.

16 오혜인, 주경희, 김세원, "연령주의에 관한 생태체계적 영향요인에 관한 실증연구: 베이비부머와 노인세대의 차이 비교를 중심으로," 323.

17 Kyaien O. Conner and Daniel Rosen, "You're Nothing But a Junkie: Multiple Experiences of Stigma in an Aging Methadone Maintenance Population," *Journal of Social Work Practice in the Addictions* 8(2008), 250.

18 Stephen P. Hinshaw, *The Mark of Shame: Stigma of Mental Illness and an Agenda for Change* (New York, NY: Oxford University Press, 2007), 104-105.

19 최동용, 오혜인, 김준혁, "코로나 19, 노인만 격리하는 정책은 타당한가?," 93-105.

3) 우리나라의 노인차별

우리나라는 노인을 존중하는 유교적 전통의 영향으로 인하여 성차별, 인종차별, 계층차별 등 다른 종류의 차별에 비하여 노인차별이 상대적으로 드러나지 않았고, 학계나 정책 입안자들의 관심에서도 노인차별의 문제는 벗어나 있었다. 그러나 급속한 경제발전과 산업화를 통한 압축 성장의 과정에서 그러한 전통적 유교 이념이 와해되며 고령자의 위상도 급락하였다.[20] 또한, 국민연금과 건강보험 등과 관련한 재정 압박으로 인하여 세대 간 갈등이 유발되는 동시에 핵가족화로 인한 독거노인 문제가 불거지면서 노인차별의 문제가 관심의 대상으로 부각되고 있다.[21] 이같이 노인에게 유리하게 작용했던 전통적 가족규범과 사회가치의 급격한 붕괴는 노인들의 경제 및 사회활동을 위축시키고 세대 간의 단절과 갈등을 가속함으로써 사회통합을 저해하는 주요 기제로 작용한다.[22] 특정 집단에 대한 편견과 고정관념이 강할수록 다른 집단에 대해서도 그러한 차별적 태도를 가질 가능성이 높으며, 따라서 특정 집단을 향한 차별은 사회적 갈등과 분열의 원인이 되기 때문에 이에 대한 신속한 대응 및 해결방안의 수립이 필요하다.[23] 특히 21세기 우리 사회가 경험한 대표적인 사회적 재난인 코로나 19로 인하여 심각한 양극화를 경험한 우리나라는 사회적 연대 의식 결핍 및 미흡한 위기 대응이 초래할 수 있는 국가적 위험의 심각성을 인지하고 이에 대한 대책을 마련해야 하며, 교회 역시 사회를 구성하는 중요한 주체로서 노인차별 방지 및 해결 과정에 동참해야 할 것이다.

---

20 지은정, "노동시장의 연령주의(ageism) 측정도구 개발 및 타당성 연구," 「한국사회복지행정학」 62(2019), 2.

21 오혜인, 주경희, 김세원, "연령주의에 관한 생태체계적 영향요인에 관한 실증연구: 베이비부머와 노인세대의 차이 비교를 중심으로," 「노인복지연구」 68(2015), 306.

22 진재문, 김수영, 문경주, "노인차별에 대한 사회적 자본의 영향에 관한 연구: 공동체 의식의 매개효과를 중심으로," 「사회적경제와 정책연구」 7(2017), 137.

23 Allison C. Aosved and Patricia J. Long, "Co-occurrence of Rape Myth Acceptance, Sexism, Racism, Homophobia, Ageism, Classism, and Religious Intolerance," *Sex Roles* 55(2020), 481-482.

2 코로나 19가 노년층에 미친 영향

수면장애, 피로, 심리운동능력 퇴화, 삶에 대한 흥미의 상실, 미래에 대한 희망 상실 등은 다른 연령층과 달리 노년기 우울증의 주된 특징이며,[24] 재난과 같은 스트레스 상황은 노인의 우울증 증상 발현의 주요 요인이다.[25] UN(United Nation)은 2020년 5월 발간한 "정책보고서: 코로나 19의 노년층에 대한 영향"(UN Policy Brief: The Impact of COVID-19 on Older Persons)을 통해 코로나 19가 노년층에 미칠 영향으로서 코로나 19 감염의 취약성, 코로나 19와 무관한 치료와 의료서비스 접근의 어려움, 요양시설에서의 방치와 학대, 빈곤과 실업의 증가, 행복감의 약화와 정신건강의 저하, 그리고 낙인과 차별의 강화를 지적하였다.[26] 이는 전 세계적으로 코로나 19로 인한 영향이 노년층에 더 불리한 형태로 나타났다는 사실을 드러낸 것이다. 우리나라의 노인들 역시 코로나 19의 위기의식으로 인한 정신건강의 악화 및 여가와 돌봄의 공백, 빈곤과 실업으로 인한 경제적 어려움 등에 직면하였다.[27]

1) 위험인식과 스트레스

45개국의 노인건강을 연구한 논문 422편을 체계적으로 분석한 연구는 95.5%의 논문에서 노인차별이 건강에 미치는 뚜렷한 부정적인 영향을 발견하였다.[28] 이

---

24 Amy Fiske, Julie L. Wetherell, and Margaret Gatz, "Depression in Old Adults," *Annual Review of Clinical Psychology* 5(2009), 363-389.

25 김새봄, 최성식, 송영지, "재난피해 노인의 우울과 삶의 질의 관계에서 사회적 지지와 사회참여의 조절효과," 14.

26 United Nation, "Policy Brief: The Impact of COVID-19 on Older Persons," (2020), 4.

27 노년층의 여가활동은 재능기부와 자원봉사를 통해 사회적 공헌으로 이어지거나 일자리로 연계될 수 있고, 여가활동을 통한 신체 및 정신적 건강의 증진은 노인의 의료비 부담을 맞추어 사회적 비용을 절감할 수 있기 때문에 노인 문제 해결을 위한 효과적인 수단으로 기능하는 중요한 활동이다. 황남희, "한국 노년층의 여가활동 유형화 및 영향요인 분석," 「보건사회연구」 34(2014), 39.

28 해당 연구는 7백만 명 이상의 참여자들을 포함하는 21,379개의 연구 기록을 바탕으로 중복된 자료 7,688개를 제외하고 13,691개를 추출하였고, 스크리닝을 거쳐 638개의 연구 논문을 추려냈다. 그 가운데에서 노인 건강과 직접 연관이 없는 331개, 통계자료가 미비한 37개, 중복자료인 11개를 제

와 관련하여 2020년 발표된 호주 연구팀의 논문은 2005년에서 2007년 사이에 호주 시드니에 거주하는 평균 연령 77.4세의 남성 노인 1,522명의 9년간의 생존분석을 기초로 하여 사회심리적 요인이 사회경제적 불평등에 얼마나 기여하는지를 역으로 조명하였다. 연구에 의하면 결혼상태, 가족 구성, 가족과 가족 외에 관계를 맺는 사람들과 연락하고 만나는 빈도, 종교 등의 사회 활동 여부 등의 구조적 차원 및 맺고 있는 사회적 연결망이 잘 작동하는지, 충분한지, 만족하는지와 같은 실질적인 기능 여부를 가늠하는 기능적 차원의 사회적 지지 수준이 낮은 경우 그렇지 않은 경우에 비하여 전체 사망률이 1.5배, 심뇌혈관질환 사망률 1.41배, 암 사망률 1.36배, 그 외의 사망률은 1.76배 높았다.[29] 즉 연구의 결과는 높은 수준의 사회적 지지는 코로나 19와 같은 재난으로 인한 스트레스 상황에서 완충 또는 조절 작용을 할 수 있을 뿐 아니라 심리적으로 안정적인 생활 및 신체적 건강에도 긍정적 영향을 미친다는 사실을 밝힌 것이다.

급격한 시대 변화와 경제성장, 민주화의 흐름으로 인해 질병, 실업, 산업재해로 대변되는 구사회 위험과 후기산업사회를 맞이하여 노령 인구의 증가 및 가족구조의 변화로 인한 사회복지적 부담 증가로 야기된 신사회 위험이 중첩된 우리나라의 상황에서 코로나 19과 같은 재난은 노인층의 위험인식과 스트레스 유발의 중요한 원인이 된다. 그와 같은 상황에서 노인들은 노화와 관련한 노화 불안(aging anxiety)에 더하여 타인이나 사회적 시각으로부터 발생하는 사회적 불안에 직면하였다.[30] 특히 코로나 19에 감염될 경우 고령자 및 중병 보유자의 치명률이 높다는 언

외한 후 163개의 새로운 자료를 포함하여 총 422개의 논문을 대상으로 노인차별과 건강의 관계를 분석하였다. E-Shien Chang, Sneha Kannoth, Samantha Levy, Shi-Yi Wang, John E. Lee, Becca R. Levy, "Global Reach of Ageism on Older Persons' Health: A Systematic Review," *PLoS One* 15(2020), 1.

29 Saman Khalatbari-Soltani, Fiona Stanaway, Erin Cvejic, Vasi Naganathan, David J. Handelsman, David G. Le Couteur, Markus J. Seibel, Louise M. Waite, and Robert G. Cumming, "Contribution of Psychosocial Factors to Socioeconomic Inequalities in Mortality Among Older Australian Men: A Population-Based Cohort Study," *International Journal for Equity in Health* 19(2020), 8-10.

30 Scott M. Lynch, "Measurement and Prediction of Aging Anxiety," *Research on Aging* 22(2000), 533.

론 보도로 인해 노년층의 불안감은 가중되었다. 이같이 미디어가 노인을 묘사하는 방식이 그 사회의 문화적 신념을 반영하기 때문에[31] 노인의 위험 인식은 미디어를 통해 왜곡될 가능성이 높다는 점에서 주의를 기울일 필요가 있다. 급변하는 사회적 환경 가운데 매우 낮은 정보화 수준을 보이는 노인들은 대표적인 정보취약계층이자 정보소외계층이며, 미디어가 형성하는 노인에 대한 부정적 이미지는 낙인을 통해 노인차별을 부추기기 때문이다.[32] 따라서 과장된 언론 보도를 통해 불필요한 불안감을 조성하지 말아야 하며, 인터넷과 모바일 기기의 보급 및 교육을 통해 노년층의 정보 관련한 불평등을 해소해야 한다.

2) 여가와 돌봄의 공백

일반적으로 노인이 경험하는 4가지 고통으로 알려져 있는 질병, 빈곤, 무위, 고독 가운데에서 우리나라의 사회정책은 노년층의 질병과 빈곤에 초점을 맞추고 있으며, 무위와 고독은 상대적으로 노인 문제와 관련된 논의에서 제외되고 있다.[33] 하지만 노인들은 여가 활동을 통해 무위와 고독의 문제를 극복하는 한편, 자신의 개성을 추구하고 삶의 의미를 실현하므로 노인의 여가는 노년층의 신체적, 심리적 건강에 영향을 미치는 중요한 영역에 해당한다.[34] 광의적 의미에서 여가는 노동시간 및 생리적으로 필요한 기본적인 시간을 제외한 잔여시간 모두를 의미하며, 이는 여가 활동을 통해 이루려는 가치와 그 내용 및 기능에 따라 구분한 협의의 여가와 대비된다.[35] 여가는 자원 및 권력의 분배와 관계가 있기 때문에 모든 종류의 정치적 활동은 여가를 포함하며, 여가와 관련된 사회적 관계와 자본 역시 노인차별과 관련하여 정치적 함의를 지닌다.[36] 이처럼 사회활동의 부산물인 여가는 사회적 자본의 민

---

31 박채리, 정순둘, 안순태, "노인에 대한 낙인에 영향을 미치는 요인: 연령집단별 비교," 391.

32 주경희, 김동심, 김주현, "노년층의 정보격차에 대한 성별에 따른 차이분석과 예측변인 탐색," 「2018 한국노인복지학회 춘계학술대회」 (2018), 444–449.

33 황남희, "한국 노년층의 여가 활동 유형화 및 영향요인 분석," 38.

34 김수지, "노인차별 경험이 노인의 여가 시간 사용과 고독감에 미치는 영향: 대도시 노인을 중심으로," 212–213.

35 황남희, "한국 노년층의 여가 활동 유형화 및 영향요인 분석," 40.

주적 분배와 관련이 있기 때문에[37] 여가 활동의 공급과 배분은 민주 사회의 건강을 유지하는 데에 있어서 중요한 요소가 된다.[38] 더욱이 노년기에 경험하는 은퇴와 역할상실, 건강의 악화 등으로 인해 불가피하게 발생하는 사회적 활동 감소와 고독감은 여가활동을 통해 보완될 수 있기 때문에 노인의 여가는 개인적 측면에서도 중요하다.[39] 우리나라 노인들은 여가를 선택함에 있어서 자신의 개성이나 행복을 우선시하지 않고 주어진 상황적 여건과 조화를 이루는 수동적인 형태를 보이며, 소득수준에 의해 큰 영향을 받는다.[40] 따라서 코로나 19 상황에서 사회적 거리두기와 소득감소의 이중고를 겪은 노년층의 여가 활동에 대한 지원은 필수적인 것이었다.

　코로나 19 이전에 이미 한국사회는 저출생과 고령화 및 인구구조의 변화를 통해 가족 구성원들이 서로에게 제공했던 돌봄 기능이 급격히 축소되었다.[41] 이후 코로나 19 발발 및 확산으로 인해 사회적 거리두기가 강화됨에 따라 입소한 노인에 대한 시설 돌봄은 코호트 격리로 인해 대폭 위축되었고, 요양보호사나 생활지원사가 노인의 거주지를 찾아가는 방문 돌봄은 전화를 통한 비대면 방식으로 전환되었으며, 가족 간의 접촉 빈도가 하락함에 따라 돌봄의 효과가 급격히 저하되었다. 더욱이 핵가족화의 확산과 1인 가족의 증가로 인해 사회의 전체적인 돌봄 수요는 급격히 증가하는 반면에 돌봄 제공은 한정적이므로 돌봄 재화의 분배를 놓고 세대간 갈등이 유발되고 있으며, 이는 노년층에게는 노후 생활에 필요한 소득뿐만 아니라 노년의 의료 서비스를 둘러싸고 세대 간은 물론 세대 내의 갈등을 조장하는 요인이된다. 돌봄의 공백으로 인해 발생하는 자기방임은 사회 및 문화적으로 요구되는 일

---

36 John L. Hemingway, "Leisure, Social Capital, and Democratic Citizenship," *Journal of Leisure Research* 31(1999), 154–155.

37 Robert D. Putnam, *Making Democracy Work: Civic Traditions in Modern Italy* (Princeton, NJ: Princeton University Press, 1993), 86–91.

38 John L. Hemingway, "Leisure, Social Capital, and Democratic Citizenship," 160–164.

39 김수지, "노인차별 경험이 노인의 여가 시간 사용과 고독감에 미치는 영향: 대도시 노인을 중심으로," 218.

40 Ibid., 236–237.

41 1980년대까지는 5인 이상으로 구성된 가구가 가장 일반적인 형태였으나 2000년대에 이르러는 4인으로 구성된 핵가족이 일반적인 모습으로 나타났고, 2010년대 이후에는 1인에서 4인으로 구성된 다양한 가구의 모습이 병존하는 양태를 보인다.

반적인 수준의 자기 돌봄을 유지하지 못하게 함으로써 자신의 건강과 안전은 물론 지역사회 복지에 잠재적 위협을 가하는데, 이는 사회문화적 환경에 지대한 영향을 받는다.[42] 따라서 코로나 19로 인한 자기 돌봄 수준의 약화는 개인의 삶에 위해를 가하는 것은 물론 사회복지적 측면에서도 큰 부담으로 작용한다.

3) 빈곤과 실업의 증가

한국사회의 노인문제에서 경제문제가 핵심적 요소이므로 국내의 노인차별에 관한 연구는 노동시장에서의 차별에 초점을 맞추고 있다.[43] 지난 1988년에 도입된 국민연금제도가 미성숙하여 노년의 생활을 지지하기에 역부족인 상황이고, 저출생과 고령화로 인해 노년층을 부양할 경제활동인구가 급격하게 감소하며 노인의 경제문제를 부추기고 있다.[44] 따라서 노년층에 있어서도 노동시장에 대한 지속적인 참여가 요구되며, 은퇴 시기의 조율이 노년의 삶에 있어서 매우 중요한 요소가 되었다. 노인의 은퇴는 노동시장에서의 완전한 탈퇴로 마무리되는 것이 아니라 정규직에서 비정규직으로, 상용직에서 임시직으로, 그리고 공식부문에서 비공식부문으로 이동하는 단계적 전이 과정을 통해 이루어지며, 그 과정에서 임금이 감소하는 특징이 있다.[45] 또한, 우리나라 노인의 근로 목적은 건강유지나 능력발휘, 사회적 기여의 차원이 아니라 일상생활비를 위한 것이 가장 크기 때문에 노인의 노동에 있어서 임금수준 자체도 중요한 요인이다. 특히 60세 이후의 재취업 자체가 일자리 만족도로 연결되지 않는다는 점[46]은 취업의 기회 부여보다 기본적 생활 수준을 유지하도록 하는 임금의 보장이 더욱 중요한 의미가 있음을 시사한다.

---

[42] Nils Dahl, Alex Ross, and Paul Ong, "Self−Neglect in Older Populations: A Description and Analysis of Current Approaches," *Journal of Aging & Social Policy* 32(2018), 540−541.

[43] 진재문, 김수영, 문경주, "노인차별에 대한 사회적 자본의 영향에 관한 연구: 공동체 의식의 매개효과를 중심으로," 138.

[44] 최성훈, 『고령사회의 삶과 죽음에 대한 이해: 한국과 중국의 유교, 불교, 기독교를 중심으로』 (서울: CLC, 2018), 29.

[45] 김주현, 주경희, 오혜인, "경제활동 노인의 연령차별 경험에 관한 근거이론적 접근," 293.

[46] Ibid.

이와 관련하여 보건복지부가 시행 중인 노인 일자리 및 사회활동 지원사업은 노년기 소득지원 및 사회참여 활성화를 위해 지난 2004년에 도입된 사업으로서 65세 이상 노년층을 대상으로 노인의 특성에 부합되는 일자리를 제공하며, 일부 사업유형에 따라 60세 이상으로 연령제한이 낮춰지기도 한다. 희망 노인은 월 60시간 근무를 통해 70여 만 원의 소득을 얻을 수 있었지만 코로나 19 확산으로 인해 2020년 2월 27일부터 사업이 중단되었고, 5월 6일부터 지자체의 판단에 따라 재개할 수 있도록 조치가 취해졌지만 코로나 19의 확산을 우려한 일부 지자체의 경우 정부의 권고안보다 장기간 사업을 중단하였다. 이 같은 상황에서 우리나라 노인들은 코로나 19로 인한 일상생활의 변화 중 첫 번째로서 경제활동의 중단과 소득감소(45.7%)를 지적하였고, 외출 제한으로 인한 갑갑함과 외로움(33.7%), 경로당이나 복지관 이용의 어려움(21.2%)을 제시하였다.[47] 코로나 19로 인하여 다른 연령대에 비하여 높은 실직률을 보이거나 보다 취약한 일자리로 내몰리는 경험을 하는 노년층은 이를 차별로 인식하는데, 노동시장에서의 연령차별은 빈곤을 통해 계층차별이라는 다른 사회적 차별과 연결되며 노인의 경제적 지위를 하락시키기 때문에 사회적인 문제가 된다.[48] 이는 또한 개인적인 자존감의 하락은 물론, 제한된 사회적 자본을 두고 벌이는 영합게임(zero-sum game)의 속성 형태를 띠기 때문에 일자리를 둘러싼 갈등의 심화는 사회통합을 저해하는 요인으로 작용하며, 코로나 19로 인해 노동소외 현상이 새로운 형태로 심화되고 있다.[49]

3 노인차별에 대한 공공신학적 대처방안

낙인은 대체로 권위주의 성향이 강하거나 사회적 우월감을 보유한 사람들, 그리고 기독교적 행동윤리 신념을 보유한 이들에게서 나타날 가능성이 높다는 연구

---

47 정재환, "노인들의 코로나19 감염 현황과 생활 변화에 따른 시사점," 「국회입법조사처」 1761 (2020), 2.

48 김주현, 주경희, 오혜인, "경제활동 노인의 연령차별 경험에 관한 근거이론적 접근," 293.

49 송용원, "개혁전통에서 보는 일의 신학," 「선교와 신학」 54(2021), 265-266.

결과는 한국교회의 종교적 기능에 대한 책임의식을 제고한다.50 21세기 들어서 인구 고령화에 대한 대응책으로서 생산적 노화담론이 등장하고 있는데, 이는 우리나라의 인구연령구조에서 가장 거대한 집단을 형성하는 1955년에서 1963년 사이에 출생한 베이비붐 세대(Baby boomers)의 고령 진입에 따라 노년의 생산성과 자립을 강조하는 한편, 고령 인구의 증가를 사회에 대한 부담이 아닌 기여로 인식을 전환하는 시도이다. 우리나라의 가파른 고령화의 부정적 영향은 경제성장과 교육수준의 향상, 의료기술의 발전 및 건강의 개선 등과 같은 요소로 인해 일정 부분 상쇄되리라 예상된다. 따라서 단순히 고령화가 독립적으로 전개되는 현상이 아니라 국내, 외적 사회변동과 함께 진전된다는 사실을 고려하여, 한국교회는 장기적 관점에서 포괄적인 대응책을 마련해야 한다. 코로나 19와 같은 사회적 이슈를 신학적 관점에서 조명하며, 관련한 노인차별의 문제에 대한 해결책을 제시하는 공공신학은 그러한 대책 마련에 있어서 중요한 방법론으로 기능할 것이다.

1) 사회문제와 종교의 순기능 강화

사회학 발전의 초기부터 종교가 사회통합의 순기능을 제공한다는 사실이 제시되어 왔으며,51 따라서 오늘날 한국교회 역시 종교의 순기능을 강화함으로써 노인차별의 문제에 대하여 통합적으로 대처하여야 한다. 비록 종교활동 자체가 생활만족도에 직접적인 영향을 주지는 않지만 낙관성을 매개로 하여 긍정적인 기여를 하며, 적어도 신앙생활에서 오는 심리적 안정감과 수용성, 친교와 관계 등을 통해 경제적 요소의 결핍 등과 같은 제약을 완화하는 데에 도움을 주기 때문에 한국교회의 종교적 기능은 의미가 있다. 특히 노년층의 경우 젊은 세대보다 종교성을 더 강조하는 사회적 풍토를 경험하였으며, 생의 말기에 접어들며 삶과 죽음에 대한 주의가

---

50 Felicia Pratto, James Sidanius, Lisa M. Stallworth, and Bertram F. Malle, "Social Dominance Orientation: A Personality Variable Predicting Social and Political Attitudes," *Journal of Personality and Social Psychology* 67(1994), 748.

51 그러나 종교가 사회갈등을 촉진한다는 점 역시 동시에 지적되므로 종교가 갖고 있는 이중성에 유의하며 순기능적 측면을 효율적으로 구현해야 할 것이다.

환기되어 종교성이 더욱 증가하는 경향을 보이므로 신앙의 도움으로 사회문제에 대응하기에 유리한 편이다.[52] 전통적으로 종교는 전염병이 발병할 때마다 삶과 죽음에 대한 성찰을 제공하는 기능을 통해 사회적 불안감을 감소시켰지만, 오늘날 현대인들은 코로나 19를 경험하며 ICT 기술 및 빅데이터를 활용한 의료 기술 및 의료 행정을 통해 전염병과 관련한 각종 지표들을 점검하고 통제할 수 있게 되어 종교가 아니라, 정보와 과학에 더욱 의존하는 뚜렷한 경향을 보인다.[53] 따라서 과학 및 의료 기술이 가파르게 발전하고 있는 현대사회와 복음의 메시지를 통해 소통하는 균형 감각이 그 어느 때보다 강하게 요구되고 있다.

세대간 미디어 이용률의 격차는 정보 접근성과 정보 활용능력의 차이가 문화권력의 차이를 낳고, 이는 변화된 미디어 환경에 적응하지 못한 노년층을 디지털 소외계층으로 전락시키는 한편, 세대 간 미디어 활용의 차이로 인한 세대갈등을 유발한다. 사회적 갈등이 당사자들의 상호작용을 통해 전개된다는 사실은 역으로 갈등수준이 노년층과 비노년층의 의사소통에 의해 조정될 수 있다는 가능성을 제시한다. 따라서 적절한 정보의 제공과 소통을 통해 왜곡된 정보의 확산을 방지하고, 잘못된 인식 및 불필요한 편견을 방지할 수 있다. 그러므로 문화사역적 측면에서 한국교회는 노년층 대상으로 인터넷과 미디어 기기를 지원하고 사용교육을 시행함으로써 미디어 활용능력을 제고하는 한편, 미디어 리터러시(media literacy) 향상을 통해 노인들이 보유한 왜곡된 정보를 바로잡고, 불필요한 낙인을 제거하여 주관적인 삶의 만족도를 향상시켜야 한다.[54] 일례로 노인의 경우 신체 능력의 감소로 인한 종교 활동의 저하를 신앙심이 약해진 것으로 오해할 때에 우울증이 가중될 수 있는데, 가정과 교회가 협력하여 심리적이고 영적인 지지와 돌봄을 제공하는 한편,[55] 부정적 사건들에만 초점을 맞추는 선택적 여과 및 코로나 19와 같은 질병에 대한 과잉 일반화 등 왜곡된 사고를 조정해야 한다.

---

52 전혜정, "노년기 종교활동이 정신건강에 미치는 영향," 「노인복지연구」 25(2004), 173–174.
53 최성훈, 『교회를 고민하다』 (서울: CLC, 2021), 33.
54 최성훈, "포스트 코로나 19 시대의 목회 리더십," 「선교와 신학」 53(2021), 481–482.
55 최성훈, 『고령사회의 실버목회』 (서울: CLC, 2017), 51.

2) 돌봄 사역의 지원

그동안 한국교회는 우리나라의 도시화와 산업화에 맞추어 성장해왔는데, 그 과정에서 사회복지 사역을 교회 성장의 도구로 사용하며 그 의미가 퇴색하였고, 또한 과거의 방식에 매여있다 보니 신사회위험에 대응하여 섬김의 사역을 전개하는 데에도 한계를 드러냈다. 자유방임(1.0), 수정자본주의(2.0), 신자유주의(3.0) 시대를 거쳐 시장경제에서 나타나는 부작용을 협동과 우애로 보완할 것을 시도하는 자본주의 4.0 시대인 적응적 혼합경제(Adaptive Mixed Economy)[56]의 패러다임이 제시되는 오늘날 교회를 중심으로 하는 디아코니아와 기독교 사회복지의 효과성과 효율성을 진단하고 새로운 가능성을 제시할 필요가 있다. 포스트 코로나 19 시대에 교회가 지역사회의 노인들을 섬기고 돌보기 위해서는 우선 목표의식을 점검해야 한다. 선교의 목표를 가지고 섬김과 돌봄의 사역을 수행할 때에는 사역의 의도가 훼손되거나 불필요한 오해를 유발할 수 있기 때문이다. 따라서 지역사회의 노인을 섬기고 돌본다는 단순화된 목표를 가지고 지역사회 기반의 공동체의식 제고를 위한 사역을 전개한다면 충분히 복음의 빛이 노인들에게 비추어질 것이며, 교회의 공적 책임이 섬김을 통해 실천될 때에 신앙의 정체성과 본질이 구현될 것이다.

포스트 코로나 19 시대에는 고독감과 소외를 느끼는 지역사회 노인을 대상으로 하는 비대면 프로그램을 구비하고 이의 활성화를 위한 노력이 필요한데, 이를 위해 인터넷과 접속기기의 보급 및 교육이 선행되어야 한다. 이와 병행하여 지역사회의 독거노인 실태를 파악하고 돌봄이 필요한 노인들을 대상으로 지역사회의 사회복지기관과 연계하여 주기적인 방문을 통해 그들의 필요를 살피고 채우는 사역이 요구된다. 한편 거주형태와 정신건강 사이에는 뚜렷한 관계가 나타나는데, 미국의 경우 자가 소유의 독립적인 주택에 거주할 때에 가장 건강 상태가 양호하며, 나이가 들어 집단 거주시설이나 요양시설에 입소하는 경우에는 급격하게 정신건강이 악화되는 모습을 보였다.[57] 이는 격리된 장소에서의 소외감과 손주 세대와 만나는 접

---

56 Anatole Kaletsky, *Capitalism 4.0: The Birth of a New Economy in the Aftermath of Crisis* (New York, NY: Public Affairs, 2011), 27-36.

근성이 떨어지는 것에 대한 우려가 반영된 것이다. 특히 도시 거주 노인들에 비하여 상대적으로 여가 활동의 공간과 다양성 면에서 불리한 농촌 거주 노인들의 경우 종교활동에 대한 참여가 주관적인 삶의 만족도 제고에 뚜렷한 공헌을 하였다는 연구 결과를58 고려할 때에 농촌 지역에서 섬김 사역이 원활히 수행될 수 있도록 교단 차원에서 농촌 목회를 지원해야 할 것이다.

3) 사회적 자본 제공과 사회통합

사회적 자본은 사회적 관계에 의해 형성되는 것으로서 개인이나 집단의 목표 달성을 위해 신뢰와 호혜, 참여와 소통을 통해 발전하는 사회적 형태의 자원을 의미한다.59 사회적 자본은 사회적 자본의 결핍을 반영하는 사회적 고립과 달리 사회구성원으로서 노인이 느끼는 심리적 안정감과 삶의 만족도를 통해 노인차별을 방지하는 매개로 간주된다.60 사회적 자본을 매개하는 주요변수는 공동체 의식으로서61 이는 한국교회가 선택과 집중의 측면에서 우선순위를 조명하는 데에 중요한 지침을 제공한다. 그러므로 교회 전체의 차원에서는 사회적 자본을 제공하는 전략을 입안하는 센터의 역할을 담당하고, 개교회를 통해 지역사회의 지원을 지원할 수 있도록 이원화된 균형감각이 필요하다.

최근 미국에서는 베이비부머들이 노년층에 진입하며 미디어 매체가 과거와 달리 가처분소득 수준이 높아진 노인들을 훨씬 활동적으로 묘사하며 그들의 소비를

---

57 Gary W. Evans, Nancy M. Wells, and Annie Moch, "Housing and Mental Health: A Review of the Evidence and a Methodological and Conceptual Critique," *Journal of Social Issues* 59(2003), 476−480.

58 안종철, 임왕규, "농촌 노인의 사회활동 및 여가활동이 주관적 삶의 질에 미치는 영향," 「한국콘텐츠학회논문지」 14(2014), 201−206.

59 진재문, 김수영, 문경주, "노인차별에 대한 사회적 자본의 영향에 관한 연구: 공동체 의식의 매개효과를 중심으로," 142.

60 Jeanne S. Hurlbert, John J. Beggs, and Valerie A. Haines, "Social Networks and Social Capital in Extreme Environments," in *Social Capital: Theory and Research*, eds. Nan Lin, Karen Cook, and Ronald S. Burt (New Brunswick, NJ: Aldine Transaction, 2005), 219−220.

61 진재문, 김수영, 문경주, "노인차별에 대한 사회적 자본의 영향에 관한 연구: 공동체 의식의 매개효과를 중심으로," 159−160.

장려하고 있다.[62] 우리나라 역시 한국전쟁 이후 태어난 베이비붐 세대들의 경우 소득, 건강, 자기발전을 위한 노동의 욕구를 강하게 드러내는 한편, 노후 여가 활동의 중요성에 대한 인식 제고를 통해 노인 여가의 새로운 욕구를 피력하고 있다. 특히 노인 대상의 여가교육과 지원과 함께 고령친화적 환경의 조성과 노인들이 주체적으로 여가 프로그램에 참여하도록 하기 위한 지역사회 중심의 정책이 요구되는 현실을 고려할 때에[63] 지역사회에 뿌리내린 교회의 사역은 중요한 의미를 지닌다. 특히 모든 이와의 단절이 아니라 연결과 소통이 필요한 이들 간의 보다 깊은 관계 구축을 위한 세심한 관계의 정리를 요구한다는 코로나 19의 교훈을 통해 노인을 배려하는 섬세하고, 사려 깊은 사역을 구비하여야 한다.[64] 특히 체화를 경험한 피로가 공감적 상호돌봄의 통로가 된다는 점을 고려할 때에 코로나 19로 인해 어려움을 겪은 노인 신자들이 지역사회의 노인들을 돌보는 사역의 주체로 참여하도록 육성하는 것이 바람직하다.

사회적 위험과 관련하여 소득 및 교육수준 등 사회경제적 지위에 따라 직업의 종류와 거주환경, 위험회피 관련 지식이 다르게 나타남으로써 위험이 각기 다른 빈도로 발생하며, 위험 노출에도 차이가 있다는 사실이 밝혀졌다.[65] 한편 위험주관주의(risk subjectivism) 관점은 개인이 위험을 주관적 생활세계 내에서 어떻게 경험하고 인지하느냐와 관련된 주관적 위험 인식이 중요하다고 지적한다. 그러므로 전 연령대를 포함하는 사회통합의 차원에서 노인에 대한 부정적인 인식을 개선하는 노력을 지속해야 하는데, 일례로 청소년기에 형성된 노인에 대한 부정적 인식은 개인의 생애 전반기에 작용하며, 이는 향후 사회 전반의 갈등요인으로 발현됨으로써 사회통합을 저해할 수 있기 때문이다. 따라서 한국교회는 인류 전체는 물론 개인의 전인격(全人格)을 향한 통전적 복음의 의미를 통해 성경적 노년을 조명함으로써 노인에

---

62 어빙 폴, 김선영 역, 『글로벌 고령화 위기인가 기회인가』(서울: 아날로그, 2016), 23-24.

63 김수지, "노인차별 경험이 노인의 여가 시간 사용과 고독감에 미치는 영향: 대도시 노인을 중심으로," 237.

64 최성훈, 『교회를 고민하다』, 44.

65 Gary W. Evans and Pilyoung Kim, "Multiple Risk Exposure as a Potential Explanatory Mechanism for the Socioeconomic Status-Health Gradient," *Annals of the New York Academy of Sciences* 1186(2010), 175-179.

대한 부정적 인식을 해소하는 데에 앞장서야 한다. 질병과 비생산성, 지적 능력의 감퇴와 추한 외관 등 노인에 대한 부정적 인식은 사회구성원들의 공유를 통해 낙인 및 노인차별로 쉽게 이어지는데,[66] 이는 하나님의 형상으로 창조된 개인을 존중하는 복음의 가치를 훼손하는 것이기 때문이다.

4) 사회적 재난과 노인사역

종교와 죽음에 대한 인식 사이의 관계에 있어서 매우 종교적인 사람은 가장 불안감과 공포를 느끼지 못하는 반면, 비종교적인 사람에 비하여 오히려 중간 수준의 종교성을 가진 사람이 가장 죽음을 두려워한다는 연구 결과는 신앙을 통해 삶과 죽음의 의미에 대한 균형 잡힌 인식을 보유하지 못할 경우 질병으로 인한 죽음의 공포가 더욱 심화된다는 사실을 드러낸다.[67] 이와 관련하여 노년기에 지속적으로 종교활동을 하는 노인들의 경우 노년기에 접어들어 새로이 종교를 갖거나 종교활동을 중단한 이들에 비하여 심리적 복지감과 행복감 수준이 높은 것으로 드러났다.[68] 따라서 청, 장년 시기부터 신앙생활을 해 온 노인들의 경우 노년기에 접어들어서 보다 안정적인 삶을 영위한다고 볼 수 있기 때문에 노년 이전부터 신앙의 성숙을 위한 다양한 기회를 제공해야 한다. 또한, 신앙의 유무보다는 종교활동의 참여수준이 노인의 삶의 만족도를 결정하는 요인이기 때문에 단순히 교회출석 여부에만 초점을 맞추는 실버사역이 아니라 보다 다양한 활동에 참여할 수 있는 다차원적 프로그램을 통해 그러한 기회를 제공하는 것이 필요하다.

코로나 19와 같은 사회적 재난과 관련하여 노인 대상의 사역을 전개함에 있어서 간과하지 말아야 할 것은 단순히 생물학적 연령을 통해 노년층을 동일한 집단으로서 대우해서는 안 된다는 점이다. 연령, 신체 및 정신적 상태, 재정적 조건 등에 있어서 매우 다양한 구성원들로 구성된 노년층을 단일 집단으로 환원하여 코로나

---

66 주경희, 김동심, 김주현, "노년층의 정보격차에 대한 성별에 따른 차이분석과 예측변인 탐색," 449.
67 최성훈, "기독교 죽음교육의 원리: 유교, 불교와의 비교를 통한 조명,"「장신논단」51(2019), 189.
68 전혜정, "노년기 종교활동이 정신건강에 미치는 영향," 181.

19에 취약한 집단으로 간주하는 것은 통계적 차별이다.[69] 오히려 같은 연령집단 내에서 다중적 세대정체성을 가지는 사례가 많으며, 이는 연령집단의 분포가 넓은 노년층의 경우에 빈번하게 나타나는 현상이다. 일례로 노년층 내에서도 여가활동의 양태가 소득수준에 따라 다르게 나타나고,[70] 정보격차 역시 다양하게 분포하는데, 따라서 노년층 내에서 연령은 물론 소득 및 교육수준 등으로 세분화하여 미시적 접근을 병행할 필요가 있다.[71] 노인 돌봄의 섬김은 신앙인으로서의 도덕적 책임과 공동체의식에 기반하고 있다.[72] 일례로 코로나 19와 같은 재난 앞에서 노인을 향한 섬김은 단순히 코로나 19 이전의 상태로 복귀하는 것이 아니라 코로나 19와 같은 어려운 상황에 대한 철저한 대비책을 마련함으로써 섬김의 기능을 제고하는 것이다. 따라서 코로나 19와 같은 사회적 재난을 만날 때에 한국교회는 그러한 위기를, 공공신학의 관점에서 복음에 기반한 사랑과 섬김의 자세를 바탕으로 위기 상황에 대처하기 위한 지침을 마련하는 계기로 삼아야 할 것이다.

---

69 최동용, 오혜인, 김준혁, "코로나 19, 노인만 격리하는 정책은 타당한가?," 104.

70 김수지, "노인차별 경험이 노인의 여가 시간 사용과 고독감에 미치는 영향: 대도시 노인을 중심으로," 236.

71 주경희, 김동심, 김주현, "노년층의 정보격차에 대한 성별에 따른 차이분석과 예측변인 탐색," 449.

72 이희철, "돌봄: 목회 돌봄에 근거한 목회상담의 미래 전략," 507.

참고문헌

김새봄, 최성식, 송영지. "재난피해 노인의 우울과 삶의 질의 관계에서 사회적 지지와 사회참여의 조절효과." 「노인복지연구」 74(2019), 9-34.

김수지. "노인차별 경험이 노인의 여가 시간 사용과 고독감에 미치는 영향: 대도시 노인을 중심으로." 「보건사회연구」 40(2020), 211-244.

김주현, 주경희, 오혜인. "경제활동 노인의 연령차별 경험에 관한 근거이론적 접근." 「노인복지연구」 60(2013), 287-322.

박채리, 정순둘, 안순태. "노인에 대한 낙인에 영향을 미치는 요인: 연령집단별 비교." 「노인복지연구」 73(2018), 385-416.

손규태. 『하나님 나라의 공공성』. 서울: 대한기독교서회, 2010.

손헌일, 김기욱, 허종배, 박충훈. "코로나19 극복을 위한 부산시 정책 대응." 「BDI 정책포커스」 (2020), 1-12.

송용원. "개혁전통에서 보는 일의 신학." 「선교와 신학」 54(2021), 263-302.

안종철, 임왕규. "농촌 노인의 사회활동 및 여가활동이 주관적 삶의 질에 미치는 영향." 「한국콘텐츠학회논문지」 14(2014), 189-210.

어빙 폴, 김선영 역. 『글로벌 고령화 위기인가 기회인가』. 서울: 아날로그, 2016.

오혜인, 주경희, 김세원. "연령주의에 관한 생태체계적 영향요인에 관한 실증연구: 베이비부머와 노인세대의 차이 비교를 중심으로." 「노인복지연구」 68(2015), 303-330.

이종원. "코로나 19로 인한 사회문제와 그 해결책." 「대학과 선교」 45(2020), 61-90.

이희철. "돌봄: 목회 돌봄에 근거한 목회상담의 미래 전략." 「한국기독교신학논총」 116(2020), 489-514.

전혜정. "노년기 종교활동이 정신건강에 미치는 영향." 「노인복지연구」 25(2004), 169-186.

정재환. "노인들의 코로나19 감염 현황과 생활 변화에 따른 시사점." 「국회입법조사처」

1761(2020), 1−4.

주경희, 김동심, 김주현. "노년층의 정보격차에 대한 성별에 따른 차이분석과 예측변인 탐색."「2018 한국노인복지학회 춘계학술대회」(2018), 443−463.

지은정. "노동시장의 연령주의(ageism) 측정도구 개발 및 타당성 연구."「한국사회복지 행정학」62(2019), 1−30.

진재문, 김수영, 문경주. "노인차별에 대한 사회적 자본의 영향에 관한 연구: 공동체 의식의 매개효과를 중심으로."「사회적경제와 정책연구」7(2017), 135−166.

최동용, 오혜인, 김준혁. "코로나 19, 노인만 격리하는 정책은 타당한가?"「생명, 윤리와 정책」4(2020), 91−117.

최성훈. 『교회를 고민하다』. 서울: CLC, 2021.

_____. "코로나 19 관련 노인차별에 대한 공공신학적 분석: 위험인식, 여가와 돌봄, 사회적 자본을 중심으로."「선교와 신학」55(2021), 423−453.

_____. "포스트 코로나 19 시대의 목회 리더십."「선교와 신학」53(2021), 461−487.

_____. "중세 마녀사냥과 사회적 약자."「선교와 신학」52(2020), 437−466.

_____. "기독교 죽음교육의 원리: 유교, 불교와의 비교를 통한 조명."「장신논단」51(2019), 183−204.

_____. 『고령사회의 삶과 죽음에 대한 이해: 한국과 중국의 유교, 불교, 기독교를 중심으로』. 서울: CLC, 2018.

_____. 『고령사회의 실버목회』. 서울: CLC, 2017.

황남희. "한국 노년층의 여가 활동 유형화 및 영향요인 분석."「보건사회연구」34(2014), 37−69.

Aosved, Allison C. and Long, Patricia J. "Co−occurrence of Rape Myth Acceptance, Sexism, Racism, Homophobia, Ageism, Classism, and Religious Intolerance." *Sex Roles* 55(2020), 481−492.

Butler, Robert N. "Age−Ism: Another Form of Bigotry." *Gerontologist* 9(1969), 243−246.

Chang, E−Shien, Kannoth, Sneha, Levy, Samantha, Wang, Shi−Yi, Lee, John E., Levy, Becca R. "Global Reach of Ageism on Older Persons' Health: A Systematic Review." *PLoS One* 15(2020), 1−24.

Conner, Kyaien O. and Rosen, Daniel. "You're Nothing But a Junkie: Multiple Experiences of Stigma in an Aging Methadone Maintenance Population." *Journal of Social Work Practice in the Addictions* 8(2008), 244−264.

Dahl, Nils, Ross, Alex, and Ong, Paul. "Self—Neglect in Older Populations: A Description and Analysis of Current Approaches." *Journal of Aging & Social Policy* 32(2018), 537—558.

Evans, Gary W., and Kim, Pilyoung. "Multiple Risk Exposure as a Potential Explanatory Mechanism for the Socioeconomic Status-Health Gradient." *Annals of the New York Academy of Sciences* 1186(2010), 174—189.

Evans, Gary W., Wells, Nancy M., and Moch, Annie. "Housing and Mental Health: A Review of the Evidence and a Methodological and Conceptual Critique." *Journal of Social Issues* 59(2003), 475—500.

Fiske, Amy, Wetherell, Julie L., and Gatz, Margaret. "Depression in Old Adults." *Annual Review of Clinical Psychology* 5(2009), 363—389.

Hemingway, John L. "Leisure, Social Capital, and Democratic Citizenship." *Journal of Leisure Research* 31(1999), 150—165.

Hinshaw, Stephen P. *The Mark of Shame: Stigma of Mental Illness and an Agenda for Change.* New York, NY: Oxford University Press, 2007.

Hurlbert, Jeanne S., Beggs, John J., and Haines, Valerie A. "Social Networks and Social Capital in Extreme Environments." In *Social Capital: Theory and Research*, edited by Nan Lin, Karen Cook, and Ronald S. Burt, 209—232. New Brunswick, NJ: Aldine Transaction, 2005.

Kaletski, Anatole. *Capitalism 4.0: The Birth of a New Economy in the Aftermath of Crisis.* New York, NY: Public Affairs, 2011.

Khalatbari—Soltani, Saman, Stanaway, Fiona, Cvejis, Erin, Naganathan, Vasi, Handelsman, David J., Le Couteur, David G., Seibel, Markus J., Waite, Louise M., and Cumming, Robert G. "Contribution of Psychosocial Factors to Socioeconomic Inequalities in Mortality Among Older Australian Men: A Population—Based Cohort Study." *International Journal for Equity in Health* 19(2020), 1—12.

Lynch, Scott M. "Measurement and Prediction of Aging Anxiety." *Research on Aging* 22(2000), 533—558.

Marty, Martin. *The Public Church.* New York, NY: Crossroad, 1981.

Meisner, Brad A., and Levy, Becca R. "Age Stereotypes' influence on Health: Stereotype Embodiment Theory." In *Handbook of Theories of Aging*, edited by Vern L. Bengtson and Richard A. Settersten Jr., 259－276, 3rd ed. New York, NY: Springer Publishing Company, 2016.

Miller－McLemore, Bonnie. "Pastoral Theology as Public Theology: Revolution in the Fourth Era." In *Pastoral Care and Counseling: Redefining the Paradigms*, edited by Nancy J. Ramsey, 45－64. Nashville, TN: Abingdon Press, 2004.

Palmore, Erdman B. "Ageism Comes of Age." *The Gerontologist* 43(2003), 418－420.

_____. *Ageism: Negative and Positive*. New York, NY: Springer Publishing Company, 1999.

Pratto, Felicia, Sidanius, James, Stallworth, Lisa M., and Malle, Bertram F. "Social Dominance Orientation: A Personality Variable Predicting Social and Political Attitudes." *Journal of Personality and Social Psychology* 67(1994), 741－763.

Putnam, Robert D. *Making Democracy Work: Civic Traditions in Modern Italy*. Princeton, NJ: Princeton University Press, 1993.

United Nation. "Policy Brief: The Impact of COVID－19 on Older Persons." (2020), 1－16.

12

동성애에 대한 오해와 이해[1]

20세기 중, 후반 이후 개인의 자유와 주관성을 강조하는 포스트모더니즘 및 개인의 성적 자기결정권을 주장하는 자유주의적 견해의 확산은 동성애에 대하여 우호적인 분위기를 형성하였다. 아울러 민주주의 사회의 개인 인권 강화는 동성애자의 인권 존중과 맞물리며 동성애에 대한 호의적 분위기 형성에 공헌하였다. 미국정신의학회(APA: American Psychiatric Association)의 동성애에 대한 분류는 그와 같은 흐름을 반영하며 변화하였다. 미국정신의학회는 1942년 동성애를 치료할 수 있는 정신질환으로 제시하였고, 1952년에 발간한 "정신장애의 진단 및 통계편람 제1판"(DSM-I)에서는 동성애를 사회병질적 성격장애에 속하는 정신장애로 규정하였다. 이후 1965년 발간한 "정신장애의 진단 및 통계편람 제2판"(DSM-II)에서 동성애를 성격장애 9개 항목 중 하나로 분류하였지만, 1973년 수정판(DSM-II-R)에서는 동성애를 질병이 아니라 성적지향의 혼란으로 대체하였고, 1980년 발간한 "정신장애의 진단 및 통계편람 제3판 수정판"(DSM-III-R)에서는 마침내 동성애 항목 자체를 삭제하고, "자아-이질적 동성애"(ego-dystonic)라는 동성애로 인해 심적 고통을

---

1 본 장의 내용은 최성훈, "동성애에 대한 실천신학적 접근"「신학과 실천」78(2022), 765-790; "포괄적 차별금지법과 동성애"「신학과 실천」79(2022), 609-630을 수정 및 보완한 것이다.

받는 집단을 따로 표기하였을 뿐이다.

하지만 성경의 가르침을 가장 중요한 기반으로 수호하는 기독교의 입장에서 동성애는 분명히 하나님의 창조질서를 거스르는 죄라는 사실을 부인할 수 없다. 따라서 오늘날 한국교회는 성경의 진리에 비추어 동성애 행위가 잘못이라는 점을 견지하는 동시에 동성애자를 어떠한 방식으로 포용하여 그들에게도 복음의 빛을 비추어야 할지를 고민해야 한다. 동성애자들 역시 하나님의 형상으로 창조된 피조물로서 예수 그리스도의 십자가 대속의 대상이며, 동성애 행위는 거부해야 하지만 동성애자들의 기본적인 인권은 존중받아야 마땅하기 때문이다. 동성애를 거부하는 동시에 동성애자들을 포용하기 위한 첫걸음은 동성애에 대한 바른 이해와 찬반 진영의 논리 점검, 그리고 복음의 원리에 기반한 성경적 대응책을 마련하는 것이다.

1 우리나라의 동성애 담론

오늘날 민주주의 시민의식에 근거한 인권 제고, 개인의 주관성 및 다양성의 가치를 강조하는 포스트모더니즘의 확산 및 표현의 자유를 중시하며 동성애를 과거에 비하여 빈번하게 다루는 대중문화를 통해 음지에서 양지로 커밍아웃하여 적극적으로 목소리를 내는 동성애자들이 많아지고 있다. 하지만 무조건 소수의 인권을 보호한다는 이유로 다수에 대한 역차별을 자행하는 오류를 범할 우려도 있는데, 일례로 동성애에 대한 객관적 이해 없이, 선거와 관련된 이미지와 표만을 의식한 정치권의 단편적이고 단기적인 동성애자에 대한 포용은 오히려 소수집단인 동성애자들에게도 실익을 제공하지 못할 것이다. 특히 사회적 소수로 포지셔닝하며 자리매김하려는 동성애자 진영과 이를 반대하는 보수 기독교 진영의 첨예한 대립이 이어지고 있는 상황에서 동성애 담론은 이데올로기화하여 평행선을 달리고 있다. 따라서 동성애 담론의 역사 및 동성애와 성적 지향의 법적 의미를 살펴보는 등 동성애에 대한 객관적인 이해를 바탕으로 이를 점검해야 한다.

1) 동성애 이슈의 등장과 확산[2]

고대 그리스에서는 성인 남성과 미소년 사이의 성관계를 높이 평가했다. 오직 남성의 육체만이 완전한 것이라고 생각했기 때문에 젊은 남성은 불완전한 젊은 여성보다는 완전한 장년 남성과 성관계를 맺는 것이 더욱 완전한 사랑이라고 여겼기 때문이다. 이러한 전통은 로마에도 이어져서 군 복무를 할 수 있는 남성을 가장 완전한 육체를 가진 인간으로 칭송하며, 동성애가 성행하였다. 하지만 초대교회에서는 육신의 정욕 자체를 금기시하는 어거스틴(Augustine)을 비롯한 교부들의 전통을 따라 동성애를 죄악으로 보았다. 중세 가톨릭교회 역시 1179년 제3차 라테란공의회(The Third Council of the Lateran)에서 동성애를 반사회적 행위로 규정하고 사법적 처벌을 시행하였다. 토마스 아퀴나스(Thomas Aquinas)는 자연을 거역하는 죄 중에서 가장 극악한 죄가 동성애와 동물과의 성관계, 즉 수간(獸姦)이라고 주장하였으며, 동시에 출산이라는 목적을 이루지 못하는 행위도 죄악으로 규정하였다.[3]

근대에 들어서는 동성애를 바라보는 관점이 종교적 시각에서 과학적 시각으로 변화했는데, 이에 따라 동성애를 죄로 보던 것에서 정신적 장애로 간주하기 시작했다. 동성애자들은 생물학적 질병을 가진 자들로 여겨졌고, 정상적이지 않다는 의미에서 이반(異般), 또는 정상인들이 일반(一般)이라는 것에 비하여 동성애자들을 이반(二般)이라고 지칭하기도 했다. 그러다가 동성애를 일부 소수의 사람들에게서 나타나는 정상적인 하나의 성적 지향(sexual orientation)으로 보는 시각이 1970년대 이후 학자들 사이에서 확산되기 시작했다. 보수적인 유교 윤리의 전통이 뿌리 깊은 우리나라에서 동성애는 매우 부도덕한 것으로 인식되어 터부시되었지만 1980년대에 후천성면역결핍증(AIDS: Acquired Immune Deficiency Syndrome) 확산에 따른 위기의식이 대두되었고, 남성 동성애자가 그 원인으로 지목되며 동성애 문제가 가시화되기 시작하였다.[4] 이후 21세기에 들어서 개인의 인권을 강조하는 민주화 바람을 타고

---

2 최성훈, 『섹스와 복음』 (서울: CLC, 2016), 98-99.

3 Thomas Aquinas, *Summa Theologica*, trans. The Fathers of the English Dominican Province (New York, NY: Catholic Way Publishing, 2014), II, 2, 154.

4 송오식, "동성애에 대한 규범적 접근," 「종교문화학보」 15(2018), 189.

2000년 연예인 홍석천이 커밍아웃을 통해 자신이 동성애자임을 밝혔고, 2001년 하리수가 트랜스젠더로서 등장한 이후 동성애를 비롯한 성정체성 관련 담론이 본격적인 사회적 의제로 등장하였다.[5]

동성애자의 비율을 최초로 조사한 이는 알프레드 킨제이(Alfred Kinsey)로서 그는 1948년 5,300명의 남성을 대상으로 표본조사를 수행한 후 "남성의 성적행동"(Sexual Behavior in the Human Male)이라는 제목의 책을 출간하여 미국 남성의 13%가 일생 중 최소 3년 동안 동성애 경향을 보인다고 주장하였고,[6] 1953년에는 "여성의 성적행동"(Sexual Behavior in the Human Female)을 출간하여 미국 사회의 여성 동성애자 비율이 7%라고 주장하였다.[7] 하지만 킨제이 자신이 이성애와 동성애를 함께 즐긴 양성애자라는 사실이 밝혀졌고, 자유로운 성을 강조하며 근친상간, 소아성애 및 동물과의 수간(獸姦) 등을 옹호함으로써 논란을 일으켰다. 급기야 그가 동성애 비율을 부풀리기 위하여 자신의 연구 표본에 남성매춘부, 성범죄자, 소아애호자, 노출증환자 등을 1/4 이상이나 포함시켰고, 유아와 어린이 수백 명이 성적 쾌감을 느끼도록 하기 위하여 자위행위를 시행하였다는 사실이 밝혀지며, 그가 수행한 연구의 윤리 및 결과에 대한 정당성이 훼손되었다.

이후 킨제이의 연구 결과를 이용하여 미국 인구의 약 10%가 동성애자라고 주장하며 법과 정책 수립에 그 비율이 반영되도록 했던 브루스 볼러(Bruce Voeller)도 자신이 동성애자임을 밝히고 동성애 인권단체를 창설하는 과정에서 그 역시 연구 결과를 곡해하여 부적절하게 사용하였음이 드러났다. 2003년 캐나다 공중위생조사 결과에 의하면 동성애자의 비율은 1.0%, 양성애자 0.7%이었고, 2011년 뉴질랜드 국가 조사에서는 동성애자 0.8%, 양성애자 0.6%로 드러났으며, 2012년 영국 통계청 조사결과는 동성애자 1.1%, 양성애자 0.4%, 2013년 미국의 질병통제센터 조사 결과에 의하면 동성애자 1.6%, 양성애자 0.7%로서 서구에서 동성애자 비율은 약

---

5 허호익, "동성애에 관한 핵심 쟁점 – 범죄인가, 질병인가, 소수의 성지향인가?," 「장신논단」 38(2010), 239.

6 Cf. Alfred Kinsey, Wardell B. Pomeroy, and Clyde E. Martin. Gebhard, *Sexual Behavior in the Human Male* (Philadelphia, PA: W. B. Saunders, 1948).

7 Cf. Alfred Kinsey, Wardell B. Pomeroy, and Clyde E. Martin, and Paul H. Gebhard, *Sexual Behavior in the Human Female* (Philadelphia, PA: W. B. Saunders, 1953).

1.0%이고, 양성애자를 포함해도 2.0%가 되지 않는다.[8] 2010년 인구조사 결과를 통해 추산한 우리나라의 동성애자 수는 약 0.07%에 불과하며, 이후 사회적으로 동성애를 용인하는 분위기 확산으로 그 숫자는 다소 늘어났을 것으로 추측할 수 있다.[9]

2) 동성애 담론의 난제

우리나라에서 동성애라는 주제에 대하여 찬성론자들과 반대론자들 사이에 갈등이 쉽게 해결되지 못하는 이유는 동성 사이의 "애"(愛), 즉 "사랑"의 개념에 대한 이해의 차이 및 이념적 투쟁의 도구화가 된 동성애 논쟁 때문이다.[10] 동성애자들은 자신들의 사랑을 이성 간의 사랑과 동일시하지만 그것은 기존의 윤리적인 사랑의 개념 분화에 따른 신적(神的) 사랑인 아가페(αγαπη), 부모의 자녀에 대한 사랑인 스톨게(στοργη), 인간적 친밀감과 우정을 지칭하는 필리아(φιρια), 남녀 간의 육체적 사랑인 에로스(ερως) 어디에도 포함되지 않는다.[11] 그것은 한편으로 기존의 사랑에 대한 분류가 동성애를 포함하지 않았기 때문이며, 다른 한편으로 동성애, 특히 남성 간의 동성애가 주로 육체적 관계에만 초점을 맞추고 있기 때문이다. 즉 동성애는 사랑보다는 성적 행위인 성애(性愛)에 초점을 맞춘 개념으로서 인류의 보편적인 사랑 개념과는 차이가 있다. 학자들이 동성애자를 분류하는 세 가지 기준인 동성을 향한 성적 끌림(sexual attraction), 동성과의 성관계(sexual behavior), 동성애자로서의 성적 정체성(sexual identity) 중에서 성적 끌림이 동성과의 성관계를 유발하며, 마지막으로 이는 성적 정체성을 강화하기 때문에 결국 동성애 분류의 핵심이 성애임을 드러낸다.[12] 결국 동성애 논쟁의 어려움은 동성 사이의 성적 교합을 사랑이라고 주장

---

8 바른성문화를위한국민연합, 『동성애에 대한 불편한 진실』 개정판 (서울: 밝은생각, 2017), 26 − 27.

9 Ibid., 27 − 28.

10 혹자는 이를 과거에 동성애자들에게 행해졌던 사회적 반감에 대한 동성애자들의 공포와 분노로 점철된 과거의 흑역사에 대한 기억과 반동성애자들이 동성애 확산에 따른 미래에 대한 불안인 미래의 흑역사에 대한 예측이 충돌하는 것으로 단순화하기도 한다. 여성훈, "한국 사회의 동성애 담론의 구조적인 난제,"「신학과 세계」72(2019), 187 − 192.

11 최성훈, 『섹스와 복음』 (서울: CLC, 2016), 44, 210 − 211.

12 바른성문화를위한국민연합, 『동성애에 대한 불편한 진실』, 17.

하기 때문에 유발되며, 이는 동성애자 및 반동성애자 양자 간의 갈등을 증폭시키는 주요 요인이다.[13]

동성애 담론이 악화되는 또 다른 요인은 이를 둘러싼 논쟁이 인간성을 구현하고 사회통합을 이루기보다는 개인과 집단의 이익 및 권력 확보를 위한 투쟁의 도구화로 변질되고 있기 때문이다. 이는 상기한 사랑의 개념 혼란과 연관된 것으로 동성애자들은 인권을 강조하며 자유로운 성애의 권리를 확보하기 위하여 자신들을 성적 소수자로 포지셔닝하며 이데올로기 투쟁을 가속하고 있다. 반대로 반동성애 진영은 동성애자들의 심리적 고통과 혼란을 외면하며 동성애를 죄악시하는 데에만 초점을 맞춤으로써 동성애자들을 철저히 외면하는 입장을 보인다. 기독교의 입장에서는 동성애에 대한 성경적 점검을 통해 동성애를 조명하면 이를 결코 용납할 수 없지만, 복음의 원리에 입각해서 동성애자들을 포용하기 위한 노력을 기울여야 하는데, 그 첫걸음이 바로 동성애자들의 애환을 이해하고 그들을 품기 위한 마음을 준비하는 것이다. 그러한 차원에서 성경의 가르침을 통해 동성애라는 주제를 공적으로 조명하고, 목회현장에 적용하는 공공신학적 접근은 동성애자들을 받아들이며 복음의 의미를 실현하는 방법론적 의의가 있다.

3) 동성애 찬반 논쟁

동성애와 관련한 찬반 논쟁에 대한 점검은 동성애에 대한 통찰을 제공하는데, 양측 진영의 논리를 살펴보면 그 주장의 허와 실을 구분할 수 있기 때문이다. 이미 동성애 옹호론자들이 사회문화적 이슈를 선점해버렸기 때문에 공공신학의 입장에서 한국교회가 시민 앞에 자신의 의견을 충분히 개진할 기회를 놓쳤고, 동성애를 반대하는 기독교의 입장이 문화적 변화에 대응하지 못한 시대착오적 반인권 행위로 비춰질 수도 있기 때문에 더욱 이와 관련한 세밀한 점검이 요청된다.

---

13 여성훈, "한국 사회의 동성애 담론의 구조적인 난제," 204.

(1) 동성애 찬성의 논리

동성애를 옹호하는 진영의 동성애 찬성 논리는 다양하지만 이를 요약하면 그것이 개인이 선택하는 자유로운 권리이고, 동성애는 유전에 의한 것이며, 선천적으로 성호르몬 이상에 의하여 발생한다는 세 가지로 대변된다.

① 개인적 자유의 권리

동성애를 찬성하는 진영은 동성애는 민주주의 사회의 개인이 누려야 할 자유로운 권리라고 주장한다. 동성애가 개인의 권리인 동시에 동성애 행위 자체가 타인에게 해를 끼치지 않기 때문에 개인 선택의 문제이며, 이성애와 마찬가지로 인간의 행복과 결혼의 가치를 반영하기 때문에 존중받아야 마땅하다는 것이다. 이는 우리나라 헌법 제10조가 보장하는 모든 국민이 인간으로서 갖는 존엄과 가치 및 행복추구권에서 파생되는 사생활의 자유를 강조하는 입장이다. 또한, 동성애자를 성적 소수자로 인정하고 그 인권을 보호하기 위하여 차별금지법에 포함할 것을 촉구하고 있다.

② 동성애의 유전적 요소

동성애를 지지하는 진영은 동성애가 유전이라고 주장하며, 관련 연구 결과들을 그 근거로 제시한다. 예를 들어 딘 해머(Dean Hamer) 등은 1993년에 76명의 남성 동성애자 가계를 통해 동성애자와 유전자의 상관관계를 조사한 결과, 모계에 상당수의 남성 동성애자가 존재한다는 사실에 근거하여 동성애 유전자가 모계로 유전되는 X 염색체 위에 있을 것으로 추측하고 두 명의 남성 동성애자 형제가 있는 38명의 가계를 조사한 후 X 염색체 위에 있는 Xq28이라는 유전자군과 남성의 동성애 성향에 깊은 관계가 있다고 발표하였다.[14] 하지만 1999년에 동성애자 형제가 있는 52명의 가계에서 Xq28 유전자군 안에 있는 유전자들을 분석한 조지 라이스

---

14 Dean H. Hamer, Stella Hu, Victoria L. Magnuson, and Angela M. L. Pattatucci, "A Linkage between DNA Markers on the X–Chromosome and Male Sexual Orientation," *Science* 261(1993), 321.

(George Rice) 등의 연구팀은 동성애자 형제를 가진 가계의 해당 유전자 발현 빈도
가 높지 않음을 확인하고 Xq28이 동성애와 관련이 없다는 연구 결과를 발표하여
해머의 연구를 부정하였다.[15] 결국 2005년에 해머를 포함한 연구팀은 두세 명의
동성애자를 포함한 146개 가계에서 456명을 조사한 결과 동성애 성향과 유전자는
상관이 없으며, 1993년 연구 결과는 표본 가계 수가 적어서 발생한 문제임을 인정
하였다.[16]

　　만약 동성애를 유발하는 유전자가 존재한다면 순수 동성애 관계에서는 임신이
불가능하며, 남성 동성애자의 15% 정도만 결혼을 하는 통계를 고려할 때, 동성애
유전자가 다음 세대로 이어지기는 매우 어렵기 때문에 인류에서 동성애자는 차츰
사라져야 한다.[17] 또한, 동성애가 유전에 의한 것이라면 연령 증가에 따라 동성애
성향에 큰 변화가 없어야 하는데, 실제로는 50대 동성애자의 수는 30대 동성애자
수의 25%에 불과하는 등 동성애 성향은 나이가 들어감에 따라 급격히 감소하므로
동성애 유발 유전자에 대한 주장은 근거가 박약하다.[18] 이에 대하여 친동성애 진영
은 남성 동성애를 유발하는 유전자가 누나나 여동생에게 존재하며 남성 동성애자가
가족 부양을 통해 그 유전자 전달을 촉진한다고 주장하지만, 동성애자는 가족과의
친밀한 유대 관계를 가지지 않기 때문에 이는 타당하지 않은 견해이다.[19]

③ 동성애의 선천적 성향

　　일단의 동성애 찬성자들은 동성애란 선천적인 성호르몬 이상에 의한 것이라고
주장하였는데, 그들의 근거는 임신 8－24주 사이에 발생하는 남성 호르몬 증대가

---

15 George Rice, Carol Anderson, Neil Risch, and George Ebers, "Male Homosexuality: Absence of Linkage to Microsatellite Markers at Xq28," *Science* 284(1999), 665.

16 Brian S. Mustanski, Michael G. DuPree, Caroline M. Nievergelt, Sven Bocklandt, Nicholas J. Schork, and Dean H. Hamer, "A Genomewide Scan of Male Sexual Orientation," *Human Genetics* 116(2005), 272.

17 바른성문화를위한국민연합, 『동성애에 대한 불편한 진실』, 38.

18 Edward O. Laumann, John H. Gagnon, Robert T. Michael, and Stuart Michaels, *The Social Organization of Sexuality: Sexual Practices in the United States* (Chicago, IL: University of Chicago Press, 1994), 482.

19 길원평, 류혜옥, "동성애 유발요인과 기독교상담의 가능성에 대한 탐구," 「한국기독교상담학회지」 24(2013), 35.

두뇌에 영향을 미쳐서 동성애를 유발한다는 것이다. 하지만 임신 24주 후에도 여러 번에 걸쳐서 성호르몬의 증가가 있으며, 두뇌 발달은 생후 환경의 영향을 받아 이루어지는 것으로 밝혀지며 그러한 주장은 근거가 없음이 드러났다.[20] 1991년 동성애자인 사이먼 르베이(Simon LeVay)는 전시상하부의 간질핵(INAH)을 네 부분으로 나누어 연구한 결과, 세 번째 핵인 INAH3가 성적 지향에 영향을 미친다고 주장하였다.[21] 하지만 2001년에 윌리엄 바인(William Byne) 등의 연구팀은 INAH3의 경우 남성과 여성의 차이는 있지만 동성애자와 이성애자 사이에는 아무런 차이가 없음을 발견함으로써 르베이의 연구 결과를 부정하였다.[22]

동성애의 선천성을 주장하기 위하여 1952년 쌍둥이의 동성애 일치율에 대해 수행된 연구는 일란성 쌍둥이의 동성애 일치율을 100%로 발표했지만,[23] 이는 교도소와 정신병원 수감자를 대상으로 한정한 연구이므로 신뢰성이 떨어진다. 1991년에 수행된 같은 유형의 연구는 일란성 쌍둥이의 동성애 일치율은 52%이며, 이란성 쌍둥이의 경우 22%라고 결과를 발표했지만,[24] 이 역시 친동성애 성향의 언론매체를 통해 연구 대상을 모집했기 때문에 객관적인 것이 못 된다. 2000년 호주에서 수행된 동일한 방식의 연구는 남성 일란성 쌍둥이의 동성애 일치율 11.1%, 여성의 경우 13.6%로 제시함으로써 기존의 연구 결과에서 동성애 비율이 부풀려졌음이 드러났다.[25]

---

20 소향숙, "기독교 생명존중과 동성애," 「종교문화학보」 12(2015), 108.

21 Simon LeVay, "A Difference in Hypothalamus Structure between Heterosexual and Homosexual Men," *Science* 253(1991), 1034-1037.

22 William Byne, Stuart Tobet, Linda A. Mattiace, Mitchell S. Lasco, Eileen Kemether, Mark A. Edgar, Susan Morgello, Monte S. Buchsbaum, and Liesl B. Jones, "The Interstitial Nuclei of the Human Anterior Hypothalamus: An Investigation of Variation with Sex, Sexual Orientation, and HIV Status," *Hormones and Behavior* 40(2001), 89-91.

23 Franz J. Kallmann, "Twin and Sibship Study of Overt Male Sexuality," *American Journal of Human Genetics* 4(1952), 136.

24 J. Michael Bailey, and Richard C. Pillard, "A Genetic Study of Male Sexual Orientation," *Archives of General Psychiatry* 48(1991), 1089.

25 J. Michael Bailey, Michael P. Dunne, and Nicholas G. Martin, "Genetic and Environmental Influences on Sexual Orientation and Its Correlates in an Australian Twin Sample," *Journal of Personality and Social Psychology* 78(2000), 524.

(2) 동성애 반대의 논리

동성애를 반대하는 측에서는 그것이 인권의 윤리적 기초를 위반하고, 동성애는 선천적 요인보다는 가정과 지역사회의 문화풍토 및 후천적 경험과 학습 등의 영향을 받는다는 점을 지적한다. 한편 기독교 진영의 경우 동성애가 하나님의 창조질서 및 성경적 가치에 위배된다는 견해를 피력하며 이에 반대한다.

① 인권의 윤리적 기초

동성애를 반대하는 이들은 동성애는 인간 권리의 기본적 가치인 윤리를 저버린 행태로서 이는 인간 존엄성 존중의 취지에 부합되지 않는다고 지적한다. 그러한 주장에 대한 윤리적 논거는 크게 존재론적 판단과 목적론적 판단에 기인한 것인데, 전자는 동성애는 성적 접촉은 남성과 여성 사이에만 가능하다는 도덕가치 및 자연법 질서를 위반한다는 양심과 이성의 판단을 주장하고, 후자는 동성애가 인류의 생식 및 종족 유지에 전혀 도움이 되지 않고, 동성애로 인한 질병이 건강에 위해를 끼치는 한편, 의료비 증가로 인한 사회적 부담을 유발한다고 지적한다.[26]

② 환경적 영향

에드워드 라우만(Edward O. Laumann) 등의 연구팀이 미국에서 수행한 연구에 의하면 성장 과정의 환경에 따른 남성 동성애자의 비율은 대도시의 경우 4.4%, 중소도시는 2.5%, 그리고 시골에서 자란 경우에는 1.2%이며, 여성 동성애자의 비율 역시 대도시 성장의 경우 1.6%, 중소도시는 1.3%, 시골은 0.7%에 그쳤다.[27] 2006년 덴마크에서 수행한 연구 역시 도시에서 나고 자란 경우 시골에서 태어나 성장한 경우보다 동성애 상대를 가진 확률이 높은 것으로 드러남으로써[28] 동성애는 시골에 비하여 사회문화적 분위기가 개방적인 도시와 같은 환경적 요인에 의해, 즉 후천적

---

26 송오식, "동성애에 대한 규범적 접근," 198-199.

27 Edward O. Laumann, John H. Gagnon, Robert T. Michael, and Stuart Michaels, *The Social Organization of Sexuality: Sexual Practices in the United States*, 295, 309.

28 Morten Frisch, and Anders Hviid, "Childhood Family Correlates of Heterosexual and Homosexual Marriages: A National Cohort Study of Two Million Danes," *Archives of Sexual Behavior* 35(2006), 533-547.

으로 형성된 것이라는 추측에 신빙성을 더한다.

또한, 21세기 초에 들어 동성애자의 동성애 성향이 성장 과정에서 종종 사라진다는 사실이 밝혀졌는데, 1972－73년 사이에 태어난 1,000명의 사례 연구를 수행한 뉴질랜드의 연구는 그들이 21－26세가 되었을 때 남성의 경우 1.0%가 이성애자에서 동성애자가 되었고, 동성애자의 1.9%는 이성애자로 돌아왔으며, 여성 동성애자는 1.3%가 이성애자에서 동성애자가 된 데 비하여 동성애자에서 이성애자로 돌아온 비율은 9.5%에 달하였음을 보고하였다.29 마가렛 로자리오(Margaret Rosario) 연구팀 역시 뉴욕시에 거주하는 156명의 14－21세 남녀 동성애자 및 양성애자들의 성장과정을 추적한 종단연구 결과, 57%의 동성애 성향 및 15%의 양성애 성향에는 변함이 없었지만 18%는 양성애에서 동성애로 변화하고, 5%는 동성애에서 양성애로, 그리고 양성애에서 이성애(3%) 및 동성애에서 이성애(2%)로 변화하는 등 조사 대상 28%의 성향이 변화했음을 보고함으로써30 동성애 성향이 후천적 요인에 의해 변화할 수 있음이 입증되었다.

③ 성경에 근거한 반대

기독교는 동성애 행위를 정죄하는 성경의 구절들을 근거로 동성애를 반대하며, 특히 오늘날 보수적인 기독교 단체 및 교단을 중심으로 그러한 반대의 목소리는 커지고 있다.31 물론 동성애를 지지하는 측에서는 성경 구절에 대한 자의적인 해석을 통해 동성애 행위를 정당화한다. 일례로 동성애를 옹호하는 신학자 티오도어 제닝스(Theodore W. Jennings)는 구약 성경의 다윗과 요나단의 우정 및 룻과 나오미의 고부간의 사랑을 동성애라고 주장하였고, 신약 성경에서도 복음서(마 8:5－13; 눅 7:1－10)에 등장하는 로마 백부장과 그의 병든 하인의 관계 및 예수님과 그의 사랑하

---

29 Niegel Dickson, Charlotte Paul, and Peter Herbison, "Same-Sex Attraction in a Birth Cohort: Prevalence and Persistence in Early Adulthood," *Social Science and Medicine* 56(2003), 1607-1615.

30 Margaret Rosario, Eric W. Schrimshaw, Joyce Hunter, and Lisa Braun, "Sexual Identity Development Among Gay, Lesbian, and Bisexual Youths: Consistency and Change Over Time," *Journal of Sex Research* 43(2006), 46-58.

31 이와 관련한 내용은 본 장의 세 번째 섹션인 "동성애에 대한 성경적 견해"를 통해 구체적으로 다루었다.

시는 제자의 관계 역시 동성애라고 강조했지만,[32] 이는 전혀 근거가 없는 주장이며 우정의 사랑인 필리아와 신적 사랑인 아가페를 육욕으로 간주한 억측에 불과하다. 이는 또한 성과 관련하여 엄격한 전통을 지닌 유대적 상황을 무시하고, 단순히 친동성애적 인식을 바탕으로 상상력을 발휘한 결과일 뿐이다.[33] 따라서 동성애 관련한 성경 본문의 해석과 당시의 시대적 상황을 함께 살펴서 성경의 올바른 의미를 바탕으로 동성애 관련 대응책을 제시하는 과업이 요구된다.

4) 동성애와 성적 지향성의 법적 의미

동성애는 일반적으로 동성을 향한 성적 끌림, 동성과의 성관계 행위, 그리고 동성애자로서의 성적 정체성이라는 주요 특징을 보이며, 학계에서는 동성애, 이성애, 양성애와 같은 성적 끌림을 성적 지향이라고 한다.[34] 미국심리학회(American Psychological Association)의 정의에 의하면 성적 지향이란 남성, 여성 또는 양성에 대한 감정적이고 성적인 지속적인 끌림을 의미하며, 동성애란 동성애적 성적 지향을 뜻한다.[35] 성정체성(gender identity)이 출생 당시 성별과 상응 또는 상응하지 않는 성(gender)에 대한 인식을 뜻하는 데 비하여, 성적 정체성(sexual identity)은 생물학적인 성별에 기반한 자신의 성 인식을 의미한다는 차원에서 구별되지만 차별금지법에서 차별금지의 사유로 제시한 성별 정체성은 양자를 뚜렷이 구분하지 않기 때문에 개념적 오류를 노출한다.

차별금지법과 관련하여 논란이 되는 것이 동성애이므로 성적 지향과 동성애는 동일한 개념으로 인식되는 경향이 있으며, 법적 논의의 대상인 동성애는 심리적인 차원의 내면적 끌림이 아니라 외적으로 드러나는 성행위를 뜻한다. 동성애를 정상

---

32 티오도어 제닝스, 박성훈 역, "교회와 동성애: 호모포비아(homophobia)의 극복을 위하여,"「기독교사상」10월(2010), 232–235. 제닝스는 2003년에 출간한 "The Man Jesus Loved: Homoerotic Narratives from the New Testament"라는 제목의 저서를 통해 예수님과 사랑하시는 제자의 관계를 동성애로 묘사하였다.

33 이민규, "성경으로 동성애를 논하는 것이 어디까지 가능할까?,"「성경과 신학」81(2017), 302.

34 소향숙, "기독교 생명존중과 동성애," 100.

35 송오식, "동성애에 대한 규범적 접근," 195.

적인 성적 지향으로 인정한다면 비혼자 집단에서 여러 명의 성애 대상을 가지는 다자성애(polyamory)와 혼인과 관계없이 단순히 다양한 성별에 대하여 성적 끌림을 느끼는 다성애(polysexuality)도 인정해 달라는 요구로 연결될 가능성이 높다. 이미 동성애를 인정한 서구 사회에서는 소아성애(小兒性愛)와 수간(獸姦)을 허용해달라는 요구가 이어지고 있고, 2006년 6월 캐나다 대법원은 대법관 7대 1의 판결을 통해 수간을 합법적인 행위로 인정한 바가 있다.36 따라서 동성애가 이성애와 다름이 없는 정상적이고 윤리적 문제가 없는 성적 지향인지 여부가 차별금지법과 관련하여 핵심적인 논의의 대상이 된다.

5) 개인의 권리와 사회의 윤리적 전통

우리나라 헌법의 전문은 모든 영역에서의 각인의 기회를 균등히 보장할 것을 천명하며, 헌법 제10조는 평등의 원칙을 규정하고 있다. 따라서 동성애 옹호 진영은 헌법 제10조의 인간 존엄과 가치에 근거한 성적 자기결정권과 사생활의 자유, 소수자 인권보호를 주장하는 반면, 동성애를 반대하는 측에서는 동성애가 윤리적 정당성을 갖추지 못한 상태에서 사회질서와 윤리적 전통에 위배됨을 강조하며 맞선다.37 개인의 인권을 강조하는 민주주의 발전과 더불어 개인의 자유를 중시하는 포스트모던 사회에 접어든 오늘날 법학과 정치학, 철학과 종교학 분야에서 중요한 이론적 바탕이 되는 의사자유론(volitionalism)은 개인의 자유 및 자유로운 선택으로 인한 결과에 대한 책임만을 부과한다.38 그러나 동성애를 주장하는 개인의 권리가 사

---

36 이승구, "성적 지향에 대한 신학적 이해와 차별금지법," 「기독교사상」 743(2020), 45.
37 개인의 성적 자기결정권은 국가 및 사회적 공공복리를 존중하기 위한 내재적 한계 아래에 있고, 헌법 제37조 제2항이 명시하는 사회적 안녕질서와 국민공동의 행복과 이익 등 공공복리를 위하여 개인적 자유의 본질을 침해하지 않는 한도 내에서 제한되어야 한다. 이와 관련하여 현행 법률체제 아래에서 동성애는 금지되지 않은 행위인 반면, 동성혼은 헌법 제36조 제1항에서 남녀 양성에 기초한 혼인과 가족개념을 상정하고 있고, 혼인의 효력을 규정하는 민법 제4편 제4절 제826조 이하에서도 부부(夫婦)라는 남녀 간의 결합을 혼인의 기반으로 보기 때문에 동성혼이 현행법상 허용되지 않은 상태로서 차별금지법의 제정이 어떠한 방식으로 이루어지는지 여부에 귀추가 주목되고 있다. 송오식, "동성애에 대한 규범적 접근," 194, 213.
38 따라서 개인의 권리를 거부하는 운명론의 입장을 보이는 결정론(nonvolitionalism)을 거부한다. 윤종행, "종교와 법의 교차점," 「강원법학」 62(2021), 446.

회 구성원의 다수가 지지하는 윤리적 전통에 부합하는지 여부를 가늠하는 점검이 필요하다. 또한, 법이 개입할 수 없는 종교의 자유 영역이 존재하므로, 동성애 인정을 요구하는 동성애자 개인의 권리가 종교의 자유와 공적 건강과 질서 사이에서 개인의 기본권을 보장하되 그것이 다양한 사회구성원들의 공존과 공영을 위한 것이 되도록 하는 작업이 병행되어야 한다.

헌법 제20조가 규정하는 정교분리의 원칙과 종교활동의 자유 사이에서 개인으로서의 동성애자 인권을 존중하고 보호하되, 그것이 동성애를 거부하는 신앙적 자유의 원칙과 사회의 윤리적 전통에 위배되어서는 안 된다. 그러한 차원에서 인권을 중심으로 동성애자를 향한 차별적 표현에 대한 규제를 요청하는 동성애 지지자들의 주장을 살펴볼 필요가 있다. 차별적 표현이란 일반적으로 특정 속성을 보유한다고 간주되는 개인 또는 집단에 대한 표현 행위에 대한 공격성과 역사적 사실에 대한 긍정 또는 부정의 표현에 의한 공격성을 뜻한다.[39] 전자는 직접적인 혐오표현으로서 개인이나 집단이 보유하는 특성에 대한 비합리적 편견을 기반으로 하는 적대성을 의미하고, 후자는 협의의 혐오표현에 해당하는 것으로서 시위나 가두활동을 통한 역사적 사실의 부정과 왜곡을 뜻한다. 동성애자들은 전자에 초점을 맞추어 자신들의 권리를 주장하지만, 그들이 그러한 주장을 전개하는 과정에서 후자의 방법을 통해 사회적 다수를 역공하기도 한다. 문제는 개인적 표현의 자유를 지나치게 강조하다 보면 혐오표현을 통해 인간의 존엄적 가치에 근거한 인격과 평등권을 훼손할 수밖에 없고, 반대로 개인의 평등권을 강조하다가 자칫하면 표현의 자유를 침해할 수 있다는 것이다. 따라서 한국교회는 동성애자들이 자신들을 사회적 소수로 어필하는 이면에 있는 이념적 배경에 대하여는 경계하되, 사회 윤리적 전통과 헌법 정신에 부합하는 기본적인 인권에 대한 보장은 충분히 수용하는 유연한 자세를 취해야 할 것이다.

---

39 서보건, "표현의 자유와 보호범위와 차별적 표현의 규제에 관한 비교법적 연구,"「공법학연구」 21(2020), 195-196.

2 동성애와 차별금지법

2006년 7월 국가인권위원회가 헌법이 보장하는 기본권인 평등의 원칙을 실현하기 위한 취지로 차별금지법 권고법안을 제출한 이후 이를 둘러싼 논쟁이 끊이지 않았다. 2013년 4월 차별금지법안이 최종 철회된 이후 20대 국회에서는 더 이상 차별금지법안의 발의가 없었고, 2017년 5월 새로이 출범한 문재인 정부에서도 차별금지법 관련 논의는 이루어지지 않았다. 하지만 2020년 5월 제21대 국회 회기의 시작과 더불어 6월 29일에 정의당 장혜영 의원이 차별금지법안을 대표로 발의하고, 장의원 포함 총 10명의 국회의원이 발의에 참여하였으며, 다음 날인 6월 30일에 국가인권위원회가 "평등 및 차별금지에 관한 법률 시안"을 제시하며 조속히 입법을 추진해달라고 요청하였다. 하지만 2021년 국회 법사위원회에는 이에 반대하는 청원이 3건이 계류되는 한편 기독교 진영에서는 보수적인 교단을 중심으로 차별금지법에 대한 반대 의견을 적극적으로 개진하였다. 특히 차별금지 사유에 포함되는 항목 중에서 성적 지향과 성별 정체성이 문제시된다. 성적 지향과 성별 정체성이 동성애를 긍정하는 의미로 오용될 가능성이 높은 상황에서, 성경이 명확하게 동성애를 죄로 규정하고 금지하기 때문이다.

우리나라에서 차별금지법은 자유민주적 기본질서의 핵심인 평등권과 신앙표현의 자유 사이에서 첨예한 대립을 유발하고 있다.[40] 특히 사회윤리적인 관점에서 다수가 수용하기 어려운 동성애에 대한 비판적 표현을 인권침해이자 부당한 차별로 간주하여 강력한 법적 제재를 부과하는 강제성을 견지하는 것이 하나의 중요한 쟁점이다. 이는 자칫하면 사회적 소수인 동성애자의 평등권을 보장하기 위해 사회적

---

[40] 차별금지법은 성별, 연령, 인종, 계층 등 개별적인 차별의 범주에 대한 직, 간접적인 차별을 금지하는 개별 차별금지법과 차별과 관련한 범주를 제시하고 해당 차별의 범주에 속하는 것을 포괄적으로 금지하는 포괄적 차별금지법으로 나뉜다. 현재 제시된 차별금지법안은 후자에 속하므로 개별적인 차별에 대한 표기가 불필요하지만 동성애 옹호 진영에서는 동성애와 관련한 성적 지향과 성별 정체성을 굳이 표기함으로써 자신들의 입지를 강화하기를 원하는 것이다. 김종우, "한국의 포괄적 차별금지법을 둘러싼 담론 지형과 이중화된 인권: 포괄적 차별금지법 입법 과정을 중심으로," 「경제와 사회」 129(2021), 86.

다수의 표현의 자유 행사를 반인권적 차별로 몰아붙여 법적 제재의 대상으로 삼음
으로써 사회적 갈등을 불러일으킬 가능성이 높기 때문이다. 법으로 성도덕과 윤리
를 규정하는 것은 부적절하기 때문에, 개인의 권리와 자유에 대한 균형감각을 바탕
으로 윤리가 기능하지 못하는 영역에 대해서만 법으로 규제하는 입법의 지혜가 필
요하다.[41]

1) 차별금지법의 입법 취지와 역사

특정 집단에 대한 차별 및 차별과 관련한 혐오표현은 인간의 기본적인 권리에
위해를 가하는 것이므로 원칙적으로 금지되어야 한다. 차별의 금지는 서구 사회에
서는 인종차별의 폐해를 목도하며 제기된 이후, 사회의 모든 구성원들이 동등한 존
중과 배려를 받아야 한다는 민주주의 신념으로 인해 오늘날에는 연령차별, 종교차
별, 계층차별 등 다양한 형태의 차별을 향하고 있다. 미국의 경우 1866년 시민권
리법(Civil Rights Act)을 필두로 인종차별 금지를 강화한 이래로 1975년 연령차별법
(Age Discrimination Act), 1990년 장애인법(Americans with Disabilities Act) 등을 통해 연
령 및 장애와 관련한 차별에 대하여 규제하고 있다.[42] 영국이 1965년 제정한 인종
관계법(Race Relations Act)과 성차별법(Sex Discrimination Act), 2010년 평등법(Equality
Act 2010), 호주에서 1975년 제정한 인종차별법(Racial Discrimination Act), 독일이 차별
금지에 대한 원칙으로 삼기 위하여 2006년 제정한 일반평등대우법(Allgemeines
Gleichbehandlungsgesetz) 등도 서구 사회에서 차별을 규제하는 대표적인 사례이다.

우리나라에서 차별금지법의 근간이 되는 법은 1998년 김대중 대통령이 인권을
주요 국정 이념으로 제시함에 따라 2001년 당시 새천년민주당 이미경, 정대철 의원
및 한나라당 이인기 의원이 각각 대표발의하여 통합한 "국가인권위원회법안"이 법
제사법위원회에 법률안으로 입안한 후 같은 해 5월에 제정된 "국가인권위원회법"이
다. 인권위법은 평등권 침해의 차별행위 사유로서 "성적 지향"을 포함함으로써 동

---

41 이상현, "포괄적 차별금지법안에 의한 신앙과 표현의 자유 침해," 「기독교사상」 743(2020), 28.
42 서보건, "표현의 자유와 보호범위와 차별적 표현의 규제에 관한 비교법적 연구," 207.

성애 성행위가 선량한 성도덕에 부합되는 것으로 오해하도록 하는 기반을 제공하였다. 이후 차별금지법은 2006년 노무현 정부의 국가인권위원회가 국무총리에게 입법추진을 예고한 후 보수 기독교를 중심으로 동성애 관련 내용에 대한 반발이 일어나자 2007년에 성적 지향을 포함한 7개 차별금지의 사유가 삭제된 형태로 발의되었다. 또한, 2008년 및 2011년에 재발의된 차별금지법은 이에 대한 거센 반대 운동에 부딪치며 2012년 회기만료로 폐기되었다. 2013년 두 차례에 걸친 발의 역시 보수 기독교 위주의 반발로 철회되었고, 2014년의 발의 역시 동성애 교육을 강화한다는 우려로 반발이 일어나 철회되는 등 2007년 이후 7차례에 걸친 차별금지법 발의는 모두 무산되었다.[43]

2020년 6월 다시 발의된 차별금지법안은 같은 해 9월에 국회 법사위원회에 상정되었고, 2021년 6월에는 국민동의청원절차에 의해 등록된 "차별금지법 제정에 관한 청원"이 10만 명 이상의 동의를 얻어 전환기를 맞이하였으나 2022년 2월 다수당인 민주당의 김회재 의원이 법 제정에 동의하는 의원들이 극소수라고 밝힌 후 차별금지법 관련 논의 자체가 사라졌다. 차별금지법과 관련한 논란, 특히 기독교 진영이 이를 반대하는 결정적인 원인은 차별금지 사유에 포함된 항목 중에서 성적 지향과 성별 정체성 두 가지 때문이다. 성적 지향이 동성애를 인정하고, 성별 정체성이 이를 지지하는 내용이라 동성애를 금지하는 성경의 가르침을 신봉하는 기독교가 이를 용인하기 어렵다. 물론 기독교의 복음에 내재된 사랑이라는 대계명은 인권을 위협하는 모든 종류의 차별에 반대하지만, 그것이 기독교 교리 및 사회의 윤리적 전통에 반하는 동성애를 차별의 대상에서 제외하는 분별이 필요하다는 종교적 신념 때문이다. 법적인 차별금지가 특정인 또는 집단의 기본적인 인권을 보장하는 것은 원론적으로 옳지만 그것이 신앙 및 사회 윤리적 차원에서 문제가 있는 동성애를 공적으로 인정하는 일방적인 정당화 작업에 사용되어서는 안 된다. 따라서

---

43 차별금지법과 관련한 각종 법률안에 대한 갈등도 발생했는데, 2014년 생활동반자 관계에 관한 법률안이 발의되었으나 이 역시 동성혼 우회 법안이라는 반발에 부딪쳐 철회되었고, 2016년 국가인권위원회법 개정안은 친동성애 기업 지원의 우려로 반대의견이 일어나며 철회되었으며, 한부모가족지원법 개정법안에 포함된 "다양한 가족"이라는 구절이 동성혼을 지칭할 우려에 의해 철회되었다.

차별금지법의 제정이 늦춰지는 배경이 동성애에 대한 공인임을 직시하여 국민의 윤리의식을 수렴하고 사회적 합의를 통해 짜임새 있는 법안의 제정을 도모해야 할 것이다.[44]

2) 동성애 관련 차별금지의 사유

기독교 교리가 동성애를 죄로 규정하고 반대함에도 불구하고, 하나님의 형상으로 동일하게 창조된 동성애자들에 대한 무분별한 혐오표현과 공격은 지양해야 한다. 따라서 동성애 자체에 대한 혐오표현은 신앙의 자유 및 개인적 신념에 따라 허용해야 하지만, 동성애자에 대한 혐오표현은 제한을 가하는 것이 적절하다. 한편 차별금지법과 관련하여 동성애자들이 주장하는 바대로 동성애자가 사회적 소수에 속한다는 견해는 소수자가 법적으로 명확하게 정의된 개념이 아니기 때문에 혐오를 형사처벌로 규정하는 것은 입법 원칙에 부합되지 않는다.[45] 또한, 권력관계가 역전된 상황에서는 동성애자에 대한 혐오표현 규제가 오히려 평등원칙에 위배될 우려도 있다.[46] 차별금지법에 의해 동성애자가 사회적 소수로서 인정받아 동성애 반대 표현에 대한 강력한 형사처벌규정을 시행할 경우 오히려 일반적인 동성애 거부의 태도가 정죄될 가능성이 높기 때문이다.

그러한 맥락에서 차별금지법에 지나치게 많은 차별금지의 사유가 포함된 것이 문제이며, 특히 차별의 대상이 되는 사유 중에서 동성애를 전제하는 성적 지향과 성별 정체성이 명시된 점은 기독교의 근간인 성경의 가르침 및 사회의 윤리적 통념

---

44 동성애를 제외한 다양한 차별에 대하여는 이미 기존의 법규들이 금지하는 조항을 명시하고 있다. 일례로 장애인 차별을 막는 장애인차별금지법, 지역, 세대, 계층, 인종, 종교간 차별을 금지하는 방송법 제29조와 성차별 및 성별 역할에 대한 고정관념 조장을 금지하는 30조 1항 및 3항, 국가 인종, 성, 연령, 직업, 종교, 신념, 장애, 계층, 지역 등을 이유로 한 차별을 금지하는 방송심의에 관한 규정 제13조, 특정 종교, 종파 또는 종교의식, 장애인, 노약자, 성별, 장애, 연령, 사회적 신분, 인종, 지역, 직업 등에 대한 차별과 편견 조장을 금지하는 정보통신에 관한 심의규정 제8조, 개인의 인종, 종교, 성별, 질병과 장애를 이유로 하는 편견적 또는 경멸적 표현을 금지하는 언론중재법 10조 등이 있다.

45 박승호, "혐오표현의 개념과 규제방법,"「법학논총」31(2019), 53−54.

46 Ibid., 55.

과 상충한다.[47] 만약 성적 지향을 차별금지 사유로 포함하는 차별금지법이 통과되면, 동성애를 정상적인 성적 지향의 하나로서 인정하는 동시에 이에 반하는 행위는 처벌의 대상이 된다. 따라서 학교의 성교육에서 남녀의 만남으로 이루어지는 결혼이 아닌 "파트너 1"과 "파트너 2"가 만나 이루는 만남을 인정해야 하며, 동성애가 잘못이라는 표현은 금지되며 이를 위반할 시에는 처벌을 받는다. 동성애자를 사회적 소수로서 존중하고 그들의 인권을 보호해야 하는 것은 옳지만, 차별금지법을 제정하여 동성애의 성적 지향을 정상적인 것으로 인정하면, 개인의 자유를 강조하는 사회문화적 분위기가 확산되어 동성애는 물론 다른 형태의 다양한 비윤리적 성행위를 용인하고자 하는 움직임이 일어날 가능성이 높다. 따라서 동성애에 대한 일반적 태도와 동성애자를 향한 과도한 혐오를 구분하여 후자에 초점을 맞추어 대응함으로써 동성애자는 물론 사회 구성원 전체의 안녕을 도모해야 할 것이다.

3) 신앙의 정체성과 신앙표현의 자유

차별금지법은 특정 대상을 향한 혐오가 차별과 증오범죄 등으로 확산할 것을 우려하고 있는데, 우리나라의 동성애를 반대하는 진영에서는 그 정도의 과격한 대응의 선례가 없다.[48] 오히려 차별금지법이 제정될 경우 동성애를 반대하는 의견을 표현하면 동법 제41조에 의한 국가인권위원회 진정을 통해 제42조에 의한 시정명령을 받게 되며, 이에 불응할 경우 3,000만 원 이하의 강제이행금을 부과받거나(제

---

47 한편, 로스쿨 교수인 정주백은 차별금지법의 제3조 제1항 제1호 각목 외의 부분에서 차별금지의 사유를 나열한 후 "등"이라는 구절이 이미 포괄적인 차별의 사유를 포함하므로 성적 지향과 성별 정체성을 굳이 명시할 필요가 없다고 지적하였다. 이는 차별금지법이 견지하는 평등 및 차별의 개념이 모호함을 드러내는 것이다. 정주백, "차별금지법안에 대한 검토," 「법학연구」 31(2020), 21.

48 홀로코스트(Holocaust)를 경험한 유럽의 경우 혐오, 혐오표현, 차별, 증오범죄, 집단살해(genocide)로 이어지는 문제를 극도로 경계한다. 물론 혐오가 유발하는 사회적 문제는 다양한 층위와 영역을 통해 동시다발적으로 분출하는 양상을 보이기도 하므로 범국가적 대응이 필요하지만 동성애를 차별금지법에 포함하여 광범위한 보호의 대상으로 삼아야 하는지 여부에 대하여 우리나라에서는 아직 사회적 합의가 이루어지지 않은 상태이다. 우선 심리적 원인에 근거한 일반적인 의미의 혐오와 사회계층적 원인에 의해 발생한 것으로서 특정 계층을 겨냥하는 증오를 구분함이 필요하며, 향후 차별금지법은 후자에 초점을 맞추어 전개해야 할 것이다. 홍성수, "혐오(hate)에 어떻게 대응할 것인가?," 「법학연구」 30(2019), 193 – 201.

41–44조), 제49조 및 제51조에 의해 소송을 통해 손해액의 2–5배에 해당하는 징벌적 배상금을 부과받는다.[49] 또한, 제52조에 의하면 피해의 입증 책임이 차별을 호소하는 동성애자가 아니라 상대방에게 있기 때문에 동성애자에게만 유리하고, 동성애를 잘못된 것으로 생각하는 사회적 다수에게는 역차별적인 법이다.[50] 따라서 동성애자의 경우 피해를 주장하기만 하면 되고, 사실 여부와 정당화 사유를 상대방이 전적으로 입증해야 하기 때문에 입증책임의 분배가 지나치게 동성애자에게 유리하다.[51] 이같이 차별 주장만으로도 상대방이 모든 증명책임을 부담하므로 그 남용의 우려가 매우 크다는 점은 차별금지법의 내용 및 도입에 대한 신중한 점검을 요구한다.[52] 더욱이 차별금지법이 입법되면 단일법으로 그치는 것이 아니라 지방자치단체의 성평등조례, 인권기본조례, 학생인권조례, 청소년·아동인권조례 등의 수정은 물론 가족법, 동성애 상담치료 금지법 등을 통해 전 방위에서 동성애 옹호의 물결이 거칠게 일어날 것으로 예상된다.[53]

예수 그리스도를 통한 구속의 복음을 기반으로 하는 기독교의 진리는 시대와 소통해야 하지만, 시대의 잘못된 흐름을 따라가서는 안 된다. 그러므로 성경의 가르침을 불변의 진리로 받아들이는 기독교 신앙의 정체성은 동성애가 하나님의 창조질서를 위배하는 죄라고 단호하게 주장할 수 있는 신앙표현의 자유를 통해 보장받아야 한다. 창조질서 및 사회 통념을 거스르는 동성애자의 평등을 법으로 강제하는 것은 오히려 다수의 인권과 자유를 억압하는 것이며, 일반적인 의미에서 성윤리적 관점에서 수용되기 어려운 부도덕성에 대한 비판적 표현의 자유를 억제하기 때문이다.[54] 차별적 혐오표현에 대한 규제는 반드시 필요하겠지만, 그것이 신앙적 정체성을 바탕으로 하는 자유로운 표현을 금지하는 일방향적인 양태로 나타나는 것은 신앙에 대한 역차별에 해당한다. 따라서 개인의 자유라는 기본적인 권리를 보장하는

---

[49] 차별금지법안의 제51조 및 차별금지법과 함께 발의된 평등법안의 제36조는 손해배상 및 징벌적 손해배상을 규정하고 있다.

[50] 이승구, "성적 지향에 대한 신학적 이해와 차별금지법," 51.

[51] 정주백, "차별금지법안에 대한 검토," 34.

[52] 홍관표, "차별금지법 제정 방안에 관한 검토,"「이화젠더법학」13(2021), 42–43.

[53] 이상현, "포괄적 차별금지법안에 의한 신앙과 표현의 자유 침해," 27.

[54] Ibid., 20–26.

범위 내에서 합의를 통해 부당한 차별을 배제하는 법을 제정하도록 지혜를 모아야 할 것이다.[55] 또한, 신앙 표현의 자유와는 별개로 동성애자의 인권을 보호하는 것에는 동성애로 인한 보건적 위험성을 사실 그대로 알려서 경각심을 일깨우는 것도 포함된다는 사실을 간과해서는 안 될 것이다. 일례로 남성 동성애자들 사이에서 행해지는 항문 성교로 인한 매독, 임질, 후천성면역결핍증(AIDS) 등 각종 성병, 항문암, 변실금 및 구강 성관계로 인한 이질과 같은 질병의 위험을 알리는 것 역시 대한민국 헌법 제35조 1항에서 명시하는 바와 같이 모든 국민이 건강하고 쾌적한 환경에서 생활할 권리를 보호하는 필수적인 행위에 해당한다.

3 동성애에 대한 성경의 견해

동성애에 대한 성경의 단호한 금지(레 18:22; 20:13; 신 23:18; 왕상 14:24; 행 15:28-29; 롬 1:18-32; 고전 6:9; 딤전 1:10)는 교회가 동성애자들을 복음으로 변화시켜서 이성애자로 만들어야 한다는 책임의식을 조장하기도 한다.[56] 하지만 그 과정에서 자칫하면 오히려 동성애자들의 마음을 상하게 하여 그들로 하여금 영영 교회를 떠나게 할 우려도 있다. 따라서 교회가 해야 할 일은 동성애자들을 있는 그대로 인정하며, 기다림의 과정 속에서 구속적인 분별력을 발휘하며 그들을 복음 앞으로 인도하는 것이다. 요약하면 그들의 동성애적 성향은 경계해야 하지만 그들의 영혼을 대함에 있어서 복음의 원리에 입각한 구속적 분별력을 기반으로 그들을 품고 용납해야 하는 것이다. 물론 이러한 일은 성경을 통해 동성애의 폐해를 객관적으로 조명하고, 하나님의 창조섭리를 충분히 살펴본 후에 분별력을 갖추어야 "캐치프레이즈"(catch phrase)로 그치지 않을 수 있다. 인본주의적 자세로 일관하다가는 오히려

---

55 차별금지법안의 차별금지 영역이 고용, 재화·용역 등의 공급이나 이용, 교육기관의 교육·직업훈련, 행정서비스 등의 제공이나 이용으로 구분되어 있는 것은 옳다. 그러나 그러한 차별의 금지는 부당한 차별에 대하여 적용되어야 하는 것이지 아직 우리나라에서 사회적 합의가 충분히 이루어지지 않은 동성애와 관련한 차별금지 수단으로 강제되는 것은 온전한 입법취지가 못된다. 홍관표, "차별금지법 제정 방안에 관한 검토," 24.

56 최성훈, 『섹스와 복음』, 102-103.

동성애자를 옹호하고 이를 조장하는 모습으로 곡해될 수 있기 때문이다.

1) 동성애 관련 성경 구절

성경에는 동성애 관련 언급이 많지 않은데, 이는 유대 전통 및 초기 기독교 사회에서 동성애가 중대한 죄라는 사실은 논쟁의 대상이 될 수 없을 정도로 뚜렷한 것이었기 때문이다. 성경의 동성애 관련 구절들은 동성애를 명확하게 정죄하며 이를 금지하는데, 일례로 창세기 19장에서 소돔 사람들이 롯의 손님들에게 시도한 동성 성폭행은 소돔과 고모라 지역에 만연한 인간의 죄악상을 대변한다. 동성애를 옹호하는 이들이 소돔의 죄는 나그네에 대한 냉대가 원인이라고 지적하며,[57] 동성애 행위를 지역 주민과 나그네들의 관계에서 발생하는 힘과 권력의 문제로 보기도 하지만,[58] 동성애를 가증한 것으로 제시하며 그러한 일을 행한 자를 죽여서 남자와 여자로 성별 및 그 역할과 행위를 구분하신 하나님의 창조질서를 보존할 것을 명하는 레위기 18장 22절과 20장 13절의 동성애 금지 규정을 고려할 때에 소돔과 고모라의 죄는 동성애를 지칭하는 것이 틀림없다.[59] 따라서 창세기 19장 5절의 소돔 사람들의 "상관하리라"고 말한 것과 사사기 19장 22절에서 기브아 사람들이 "관계하리라"고 말했던 것을 지칭하는 히브리어 단어 "야다"(יָדַע)는 성관계가 아니라 단순히 친구가 되려했던 것이라는 친동성애 신학자들의 주장은 받아들이기 어렵다. 만약 친구가 되려는 친밀감의 표시였다면 롯이 "이런 악을 행하지 말라"(창 19:7)고 말할 이유가 없었을 것이며, "알다"라는 원의를 가진 "야다"라는 단어는 육체관계를 통한 깊은 앎을 지칭하는 경우가 많기 때문이다. 또한, 롯이 "남자를 가까이 하지 아니한 두 딸"(창 19:8)을 그들에게 주겠다고 말하는 장면에서도 동일한 단어 "야다"가 사용되었음을 볼 때, 이 단어의 의미가 단순히

---

57 다니엘 헬미니악, 김강일 역, 『성서가 말하는 동성애: 신이 허락하고 인간이 금지한 사랑』 (부산: 해울, 2003), 40－42.

58 이민규, "동성애에 관한 성경의 바람직한 태도: 창세기 19장, 사사기 19장, 레위기 18, 20장, 마태복음 19장 (마가복음 10장)과 로마서 1장 중심으로," 118.

59 허호익, "동성애에 관한 핵심 쟁점: 범죄인가, 질병인가, 소수의 성지향인가?," 240－241.

"알다"라는 뜻으로 사용된 것이 아니라 성관계를 의미하는 용어로 사용된 것임이 확실하다.

신약 성경의 동성애를 금하는 구절에 대하여도 동성애를 지지하는 신학자들은 반론을 펼친다. 일례로 로마서 1장 24-27절에서 바울이 지적한 동성애의 죄에 대하여 친동성애 성향의 학자들은 그가 동성애 자체가 아니라 가나안 풍속과 관련한 모든 이방인들의 불의를 죄악시하는 것이라고 주장한다.60 하지만 바울은 동성애를 행하는 애굽과 가나안의 풍속을 강력히 금하는 레위기의 가르침과 연결하여 동성애를 금지한 것이며, 그가 고린도전서 6장 9절에서 "탐색"을 지칭하는 헬라어 단어로 사용한 "말라코이"(μαλακοὶ)와 고린도전서 6장 9절과 디모데전서 1장 10절의 "남색"을 지칭할 때 사용한 헬라어 "아르세노코이타이"(ἀρσενοκοῖται) 모두 레위기 18장과 20장에서 규정하는 동성애 금지명령에서 따온 것으로 다른 남성과 성관계를 맺는 남성을 가리키는 용어가 분명하다.61 또한, 동성애 진영의 신학자 티오도어 제닝스(Theodore W. Jennings Jr.)는 복음서(마 8:5-13; 눅 7:1-10)에 등장하는 로마 백부장과 그의 병든 하인의 관계 및 예수님과 그의 사랑하시는 제자의 관계를 동성애라고 주장하지만,62 이는 단순히 친동성애적 인식을 바탕으로 상상력을 발휘한 결과일 뿐이다. 한국교회는 이같이 동성애를 지지하는 신학자들의 궤변에 대하여도 건전한 신학에 바탕을 둔 성경 해석을 통해 대응하여야 할 것이다.

2) 동성애 이슈의 분별과 구속적 접근

동성애를 포함하는 차별금지법을 마주하는 한국교회는 그것이 동성애자를 사회적 소수로 인정한다면 나머지 사회적 다수를 피해자로 전락시킬 수 있다는 사실을 토대로 분별력을 발휘해야 한다.63 따라서 동성애자들에 대한 폭력적인

---

60 최영실, "성서를 통해 본 차별금지법: 차별금지법 원안에서 삭제/ 변경된 조항을 중심으로," 「한국 여성신학」 66(2007), 80.

61 케빈 드영, 조계광 역, 『성경이 동성애에 답하다』, 84.

62 Cf. Theodore W. Jennings Jr., *The Man Jesus Loved: Homoerotic Narratives from the New Testament* (Cleveland, OH: The Pilgrim Press, 2009).

63 박승호, "혐오표현의 개념과 규제방법," 79-80.

선동이나 협박, 명백한 공격에 해당하는 것을 금지해야 하지만, 그러한 규제는 기존 형법을 통해 충분히 가능하므로 동성애 성향 및 행위를 동성애자의 인격과 분리하여 전자에 대하여는 신앙적 차원에서는 개인의 신념을 밝힐 수 있도록 하고 사회일반적 차원에서는 중립적으로 접근하되, 후자에 대한 비인격적 공격 행위는 강력히 규제하고 처벌하도록 하는 분별력있는 접근이 필요하다. 특히 동성애자와 관련한 교회의 대응에는 그리스도 복음의 구속적 원리가 반영되도록 함으로써 동성애자의 마음이 열려서 복음을 받아들일 수 있는 데에까지 연결되도록 해야 한다.

하나님 나라의 모형인 교회가 세상에서 하나님 나라를 보이는 것은 중요하지만, 그 과정에서 교회주의로 무장하여 세상을 등지는 것과, 반대로 교회의 공적 책임을 과도하게 강조하다가 세상의 문제에만 몰입하는 오류를 경계하는 균형감각이 필요하다.64 또한, 한국교회는 차별금지법과 관련한 부분뿐만 아니라 동성애 관련 다양한 연구를 지속함을 통해 동성애 관련 이해의 지평을 넓혀야 하고, 이를 통해 복음에 기반한 구속적 대응안을 마련해야 한다. 대응안을 전개하는 과정에서도 소통을 위한 인내와 적절한 시기에 대한 기다림이 요구된다. 예수 그리스도를 통한 구속을 경험한 공동체인 교회는 성령의 도우심을 통해 그리스도를 본받아 동성애자를 포함한 이 땅의 모든 이들의 전인성(全人性)을 회복케 할 사명을 갖고 있기 때문이다.65

3) 혐오표현과 차별에 대한 공공신학적 대응

동성애는 인간의 타락 이후 내재된 죄성에 기인하는 것이라는 사실에 대한 인식과 함께, 동성애를 정죄하는 과정에서 나타날 수 있는 죄성에 대한 경계심도 느슨해져서는 안 된다. 특히 극단적으로 보수적인 태도를 견지하며 동성애자들과의 대화와 소통마저 원천적으로 봉쇄하지 않도록 목회의 실천을 염두에 둔 신학적 균

---

64 최성수, "탈 교회 시대에 목회 비평의 필요에 관한 연구," 「장신논단」 52(2020), 278.
65 홍원표, "개혁주의 입장에서 본 전인(全人)에 대한 연구," 「장신논단」 52(2020), 89.

형감각이 필요하다. 성과 관련한 다른 이슈 중에서 목회자 성폭력의 주된 원인으로 지적되는 것은 한국교회의 가부장적이고 폐쇄적인 구조적 문제와 교회 공동체를 구성하는 목회자와 교인들의 성윤리 의식의 결핍이다.66 이는 동성애와 같은 성관련 문제에도 동일하게 적용되는 원인으로서 성담론에 대하여 터부시하는 태도가 교회의 폐쇄성과 목회자 및 교인들의 동성애에 대한 무지를 유발한다. 또한, 충족되지 못한 자기애적 욕구를 그릇된 성관계 속에서 투사하는 한국교회 목회자들의 성폭력은 그들이 경험하는 우울증과 탈진과 깊은 연관성이 있는 것처럼 급변하는 현대사회의 구성원들 역시 혼란과 스트레스가 동성애라는 잘못된 출구를 통해 구현되었다는 거시적 이해를 필요로 한다.67

동성애가 명백한 성경적 죄라는 사실을 거부해서는 안되지만 동성애자들 역시 모든 인류와 같이 하나님의 사랑과 은혜의 대상임을 또한 간과해서도 안 된다. 따라서 동성애자들을 회복과 치료의 대상으로만 바라보다가 그들도 하나님 사랑의 대상이라는 점을 놓치지 말아야 하고, 예수께서도 수많은 죄인들을 대하시며 정죄에 앞서 먼저 은혜와 사랑을 베풀어 주셨다는 사실도 잊지 말아야 한다.68 예수 그리스도의 복음은 이성애자와 동성애자 모두에게 필요한 것이므로 동성애자의 인권 존중과 복음의 은혜의 필요성을 인정해야 하지만, 그것이 동성애 행위를 용납하는 것은 결코 아니기 때문에 한국교회는 동성애자들을 향한 복음의 필요성을 인정하는 동시에 오늘날 동성애를 유발하고 성적 타락이 만연하게 한 시대적 풍조에 대하여 민감한 신앙적 분별력을 견지해야 한다. 성적 지향마저도 창조질서를 벗어나도록 하는 인간의 죄성에 대한 경계와 함께 치료와 지원을 통해 이성애로 돌이킬 수 있다는 가능성을 염두에 두고,69 인내하며 복음의 씨앗이 동성애자들의 삶에 뿌려질 때를 기다려야 할 것이다.

---

66 이재현, "한국 목회자들의 성폭력에 나타나는 자기애적 심리 연구: 하인즈 코헛(Heinz Kohut)의 자기심리학적 관점에서," 「장신논단」 53(2021), 213-215.

67 Ibid, 226.

68 이창규, "동성애자를 위한 목회 돌봄과 상담," 「장신논단」 51(2019), 182-190.

69 John F. Harvey, "Updating Issues Concerning Homosexuality," *The Journal of Pastoral Counseling* 28(1993), 18-19.

동성애는 구원받지 못할 죄는 아닐지라도 분명히 거룩하신 하나님께서 가증히 여기시는 죄(레 11:44)임에는 틀림이 없다. 그러나 동성애자들을 죄인으로 몰아세워서는 안 된다. 오히려 동성애라는 죄가 죄악된 세상으로부터 주입된 것임을 직시하고, 교회가 앞장서서 소외된 영혼을 돌보고, 가정을 회복시키는 등의 사역을 통해 사회적 안전망을 구축해야 한다. 다른 사회참여 활동들과 마찬가지로 동성애 역시 교회가 율법에 갇혀 있는지, 복음으로 영혼을 회복시키고 세우는 일에 온전히 관심을 갖고 있는지를 식별하는 영적 리트머스 시험지로 작용할 것이다. 또한, 교회의 정책적 관심이 동성애 방지에만 초점을 맞추어서는 안 되며, 한국교회 전체의 차원에서 동성애자의 인권 보호, 교화 및 교육 등 포괄적인 차원에서 대응책을 마련해야 한다. 그 과정에서 하나님의 형상 담지자로서의 가능성과 타락한 죄성의 양면성이라는 인간 본성에 대한 경계를 늦추지 말아야 한다.[70] 따라서 신앙적 신념이 사회의 보편적 윤리와 전통을 통해 적절히 조율되도록, 그리스도의 사랑에 근거하여 인간의 존엄성과 인권을 존중하는 방식으로 소통하는 분별력이 요청된다.

차별금지법이라는 외형적 법을 통해 동성애자의 인권을 보장할 것이 아니라 하나님의 사랑 안에 있는 생명의 법이 구속적 복음의 접근방법을 통해 그들을 회복시키고 일으켜 세워야 한다. 인간이 만든 법은 결국 인간의 죄성이 투영되기 마련이기 때문이다. 그러한 맥락에서 동성애를 정죄했던 사도 바울 역시 "이제 그리스도 예수 안에 있는 자에게는 결코 정죄함이 없나니 이는 그리스도 예수 안에 있는 생명의 성령의 법이 죄와 사망의 법에서 너를 해방하였음이라"(롬 8:1-2)고 말했다. 한편, 예수님은 음욕을 품은 마음이 이미 간음을 범한 것이라고 말씀하시며 마음으로 짓는 죄를 경계하셨다(마 5:27-32). 동성애 성향과 행위에 대한 신앙적 거부감은 옳지만, 그것이 동성애자를 향한 미움과 거부로 이어져서는 안 된다. 예수께서 세리와 창기 등의 죄인들을 가까이 하신 이유는 그들도 다른 사람들처럼 동일하게 그리스도의 십자가 복음의 대상이기 때문이다. 그러한 구속적 신앙의 자세를 견지하며 동성애는 단호히 거부하되, 동성애자들과 소통하며 그들을 구원의 복음으로 인도하

---

70 최성훈, "기본소득에 대한 신학적 분석." 「장신논단」 52(2020), 155.

기 위한 이원화 작업은 신앙의 분별력 위에서 지속되어야 할 것이다.71

---

71 로마서 12장을 통해 사도 바울은 "아무에게도 악을 악으로 갚지 말고 모든 사람 앞에서 선한 일을 도모하라 할 수 있거든 너희로서는 모든 사람과 더불어 화목하라"(롬 12:7−8)라고 촉구했지만, 이는 "이 세대를 본받지 말고 오직 마음을 새롭게 함으로 변화를 받아 하나님의 선하시고 기뻐하시고 온전하신 뜻이 무엇인지 분별하도록 하라"(롬 12:2)라는 지침 아래에서 권면한 것이다. 생각이 다른 이들을 인격적으로 존중하며 소통하는 것은 옳지만, 우선시되어야 할 것은 진리에 대한 뚜렷한 입장을 표명하고 이를 견지하는 것이다. 인간의 죄로 물든 세상 속으로 제자들을 파송하시며 예수께서는 "내가 너희를 보냄이 양을 이리 가운데로 보냄과 같도다 그러므로 너희는 뱀 같이 지혜롭고 비둘기 같이 순결하라"(마 10:16)고 말씀하셨다. 그 말씀은 복음의 원리를 실현하되, 진리와 타협하지 말고 신앙의 근간을 지키라는 의미이다.

그러한 원리는 동성애라는 주제를 다룰 때에도 동일하게 적용된다. 오늘날 동성애를 공식적으로 인정하는 미국의 루터교, 장로교, 성공회 등 주류 개신교단들은 냉철한 진리와 사랑의 관용 사이에서 후자에 치우침으로써 진리의 토대를 수호하지 못했다. 따라서 이제 교회의 강단에서도 동성애를 죄라고 규정하지 못하는 현실에 이르게 되어버린 것이다. 한국교회는 사랑을 성적으로 표현하는 것은 한 남자와 한 여자 사이의 혼인 관계에서만 가능하다는 성경적 가르침의 토대 위에 동성애 및 동성애자들의 삶에 대한 광범위한 연구와 이해를 바탕으로 동성애 예방을 위한 교육과 치료를 병행해야 한다. 이와 동시에 동성애자들을 혐오와 경멸의 대상으로 보는 것을 금해야 할 뿐만 아니라, 그들을 치료와 변화의 대상으로만 여기는 태도 또한 경계해야 한다. 동성애자들을 변화시키는 힘은 복음 안에서의 사랑의 실천에 있기 때문이다. 간음하다가 현장에서 잡힌 여인을 정죄하기보다 먼저 사랑으로 용납하고 품으신 예수께서 마지막으로 남기신 "가서 다시는 죄를 범하지 말라"(요 8:11)는 말씀은 그러한 복음 안에서의 사랑의 실천이라는 원리를 드러내는 대표적인 사례에 해당한다.

참고문헌

길원평, 류혜옥. "동성애 유발요인과 기독교상담의 가능성에 대한 탐구." 「한국기독교상담학회지」 24(2013), 33-48.

김종우. "한국의 포괄적 차별금지법을 둘러싼 담론 지형과 이중화된 인권: 포괄적 차별금지법 입법 과정을 중심으로." 「경제와 사회」 129(2021), 84-117.

다니엘 헬미니악, 김강일 역, 『성서가 말하는 동성애: 신이 허락하고 인간이 금지한 사랑』. 부산: 해울, 2003.

바른성문화를위한국민연합. 『동성애에 대한 불편한 진실』. 개정판. 서울: 밝은생각, 2017.

박승호. "혐오표현의 개념과 규제방법." 「법학논총」 31(2019), 45-88.

서보건. "표현의 자유와 보호범위와 차별적 표현의 규제에 관한 비교법적 연구." 「공법학연구」 21(2020), 193-222.

소향숙. "기독교 생명존중과 동성애." 「종교문화학보」 12(2015), 97-135.

송오식. "동성애에 대한 규범적 접근." 「종교문화학보」 15(2018), 185-229.

윤종행. "종교와 법의 교차점." 「강원법학」 62(2021), 429-458.

이민규. "동성애에 관한 성경의 바람직한 태도: 창세기 19장, 사사기 19장, 레위기 18, 20장, 마태복음 19장 (마가복음 10장)과 로마서 1장 중심으로." 「신학논단」 100(2020), 111-148.

이상현. "포괄적 차별금지법안에 의한 신앙과 표현의 자유 침해." 「기독교사상」 743(2020), 18-29.

이승구. "성적 지향에 대한 신학적 이해와 차별금지법." 「기독교사상」 743(2020), 43-52.

이재현. "한국 목회자들의 성폭력에 나타나는 자기애적 심리 연구: 하인즈 코헛(Heinz Kohut)의 자기심리학적 관점에서." 「장신논단」 53(2021), 211-230.

이창규. "동성애자를 위한 목회 돌봄과 상담." 「장신논단」 51(2019), 179-209.

정주백. "차별금지법안에 대한 검토." 「법학연구」 31(2020), 11 – 43.

최성수. "탈 교회 시대에 목회 비평의 필요에 관한 연구." 「장신논단」 52(2020), 261 – 287.

최성훈. "포괄적 차별금지법과 동성애" 「신학과 실천」 79(2022), 609 – 630.

_____. "동성애에 대한 실천신학적 접근" 「신학과 실천」 78(2022), 765 – 790.

_____. "기본소득에 대한 신학적 분석." 「장신논단」 52(2020), 141 – 165.

_____. 『섹스와 복음』. 서울: CLC, 2016.

최영실. "성서를 통해 본 차별금지법: 차별금지법 원안에서 삭제/ 변경된 조항을 중심으로." 「한국여성신학」 66(2007), 62 – 84.

케빈 드영, 조계광 역, 『성경이 동성애에 답하다』. 서울: 지평서원, 2015.

티오도어 제닝스, 박성훈 역, "교회와 동성애: 호모포비아(homophobia)의 극복을 위하여," 「기독교사상」 10(2010).

허호익. "동성애에 관한 핵심 쟁점 – 범죄인가, 질병인가, 소수의 성지향인가?" 「장신논단」 38(2010), 237 – 260.

홍관표. "차별금지법 제정 방안에 관한 검토." 「이화젠더법학」 13(2021), 1 – 53.

홍성수. "혐오(hate)에 어떻게 대응할 것인가?" 「법학연구」 30(2019), 191 – 228.

홍원표. "개혁주의 입장에서 본 전인(全人)에 대한 연구." 「장신논단」 52(2020), 87 – 115.

Aquinas, Thomas. *Summa Theologica*. Translated by the Fathers of the English Dominican Province. New York, NY: Catholic Way Publishing, 2014. (Original Work Published in 1485).

Bailey, J. Michael, Dunne, Michael P., and Martin, Nicholas G. "Genetic and Environmental Influences on Sexual Orientation and Its Correlates in an Australian Twin Sample." *Journal of Personality and Social Psychology* 78(2000), 524 – 536.

Bailey, J. Michael., and Pillard, Richard C. "A Genetic Study of Male Sexual Orientation." *Archives of General Psychiatry* 48(1991), 1089 – 1096.

Byne, William, Tobet, Stuart, Mattiace, Linda A., Lasco, Mitchell S., Kemether, Eileen, Edgar, Mark A., Morgello, Susan, Buchsbaum, Monte S., and Jones, Liesl B. "The Interstitial Nuclei of the Human Anterior Hypothalamus: An Investigation of Variation with Sex, Sexual Orientation, and HIV Status." *Hormones and Behavior* 40(2001), 86 – 92.

Dickson, Niegel, Paul, Charlotte, and Herbison, Peter. "Same-Sex Attraction in a Birth Cohort: Prevalence and Persistence in Early Adulthood." *Social Science and Medicine* 56(2003), 1607-1615.

Frisch, Morten, and Hviid, Anders. "Childhood Family Correlates of Heterosexual and Homosexual Marriages: A National Cohort Study of Two Million Danes." *Archives of Sexual Behavior* 35(2006), 533-547.

Hamer, Dean H., Hu, Stella, Magnuson, Victoria L., and Pattatucci, Angela M. L. "A Linkage between DNA Markers on the X-Chromosome and Male Sexual Orientation." *Science* 261(1993), 321-327.

Harvey, John F. "Updating Issues Concerning Homosexuality." *The Journal of Pastoral Counseling* 28 (1993), 8-39.

Jennings Jr., Theodore W. *The Man Jesus Loved: Homoerotic Narratives from the New Testament.* Cleveland, OH: The Pilgrim Press, 2009.

Kallmann, Franz J. "Twin and Sibship Study of Overt Male Sexuality." *American Journal of Human Genetics* 4(1952), 136-146.

Kinsey, Alfred, Pomeroy, Wardell B. Pomeroy, Martin, Clyde E. and Gebhard, Paul H. *Sexual Behavior in the Human Female.* Philadelphia, PA: W. B. Saunders, 1953.

Kinsey, Alfred, Pomeroy, Wardell B. Pomeroy, and Martin, Clyde E. *Sexual Behavior in the Human Male.* Philadelphia, PA: W. B. Saunders, 1948.

Laumann, Edward O., Gagnon, John H., Michael, Robert T., and Michaels, Stuart. *The Social Organization of Sexuality: Sexual Practices in the United States.* Chicago, IL: University of Chicago Press, 1994.

LeVay, Simon. "A Difference in Hypothalamus Structure between Heterosexual and Homosexual Men." *Science* 253(1991), 1034-1037.

Rice, George, Anderson, Carol, Risch, Neil, and Ebers, George. "Male Homosexuality: Absence of Linkage to Microsatellite Markers at Xq28." *Science* 284(1999), 665-667.

Rosario, Margaret, Schrimshaw, Eric W., Hunter, Joyce, and Braun, Lisa. "Sexual Identity Development Among Gay, Lesbian, and Bisexual Youths: Consistency and Change Over Time." *Journal of Sex Research* 43(2006), 46-58.

13

한류와 문화적 공공성[1]

4차 산업혁명 시대로 접어든 오늘날 현대사회의 경쟁력은 겉으로 드러난 유형 자산이 아니라 눈에 보이지 않는 문화, 예술, 교육, 첨단기술 등의 무형자산, 즉 소프트파워의 수준에 달려 있다. 우리나라처럼 자원이 많지 않은 나라는 소프트파워 제고를 통해 국가 경쟁력을 확보하는 것이 더욱 바람직한데, 국민 전체의 교육수준이 높고 오랜 유교적 전통 및 기독교와 불교 등 주류 종교의 영향으로 윤리적 기반이 튼실한 우리나라의 특성은 그와 같은 무형의 경쟁력 확보에 매우 유리한 요인으로 작용한다. 실제로 1990년대 이후 동남아를 거쳐 전 세계로 확산되고 있는 한류는 우리나라의 소프트파워 경쟁력을 대변하고 있다. 한류는 한국 드라마를 거쳐 이제 소위 "K-Pop"으로 대변되는 음악산업을 통해 그러한 경쟁력 확보를 견인하고 있는데, 특히 2018-2020년에 걸쳐 3년 연속으로 빌보드 음반차트에서 1위를 기록하고, 2020년 빌보드 싱글차트 및 음반차트에서 1위에 등극한 방탄소년단은 K-Pop을 중심으로 하는 한류의 대표적인 사례이다.[2] 오늘날 한류는 음식

---

[1] 본 장의 내용은 최성훈, "케이팝(K-Pop)과 현대목회: 방탄소년단의 사례를 중심으로," 「ACTS 신학저널」 51(2022): 178-206을 수정 및 보완한 것이다.

[2] 한류 열풍의 발생원인에 대하여 김상배는 실력론, 매력론, 비판론의 세 가지 관점을 중심으로 설명하였다. 첫째, 실력론은 한류가 20세기 후반 대한민국이 이룩한 놀라운 경제적 성장과 IT 산업 발

(K-Food), 미용(K-Beauty), 한국산 제품(K-Brand) 등을 통해 저변을 넓히며 전 세계적인 영향력을 확장하고 있다.

새로운 시류를 파악하는 순발력과 기독교 복음을 시대적 상황에 접목시키는 창의적인 적응력을 통해 한국교회는 반등할 수 있고, 기독교 신앙이 온전히 개혁될 수 있다.[3] 이를 위해서 기독교 복음은 문화라는 유기적 현실체로서 육화해야 세상과 소통할 수 있기 때문에 종교와 문화 간의 변증법적 상호순환의 기능을 구비할 필요가 있다.[4] 신학이 문화, 특히 대중문화를 연구함을 통해 공적 생활에서 그리스도인과 일반시민 모두에게 삶의 의미를 확인시킬 수 있기 때문이다.[5] 이는 단순히 한류 열풍을 통한 한국의 대중문화가 선교적 차원의 접촉점이 되는 것 이상을 의미하는데, 대중문화 자체가 대중들, 특히 청소년 및 청년 세대의 삶의 일부로서 강력한 영향력을 보유하기 때문이다.[6] 따라서 문화 해독력을 증진하는 한편, 풍부한 인문학적 지식에 바탕을 둔 스토리텔링을 통해 구축한 문화콘텐츠를 21세기 디지털 기술을 활용하여 구현하는 창조적 과업이 한국교회에 요청된다. 그러한 측면에서 본 장은 한류의 개념과 발전과정, 다음 세대와의 소통과 선교 및 공공신학적 차원에서 현대목회적 의의를 점검하였다. 또한, 음악산업과 관련하여 누가, 어떻게 수익을 얻는지를 다루는 로코노믹스(Rockonomics)의 관점을 통해 변모하는 음악산업에서 방탄소년단이 이룬 성과 및 경제적 의미를 살펴보고, 창조명령과 예술에 대한 거시적 관점 및 K-Pop과 복음의 점검, 그리고 한국교회의 현대목회적 방향성을 중심

전 등 국력을 바탕으로 이룬 성과라고 보는 입장이고, 둘째, 매력론은 상품으로서의 한류를 강조하는 것으로서 경제 발전 및 민주주의 성취를 이룬 대한민국 고유의 문화와 가치관 및 시민사회의 역동성이 원동력이라고 보는 입장이며, 셋째, 비판론은 한류가 동아시아에서 부상하는 자본주의적 욕망들을 세속적으로 포장한 것에 불과하다고 본다. 김상배, "문화와 국제정치: 한류의 매력과 동아시아의 문화 네트워크,"「세계정치 7」 28(2007), 208-209.

3 조성호, "구약의 율법 형성과 뉴노멀 시대 기독교 영성 사이의 상호관계 연구,"「신학과 실천」 74(2021), 224.

4 김경재, "한류에 대한 문화신학적 조명: 인간다운 삶의 통전적 관계성, 창조적 역동성, 초월적 영성을 중심으로,"『한류로 신학하기』 (서울: 동연, 2013), 75-76.

5 Lynn Schofield Clark, "Why Study Popular Culture?," in *Between Sacred and Profane: Researching Religion and Popular Culture*, ed. Gordon Lynch (London, UK: I. B. Tauris, 2007), 10-11.

6 민필원, "한류 열풍 속 대중문화를 통한 아시아 선교의 가능성,"「성경과 신학」 64(2012), 70.

으로 하는 신학적 분석을 통해 기독교 복음의 문화적 소통을 위한 방안을 제시하였다.

1 한류와 현대목회

한류는 드라마와 댄스음악을 중심으로 중국과 대만 등지에서 인기를 얻었던 1990년대 말에서 2000년대 초의 생성기, 일본과 아시아 각국에서 드라마의 주인공이 부각되었던 2000년대 초반에서 중반의 심화기, 그리고 K-Pop을 중심으로 전 세계적 인기를 구가하는 2000년대 말 이후의 진행기로 구분된다.[7] 다른 관점에서는 이를 중국과 동남아를 중심으로 40-50대 중년이 한국 드라마와 배우들에 열광하였던 2000년대 초반의 버전 1.0, 일본과 중앙아시아의 10-20대 사이에서 K-Pop과 아이돌이 인기를 얻으며 우리나라의 문화 콘텐츠에 대한 관심이 증대되던 2000년대 후반의 2.0, 그리고 유럽과 미국, 남미 등 전 세계를 대상으로 유통, 음식, 출판, 애니메이션 등 산업 전반에 걸쳐서 한국문화에 대한 호감을 보인 2010년대 이후의 3.0으로 나누기도 한다.[8] 계몽주의 시대에 중국문화가 서구에 전래되며 일어난 중류(中流)가 책을 통한 문물의 전수, 농업기술의 일방향적 전래, 가부장적인 윤리와 생활문화가 예술에 영향을 미치는 과정에서 금세 몰락한 것과 달리,[9] 한류는 선진적인 IT 기술을 통해 다양한 채널을 통해 전파되며, 여성 리더십과 가능성을 강조하며 예술문화가 생활의 저변으로 확산된 것이라는 점에서 더욱 잠재력이 크다는 사실을 주목할 필요가 있다.[10] 따라서 한류에 대한 구분 자체보다 그 과정에서

---

7 고정민, 『한류포에버: 일본편』 (서울: 한국문화산업교류재단, 2011), 14-16.

8 매일경제 한류본색 프로젝트팀, 『한류본색』 (서울: 매경출판, 2012), 27.

9 17-18세기에 유럽이 중국문화를 동경하는 흐름에서 생긴 중류, 즉 "시누아즈리"(Chinoiserie)는 유럽의 상류층을 중심으로 중국풍의 가구, 도기, 직물, 정원설계 등을 통해 확산되었다. Emily E. Eerdans, *Classic English Design and Antiques: Period Styles and Furniture* (New York, NY: Rizzoli International Publications, 2006), 22-25.

10 김혜경, "시누아즈리(中流)를 통해 본 한류와 선교의 과제," 『한류로 신학하기』 (서울: 동연, 2013), 616-618.

발생한 한류의 확산요인을 점검함으로써 한국교회가 복음을 중심으로 시대와 소통하기 위한 가교를 삼아야 할 것이다.

1) 한류의 개념 및 발전

한류(Hallyu, Korean Wave)는 지난 1997년 중국중앙텔레비전(CCTV: China Central Television)를 통해 방영된 "사랑이 뭐길래"라는 제목의 한국 드라마가 4%대의 높은 시청률을 기록하며 한국 문화에 대한 관심이 확산되는 과정에서 붙여진 용어이다.[11] 이후 2000년 2월 HOT의 베이징 공연이 1만 명 이상의 중국 팬들의 열광적인 반응을 통해 주목 받음으로써 K-Pop이 한류 열풍에 가세하기 시작하였다. 한편, 드라마 "겨울연가"가 2003년 4월 일본 NHK 위성방송에서 성황리에 종료된 이후 같은 해 12월에 재방송되었고, 다음 해인 2004년에는 NHK 지상파 본방송에서 방영되며 최고 시청률 20%를 넘는 열풍을 일으킴으로써 일본에서도 한류가 본격적으로 확산되었다. 드라마 "대장금" 역시 2004년에 일본에서 대성공을 거두고, 2005년 중국에서도 큰 인기를 얻었다. 한편 2011년 SM 타운 월드투어에서 프랑스 K-Pop 팬들이 공연의 연장을 요구할 정도로 인기를 누렸고, 2012년 카라와 소녀시대의 일본 공연 및 EXO와 빅뱅이 세계적인 아이돌 그룹으로 성장하며 한류는 K-Pop을 중심으로 유럽으로 확산되었다. 드라마 부문에서도 2014년 "별에서 온 그대"가 중국 내에서 40억이 넘는 조회수를 기록하였고, "태양의 후예" 역시 25억 이상의 조회수를 기록하며 성공을 거두었다. 오늘날 한국 드라마와 영화는 헐리우드 영화의 성적 어필을 강조하는 직설적인 감정 표현과 달리, 인간 본연의 선한 심성에 기인한 낭만적 사랑과 인간다움의 건전한 아름다움을 강조함으로써 시청자들의 감정 승화 기회를 제공하며 전세계적으로 확산되고 있다.[12]

---

11 한류 드라마는 우리나라 드라마 시장의 한계를 넘어 전 세계 시청자들과 소통할 수 있는 보편적 주제인 남녀간의 사랑과 가족을 중심으로 성공을 거두고 있다. 장원호, "한류의 전개와 글로벌 수용의 변화," 「지식의 지평」 27(2019), 1.

12 김경재, "한류에 대한 문화신학적 조명: 인간다운 삶의 통전적 관계성, 창조적 역동성, 초월적 영성을 중심으로," 82.

K-Pop으로 범위를 좁혀보면 한류는 1997-2000년 사이에 HOT를 중심으로 중국 시장에 안착한 K-Pop 1기, 2001-2009년까지 가수 보아와 동방신기 등을 중심으로 중국은 물론 일본과 동남아 전역으로 확장한 K-Pop 2기, 빅뱅과 EXO 등이 아시아를 넘어 유럽에서도 인기를 얻고, 2012년 가수 싸이(Psy)가 빌보드 싱글 차트 2위에 오름으로써 미국 시장의 가능성을 엿본 K-Pop 3기, 그리고 방탄소년 단이 빌보드 뮤직 어워즈(Billboard Music Awards)에서 톱 소셜 아티스트(Top Social Artist) 상을 수상한 2017년 이후 미국에서마저 큰 인기를 얻으며 전 세계를 석권하기 시작한 K-Pop 4기로 구분할 수 있다.[13] 아메리칸 뮤직 어워즈(American Music Awards), MTV 비디오 뮤직 어워즈(MTV Video Music Awards), 피플스 초이스 어워즈 (People's Choice Awards) 등 전 세계의 다양한 상들을 수상한 방탄소년단은 빌보드로 만 한정해도 2017-2019년 연달아 톱 소셜 아티스트(Top Social Artist) 상을 수상하였고, 2019년에 톱 듀오/그룹(Top Duo/Group) 상을 수상하고, 2020년에도 후보에 오르며 미국에서도 한류 열풍을 안착시켰다. K-Pop은 자본과 권력의 노예로 전락한 현대인들이 무의식적으로 갈망하는 인간성의 보편적 정서에 어필하는 한편, 우리나라 고유의 풍류도라는 특수성의 융합을 통해 전 세계로 확산되는 초국가주의로 자리 잡고 있다.[14]

2) 한류의 현대목회적 의의

기본적으로 음악산업은 대체로 다른 산업 분야들보다 더 민주적이고 인간 친화적인데, 이는 음악은 다른 어떤 분야보다 능력, 즉 음악적 재능을 중시하기 때문이다.[15] 또한, 음악은 다양한 정치, 종교, 사회, 인종, 문화, 계층적 배경을 가진 사

---

[13] 이인혜, 권상집, "K-POP 패러다임을 넘어: 빅히트 엔터테인먼트의 한국형 문화 혁신에 의한 가치 창출," 「Korea Business Review」 25(2021), 59.

[14] 김명희, "선교, 한류에서 배우다: 한류의 뿌리 풍류도를 중심으로," 『한류로 신학하기』 (서울: 동연, 2013), 174-176.

[15] 그러나 대중적 인기에 기인한 음악산업의 슈퍼스타 시스템이 승자독식의 구조를 가지고 있기 때문에 아티스트, 매니지먼트, 기획사, 공연연출 등 다양한 구성원들이 공정한 땀의 대가를 가져가도록 하는 수익구조로 재편해야 한다는 점은 음악산업의 지속적 발전을 위한 과제이다. 앨런 크루거,

람들을 한데 묶는 희소한 방법 중 하나라는 측면에서 가치가 있는데, 그러한 방법
론적 효과는 인류의 보편적 정서와 경험을 통해 소통하는 진정성을 전제하는 것이
다. 물론 경제학적 관점에서 볼 때에 음악의 매력 때문에 아무런 대가 없이 창작과
연주 등 음악 활동에만 전념하려는 아티스트들이 끊임없이 공급된다는 사실은 음악
산업에 종사하는 이들의 소득에는 하방 압력으로 작용한다.[16] 하지만 눈에 보이지
않는 무형적 측면에서 음악의 가치는 무궁무진한데, 급변하는 현대사회 속에서 개
인의 마음을 어루만지는 역할뿐만 아니라 사회를 하나로 연대하도록 하는 구심으로
도 기능하기 때문이다. 따라서 음악산업은 경험과 소통을 통해 사람을 즐겁게 하고,
사람을 위로하는 음악의 본질적 기능에 충실하는 한편, 나날이 발전하고 있는 디지
털 기술을 활용하여 온라인에서도 오프라인의 현장감을 느낄 수 있도록 하는 다채
로운 방법들을 모색하고 있다.

　　한국교회는 현대목회의 차원에서 전 세계적 붐을 일으키고 있는 한류의 양방
향적 소통 및 끊임없는 변화와 혁신의 자세를 배워야 한다. 특히 한류는 국내, 외적
선교의 차원에서 중요한 현대목회적 의의를 갖는다. 우선 국내 선교와 관련하여 한
류는 이미 디지털 세상에서 많은 시간을 보내는 MZ세대와의 소통을 위한 중요한
가교가 되며, 따라서 디지털 선교 현장(digital mission fields)의 차원에서 전략적 도구
로서 육성하고 활용할 필요가 있다.[17] 또한, 해외 선교와 관련하여 이념적 차원에서
개인구원에 초점을 맞춘 복음주의 선교와 사회구원을 강조하는 에큐메니컬 선교의
방식을 통합하는 통전적 선교의 입장을 견지하는 동시에, 지역적 차원에서는 기존
의 제국주의적인 일방적 선교를 지양하고 상호 소통을 통한 세계화와 지역화를 동
시에 견지한 글로컬 선교를 지향해야 한다.[18] 이는 세계 젊은이들에게 익숙한 서구
의 팝 스타일이라는 유사함에 더하여 한국의 인본주의적 문화와 윤리가 이룬 혼종
성이 한류의 근간임을 고려할 때, 통전적 방식의 선교는 주목할만하며, 상황화를 거

　　안세민 역, 『로코노믹스』 (서울: 비씽크, 2021), 97.

16 Ibid., 80.

17 계재광, "코로나 19 속 뉴노멀 시대 미국의 선교적 교회에 관한 연구," 「신학과 실천」 74(2021),
771－772.

18 이찬석, "K－Pop과 글로컬 선교," 『한류로 신학하기』 (서울: 동연, 2013), 387－392.

부하는 자문화 중심주의 및 무조건적으로 현지성을 수용하는 무비판적 상황화 양자를 거부하는 동시에 현지의 문화를 복음의 렌즈를 통해 조명하는 비판적 상황화의 측면에서도 적실하다.[19] 일례로 전통적으로 음악을 즐기며 교감해온 탓에 복음을 받아들인 이후에도 격정적 예배의 문화를 견지하는 몽골교회의 성장과 성숙을 위해서 음악적 영성을 기반으로 예배 사역자를 육성하여 무속적 잔재를 청산하고 복음에 집중할 수 있도록 하는 데에 한류를 통한 접근이 유용하다.[20] 하지만 한류를 활용하여 선교적 전략을 입안하고 실천하는 과정에서 한류가 드러내는 문화와 자본, 권력만을 추구하는 세속적인 가치가 아닌, 복음에 기반한 선교의 핵심 가치를 수호해야 할 것이다. 확고한 복음의 기반 위에서 성육화된 방식의 선교만이 온전한 역할을 수행할 수 있기 때문이다.

2 방탄소년단의 사례

한류와 관련한 관광 및 부가산업에 미치는 경제적 파급효과는 지대하다.[21] 범위를 좁혀 로코노믹스의 관점에서 음악산업의 변화를 가늠해보면 오늘날 겉으로 드러나는 방탄소년단의 성공은 단기적인 경제적 효과에 그치지 않을 것으로 전망된다. 방탄소년단이 시대적 변화의 조류를 선도하는 모습을 보이며 오히려 도약의 든

---

19 심정연, "문화 세계관 분석 기반의 기독교 인지행동치료의 고찰," 「신학과 실천」 72(2020), 416-417.

20 김은호, "몽골교회의 내적성장 위한 예배회복 선교전략," 「신학과 실천」 72(2020), 644-645.

21 한국관광공사는 한류 관광을 한국 대중음악(K-Pop), 한국 드라마, 한국 예능 프로그램, 한국 영화를 선호하고 그 선호가 한국 관광 결정에 영향을 미쳐서 드라마 또는 영화 촬영지 방문, K-Pop 공연 및 팬 미팅 참가 등 한류와 관련한 직접적 방한 관광 활동을 수행하는 경우를 지칭하는 협의의 한류 관광과 협의의 한류관광에 포함된 한국문화 외 한국 공연(대중가요 제외), 전통음악, 한국 도서·출판, 한국 애니메이션·캐릭터, 한국 음식, 한국 패션, 한국 뷰티, 한국 스포츠, 한국 게임, 의료 관광, 한국 무술, 한국 전통의복 등을 선호하고, 그 선호가 한국관광 결정에 영향을 미친, 즉 한류의 영향으로 파생된 방한 관광 활동을 뜻하는 광의의 한류 관광으로 나누었다. 한국관광공사가 수행한 "2018 외래관광객 실태조사 조사"에 의하면 협의의 한류 관광객은 전체 인바운드 관광 시장에서 7.4%를 차지하며, 광의의 한류 관광객은 55.3%를 차지한다. Cf. 한국관광공사, 『한류관광시장 조사 연구』. (원주: 한국관광공사, 2019).

든한 발판을 마련하고 있기 때문이다. 그러한 성공요인을 살펴보는 것은 복음의 텍스트를 중심으로 시대와 소통해야 할 신학적 과제의 측면에서 혜안을 제공할 것이다.

1) 로코노믹스와 음악산업의 변화

로코노믹스(Rockonomics)는 1984년 10월 빌 스타이거왈드(Bill Steigerwald)가 콘서트 관련 암표 판매에 대한 불만을 제기하며 로스앤젤리스 타임스(Los Anageles Times)에 "공급 측면의 로코노믹스"(Supply-Side Rockonomics)라는 제목의 기사를 통해 처음 소개한 개념으로서, 2005년 앨런 크루거(Allan B. Krueger)가 마리 코놀리(Marie Connolly)와 함께 쓴 논문에서 처음 학문적으로 사용하며 알려진 용어이다.[22] 미국 프린스턴 대학(Princeton University)의 경제학 교수로서 빌 클린턴(Bill Clinton) 및 바락 오바마(Barack Obama) 행정부에서 노동부 수석이코노미스트와 재무부 차관보, 백악관 경제자문위원회(CEA: Council of Economic Advisers) 위원장을 역임한 크루거는 행동경제학(Behavioral Economics)의 관점에서 음악산업에 있어서 의사결정과 경제적 결과에 대하여 감정이 중요함을 간파하고, 음악산업을 연구함을 통해 경제와 인간 행동에 대한 새로운 통찰을 얻게 하는 것이 로코노믹스의 의의라고 설명하였다.[23]

디지털 녹음 기술의 등장과 인터넷의 보급으로 인해 음반의 복제와 공유가 용이해짐에 따라 음반 제작사가 음반 판매를 통해 수입을 올리던 시대가 지나가고, 사용자가 언제든지 개인적인 취향에 적합한 곡을 들을 수 있는 스포티파이(Spotify), 애플 뮤직(Apple Music), 멜론(Melon), 유튜브 뮤직(Youtube Music), 지니뮤직(Genie Music), 플로(FLO), 바이브(VIBE) 등 스트리밍 서비스 기업들이 수익을 독식하는 시대가 되었다. 더욱이 음악과 동영상의 스트리밍 서비스 통합이 이루어지기 시작한 상황에서 음악산업을 이해하고, 향후 방향성을 제시하기 위해서는 기존의 수요와 공급을 중심으로 하는 경제학적 분석과 전망 외에 새로운 혜안이 필요하다. 따라서

---

22 앨런 크루거, 『로코노믹스』, 34-35.
23 Ibid., 24-25.

음악산업 자체의 특성들을 토대로 음악시장과 관련 산업 전반에 대하여 새롭게 조명하는 작업이 필요한데, 그러한 작업을 위하여 로코노믹스는 유용한 수단으로 기능하고 있다.

다른 산업 부문들과 마찬가지로 음악산업 역시 제품과 서비스에 대한 수요와 공급에 의해 가격이 결정되는 전통적인 경제학의 법칙을 따른다. 예를 들어 인기 아이돌 그룹의 경우 팬들의 수요가 많을수록 신규 출시되는 음반의 가격을 올리면 그만큼 수익을 얻을 수 있다. 하지만 너무 가격을 많이 올려버리면 팬들에게 바가지를 씌운다는 지적을 받아 평판이 떨어지고 인기에도 악영향을 미칠 수 있다. 그러한 차원에서 K-Pop을 단순히 다양한 상품에 붙는 상표, 그 이상도 이하도 아닌 것으로 정의하는 주장도 있다.[24] 하지만 음악이라는 개념이 단순히 제품이라고 보는 것은 지나친 견해이며, 그렇다고 해서 음악을 무형의 서비스로 보기도 어려운데, 이는 음반을 구입하거나 인터넷 다운로드를 통해 보유할 수 있고, 스트리밍을 통해 반복해서 접하고 누릴 수 있기 때문이다. 그럼에도 불구하고 음악산업에는 수요와 공급을 통해 가격이 결정되는 경제학의 기본적인 구조가 반영되어 있는데, 이는 음반판매, 스트리밍 이용도, 콘서트 및 제품 관련 수요가 많을수록 음반제작사, 기획사, 세션, 가수 또는 아티스트들의 수입이 많아지기 때문이다.

따라서 충분히 수익을 내는 수요를 창출할 수 있는 가수의 음악성(재능)과 노력이 음악산업의 기본적인 공급의 요소가 된다. 하지만 사회변화와 기술수준의 향상에 따라 대중들의 취향이 변하기 십상이고, 예측할 수 없는 사건 발생이 수익성을 좌우하는 요인으로 작용하기도 하므로 팬덤의 변동성을 줄이며 더 많은 팬들을 확보하는 전략이 요구된다. 대중들의 선호도 변화로 인해 과거의 성공이 미래의 성공을 보장하지 않는 것은 물론이고, 치열한 경쟁 상황 속에서 노력을 게을리해서도 안 된다. 특히 한류를 가능하게 한 한국 시장은 과도한 경쟁에 따른 레드퀸 레이스(Red Queen's Race) 상황이므로 조금만 경쟁 상황에서 지체해도 즉시 도태되기 때문이다.[25] 또한, 단순히 수익을 극대화하는 것이 아니라 비용을 최소화하는 것도 필요

---

24 이수환, "케이팝(K-Pop), Korean과 Pop Music의 기묘한 만남," 「인문논총」 73(2016), 96.

25 레드퀸 레이스는 "이상한 나라의 앨리스"(Alice in Wonderland)를 쓴 작가 루이스 캐릴(Louis

한데, 최고 수준의 음반기획 및 공연을 위한 악기와 장비 및 인력 관련 비용이 급증하는 오늘날 음악성을 바탕으로 광범위한 팬들을 확보하고 있음에도 불구하고 적자를 낼 수 있기 때문이다. 이처럼 치열한 경쟁의 상황 속에서도 방탄소년단은 2020년 9월 미국 게임사 에픽게임즈(Epic Games)[26]의 "포트나이트"(Fortnite)라는 게임 속 가상공간으로서 파티로얄(Party Royale)[27] 모드에서 신곡 다니어마이트(Dynamite) 뮤직비디오를 공개하였을 때에 전 세계에서 3억 5천만 명 이상이 모였고,[28] 네이버 라인프렌즈와 함께 가상 캐릭터인 "BT21"을 제작하여 가상 인플루언서로 활동하게 하며 메타버스 시대를 선도하는 모습을 보이며 지속적인 성공의 기반을 확고히 하고 있다.[29]

2) 방탄소년단의 경제적 파급효과

2018년 12월 현대경제연구원은 방탄소년단이 창출한 경제적 가치를 추정하였는데, 그에 따르면 방탄소년단 공연을 보기 위해 내한한 외국인 관광객 유입을 통한 생산유발액은 연평균 1조 6,300억 원, 부가가치유발액은 연평균 7,200억 원이며, 소비재 수출 증가에 따른 생산유발액은 연평균 4조 1,400억 원, 부가가치유발액은

Carroll)의 소설 "거울 속 나라로"(Through the Looking-Glass)에서 등장하는 내용이다. 나무 아래에서 열심히 달려도 여전히 제자리에 머물러 있는 엘리스를 본 레드퀸이 거기에서는 단지 제자리에 머무르기 위해서 온 힘을 다해 달려야 한다고 말하였다. 따라서 레드퀸 레이스는 아무리 열심히 노력해도 제자리에 머물러 있는 상황을 가리키는 개념으로 사용되었고, 이는 초식동물이 포식자에게 잡아먹히지 않기 위해서는 열심히 달리기 수준을 향상시켜야 하는데, 포식자 역시 사냥을 위해 달리기 연습을 한다는 사실을 토대로 동물의 체계가 계속 진화하기 때문에 현재 수준을 유지하기 위해서라도 지속적으로 노력해야 함을 의미하는 "레드퀸 효과"(Red Queen Effect)라는 개념으로 발전하였다. 장원호, "한류의 전개와 글로벌 수용의 변화," 「지식의 지평」 27(2019), 8.

26 에픽게임즈(Epic Games)는 1991년 메릴랜드 대학(University of Maryland)에서 기계공학을 전공하던 팀 스위니(Tim Sweeney)가 창업한 회사로서 처음에는 컴퓨터 컨설팅 회사로 시작했지만 그가 제작한 액션 어드벤쳐 퍼즐 비디오 게임인 ZZT가 잘 팔리자 비디오 게임 개발 및 유통 회사로 변모하였다.

27 파티로얄(Party Royale)은 에픽게임즈의 3인칭 슈팅 게임인 포트나이트의 다양한 게임 모드 중에서 싸우지 않아도 되는 게임 모드로서 플레이어들이 다양한 문화 콘텐츠를 즐기고 소통할 수 있도록 하는 가상 공간이다.

28 강일권, "장르의 진화 혹은 미래, 그리고 메타버스," 「황해문화」 111(2021), 332.

29 편집부, "가상 인플루언서의 진화," 「마케팅」 55(2021), 17-18.

1조 4,200억 원에 달한다. 또한, 향후 5년간 데뷔 이후 인기도의 평균수준을 유지할 것으로 가정할 때에 방탄소년단이 데뷔 이후 10년간 유발하는 총 경제적 효과는 생산유발효과 41조 8,600억 원, 부가가치유발효과는 14조 3,000억 원으로서 총 56조 1,600억 원에 달할 것으로 전망하였다.30 구체적으로 방탄소년단의 인지도가 1.0% 상승할 때에 외국인관광객수 증가율은 0.45%로서 이에 따른 연평균 외국인관광객 증가 수는 약 79만 6천 명이며, 2018년 기준으로 외국인관광객 1인당 평균 소비지출액은 약 1,042달러이므로 79만 6천 명의 총 소비지출은 9,249억 원이고, 이에 대한 생산유발액은 1조 6,300억 원, 부가가치유발액은 7,200억 원에 달할 것으로 추정한 것이다. 마찬가지로 방탄소년단의 인지도 1.0% 상승에 따른 주요 소비재수출액 증가율은 의복류 0.18%, 화장품 0.72%, 음식류 0.45%로서 이는 연평균 의복류 2억 3,398만 달러, 화장품 4억 2,664만 달러, 음식류 4억 5,694만 달러의 규모에 달하는데, 이는 국내 전체 외국인관광객의 7.6%, 소비재수출액의 1.7% 수준에 해당한다.31

또한, 방탄소년단의 기획사인 하이브(VIBE)32는 2005년 창업 이후 2013년 방탄소년단을 데뷔시킨 후 각광을 받기 시작하며 2016년 매출액 360억 원, 영업이익 110억 원에서 2017년 매출 924억 원, 영업이익 325억 원, 2018년 매출 3,014억 원, 영업이익 799억 원, 2019년 매출 5,782억 원 및 영업이익 987억 원, 2020년에는 매출 7,963억 원 및 영업이익 1,424억 원, 2021년 매출 1조 2,572억 원과 영업이익 1,903억 원을 기록하며 창사 이래 최대실적을 거두는 등, 최근 6년간 매출이 34.9배, 영업이익은 17.3배를 달성하는 폭발적인 성공을 거두었다.33 따라서 하이브는

---

30 현대경제연구원, "방탄소년단(BTS)의 경제적 효과," 「현안과 과제」 (2018), 9.

31 Ibid., 7-8.

32 방탄소년단을 육성, 개발한 빅히트 엔터테인먼트(Big Hit Entertainment)는 2021년 3월부로 사명(社名)을 하이브(HYBE)로 변경하였다.

33 하이브는 2022년에도 1분기 매출액 2,850억 원, 영업이익 370억 원을 기록했고, 방탄소년단이 군입대 등의 이유로 잠정적으로 활동을 중지하겠다고 선언한 2022년 6월 이후 2분기 실적 역시 5,122억 원 매출과 883억 원의 영업이익이라는 기록적인 실적을 나타냈다. 3분기 들어서 매출액이 4,455억 원, 영업이익이 606억 원으로 다소 줄어들었지만 2021년 3분기와 비교하면 매출은 30.6% 증가, 영업이익은 신인 데뷔 관련 비용으로 인해 7.6% 하락한 것으로 견조한 추세를 유지하였다. https://hybecorp.com/kor/ir/archive/result. (2023년 1월 12일 접속).

2019년 이후 국내 3대 기획사인 SM 엔터테인먼트, JYP 엔터테인먼트, YG 엔터테인먼트의 영업이익을 합친 것보다 더 많은 영업이익을 창출하였고, 2020년 가장 많은 매출액을 기록하며 국내 최고의 문화기업으로 등극하였다. 그러한 성공을 기반으로 하이브는 2020년 10월 15일 코스피 시장에 순조롭게 상장하였고, 빅히트 (Big Hit), 쏘스뮤직(Source Music), 빌리프랩(Belift Lab), 플레디스(Pledis Entertainment), KOZ(KOZ Entertainment) 등 5개의 레이블과 7개의 비즈니스 부문을 중심으로 영역을 확장하고 있다.

3) 방탄소년단의 성공요인

방탄소년단은 기존의 K－Pop 성공 공식을 따르지 않고 나름대로의 방식을 통해 그러한 성공을 거두었는데, 방탄소년단의 성공요인은 멤버의 구성 및 스토리텔링과 독자적인 플랫폼 구축으로 요약할 수 있다. 기존 K－Pop을 이끌던 아이돌 그룹은 해외 시장을 공략하기 위해서 영어와 중국어에 능통한 교포 출신 멤버를 영입하거나 아예 외국인 멤버를 포함시키고, 가사에도 외국어를 포함시키는 방법을 통해 글로벌 시장 진출을 노렸다. 하지만 방탄소년단은 순수한 국내파들로 멤버를 구성하는 한편, 우리나라 고유의 문화와 정서를 담은 한국어 가사 위주의 노래를 통해 글로벌 시장에 대한 성공을 이루었다. 이는 기존의 방법이 아시아 시장을 공략하는 데에는 효과적인 측면이 있지만 미국과 유럽의 서구 시장을 겨냥하여 장기적인 성공을 거두기에는 한계가 있다는 자각에 의한 것이다.[34]

대신 방탄소년단은 한국적 정서를 강조하는 동시에 서구에서 경험할 수 없는 콘텐츠 및 스토리텔링을 통해 불완전 대체제(imperfect substitute)로서 자리매김하는 전략을 추진하였다. 하이브는 "음악과 아티스트를 통해 모든 사람에게 위로와 감동을 준다"는 미션 스테이먼트 아래에서 기존 기획사들이 추구한 재미와 흥미를 초월하고자 하였다. 그러한 차원에서 랩퍼나 힙합 그룹이 주로 사용하는 공격적인 가사

---

34 이인혜, 권상집, "K－POP 패러다임을 넘어: 빅히트 엔터테인먼트의 한국형 문화 혁신에 의한 가치 창출," 60.

나 가벼운 노랫말이 아니라 철학적 메시지를 통해 세계관을 팬들과 공유하기를 도모하였고, 기존 K-Pop 아이돌 그룹들의 곡이 담고 있는 신세대 트렌드를 반영하는 즉흥적인 가사를 지양하고자 하였다. 따라서 방탄소년단은 즐거운 일회성의 음악보다는 시대적 현실을 담는 작품을 지향하며 성별, 연령, 인종, 종교, 계층, 성적 정체성 등과 상관없이 누구나 공감할 수 있는 철학적 메시지를 담기 위해 노력하였다. 특히 멤버들이 직접 쓴 가사는 MZ세대가 고민하는 진로와 취업, 경쟁에 대한 전 세계적 사회 현실을 반영하며 팬들과 교감하는 토대가 되었다.[35] 이같이 방탄소년단은 가사에 담은 진정성을 통해 음악과 현실의 삶을 연결하는 한편, 자신들과 팬들을 하나로 묶어 공동체 의식과 연대감을 확보함으로써 성공을 거두었다.

디지털 기술의 발전과 관련하여 방탄소년단은 멤버들을 소셜 미디어에 지속적으로 등장시키며 팬들과의 거리를 좁히는 데에 주력했고, 사회적 거리두기가 확산된 코로나 19 시대에도 집에서 즐기는 "방방콘"(방에서 즐기는 방탄소년단 콘서트)을 개최하여 성공을 거두었다. 이는 아이돌 그룹의 신비주의 마케팅을 고수하며 기획사가 멤버들을 통제함으로써 팬들과의 일정 거리를 유지했던 기존의 방식과 정반대가 되는 것으로서 방탄소년단은 자신들의 일상생활을 다양한 온라인 플랫폼을 통해 노출시키고 팬들과 소통하며 친밀감을 형성하였다. 또한, 멤버들을 예능 프로그램에 출연시키며 인지도를 높이던 기존의 아이돌 그룹과 달리, 방탄소년단은 멤버들을 지속적으로 유튜브에 등장시켜 팬들과의 친밀감 증대를 도모하였고, 하이브는 2019년 6월 독자적인 플랫폼인 위버스(Weverse)를 런칭하여 방탄소년단의 일거수 일투족을 소개하며 팬들과의 접촉을 확대하였다. 그 결과 방탄소년단이 2020년 4월 개최한 방방콘은 전 세계에서 224만 명에 달하는 동시접속 팬들이 집결하였고, 조회수는 5천만 건을 돌파했으며, 콘서트가 시행된 이틀 동안 기획상품 판매 수익만 154억 원, 공연티켓 판매수익 144억 원 등 도합 298억 원의 매출을 기록함으로써 유료 온라인 공연 매출 및 동시접속 기준에서 세계 최대 기록을 세웠다.[36]

---

35 방탄소년단이라는 팀 명칭 자체가 총알을 보호하는 장치라는 의미를 통해 젊은이들의 고통과 압박을 막아주는 역할을 수행하겠다는 의지에서 고안된 것이다.

36 이인혜, 권상집, "K-POP 패러다임을 넘어: 빅히트 엔터테인먼트의 한국형 문화 혁신에 의한 가치 창출," 71.

3 K-Pop과 복음

창의성을 발휘하는 예술적 행위는 하나님 형상으로 창조된 인간의 본질적 행위이다. 그러나 인간이 생산한 모든 창조적 작품과 행위가 예술품인 것은 아니다. 그러므로 한국교회는 대중문화와 한류, 특히 K-Pop을 평가함에 있어서 K-Pop의 현대적인 양식과 가사, 가미된 춤 등이 하나님의 일반은총으로서 받아들일 만한 것인지를 점검하는 한편, 한류의 각종 형태 내에서 사람을 일으켜 세우는 기독교 복음의 구속적 의미가 실현되도록 성령의 도우심을 구하며 지속적인 모니터링과 함께 활용방안을 모색해야 할 것이다.[37]

1) 신앙과 문화

리차드 니버(Richard Niebuhr)는 1951년 그의 저서 그리스도와 문화(Christ and Culture)를 통해 문화를 인간 활동의 전적인 과정과 그 활동의 전적인 결과물이자, 인간이 자연적인 것 위에 억지로 뒤집어씌운 인공적인, 제2의 환경으로 정의하며 기독교 문화관을 다섯 가지로 요약하였다.

첫째, 대립 유형(Christ against Culture)은 기독교와 문화가 상반되는 대립 관계에 있다고 전제하는 소종파주의적이며 근본주의적 입장으로서 그리스도의 계명에 대한 엄격한 준수를 강조했던 터툴리안(Tertullian), 인간성 자체가 아니라 문화적 제도 안에 악이 있다고 믿으며 결과적으로 철학, 과학, 예술 등을 모두 거부했던 레프 톨스토이(Lev N. Tolstoy)를 대립 유형의 대표적인 인물들로 제시하였다. 니버는 대립 유형이 기독교 신앙의 사회문화적 타당성과 책임성을 간과하는 오류를 범하였다고 지적하였고, 그러한 반문화적 사고는 이성과 계시를 극단적으로 구분하는 이원론 사상으로 변질될 가능성이 있다고 우려하는 한편, 자연의 창조주, 역사의 지배자,

---

37 그러한 과정에서 무분별하게 교회의 행사와 프로그램을 종교적 상품화하는 우를 경계해야 할 것이다. Richard R. Gaillardetz, *Transforming Our Days: Finding God Amid the Noise of Modern Life* (Liguori, MO: Liguori Publications, 2007), 51-52.

피조물과 기독교 공동체에 내재한 성령과 예수 그리스도의 관계성을 부정하는 것이 가장 큰 한계라고 비판하였다.

둘째, 일치 유형(The Christ of Culture)은 기독교와 문화의 극단적인 일치를 강조하는 자유주의적 견해로서 문화 안에 있는 요소들은 그리스도의 사역과 인격에 가장 일치되는 것이라고 이해하는 입장이다. 일치 유형의 대표적인 예는 낡은 유대교적 신관과 역사관에서 복음을 해방시켜서 기독교 신앙을 지식인의 지적 수준에까지 끌어올리려고 노력했던 2세기 바실리데스(Basilides), 시몬 마그누스(Simon Magnus), 3세기 발렌티누스(Valentinus) 등 초기 기독교의 기독교 영지주의자들, 기독교는 실재(實在)에 관한 철학적 지식, 생활 개선의 윤리이며, 그리스도는 위대한 도덕교사라고 주장했던 중세 스콜라 신학자 피에르 아벨라르(Peter Abelard), 그리고 그리스도와 문화의 일치를 주장한 19세기 문화-프로테스탄티즘(Culture-Protestantism) 등이다. 니버는 일치 유형에 대하여 성경에 나타난 그리스도의 모습을 영적 지식, 논리적 이성, 내적 도덕률, 형제애 등의 이념으로 왜곡시켰다고 지적하며, 결국 율법과 은혜의 양극에서 율법을 강조하는 사변적 이성으로 기울어져서 하나님의 은총이 인간의 계획에 대한 보조 수단으로 전락했다고 비판하였다.

셋째, 종합 유형(Christ above Culture)은 그리스도는 이 세상과 영적 세상 모두에서 주님이 되신다고 주장하며 그리스도와 문화 양자를 긍정하는 입장이다. 스토아적 초월성과 기독교적 사랑은 상통한다고 주장했던 알렉산드리아의 클레멘트(Clement of Alexandria)와 그리스도는 문화를 초월한다고 지적하면서도, 양자 모두를 긍정하여 철학과 신학, 국가와 교회, 세속 윤리와 기독교 윤리, 자연법과 신법(神法), 그리스도와 문화 사이의 결합 성취를 시도했던 토마스 아퀴나스(Thomas Aquinas)가 종합 유형에 속하는 대표적 인물들이다. 니버는 종합 유형이 인간 행위 안에 내포된 근본적인 악을 진지하게 고려하지 않았고, 신의 은혜에서 독립된 이성적 신(神) 인식과 윤리성을 인정하는 잘못된 전제 위에 서 있다고 지적하며, 이는 인간의 전적 타락을 인정하지 않고 무한과 유한, 생명과 물질, 절대적인 것과 상대적인 것을 절충하려는 무리한 시도라고 비판하였다.

넷째, 역설 유형(Christ and Culture in Paradox)은 그리스도와 문화 양자를 모두 인정하면서도 양자의 이질성을 강조하는 입장으로서, 의인이며 동시에 죄인인 인간은 기본적으로 문화에 속해 있어서 그것을 벗어날 수 없다고 주장하며 하나님께서 문화 안에서, 또한 문화를 통해서 인간을 붙들어 주시는 부패한 인간 문화 속에서 작용하는 하나님 은혜를 긍정한다. 결국 인간은 율법과 은혜, 하나님의 진노와 긍휼, 계시와 이성, 창조주와 구속주, 인간의 의(義)와 하나님의 의 사이의 긴장과 역설 관계에서 살아가는 존재인 것이다. 이 같은 주장을 펼치는 대표적 인물은 문화적 제도와 특징, 인간의 모든 업적은 죄의 의미 아래에 있다고 보지만 주님의 은혜로 문화의 구속을 인정하는 사도 바울, 신앙과 문화가 서로 침투하여 긴장 관계 속에 있다고 생각한 마틴 루터(Martin Luther), 그리스도인 생활의 이원적 성격에 초점을 맞추어 영과의 긴밀한 내적관계와 타인과 사물에 대한 외적관계, 즉 무한과 유한의 관계를 강조한 죄렌 키에르케고르(Sören Kierkegaard), 윤리적 의식 안에 있는 양심과 도덕으로서의 문화적 가치를 동시에 인정했던 에른스트 트뢸취(Ernst Tröeltsch) 등이 있다. 니버는 역설 유형이 하늘과 땅의 중간 시대에 사는 기독교인의 현실적 투쟁을 잘 반영하지만 기독교인을 반(反) 율법주의 및 문화적인 보수주의에 빠지게 함으로써 종교적 제도와 관습의 개혁에만 관심을 가지고 노예제도, 사회계급과 관련한 실제적 문제에 대해서는 침묵한다고 비판하였다.

다섯째, 변혁 유형(Christ the Reformer of Culture)은 니버가 자신의 유형론에서 유일하게 비판을 제기하지 않는 유형으로서 인간의 전적인 타락(부패성)과 그에 대한 하나님의 심판 및 죄인을 구속하신 하나님의 은혜를 동시에 강조하므로 역설 유형과 비슷하다. 그러나 변혁 유형은 문화가 하나님의 주권적 통치 아래에 있음을 인식하며, 믿음을 통해, 즉 그리스도(기독교)로 문화를 변혁하는 것을 목표로 삼으며, 죄의 심각성 경계와 더불어 문화를 향한 희망을 동시에 견지하므로 역설 유형이 놓친 창조주의 창조명령을 구속과 통합함으로써 현재를 갱신하는 하나님의 가능성을 강조한다. 변혁 유형의 대표적 인물로는 부패한 인간의 개인적 및 사회적 실존을 통치하시는 하나님의 은혜가 예수 그리스도를 통한 사랑으로 문화를 변혁시킬 수 있다고 주장한 어거스틴(Augustine) 및 그러한 전통을 이은 종교개혁자 존 칼빈(John Calvin), 변혁적 성결운동을 일으킨 존 웨슬리(John Wesley), 18세기 미국의 대각성 운동을 주도한 조나단 에드워드(Jonathan Edwards) 등이 있다.

한편 윌리엄 로마노프스키(William D. Romanowski)는 대중문화로 범위를 좁혀서 대중문화에 대한 그리스도인의 접근방식을 비난적 접근, 전유적 접근, 소비적 접근의 세 가지로 분류하였다. 그에 의하면 비난적 접근은 주류 대중문화에 대하여 불신하며 다양한 방식의 금욕적 실천을 주장하는 입장이며, 전유적 접근은 세상 안에 있으나 세상과 분리된 존재가 되기 위하여 세속적 문화를 기독교적인 것으로 바꾸어 영적으로 정당화하려는 시도이며, 소비적 접근은 신앙적 입장의 비평을 배제한 채 대중문화를 긍정하며 소비하는 태도를 뜻한다.38 그는 대중문화에 대한 기독교적 비평은 엄밀한 분석 도구를 마련하고, 기독교적으로 의도된 작품들을 평가하며, 기독교 세계관에 대한 이해를 증진함으로써 기독교 공동체가 개인적, 사회적, 문화적 논의를 전달하는 과제를 보유한다고 지적하였다.39

2) 창조명령과 예술에 대한 거시적 관점

하나님께서 꽃과 풀을 창조하셨기 때문에 그것에 대하여 글과 그림으로 묘사할 만한 가치가 있고, 하나님께 내재된 사랑이라는 속성을 가사로 표현하는 노래도 가치가 있듯이 기독교의 복음이 구원에만 묶여 있는 것이 아닌, 피조 세계 전체의 전인(全人)과 관련이 있다는 열린 복음주의의 시각은 문화예술의 표현방식을 보다 다채롭게 할 것이다. 그와 같은 차원에서 예술과 문화를 복음 전도를 위한 수단으로만 국한하는 것은 온전치 못하며, 오히려 거시적 차원에서 볼 때에 삶의 모든 영역에서 하나님의 영광을 나타내야 하는 그리스도인의 존재론적 목적을 견지하며 예술과 문화가 그 자체로서 정당성을 가지고 있음을 인정해야 할 것이다.40 일반은총의 차원에서 모든 예술과 문화는 하나님의 영광을 나타낼 수 있기 때문이며, 예술작품이 종교성을 외현적으로 드러내지 않더라도 하나님의 현존을 계시할 수 있기

---

38 윌리엄 로마노프스키, 정혁현 역, 『맥주, 타이타닉, 그리스도인』 (서울: IVP, 2004), 15-16.
39 Ibid., 210.
40 한스 로크마커, 김헌수 역, 『예술과 그리스도인』 (서울: IVP, 2002), 41-44.

때문이다.[41]

하지만 예술은 가치중립적인 것이 못 되는데, 인간의 타락한 죄성은 창작의 과정에서 악영향을 끼칠 수 있으며, 창작의 주체인 사람을 높이는 바벨탑의 오류를 범하기 십상이다. 십계명은 하나님의 형상은 물론 하늘과 땅의 어떠한 형상도 만들지 말라고 명령했고(출 20:4-5; 신 5:8-9), 레위기의 율법 역시 역시 우상을 만들어 경배하는 것을 금지하였다(레 26:1). 이를 문화와 예술에 적용하면 문화 및 예술 작품을 제작하는 것을 금하는 것이 아니라 그것을 숭배하는 행위를 금하는 것이다. 따라서 한류와 K-Pop의 창조물이 아니라 그것을 구현하는 사람 내지는 작품을 우상화하는 것을 금지한다. 이는 단순히 한류 스타들을 동경하며 그들을 바라보며 열광하는 청소년들뿐만 아니라 목회자를 향한 무분별한 충성으로 인하여 마땅히 하나님께 돌려야 할 영광을 목회자에게 돌리는 일부 교회의 폐해에도 경종을 울린다.[42] 문화와 예술 작품 자체가 아니라 그에 담긴 인간의 미적 내지는 예술적 관점, 그리고 이를 향유하는 인간의 왜곡된 용도가 문제시되는 것이다.[43]

3) K-Pop과 복음

음악은 성경이 가장 중요하게 생각하는 예술 형태인데, 예를 들어 출애굽한 이스라엘 백성이 홍해를 건넌 후 추적하는 바로의 군대가 수장되는 장면을 목도한 이후 부른 것이 바로 미리암의 노래(출 15:20-21)이며, 성전에서 가장 빈번히 사용되었던 것도 바로 음악이었다(대상 23:5; 대하 29:25-28). 하지만 한류로 향유되는 K-Pop과 신학과의 접촉점을 발견하기가 어렵기 때문에 이를 신학적으로 성찰하는 것은 쉽지 않다.[44] 따라서 가사(lyric)는 물론 가락(melody), 장단(rhythm), 화음(harmony) 등으로 구성되는 음악의 총체적 성격을 바탕으로 이를 조명하는 간접적인 방법론을

---

41 Daniel A. Siedell, *God in the Galley: A Christian Embrace of Modern Art* (Grand Rapids, MI: Baker Academic, 2008), 164.

42 최성훈, "포스트 코로나 19 시대의 목회 리더십: 리더십 의사결정모형을 중심으로," 「선교와 신학」 53(2021), 476-477.

43 프랜시스 쉐퍼, 김진선 역, 『예술과 성경』 (서울: IVP, 2002), 25.

44 심광섭, "대중문화의 신학: K-Pop을 중심으로," 『한류로 신학하기』 (서울: 동연, 2013), 226.

활용하는 것이 적절할 것이다. 하나님 사랑과 이웃 사랑이라는 대명령을 예술의 규범으로 받아들인다면, 단순히 가사만을 기독교적인 내용으로 채우는 것이 아니라 음악을 담은 가락, 장단, 화음이 하나님의 피조물인 사람을 온전히 일으켜 세우는 목적을 실현하는지 여부를 가늠하는 것이 필요하다.[45] 그러한 차원에서 K-Pop 역시 하나님을 사랑하고, 이웃을 사랑하는 진리를 행함으로써 하나님께 영광을 돌리는 수단으로 기능하는지를 점검해야 할 것이다.

오늘날 인터넷의 확산과 디지털 기술의 발전으로 인하여 K-Pop과 같은 대중음악의 프로듀싱 관련 비용이 획기적으로 절감되는 과정에서[46] MP3 다운로드가 가능한 인터넷 환경 구축으로 인하여 저렴한 비용으로 음반을 복제하여 유통시키는 불법복제가 새로운 윤리적 문제로 대두하였다.[47] 하지만 그러한 문제에도 불구하고 음악은 이를 생산하는 비용을 훨씬 뛰어넘는 다양한 효용을 제공하며, 직접적으로 음악과 관련 없는 사회적 혜택을 제공한다는 측면에서 외부경제효과(positive externality)를 산출한다. 음악이 현대인들의 삶에 활력을 불어넣고, 우울한 마음을 위로하기도 하며, 경기장에 모인 스포츠 팬들을 하나로 묶는 구심으로 기능하는 등, 개인적, 문화사회적인 차원에서 순기능을 담당하기 때문이다. 한편, 음악은 상업광고는 물론 정치운동과 사회운동 등에서도 사용됨으로써 이념을 초월하여 도시를 재생시키고 시대 정신을 일깨우는 데에도 공헌을 한다. 그러한 차원에서 크루거는 음악을 듣는 이들이 강렬한 감정적 유대를 통해 하나가 된다는 사실을 고려하면 음악이 인간 삶에 미치는 영향력은 외면적으로 드러나는 경제적 가치를 훨씬 초월한다고

---

45 최성훈, 『6하 원칙을 통해 본 기독교교육』 (서울: CLC, 2016), 35-38.

46 하지만 클래식 연주회는 그러한 흐름에서 한발 비껴 서 있는데, 일례로 볼프강 아마데우스 모차르트(Wolfgang Amadeus Mozart)의 3대 오페라인 피가로의 결혼, 돈 조반니, 마술피리 중 하나의 시연을 위해서 수많은 인원과 시간이 소요되는 것은 200년 전이나 오늘날이나 똑같기 때문이다.

47 불법복제는 아티스트들의 주 수입원인 저작권료에 치명적인 해를 가하였고, 이는 아티스트들로 하여금 라이브 공연을 통해 수익을 추구하도록 하는 유인이 되었다. 그 결과 콘서트 티켓 가격이 가파르게 상승하게 되었고, 따라서 음반 판매는 콘서트 홍보의 수단으로 전락하는 한편, 티켓 판매와 공연 현장에서 판매하는 아티스트 관련 제품을 통한 콘서트 수익이 아티스트들의 주 수입원이 되었다. 또한, 콘서트가 열리는 지역의 호텔과 레스토랑 등의 추가 수요를 창출하고, 무대를 준비하는 직원들에게도 인건비 수입원이 되는 한편, 콘서트가 개최되는 도시를 홍보하는 비금전적 효과를 창출하기도 한다.

결론을 내렸다.[48] 또한, 가사와 화성의 진행을 통해 구성되는 소리 음악은 만국의 언어를 통해 복음을 접하도록 하는 강력한 선교적 도구이다.[49] K-Pop 역시 균형 잡힌 관점을 유지하며 시대와 소통한다면 그러한 음악적 가치를 통해 기독교 복음을 강화하는 가교가 될 무한한 가능성을 보유한다.[50]

4) 한국교회의 현대목회적 시사점

우리나라가 선진국에 진입하며 대내적으로는 예술과 문화, 여가에 대한 관심이 증가함으로써 한류 및 K-Pop 발전의 원동력이 되었고, 대외적으로는 국가적 이미지 제고를 통해 단순히 경제적 측면의 선진국 위상을 뛰어넘어 문화강국으로 자리매김을 하고 있다. 또한, 오랜 역사와 전통을 통해 쌓아온 윤리적 기반이 튼튼하므로 국가와 문화적 배경을 뛰어넘어 전 세계를 대상으로 영역을 확장할 가능성이 높다. 따라서 방탄소년단의 성공 사례를 통해 알 수 있듯이 인류의 보편적 윤리를 기반으로 우리나라만의 독특한 색채를 덧입힌다면 세계 문화를 선도하는 역할을 담당할 수 있을 것이다. 그러한 점을 고려하여 ICT(Information and Communication Technology) 강국으로서 새로운 미디어를 개발하고, 끊임없이 혁신적인 방법들을 도입, 활용함으로써 K-Pop을 비롯한 한류의 열풍을 지속하는 한편, 새로운 문화 콘텐츠 영역에서 선발자 또는 선점우위효과(First Mover Advantage)를 통해 문화선진국 및 문화강국으로서의 자리를 확고히 할 필요가 있다. 이를 통해 경제학적 측면에서 눈에 보이는 효과를 산출하는 데에 그치는 것이 아니라 무형 자산의 측면에서 대한민국의 브랜드 가치(Brand Value) 제고를 통해 전 세계와 소통하며 글로벌 지구촌을 이끌어가는 리더십을 구축하는 동시에, 음악을 통한 외부경제효과의 극대화를 이룰 수 있으리라 기대한다.

급변하는 시대적 조류에서 야기되는 현대인의 불안감과 다원화된 현대사회가

---

48 앨런 크루거, 『로코노믹스』, 67.
49 장경숙, "예배음악에서 나타난 화성, 선율, 그리고 구조분석 연구: 힐송 음반 중심으로," 「선교와 신학」 53(2021), 321–322.
50 최성훈, "포스트 코로나 19 시대와 한국교회의 공공성," 「ACTS 신학저널」 47(2021), 71.

유발하는 스트레스에 대한 목회적 대응방안은 인류의 삶의 방식에 대한 성찰을 통한 본래적 인간성을 회복하는 것이어야 한다.[51] 우리 민족 특유의 흥을 통해 삶의 애환과 한(恨)을 승화시킨 한류는 불안이 일상화된 현대사회에서 이를 복음을 통해 승화할 수 있는 단초를 제공한다. 앞에서 언급한 바와 같이 니버는 그리스도와 문화와의 관계를 다섯 가지로 요약하며 문화 위에서 문화를 변혁하시는 그리스도의 중요성을 역설한 바 있다. 그의 주장은 예술과 문화도 복음의 가르침을 따라 시대와 소통하는 과정에서 끊임없이 변혁되어야 할 대상임을 시사한다.[52] 이는 한류가 일시적인 유행이나 현상으로 전락하지 않기 위해서 지속적인 문화교류와 현지화를 통한 발전을 도모하는 한편, 한국교회 역시 적절한 지원책을 마련해야 함을 시사한다.[53] 한류가 모든 나라와 민족을 초월하여 긍정적으로 받아들여지는 근본적인 이유는 특정 종교에 편향된 면을 드러내지 않고 모든 종교가 지향하는 인간의 기본적인 윤리의식을 담고 있기 때문이라는 점을 한국교회가 간파하여 뱀같이 지혜롭고 비둘기같이 순결한(마 10:16) 선교전략을 수립하여 운용해야 할 것이다. 그러한 맥락에서 장신근은 융합, 양방향 소통, 횡단성, 일상의 영성, 디지털과 아날로그 사이의 상호작용인 디지로그(digilog)를 특징으로 하는 미래 사회를 예견하며 공공성 확보의 중요성을 강조하였다.[54] 한국교회는 한류를 통해 개인의 문화적 취향을 신앙 안에서 일깨울 뿐만 아니라 보편적 가치들을 제시함으로써 사회를 변혁시키는 일에 참여해야 한다.

그리스도께서 오신 목적은 단순히 영혼만을 구원하시기 위함이 아니라 인간의 전적인 영역을 구속하셔서 하나님의 형상으로서의 충만한 모습을 견지한 참된 인간상을 회복하시기 위함이다. 이는 삶의 모든 영역에서 충만하고 자유롭게 창조적으

---

51 권진숙, "코로나 19 팬데믹 시대 속의 불안한 사람들을 위한 목회적 돌봄," 「신학과 실천」 74(2021), 420–427.

52 최성훈, 『리더＋십』 (서울: CLC, 2016), 146. Cf. Richard Niebuhr, Christ and Culture (New York, NY: Harper & Row), 1951.

53 물론 한국교회가 한류와 음악사역을 망라하는 전문성을 갖추고 있지 않기 때문에 무리하게 사역의 부담을 지는 것은 경계해야 한다. 그러나 한국교회가 한류를 조명하고 지원하는 사회적 자본 제공의 센터 역할을 담당할 수는 있을 것이다.

54 장신근, "한류를 통해 바라본 미래 대중문화의 방향과 미래의 기독교 문화교육," 「선교와 신학」 31(2013), 304–310.

로 재능을 발휘하는 모습을 의미하며,55 삶의 모든 영역에 영향을 미치는 하나님의 주권을 감안할 때에 예술 및 문화의 영역 또한 이원론적으로 배제할 수 없다. 물론 인간의 타락한 본성이 함께 작동함을 경계해야 하지만, 그리스도의 구속을 통해 인간의 본성 역시 거듭나서 온전하게 될 수 있다는 가능성도 동시에 바라보아야 할 것이다. 인간에게 주어진 창조명령의 수행은 예술과 문화를 통해 복음의 의미 실현 및 인간성 회복을 위한 도구로서 기능할 수 있다. 하지만 이는 문화의 생산품과 예술 작품이 단순히 기독교적인 형식과 내용을 취해야 함을 뜻하지는 않는다. 먹든지 마시든지 무엇을 하든지 다 하나님의 영광을 위하여 하는(고전 10:31) 마음의 중심만 유지하면 문화와 예술의 결과물은 하나님께 영광을 돌리는 도구가 될 수 있기 때문이다.

한류가 얼마나 한국적 특수성과 공감능력을 통해 전 세계적 보편성을 확보하느냐 하는 한류의 지속성의 문제는 얼마나 기독교 복음에 충실한 선교방법론을 고민하느냐는 한국교회의 과제와 같은 맥락에 있다. 이는 복음의 투철한 기반을 전제하는 것이며, 시대적 흐름 및 선교지의 특수성과 소통하는 방법론적 차원에서 우선순위를 구분해야 한다. 한국교회는 한류가 인류의 보편적 가치인 사랑과 정의, 평화를 실현하도록 육성하는 한편, 선교에 대해서도 단순히 교회를 확장하는 개념이 아니라, 인간 존재를 하나님의 형상으로 창조되고 그리스도의 핏값으로 구속하신 사랑과 섬김의 대상으로 바라보는 본질을 견지하며 한류를 통해 세계인들을 일으켜 세워야 할 것이다. 무엇보다도 그리스도인의 삶 자체가 하나님의 일반은총은 물론 특별은총을 구현하는 예술작품이 되어야 한다. 그러한 삶은 하나님의 진리와 사랑, 그리고 피조세계의 아름다움을 더하며 이 세상을 하나님 나라로 이루어 가는 가교가 될 것이다.

---

55 한스 로크마커, 『예술과 그리스도인』, 29.

참고문헌

강일권. "장르의 진화 혹은 미래, 그리고 메타버스."「황해문화」 111(2021), 327－334.

계재광. "코로나 19 속 뉴노멀 시대 미국의 선교적 교회에 관한 연구."「신학과 실천」 74(2021), 767－790.

고정민.『한류포에버: 일본편』. 서울: 한국문화산업교류재단, 2011.

권진숙. "코로나 19 팬데믹 시대 속의 불안한 사람들을 위한 목회적 돌봄."「신학과 실천」 74(2021), 413－448.

김경재. "한류에 대한 문화신학적 조명: 인간다운 삶의 통전적 관계성, 창조적 역동성, 초월적 영성을 중심으로."『한류로 신학하기』, 74－109. 서울: 동연, 2013.

김명희. "선교, 한류에서 배우다: 한류의 뿌리 풍류도를 중심으로."『한류로 신학하기』, 166－211. 서울: 동연, 2013.

김상배. "문화와 국제정치: 한류의 매력과 동아시아의 문화 네트워크."「세계정치 7」 28(2007), 192－235.

김은호. "몽골교회의 내적성장 위한 예배회복 선교전략."「신학과 실천」 72(2020), 623－649.

김혜경. "시누아즈리(中流)를 통해 본 한류와 선교의 과제."『한류로 신학하기』, 596－633. 서울: 동연, 2013.

매일경제 한류본색 프로젝트팀.『한류본색』. 서울: 매경출판, 2012.

민필원. "한류 열풍 속 대중문화를 통한 아시아 선교의 가능성."「성경과 신학」 64(2012), 65－87.

심광섭. "대중문화의 신학: K－Pop을 중심으로."『한류로 신학하기』, 215－253. 서울: 동연, 2013.

심정연. "문화 세계관 분석 기반의 기독교 인지행동치료의 고찰."「신학과 실천」 72(2020), 409－429.

윌리엄 로마노프스키, 정혁현 역.『맥주, 타이타닉, 그리스도인』. 서울: IVP, 2004.

이수환. "케이팝(K-Pop), Korean과 Pop Music의 기묘한 만남."「인문논총」73(2016), 77-103.

이인혜, 권상집. "K-POP 패러다임을 넘어: 빅히트 엔터테인먼트의 한국형 문화 혁신에 의한 가치 창출."「Korea Business Review」25(2021), 57-77.

이찬석. "K-Pop과 글로컬 선교."『한류로 신학하기』, 367-400. 서울: 동연, 2013.

장신근. "한류를 통해 바라본 미래 대중문화의 방향과 미래의 기독교 문화교육."「선교와 신학」31(2013), 285-322.

장경숙. "예배음악에서 나타난 화성, 선율, 그리고 구조분석 연구: 힐송 음반 중심으로."「선교와 신학」53(2021), 289-327.

장원호. "한류의 전개와 글로벌 수용의 변화."「지식의 지평」27(2019), 1-15.

조성호. "구약의 율법 형성과 뉴노멀 시대 기독교 영성 사이의 상호관계 연구."「신학과 실천」74(2021), 197-228.

최성훈. "케이팝(K-Pop)과 현대목회: 방탄소년단의 사례를 중심으로."「ACTS 신학저널」51(2022): 178-206.

_____. "포스트 코로나 19 시대와 한국교회의 공공성."「ACTS 신학저널」47(2021), 69-97.

_____. "포스트 코로나 19 시대의 목회 리더십: 리더십 의사결정모형을 중심으로."「선교와 신학」53(2021), 461-487.

_____. 『리더+십』. 서울: CLC, 2016.

_____. 『6하 원칙을 통해 본 기독교교육』. 서울: CLC, 2016.

편집부. "가상 인플루언서의 진화."「마케팅」55(2021), 16-27.

프랜시스 쉐퍼, 김진선 역. 『예술과 성경』. 서울: IVP, 2002.

한국관광공사. 『한류관광시장 조사 연구』. 원주: 한국관광공사, 2019.

한스 로크마커, 김헌수 역. 『예술과 그리스도인』. 서울: IVP, 2002.

현대경제연구원. "방탄소년단(BTS)의 경제적 효과."『현안과 과제』. 서울: 현대경제연구원, 2018.

Clark, Lynn Schofield. "Why Study Popular Culture?," In *Between Sacred and Profane: Researching Religion and Popular Culture*, edited by Gordon Lynch, 5-20. London, UK: I. B. Tauris, 2007.

Eerdans, Emily E. *Classic English Design and Antiques: Period Styles and Furniture*. New York, NY: Rizzoli International Publications, 2006.

Gaillardetz, Richard R. *Transforming Our Days: Finding God Amid the Noise of*

Modern Life. Liguori, MO: Liguori Publications, 2007.

Niebuhr, H. Richard. *Christ and Culture.* New York, NY: Harper & Row, 1951.

Siedell, Daniel A. *God in the Galley: A Christian Embrace of Modern Art.* Grand
    Rapids, MI: Baker Academic, 2008.

저자 약력

최성훈 교수

성경의 가르침(The Text)과 삶의 현장(The Context) 그리고 신학(Theology)과 목회(Ministry) 간의 균형과 통합을 지향하는 신학자요 목회자이다.

서강대학교 경제학과(B.A.), 미네소타 대학교(University of Minnesota) 비지니스 스쿨(Carlson School of Management, M.B.A.), 한세대학교 신학대학원(M. Div.), 시카고 대학교(University of Chicago) 종교학 석사(M.A., in Religious Studies)를 거쳐 트리니티복음주의신학대학원(Trinity Evangelical Divinity School)에서 실천신학 철학 박사(Ph.D., in Educational Studies) 학위를 받았고, 현재 한세대학교 신학부 및 신학대학원의 공공신학/실천신학 교수로 섬기고 있다.

21세기 신학 시리즈 2
21세기 공공신학

초판발행	2023년 3월 1일
지은이	최성훈
펴낸이	노 현
편 집	김민조
기획/마케팅	허승훈
표지디자인	BEN STORY
제 작	고철민·조영환
펴낸곳	㈜ 피와이메이트
	서울특별시 금천구 가산디지털2로 53, 210호(가산동, 한라시그마밸리)
	등록 2014. 2. 12. 제2018-000080호
전 화	02)733-6771
f a x	02)736-4818
e-mail	pys@pybook.co.kr
homepage	www.pybook.co.kr
ISBN	979-11-6519-379-9 94230
	979-11-6519-362-1 (세트)

copyright©최성훈, 2023, Printed in Korea

정 가   23,000원

박영스토리는 박영사와 함께하는 브랜드입니다.